知財実務シリーズ4

競争力を高める
機械系特許明細書の書き方

特許業務法人　志賀国際特許事務所
知財実務シリーズ出版委員会 編

発明推進協会

はじめに

（村山　靖彦）

17世紀の初めのイギリスで制定された「専売条例」が，独占権を認める期限，侵害に対する賠償請求など特許制度の基本的な考え方となっていると言われている。この条例が，イギリスにおいて，ジェームズ・ワットの蒸気機関やリチャード・アークライトの水力紡績機といった発明がなされる環境の一翼を担い，結果として，イギリスにおける産業革命にも貢献したものと考えられている。

米国では，18世紀後半に特許法が制定された。米国での第1号特許は，蒸気機関における歯車の発明であった。

日本では「専売特許条例」が1884年（明治17年）に公布され，翌年に施行された。1985年（昭和60年）に工業所有権制度が百周年を迎えたのを機に学識経験者による十大発明家の選定が行われた。その中の一人が豊田佐吉氏で，10名の中で最も初期の発明家である。なお，豊田氏は1891年（明治24年）に「木製人力織機」に関する特許を取得している。

特許制度は，技術の発展・時代のニーズに基づき，コンピュータ関連技術や，バイオテクノロジーなどもその保護対象としてきている。構造物を含む機械系の発明は，先に紹介したように各国における特許制度制定当初から重要な保護対象の1つとなっており，制度下で保護対象として歴史を持つ。別の言い方をすると，機械系の発明を保護するための明細書の書き

方は，発明を保護する際の基本となる，と言えるのではないかと考える。

　ところで，機械系の発明も時代とともに発展し，制度導入当初から保護されていた動的・静的な構造物にとどまらず，新たな技術・材料との融合に基づく発明にも広がっている。

　本書では，機械系明細書の作成における一般的な注意事項のほか，代表的な機械部品に関する明細書等の作成方法を紹介するとともに，新たな技術・材料との融合に基づく発明における機械系明細書の作成方法についても紹介している。さらには，機械系明細書において外国出願を意識した場合の注意事項についても紹介している。本書が，日ごろから機械系の発明を扱っている実務家のみならず，初めて機械系の発明を扱う実務家にも何らかのヒントを与えられるものとなれば幸いである。

平成30年12月

目次

はじめに（村山　靖彦）

第1章　概論·· 1

1節　機械系明細書とは（松沼　泰史・伊藤　英輔）························· 3
1．特許明細書の基本··· 3
2．機械系明細書の特徴·· 4
3．構造的記載の意義··· 5
4．本章で学ぶ事項·· 7
2節　機械系明細書の書き方　＜理論編＞（松沼　泰史・
伊藤　英輔）··· 9
1．明細書作成の3ステップ···10
2．分解ステップ···11
　⑴　要素への分解···11
　⑵　階層関係を用いた実施形態の作成···13
　⑶　階層関係を用いた請求項の作成···14
　⑷　分解の視点··15
3．名称付与ステップ···24
　⑴　名称に用いる用語··24
　⑵　学術用語··25
　⑶　用語の普通の意味··26
　⑷　用語の定義をした場合···29
　⑸　統一した用語の記載···30
　⑹　名称付与の視点··31
4．記述ステップ···43
　⑴　数珠つなぎの原則··43
　⑵　基準要素の選定··47
　⑶　基準方向の選定··49
　⑷　各要素の説明···55

3節　機械系明細書の書き方　＜実践編＞（松沼　泰史・
伊藤　英輔）……………………………………………………………67
1．特許明細書の基本型……………………………………………………67
2．特許明細書作成の手順…………………………………………………70
3．発明の把握………………………………………………………………71
　⑴　課題……………………………………………………………………71
　⑵　構成……………………………………………………………………73
　⑶　作用……………………………………………………………………74
　⑷　効果……………………………………………………………………75
4．発明の展開………………………………………………………………77
　⑴　水平展開………………………………………………………………77
　⑵　上方展開………………………………………………………………79
　⑶　下方展開………………………………………………………………83
5．特許明細書の作成準備…………………………………………………85
6．特許請求の範囲の作成…………………………………………………91
7．明細書前半部の作成…………………………………………………101
8．図面の作成……………………………………………………………107
9．明細書後半部の作成…………………………………………………110
　⑴　構成…………………………………………………………………110
　⑵　作用・効果…………………………………………………………118
　⑶　なお書き……………………………………………………………121
　⑷　符号の説明…………………………………………………………124
10．要約書の作成…………………………………………………………124

第2章　技術分野別の明細書等の作成方法……………………………… 127

1節　機械部品…………………………………………………………… 129
1節1　「座金」（田﨑　聡）………………………………………… 129
1．発明者から与えられた発明提案書の内容………………………… 129
2．発明の把握と展開…………………………………………………… 132
　⑴　発明の把握…………………………………………………………132
　⑵　発明の展開について………………………………………………133

ii

⑶	垂直展開A …………………………………………………………	133
⑷	垂直展開B …………………………………………………………	134
⑸	水平展開 ……………………………………………………………	135

3．請求項案の作成 ……………………………………………………… 135

⑴	請求項1（垂直展開Aの上方展開により導き出された請求項）	136
⑵	請求項2（発明提案書により導き出された請求項） …………	136
⑶	請求項3（垂直展開Aの下方展開により導き出された請求項）	136
⑷	請求項4（垂直展開Bにより導き出された請求項） …………	137
⑸	請求項5（第1の水平展開により導き出された請求項） ………	138
⑹	請求項6（第2の水平展開により導き出された請求項） ………	139

4．まとめ ………………………………………………………………… 140

1節2 「アンカー」（松本　将尚）………………………………………… 141

1．はじめに ……………………………………………………………… 141

2．明細書作成手順 ……………………………………………………… 141

⑴	発明提案書 …………………………………………………………	142
⑵	発明のポイント把握 ………………………………………………	143
⑶	特許請求の範囲の検討 ……………………………………………	146
⑷	図面 …………………………………………………………………	149
⑸	明細書 ………………………………………………………………	149

1節3 「リンク機構」（白石　卓也）……………………………………… 164

1．リンク機構 …………………………………………………………… 164

2．発明提案書 …………………………………………………………… 164

⑴	従来技術とその課題 ………………………………………………	164
⑵	発明の目的 …………………………………………………………	164
⑶	発明のポイント ……………………………………………………	164
⑷	発明の効果 …………………………………………………………	164
⑸	図面 …………………………………………………………………	164
⑹	符号の説明 …………………………………………………………	165

3．発明の把握 …………………………………………………………… 165

4．発明の展開 …………………………………………………………… 167

⑴	発明の水平展開 ……………………………………………………	167
⑵	発明の垂直展開 ……………………………………………………	169

5．特許請求の範囲……………………………………………… 170

6．明細書……………………………………………………… 171

7．まとめ……………………………………………………… 172

2節　動的機械……………………………………………… 173

2節1　「空調機」（長谷川　太一）…………………………… 173

1．はじめに…………………………………………………… 173

2．空調機（エアコン）の概要……………………………… 173

3．明細書作成時の注意事項………………………………… 173

　⑴　ヒアリング時の注意事項……………………………… 173

　⑵　明細書作成時の注意事項……………………………… 175

2節2　「発進制御機」（鎌田　康一郎）……………………… 189

1．発進制御機………………………………………………… 189

2．発明の例…………………………………………………… 189

　⑴　従来技術とその課題…………………………………… 189

　⑵　発明の目的……………………………………………… 190

　⑶　発明のポイント………………………………………… 190

　⑷　発明の効果……………………………………………… 190

　⑸　全体構成図……………………………………………… 191

3．特許請求の範囲の作成方針……………………………… 191

4．明細書，図面の作成方針………………………………… 194

　⑴　全体構成図（図3と同一のもの）…………………… 194

　⑵　構造的特徴を示す図…………………………………… 195

　⑶　機能ブロック図………………………………………… 196

　⑷　フローチャート図……………………………………… 197

　⑸　グラフ，データテーブルなど………………………… 199

2節3　「建設機械」（古都　智）……………………………… 200

1．建設機械…………………………………………………… 200

2．特許明細書の検討例……………………………………… 200

　⑴　発明提案書……………………………………………… 200

　⑵　発明提案書から読み取れるヒアリングにおける留意事項……… 202

　⑶　明細書の例……………………………………………… 203

3節　静的機械……………………………………………… 229

iv

目次

3節1 「切削工具」（大浪　一徳）…………………………………………… 229
1．切削工具分野の特許出願…………………………………………………… 229
2．事例………………………………………………………………………… 230
　⑴　特許請求の範囲の検討……………………………………………………… 231
　⑵　特許請求の範囲の記載……………………………………………………… 239
3節2 「什器」（黒嶋　厚至）………………………………………………… 247
1．はじめに…………………………………………………………………… 247
2．什器の発明の特徴………………………………………………………… 247
3．発明提案書………………………………………………………………… 247
4．発明の展開………………………………………………………………… 249
　⑴　発明提案書の記載のみから考え得る請求項…………………………… 249
　⑵　発明の本質の把握……………………………………………………… 249
　⑶　水平展開………………………………………………………………… 249
　⑷　上方展開………………………………………………………………… 250
5．特許請求の範囲の記載例………………………………………………… 251
6．明細書及び図面の記載例………………………………………………… 253
　⑴　【発明の名称】～【発明が解決しようとする課題】………………… 253
　⑵　【課題を解決するための手段】～【発明の効果】…………………… 254
　⑶　【図面の簡単な説明】………………………………………………… 256
　⑷　【図面】………………………………………………………………… 257
　⑸　【発明を実施するための形態】……………………………………… 261
4節 輸送機械………………………………………………………………… 273
4節1 「四輪自動車（車体補強部品）」（田﨑　聡）……………………… 273
1．概要………………………………………………………………………… 273
　⑴　はじめに………………………………………………………………… 273
　⑵　輸送機械の発明の特徴………………………………………………… 273
2．発明のヒアリング………………………………………………………… 274
　⑴　はじめに………………………………………………………………… 274
　⑵　発明提案書の事前検討………………………………………………… 278
　⑶　ヒアリングの具体例…………………………………………………… 279
3．ヒアリングより導き出された請求項案………………………………… 282
　⑴　請求項1（ヒアリング例1：垂直展開による上位概念化により

v

導き出された請求項) ……………………………………… 282
　⑵　請求項2（ヒアリング例1：垂直展開による下位概念化により
　　導き出された請求項) ……………………………………… 282
　⑶　請求項3および4（ヒアリング例2：水平展開）………… 283
　⑷　請求項5および6（ヒアリング例3：水平展開）………… 283
　⑸　請求項7（ヒアリング例4：水平展開）…………………… 285
4．まとめ……………………………………………………………… 285

4節2　「二輪自動車（エアクリーナ配置)」（阿部　隆弘)………… 286
1．例題の選定…………………………………………………………… 286
2．例題…………………………………………………………………… 286
3．技術の把握…………………………………………………………… 288
4．発明の抽出…………………………………………………………… 288
5．従来技術……………………………………………………………… 289
6．従来技術との比較…………………………………………………… 289
　⑴　効果1.「シート下に大きな荷物収納空間を確保した」に関し 289
　⑵　効果2.「右側にマフラー，左側にエアクリーナーを振り分けて
　　効率よく配置した」に関し………………………………… 290
　⑶　効果3.「エアクリーナーを車体カバーで覆わずメンテナンスを
　　容易にした」に関し………………………………………… 290
7．その他の効果………………………………………………………… 291
8．本実施形態の「三角形の」に関し………………………………… 292
9．本実施形態の「原付」に関し……………………………………… 292
10．本実施形態の「自動二輪車」に関し……………………………… 293
11．本実施形態の「スクーター」に関し……………………………… 293
12．クレーム案…………………………………………………………… 295
13．使用図面……………………………………………………………… 296
14．実施形態……………………………………………………………… 296

4節3　「二輪自動車（サイドスタンド)」（峯村　威央)………… 298
1．二輪車の概要………………………………………………………… 298
　⑴　前提として………………………………………………… 298
　⑵　サイドスタンドを用いて車体を自立させるために必要な特徴… 298
2．各構成の本質の捉え方と，発明の展開（請求項を作成するうえでの

準備) ……………………………………………………………………… 299

　⑴　サイドスタンド………………………………………………………… 299

　⑵　コイルスプリング……………………………………………………… 299

　⑶　ストッパー……………………………………………………………… 300

　⑷　その他に必要な機能…………………………………………………… 300

３．実施形態を記載するにあたっての留意すべき点…………………… 300

　⑴　構成の説明の仕方……………………………………………………… 300

　⑵　文章の流れ……………………………………………………………… 300

４．出願用原稿の記載例…………………………………………………… 301

5節　「建築・土木構造物」(川渕　健一) ……………………………… 321

１．機械・構造案件の発明の特徴………………………………………… 321

２．建築・土木構造物の発明の特徴……………………………………… 321

３．発明提案書について…………………………………………………… 322

４．特許請求の範囲について……………………………………………… 323

　⑴　発明の水平展開………………………………………………………… 326

　⑵　発明の垂直展開………………………………………………………… 329

５．明細書の実施形態について…………………………………………… 331

6節　材料・プラント ……………………………………………………… 335

6節1　「製造装置」(伏見　俊介) ……………………………………… 335

１．製造装置の特許出願…………………………………………………… 335

２．事例……………………………………………………………………… 336

　⑴　対象……………………………………………………………………… 336

　⑵　発明提案書……………………………………………………………… 336

　⑶　特許請求の範囲………………………………………………………… 339

　⑷　明細書…………………………………………………………………… 341

　⑸　図面……………………………………………………………………… 350

6節2　「組成物」(川越　雄一郎) ……………………………………… 351

１．はじめに………………………………………………………………… 351

２．請求項の例……………………………………………………………… 351

３．各要素の表現と説明…………………………………………………… 354

４．何がどのように入っているのか……………………………………… 356

５．最後に…………………………………………………………………… 359

7節　「印刷機械」（鈴木　慎吾）………………………………… 361

1．液滴吐出装置の概要…………………………………………… 361

2．発明提案書…………………………………………………… 363

　⑴　課題………………………………………………………… 363

　⑵　本発明……………………………………………………… 363

3．発明の展開…………………………………………………… 364

　⑴　液滴吐出ヘッドの駆動方式……………………………… 364

　⑵　被処理基板の展開………………………………………… 364

　⑶　交差角度 θ の変更………………………………………… 364

　⑷　液滴吐出ヘッドと被処理物との相対移動……………… 365

4．出願用原稿の記載例………………………………………… 365

8節　「電子機器の筐体」（吉田　昇）………………………… 379

1．概要…………………………………………………………… 379

　⑴　筐体発明の概要把握……………………………………… 380

　⑵　発明者面談の方針決定…………………………………… 381

　⑶　発明者面談の実施………………………………………… 383

　⑷　出願書類の作成…………………………………………… 388

2．携帯電話の筐体……………………………………………… 396

　⑴　要求機能…………………………………………………… 396

　⑵　クレームの立て方………………………………………… 396

　⑶　明細書及び図面の書き方………………………………… 397

3．複合機の筐体………………………………………………… 397

　⑴　要求機能…………………………………………………… 397

　⑵　クレームの立て方………………………………………… 398

　⑶　明細書の書き方…………………………………………… 398

4．車両用 ECU の筐体…………………………………………… 398

　⑴　要求機能…………………………………………………… 398

　⑵　クレームの立て方………………………………………… 399

　⑶　明細書の書き方…………………………………………… 399

9節　「方法・装置」（仁内　宏紀）…………………………… 401

1．はじめに……………………………………………………… 401

2．特許出願の要否の検討……………………………………… 401

３．秘匿明細書等を作成する際の留意点……………………………… 402

４．方法発明の特許明細書等を作成する際の留意点……………… 403

５．装置に係る発明の特許明細書等を作成する際の留意点………… 411

10節　光学機器 …………………………………………………… 415

10節1　「光学機器　レンズ」（小林　淳一）………………… 415

１．はじめに ………………………………………………………… 415

２．レンズの発明の特徴……………………………………………… 416

　⑴　光の屈折・分散と硝材…………………………………………… 416

　⑵　収差の低減………………………………………………………… 419

　⑶　焦点距離…………………………………………………………… 420

３．レンズの発明の請求項表現……………………………………… 420

10節2　「光ファイバー」（片岡　央）……………………… 424

１．図面について……………………………………………………… 424

２．光ファイバーの性能そのものを特徴とするクレームについて…… 424

３．数値限定発明の進歩性について………………………………… 426

４．特殊パラメーターを含むクレームについて…………………… 428

５．欧州における新規事項追加について…………………………… 430

第3章　外国出願を意識した明細書の作成方法

1節　「機械系特有の表現」（宮本　龍）………………………… 435

１．文の構造…………………………………………………………… 435

２．一文一主題………………………………………………………… 437

３．構成要件の用語…………………………………………………… 439

４．構成要件の動作，状態等の表現………………………………… 441

５．日本語特有の表現………………………………………………… 442

６．構成要件の位置，形状等の表現………………………………… 443

７．穴・空間の限定…………………………………………………… 443

2節　「限定解釈」（宮本　龍）…………………………………… 445

１．米国におけるクレームの限定解釈……………………………… 445

　⑴　「本発明」を直接限定してしまう記載の例 ………………… 445

　⑵　クレーム限定解釈リスクを増す明細書中の「強い表現」の例 … 446

ix

２．欧州におけるクレームの限定解釈‥‥‥‥‥‥‥‥‥‥‥‥‥ 447

3節　クレーム‥‥‥‥‥‥‥‥‥‥‥‥‥‥‥‥‥‥‥‥‥‥‥ 451

3節1　「外国出願に適したクレーム」（梶井　良訓）‥‥‥‥‥‥‥‥ 451

１．クレームの基本形式‥‥‥‥‥‥‥‥‥‥‥‥‥‥‥‥‥‥‥‥ 451

⑴　導入部の注意点（その１）‥‥‥‥‥‥‥‥‥‥‥‥‥‥‥ 452

⑵　導入部の注意点（その２）‥‥‥‥‥‥‥‥‥‥‥‥‥‥‥ 453

⑶　導入部の注意点（その３）‥‥‥‥‥‥‥‥‥‥‥‥‥‥‥ 454

⑷　移行部の注意点（その１）‥‥‥‥‥‥‥‥‥‥‥‥‥‥‥ 454

⑸　移行部の注意点（その２）‥‥‥‥‥‥‥‥‥‥‥‥‥‥‥ 455

⑹　本体部の注意点‥‥‥‥‥‥‥‥‥‥‥‥‥‥‥‥‥‥‥‥ 455

⑺　wherein 節の使い方‥‥‥‥‥‥‥‥‥‥‥‥‥‥‥‥‥‥ 456

⑻　欧州出願や中国出願での対応‥‥‥‥‥‥‥‥‥‥‥‥‥‥ 456

２．クレームの解釈（BRI 対策）‥‥‥‥‥‥‥‥‥‥‥‥‥‥‥ 458

⑴　クレーム中の用語に対する定義の追加‥‥‥‥‥‥‥‥‥‥ 459

⑵　構成要素を下位概念化した従属クレームの充実‥‥‥‥‥‥ 459

⑶　当然持っている構成の検討‥‥‥‥‥‥‥‥‥‥‥‥‥‥‥ 459

⑷　複数の構成要素の相互関係の明確化‥‥‥‥‥‥‥‥‥‥‥ 459

３．ミーンズ・プラス・ファンクションクレーム対策‥‥‥‥‥‥‥ 460

４．方法クレームの意義‥‥‥‥‥‥‥‥‥‥‥‥‥‥‥‥‥‥‥‥ 463

５．プロダクト・バイ・プロセス（PBP）クレーム ‥‥‥‥‥‥‥ 463

６．注釈‥‥‥‥‥‥‥‥‥‥‥‥‥‥‥‥‥‥‥‥‥‥‥‥‥‥‥ 464

3節2　「クレームの明瞭性」（梶井　良訓）‥‥‥‥‥‥‥‥‥‥‥ 465

１．日本語表現に起因して明瞭性に問題が生じる場合‥‥‥‥‥‥‥ 465

⑴　クレームの構成要素名が長い場合‥‥‥‥‥‥‥‥‥‥‥‥ 465

⑵　修飾語句の係り受けが不明確な場合‥‥‥‥‥‥‥‥‥‥‥ 467

⑶　単数と複数とが混在する場合‥‥‥‥‥‥‥‥‥‥‥‥‥‥ 468

⑷　無体物が単独で構成要素となっている場合‥‥‥‥‥‥‥‥ 471

２．外国の審査実務において明瞭性が問題になる場合‥‥‥‥‥‥‥ 471

⑴　新しい用語（造語）の使用（MPEP2173.05(a)）‥‥‥‥‥‥ 471

⑵　可変対象の参照（MPEP2173.05(b)）‥‥‥‥‥‥‥‥‥‥‥ 471

⑶　注意すべき文言（MPEP2173.05(b)）‥‥‥‥‥‥‥‥‥‥‥ 472

⑷　数値限定‥‥‥‥‥‥‥‥‥‥‥‥‥‥‥‥‥‥‥‥‥‥‥ 473

(5) 代名詞の使用……………………………………………………… 473

(6) 否定的表現の使用（MPEP2173.05(i)）…………………………… 473

(7) 商標の使用（MPEP2173.05(u)）…………………………………… 474

3節3 「サポート要件（CN）及び補正要件（EP）」（清水 雄一郎）… 475

1．中国におけるサポート要件……………………………………… 475

(1) 特有の問題点……………………………………………………… 475

(2) 最近の動向………………………………………………………… 479

2．欧州における補正要件…………………………………………… 482

(1) 特有の問題点……………………………………………………… 482

(2) 最近の動向………………………………………………………… 485

3．注釈………………………………………………………………… 493

4節 「従来技術の記載」（橋本 宏之）……………………………… 495

1．米国における従来技術の記載…………………………………… 496

(1) 従来技術の記載…………………………………………………… 496

(2) 米国出願において，従来技術で記載すべきでないこと………… 496

(3) 「先行技術」の記載……………………………………………… 497

(4) 課題・目的の記載………………………………………………… 498

2．欧州における従来技術の記載…………………………………… 499

(1) 背景技術…………………………………………………………… 499

(2) 54条(3)との関係………………………………………………… 500

(3) 記載不要な事項…………………………………………………… 500

(4) 欧州出願明細書における「従来技術の記載」の意義…………… 500

3．外国出願を視野にいれた明細書における，従来技術の記載に
関する提言………………………………………………………… 502

5節 「図面・要約書」（橋本 宏之）……………………………… 505

1．図面の作成における注意事項…………………………………… 505

(1) 図面に説明文を入れない………………………………………… 505

(2) クレームの構成要素が図面に表されていない………………… 507

(3) 1つの図番につき，記載する図面は1つ……………………… 508

(4) 断面図の記載……………………………………………………… 508

(5) 図面のチェックポイント………………………………………… 509

2．要約書の記載で注意すべき事項………………………………… 510

⑴　要約書の形式……………………………………………… 510

⑵　要約書の内容……………………………………………… 510

⑶　要約書の記載内容………………………………………… 510

6節　「その他」（橋本　宏之）……………………………… 513

１．発明の単一性に厳しい（欧州）…………………………… 513

２．自己衝突（欧州，中国，ブラジル）……………………… 517

３．無効審判におけるクレーム補正制限が非常に厳しい（中国）…… 520

⑴　パリルート中国出願の場合……………………………… 520

⑵　PCT ルートで中国移行する場合 ……………………… 521

おわりに（棚井　澄雄）………………………………………… 523

索引……………………………………………………………… 525

執筆者一覧

第1章

概論

1節　機械系明細書とは

2節　機械系明細書の書き方　＜理論編＞

3節　機械系明細書の書き方　＜実践編＞

1節　機械系明細書とは

（松沼　泰史・伊藤　英輔）

1．特許明細書の基本

　特許明細書は，技術分野別に「機械系」，「電気系」，「化学系」に大きく分類される。書き手に求められる能力はこれら技術分野ごとにそれぞれ異なる。

　電気系明細書，特に情報処理の明細書を作成するに当たっては，与えられた情報を整理しながら当該情報の処理手順を的確に理解する能力が求められる。発明完成段階では明確な処理手順が決まっていないことも多く，処理手順を補完する想像力もまた必要な能力であろう。

　化学系明細書を作成するには，クライアントから提供される資料・データを適切に整理するデータ処理能力が求められる。また，技術理解の前提となる化学・バイオの専門的知識がなければ，新規性・進歩性の根拠となる従来技術との線引きも困難となる。

　一方で，機械系明細書で対象となる「機械」は「形ある物」であることもあり，図面を読むことができれば，一見して発明としての技術理解が容易である場合が多い。しかしながら，特許の保護対象である発明は技術的思想であるが故に，発明を具現化した「物」を文章で表現することが求められる。したがって，機械系明細書では，物の形状・構造やそこに隠される技術的思想を図面に頼らずに文章のみで適確に説明する能力が必要となる。もちろん電気系・化学系の明細書でも，機械系の明細書ほどではないが「物」を対象とする場合には形状・構造の説明は避けて通れない。そのため機械系明細書は「明細書の基本」ともいわれる。

　機械系明細書は，分野を問わず特許明細書の基本である。そのため機械系明細書の書き手には，特許明細書の基本能力が常に試されている。明細書作成に当たってはこのことを忘れてはならない。

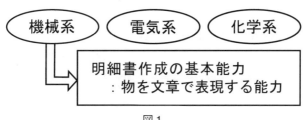

図1

2. 機械系明細書の特徴

特許の保護対象となる発明は,「物の発明」,「方法の発明」の2つのカテゴリーに大きく分類される。

方法の発明は,発明特定事項として経時的要素を含む発明であり,生産(物の変化)を伴わない「単純方法」と生産を伴う「生産方法」に分類される。

一方,物の発明は,経時的要素を発明特定事項として含まず,客観的に見た形状・構造が保護対象となる。物を文章で表現する記載形式としては,大きく分けて,①機能的記載,②構造的記載の2つがある。

「機能的記載」は,物が発揮する機能や,物が有する役割を表現する記載形式である。「構造的記載」は,物そのものの形状や構造をそのまま表現する記載形式である。物を構成する各部材の配置や姿勢を特定する表現も構造的記載に含まれる。

機能的記載は,物の形状・構造から抽出した機能・役割を記載する形式のため,構造的記載の上位概念としての表現となる場合が多い。一方,構造的記載は,発明を具現化した物そのものの形状・構造を記載するため,請求項を構造的記載のみで表現した場合,保護すべき技術的思想の範囲が狭くなる傾向がある。

機械を構成する各部材にはそれぞれ機能がある。これら各部材の機能が有機的に結合されることで機械全体としてなすべき目的が達成される。機械系明細書では,各部材の機能と形状・構成との双方に目を向けながら,状況に応じて機能的記載・構造的記載を使い分けながら物を適切に表現する必要がある。このような事情は電気系・化学系の明細書よりも機械系明細書の方が顕著であろう。

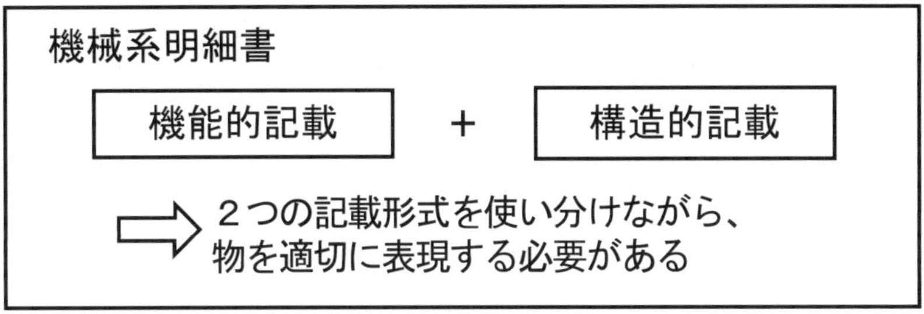

第1章 概論

```
機械系明細書

  機能的記載   ＋   構造的記載

  ⇒ 2つの記載形式を使い分けながら、
     物を適切に表現する必要がある
```

図2

3．構造的記載の意義

　機械系の明細書全体を通して，対象となる物を機能的記載でのみ表現しているとすれば，その明細書の質は低いと言わざるを得ない。

　例えば物の構造に係る発明の請求項を機能的に表現した場合，発明の範囲自体は広がるため，他社牽制をする上では好ましく，上手くいけば広い特許を取得できる可能性がある。

　一方で，実施可能要件（特36④一）やサポート要件（特36⑥一）の観点からは，その具体的な形状・構造を明細書中に記載する必要がある。また，機能的記載の請求項は，発明の外延が不明確になり易く，明確性違反（36⑥二）を指摘される可能性がある。また，発明が広げた結果，無意識に従来技術を含んでしまっている場合もある。このような場合には，補正候補として，具体的な形状・構造を限定事項として実施形態等に記載しておくことが求められる。

　さらに，侵害訴訟の場面では，特許権に係る請求項が機能的記載である場合，技術的範囲が限定的に解釈されてしまう可能性もある。すなわち，請求項の範囲が明細書開示の範囲より広い場合は，明細書に開示された技術的思想に基づいて技術的範囲が限定される場合がある。この対策として，明細書中での構造的記載を充実させ，包含する技術的思想の範囲を明確にしておくことが有効である。

　さらに，外国出願，特に米国出願を見据えた場合には，請求項を機能的記載で表現していれば，審査段階・侵害訴訟段階のいずれにおいても不利な扱いを受ける場合がある。

5

1節　機械系明細書とは

　このような事情から，機械を説明する場合，機能的記載の表現だけに満足せず，それを支える構造的記載での表現を担保しておくことが，機械系明細書にとっては非常に重要である。

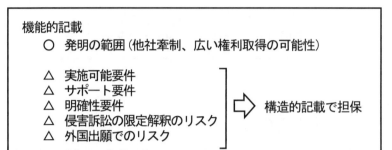

図3

　明細書の初心者であっても機能的記載によって物を表現することはある程度容易である。例えば「軸受とは何か」といった質問に対して，通常の技術者であれば，「回転する部材を回転可能に支持する部品」といった具合に，軸受の機能を容易に説明することができるであろう。

　一方で，これを構造的な説明を試みようとすれば，その難易度は大きく跳ね上がる。例えば，転がり軸受を説明する場合，「環状をなす外輪があり，この外輪の内側には外輪より一回り小さい環状をなす内輪が配置されている。外輪の内周面と内輪の外周面との間にはこれら外輪及び内輪の双方に接触する転動体が外輪及び内輪の周方向にわたって複数配置されている。外輪の外周面は一方の部材に固定され，内輪の内周面は他方の部材に固定される。これにより，一方の部材と他方の部材とを支持しながら，両者の相対回転を許容する部品が転がり軸受である。」といった具合に説明する必要がある。このように機能的記載と構造的記載とではそのボリュームが大きく異なる。

　明細書の初心者にとっては，構造的記載によって物を表現することは難しい。筆者自身，特許業界に踏み入れた当初はずいぶん苦労した。構造的記載での表現は，物を客観的に見て，見たままを記載すれば良いだけにも思える。では，なぜ難しいと感じるのか。

第1章　概論

　第一線の機械の技術者であったとしても，学生時代に機械工学の授業や卒業論文を作成する過程で，または社会に出て機械の設計や開発に従事する過程で，物を文章のみで表現する機会がどれだけあったであろうか。物である機械を表現するツールとしては，機械が視覚的に理解し易いといった特性上，どうしても図面や映像等の視覚的手段に軍配が上がる。機械の構造を理解する上でこれら視覚的手段に勝る術はない。そのため，物の構造をあえて言葉のみで表現する要請は少なく，形状・構造を言葉や文章のみで伝える訓練を受ける機会が少ない。そのため，構造的記載で物を表現することは初心者にとって非常に難易度が高いと考える。

　特許事務所に入所し，これから機械系明細書の作成者となる者であれば，まずは物を「構造的記載」で表現する手法を徹底的に学ぶ必要がある。従事する師からマンツーマンでの指導を受けることもあれば，自ら明細書を読みあさり先人達が工夫を凝らした表現に触れて学ぶこともあるだろう。このような経験を通じて自らが自由に使用できる「構造的表現」を増やしていくことが，機械系明細書の習熟の第一歩である。

機能的記載
　　技術者であれば初心者でも比較的容易

構造的記載
　　明細書の初心者には難易度が高い
　　経験を積みながら使える表現を増やしていくことが必要

図4

4．本章で学ぶ事項

　上記の通り，物を表現する手法としては機能的記載・構造的記載の2つがあり，それぞれを使い分けながら適切に物を説明することが機械系明細書には必要である点を述べた。個々の表現形式は，様々な技術に関する明細書を実際に書きながら一つ一つ習得していく必要がある。そのため，おおよそは明細書作成者の経験，自己努力に委ねられる。

7

1節　機械系明細書とは

　一方で機械明細書を作成するに当たって，明細書作成者の皆が共通して知っておくべき事項がある。本章では「2節　機械系明細書の書き方　＜理論編＞」でその大枠を説明する。その後，「3節　機械系明細書の書き方＜実践編＞」で一例を用いて機械系明細書ができ上がるまでの詳細を説明する。

第1章 概論

2節 機械系明細書の書き方 ＜理論編＞

(松沼 泰史・伊藤 英輔)

　機械系明細書作成の基本となる「理論」を説明する。機械系明細書の「機械」には，エンジン等の動きがある装置のみならず，簡単な日用品や工具等の一体物等，形状・構造を有する「物」すべてを包含する。ここでは，このような形ある物について明細書を作成するに当たって必要な事項を述べる。

　特許出願書類は，願書，明細書，特許請求の範囲，要約書，図面の5点である。一般に「明細書」といった場合，広義ではこの5点セットすべてを意味する。「明細書作成」や「特許明細書」の「明細書」は，広義を意味していることがわかるであろう。

　一方で，狭義の「明細書」は，上記5点セットの中の書類の一部である「明細書」のみを意味している。特許請求の範囲が，出願段階では権利請求書，特許権成立後には権利書としての意義を有するのに対し，狭義の明細書は技術説明書としての意義を有する。

　対象となる「物の発明」の構造の説明は，明細書の「発明を実施するための形態（以下，実施形態）」で行う。一方，特許請求の範囲には，「物の発明」のエッセンスを抽出した発明特定事項を記載する。

　審査段階では，審査対象となる発明（発明の要旨）は特許請求の範囲の記載に基づいて認定される。また，侵害訴訟では特許発明の技術的範囲は，特許請求の範囲の記載に基づいて定められる（特70①）。そのため，特許請求の範囲（請求項）の記載は，審査段階・特許権成立後のいずれにおいても重要である。請求項の作成は，明細書の書き手にとって最も神経を使うところであろう。

　しかしながら，明細書，特に「実施形態」の記載も決して軽視することはできず，筆者は請求項と同等に重要であると考える。審査段階の発明の要旨認定では，明細書及び図面の記載並びに出願時の技術常識を考慮し請求項に記載された用語の意義が解釈される。拒絶理由が通知された際には，実施形態の中からクレームアップ可能な候補を模索する。また，侵害訴訟

2節　機械系明細書の書き方　＜理論編＞

の場でも，特許発明の技術的範囲を定める際には，明細書の記載及び図面を考慮して特許請求の範囲に記載された用語の意義が解釈される。したがって，実施形態の記載を特許請求の範囲とは一体不可分として考えるべきであり，これらを切り離して考えることは妥当ではない。また，請求項・実施形態はいずれも「物」を表現する以上，物を説明するにあたっての原則は共通している。

　これを踏まえ，ここでは物を説明するに当たり，特許請求の範囲，実施形態に共通して使えるテクニックを機械系明細書の書き方　＜理論編＞として紹介する。

```
┌─────────────────────────────┐      ┌──────────────────┐
│ 特許請求の範囲：発明のエッセンス      │ ⇨   │ 物の説明手法の原則は共通 │
│ 実施形態：発明を具現化した物を説明    │      └──────────────────┘
└─────────────────────────────┘
```

図1

　明細書の実施形態は，発明を具現化した物の「構成」，「作用」，「効果」の3つのパートを論理立てて順に説明する。「構成」のパートでは物自体がどのようなものかを説明し，「作用」の欄では構成により生み出されるメカニズムを説明し，「効果」の欄では，メカニズムによって最終的にもたらされる結果を説明する。「作用」と「効果」は厳密に分けられずに一体的に記載されることが多い。この機械系明細書の書き方　＜理論編＞では，実施形態については上記「構成」のパートの書き方の基本を説明する。

　また，請求項には，基本的には実施形態の構成のパートの記載のうち，発明のエッセンスとなる部分が記載される。したがって，「構成」の書き方の基本を習得することは，請求項での物の説明の基本の習得につながる。

1．明細書作成の3ステップ

　機械（物）の発明を適切に記載するためには，機械の技術理解をしつつ，「物を要素に分解する（分解ステップ）」，「各要素に名称を付与する（名称付与ステップ）」，「各要素を適切な文言で記述していく（記述ステップ）」，の3つのステップを経る必要がある。これらステップでは「機能的視点」・

第1章　概論

「構造的視点」の両面から物についてじっくりと検討を行う必要がある。

　敢えて３つの段階的なステップとして紹介するが，ある程度習熟した明細書作成者ならば，特に，①分解ステップ，②名称付与ステップについては，物を分解しながらその場で名称を付けていくといった具合に同時に行われることが通常であろう。しかしながら，初心者はこの３ステップを段階的に行うことが好ましいであろう。以下，この３つのステップについて，詳細に説明する。

```
┌─────────────────────────────────────────┐
│ 機械系明細書作成の３ステップ                  │
│  ┌───────────────────────────────────┐   │
│  │ 分解ステップ：物を要素に分解する         │   │
│  └───────────────────────────────────┘   │
│           ⇩                              │
│  ┌───────────────────────────────────┐   │
│  │ 名称付与ステップ：各要素に名称を付与する │   │
│  └───────────────────────────────────┘   │
│           ⇩                              │
│  ┌───────────────────────────────────┐   │
│  │ 記述ステップ：各要素を適切な文言で記述していく │ │
│  └───────────────────────────────────┘   │
└─────────────────────────────────────────┘
```

図２

２．分解ステップ

⑴　要素への分解

　物は，それぞれ役割を持った複数のパーツ（要素）から構成されている。例えば自動車を考えれば，タイヤ，ボディ，エンジン等の複数の要素から構成されていることが思い浮かぶであろう。

　この分解ステップでは，一つの物を複数の要素に分解する作業を行う。複数の要素は互いに重複する部分はなく，それぞれ独立している必要がある。したがって互いの要素の重複を避けながら分解しなければならない。また，物を構成する要素を漏れなく分解しなければならない。

　例えば，**図３**に示すように，X装置を構成する複数の要素A，B，Cに分解する。最初に分解されて得た要素A，B，Cは，X装置を構成する主要素である。

2節　機械系明細書の書き方　<理論編>

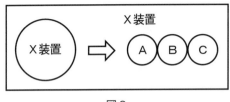

図3

　そして，各主要素A，B，Cについても複数の要素に分解できないか検討する。例えば，**図4**に示すように，主要素Aを「a1, a2, a3」，主要素Bを「b1, b2, b3」，主要素Cを「c1, c2, c3」といった小要素にそれぞれ分解する。

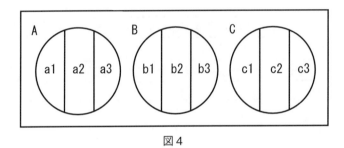

図4

　これにより，X装置の全体構成は，以下のように階層的に分類・整理することができる。

$$X = \{A, B, C\}$$
$$A = \{a1, a2, a3\}$$
$$B = \{b1, b2, b3\}$$
$$C = \{c1, c2, c3\}$$

　X装置には，主要素A，B，Cが含まれ，各主要素A，B，Cにはそれぞれ小要素「a1, a2, a3」，「b1, b2, b3」，「c1, c2, c3」が含まれた構成となる。ここでは2階層としたが，複雑な物ほど，階層数は多くなる。

第1章　概論

⑵　階層関係を用いた実施形態の作成

　X装置を最初に分解して得た主要素A，B，Cは，実施形態での登場人物となる。実施形態でX装置を説明する際の骨格は以下のようになる。

　　　　　X装置は，Aと，Bと，Cと，を備える。

　　　　　Aは，a1と，a2と，a3と，を有する。
　　　　　a1は～。a2は～。a3は～。

　　　　　Bは，b1と，b2と，b3と，を有する。
　　　　　b1は～。b2は～。b3は～。

　　　　　Cは，c1と，c2と，c3と，を有する。
　　　　　c1は～。c2は～。c3は～。

　実施形態で各要素を説明する際には，大から小に説明をしていくことが大原則である（「大から小の原則」）。最初にX装置が登場人物A，B，Cから構成されていることを示した上で，各A，B，Cの具体的構成を順次説明する。A，B，Cをそれぞれ説明する際には，これらA，B，Cに包含される小要素，さらに下の要素を漏れなく階層的に説明する。
　各要素は，互いに独立している。そのため，各要素は独立して説明できるはずである。実施形態を記載するルールの1つとして「分散説明禁止の原則」がある。説明対象があちらこちらに分散されてしまっていては，読み手の認知能力の限界を超えてしまうこともあり，読み手の技術理解を阻害する。主要素Aの説明では，主要素A及び小要素a1，a2，a3について漏れなくすべてを説明する。その後，主要素B，Cの説明では，前に登場した要素との関係を出しながら主要素A同様，要素単位で漏れなくすべてを説明する。
　これに反する例としては，例えば次のように，主要素Aに包含される小要素a3の説明を，主要素Bの小要素b3の後に始めたとしたらどうであろうか。

13

2節　機械系明細書の書き方　＜理論編＞

Aは，a1と，a2と，を有する。
　a1は〜。a2は〜。

Bは，b1と，b2と，b3と，を有する。
　b1は〜。b2は〜。

Aはさらにa3を有する。
　a3は〜。

　主要素Bの説明の後に，読み手はいったん完結した主要素Aに再び意識を向けなければならない。たとえ小要素a3が小要素b3と関連する部材であり，小要素b3を登場させた後の方が説明しやすいとしても，小要素a3の説明は要素Aの説明内で完結させるべきである。その後，要素Bの説明の際に，小要素a3との関係で小要素b3を説明すればよい。

　この分散説明禁止の原則を守って実施形態を記載すれば，読み手に取って物全体のイメージがしやすくなる。実施形態を記載するルールとしては分散説明禁止の原則以外に「図面不参照の原則」がある。実施形態は図面に参照せずとも対象となる機械を理解できるように記載する必要がある。言い換えれば，文章を読めば機械の図面が書ける程度の記載を担保する必要がある。上記の分散説明禁止の原則を守って実施形態を記載すれば，機械を構成する部材単位で順次理解が進むため，図面不参照の原則を担保した内容に仕上げやすいだろう。

⑶　階層関係を用いた請求項の作成

　X装置を分解して得た各要素は，特許請求の範囲の登場人物の候補となる。特許請求の範囲では，実施形態と違い分解した要素をすべて記載するのではなく，発明としてのエッセンスを抽出する必要がある。すなわち，請求項として挙げるべき要素，小要素のみを抽出する。要素，小要素を使った請求項の記載形式の一例は以下の通りである。

14

第1章　概論

　　　【請求項1】
　　　Aと，
　　　Bと，を備える装置。
　　　【請求項2】
　　　Cをさらに備える請求項1に記載の装置。
　　　【請求項3】
　　　Aは，a1と，a2と，を有する請求項1又は2に記載の装置。

また請求項1から小要素が登場すれば，例えば以下のような記載となる。

　　　【請求項1】
　　　a1と a2と を有するAと，
　　　Bと，を備える装置。
　　　【請求項2】
　　　Cをさらに備える請求項1に記載の装置。
　　　【請求項3】
　　　Aは，c3をさらに有する請求項1又は2に記載の装置。

　実際に特許請求の範囲を作成する場合，このように単純に要素，小要素を並べるだけは終わらない場合の方が多い。分解・整理して得た各要素をさらに検討し，水平展開・上方展開といった発明の展開を駆使して，発明の技術的思想を抽出する作業を行う必要がある。この点については，後述する機械系明細書の書き方　＜理論編＞で詳細に説明する。しかしながら，分解した要素が請求項の登場人物の候補となる以上，物を分解することは実施形態の作成同様，請求項作成のベースになる。要素への分解があって初めてその後の発明の展開がしやすくなる。

⑷　分解の視点
　上記X装置の例では，X装置をいとも簡単に主要素A，B，Cと分解し，これらをさらに小要素に分解した。しかしながら，実際の物を要素分解する際には，頭を悩ますことが多い。機械系明細書の作成では，この分解ステップが出発点である。よって分解ステップを失敗してしまっては明細書

15

2節　機械系明細書の書き方　＜理論編＞

作成も台無しとなる。その意味では，明細書作成の初心者は，この分解ステップまでは指導者に付き添ってもらった方が良いであろう。逆に言えば，指導者としては初心者が作成した明細書の大修整を回避するためにも，分解ステップまでは一から付き合い，明細書の道筋を示すことが好ましいであろう。

　物が複数の部材から構成されている機械の場合，まずは単純に各部材同士への分解を試みればよい。しかしながら，部材同士への分解が適切とは限らない場合もある。また，部材に分解できない一体物については，単純にはいかない場合もある。

　物をどのように分解するかは，機械系明細書の作成者の腕の見せ所である。適切に分解を行うためには，「機能的視点」，「構造的視点」の2つの視点から検討する必要がある。以下，複数の例を通して，分解のポイントについて解説する。

図5

①ビールジョッキ

　次頁の図に示すビールジョッキで検討する。物を分解した複数の要素はそれぞれ機能を有している。これら要素の機能が互いに有機的に結合することで，物全体としての目的が達成される。そのため，まずは，物を機能の観点から各要素に分解できるかを検討する。

　ビールジョッキの構成を機能的視点から検討すると，ビールを収容する容器である部分と，この容器を持つための取っ手である部分とから構成されている。そのため，ビールジョッキは，容器及び取っ手の2つの主要素に分解できる。

　なお，各要素の名称の付与の仕方は，分解ステップの後の名称付与ステッ

プの説明で詳細を述べるが，ここでは説明の便宜上，各要素に一応の名称を付与して説明する。

図6

　続いて，容器，取っ手を小要素に分解できないかを検討する。ここでは構造的視点での検討を試みる。構造的視点からの分解は，物を一まとまりの構造単位で切り分けるといった作業により行われる。
　容器は，筒状の構造と，この筒状の下端の底となる構造とから構成されている。したがって，容器は，下記図に示すように，筒部と底部とに分解できる。
　取っ手は，上側の横棒（上部横棒），下側の横棒（下部横棒）及び縦棒の3つの小要素に分解できる。
　なお，容器，取っ手を機能的視点から小要素に分けることも可能である。例えば，筒部はビールを周囲から保持するといった機能を有し，底部はビールを下方から保持するといった機能を有する。また，取っ手の縦棒は人に把持される部分であり，横棒は縦棒を容器に接続する部分である。機能的

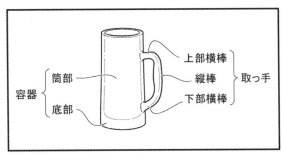

図7

2節　機械系明細書の書き方　＜理論編＞

視点・構造的視点の両視点から物を観察し，適切に分解することが必要である。

以上から，ビールジョッキの構成を階層的に示せば以下の通りとなる。

　　　　ビールジョッキ　＝　｛容器，取っ手｝
　　　　容器　　　　　　＝　｛筒部，底部｝
　　　　取っ手　　　　　＝　｛上部横棒，下部横棒，縦棒｝

より分かりやすく構成ツリーで階層関係を示せば，下記**図8**に示す通りである。このように分解・整理された階層関係が，実施形態・特許請求の範囲を作成する際のベースとなる。

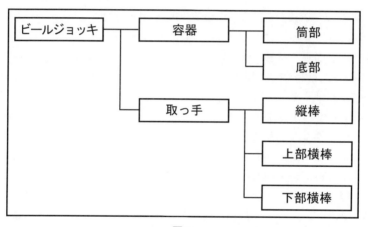

図8

以上により，ビールジョッキの実施形態の骨格は以下のようになる。

　　　　ビールジョッキは，容器と，取っ手と，を備える。
　　　　　容器は，筒部と底部とを備える。
　　　　　　筒部は〜。底部は〜。
　　　　　取っ手は，上部横棒と，下部横棒と，縦棒とを備える。
　　　　　　上部横棒は〜。下部横棒は〜。縦棒は〜。

また，ビールジョッキの発明のポイントが，取っ手を設けて持ちやすさを向上させたことに特徴があるとすれば，請求項の記載の一例は以下のようになる。

【請求項1】
　〜である容器と，
　〜である取っ手と，を備えるビールジョッキ。
【請求項2】
　前記取っ手は，
　〜である上部横棒と，
　〜である下部横棒と，
　〜である縦棒と，を有する請求項1に記載のビールジョッキ。

②ハサミ

次に下記図9に示すハサミについて考える。ハサミについてもまずは機能的視点での分解が可能か否か検討してみる。ハサミは，人に持たれて動かされる部分（操作部）と，紙等を切る部分（切断部）と，操作部の動作に応じて切断部を連動させる部分（連動部）とを有している。機能的視点から検討すれば，このように操作部，切断部及び連動部の3つの要素に一応は分解することができる。

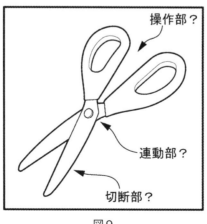

図9

しかしここでいったん止まって検討してほしい。操作部，連動部，切部という文言からハサミの全体構造が思い浮かぶであろうか。実際のハサミの構造とはかけ離れていないであろうか。

そして，各要素は互いに独立して説明できなければならない。操作部をさらに分解すれば，一対の指をかける部分（指掛部）が小要素になるが，これら一対の指掛部はバラバラであってまとまりがない。また，切断部の説明を出さずに一対の把持部の姿勢を説明することは難しく，各要素を独立して説明することが困難となる。

そのため，ハサミの例では，機能的視点よりも構造的視点から分解する方が好ましいと考える。ハサミは，構造的には，ピンと，このピンで連結された一対のハサミ片を有している。そして，一対のハサミ片は，それぞれ一端側に指をかける指掛部を有し，他端側に刃部を有する。したがって，**図10**に示すように，構造的観点からピンと，一対のハサミ片といった部品ごとに分解するのが妥当である。結果的には，単に部材同士に分解した場合と同様になる。各ハサミ片は，機能的視点・構造的視点の双方から指掛部・刃部に分解することができる。

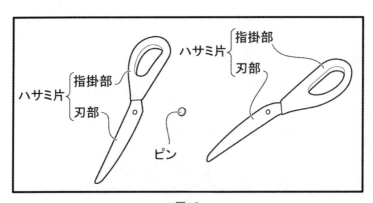

図10

以上から，ハサミの構成を階層的に示せば以下の通りとなる。

　　　　ハサミ　　＝　{ハサミ片，ハサミ片，ピン}
　　　　ハサミ片　＝　{指掛部，刃部}

ハサミを構成ツリーで階層的に示せば，**図11**に示す通りとなる。

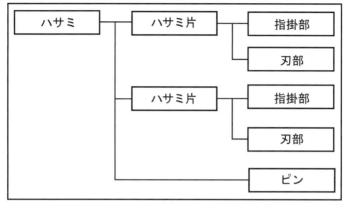

図11

③光学シート

次に下記**図12**に示す光学シートについて検討する。光学シートには，下側の面（入射面）から光が入射し，上側の面（出射面）から光が出射される。光学シートを一体物の構造物として捉え，各面の切り口から機能的に分解をすれば，入射面，出射面という要素に分解できるであろう。

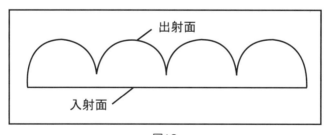

図12

一方で，光学シートを構造的に検討してみると，入射面側には光学シートのベースになるシート状の部分（基部）があり，当該シート状の部分の上にレンズ群（レンズアレイ）が設けられている。すると，光学シートは，

2節　機械系明細書の書き方　<理論編>

　構造物の切り分けといった観点から下記図に示すように，基部とレンズアレイとに分解することができる。

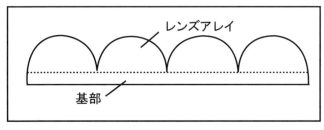

図13

　ここで，**図12**では，面に着目して「入射面，出射面」に分解し，**図13**では構造物に着目して「基部，レンズアレイ」に分解している。「入射面，出射面」は「面」に関する同一の階層に分類されており，「基部，レンズアレイ」は「構造物」に関する同一階層に分類されている。
　ここで一点注意がある。例えば，光学シートの主要素を，「基部，出射面」とした場合，基部は構造物である一方，出射面は面である。そのため，基部と出射面とは同一階層には位置しない。基部と同一階層であるのはレンズアレイになるが，出射面はこのレンズアレイの下位の階層となる。したがって，「基部，出射面」を同一階層とする分解は不適切である。分解する際には，異なる階層の要素同士を同一階層としてはならない。
　光学シートをより細かく適切に分解すれば，**図14**，**図15**に示す通りになる。ここでは，基部の2つの面を下面，上面とし，単位レンズの2つの面を入射面，出射面として構築し直した。

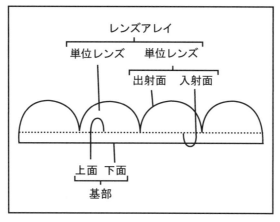

図14

光学シート　　＝　｛基部，レンズアレイ｝
基部　　　　　＝　｛上面，下面｝
レンズアレイ　＝　｛複数の単位レンズ｝
単位レンズ　　＝　｛入射面，出射面｝

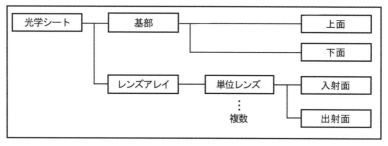

図15

　以上のように，物を適切に分解するためには，機能的視点・構造的視点の両面から物を捉え，階層的に分類・整理していくことが必要である。この分解ステップは，物・装置の仕組みを深くまで理解していなければ失敗することが多い。特に機能的視点からの分解は，物を構成する部材一つ一つの役割・技術的意義を正確に把握する必要がある。構造的視点から分解

2節　機械系明細書の書き方　＜理論編＞

する場合であっても，むやみに分解するのではなく，構造の切れ目を理解
して適切な箇所で分解する必要がある。

　また，機能を把握できなければ構造的視点からの分解が適切に行えない
場合もある。例えば，凹凸構造がある場合，これを凸部として分解すべき
か，凹部として分解すべきかは，当該凹凸構造の機能に基づくことになる。
凹凸構造の突出する頂部が何等かを支持する場合には凸部として分解され
るべきであろう。また，凹凸構造の溝の部分が何等かが嵌り込む部分であ
る場合や流体が流れる流路である場合には，凹部として分解されるべきで
あろう。

　ここでは，分解ステップを進めるにあたっての1つの指針を示した。こ
の指針を頭に入れながら，数多くの案件に触れて経験を積むことが分解ス
テップ習得の近道である。

3．名称付与ステップ

　上記分解ステップの説明で，便宜上各要素に名称を付けて説明したが，
ここでは名称の付け方についてさらに深く説明する。各部材の名称をどの
ようにつけるかは，機械系明細書の作成者のセンスに大きく依存する。

⑴　名称に用いる用語

　「名称」である以上，最低限，他の部材と識別が可能な用語を付けるべ
きである。異なる部材に同じ名称を付与すれば，読み手を大きく混乱させ
てしまうだろう。また，他の部材に似たような名称を付けた場合も同様で
ある。書き手自身が明細書作成の途中で混乱し，同じ部材を異なる名称で
記載してしまうおそれもある。この点，読み手に取って分かりやすく，か
つ，明細書作成者自らが混乱しない用語を選択する必要がある。

　また，要素に適切な名称を付けなければ，発明の外延が不明確となり審
査段階では拒絶理由の対象となる。また，審査官に発明の趣旨が伝わらず
引用文献との対比で不利益を受ける場合もある。また，特許権成立後には，
特許発明の技術的範囲を確定する上で不利に扱われる場合もある。

　特許請求の範囲，明細書での使用する用語については，特許法施行規則

24

及びこれに基づく様式に下記のように規定されている。

明細書について
特許法施行規則第24条
願書に添付すべき明細書は，様式第二十九により作成しなければならない
様式第29
7　技術用語は，学術用語を用いる。
8　用語は，その有する普通の意味で使用し，かつ，明細書全体を通じて統一して使用する。ただし，特定の意味で使用しようとする場合において，その意味を定義して使用するときは，この限りでない。

特許請求の範囲について
特許法施行規則第24条の4
願書に添付すべき特許請求の範囲は，様式第二十九の二により作成しなければならない
様式第29の2
8　技術用語は，学術用語を用いる。
9　用語は，その有する普通の意味で使用し，かつ，明細書及び特許請求の範囲全体を通じて統一して使用する。ただし，特定の意味で使用しようとする場合において，その意味を定義して使用するときは，この限りでない。

これらの記載からは，要素に名称を付与する際には，
・学術用語があればそれを付ける。
・名称に用いた用語は，普通の意味で解される点で注意する。
・名称に用いた用語は，定義すれば特定の意味と解される。
といった3点に注意をすればよいことがわかる。

(2)　学術用語
　学術用語を名称として付与する部材としては，例えば，ねじ，軸受，ば

ね等の機械要素が挙げられる。学術用語集に記載されている用語や，機械工学の書籍に掲載されている一般的な名称，JIS や ISO に掲載されている用語はであるならば，原則そのままを名称として要素に付与しても良いであろう。一般的に技術用語として思い浮かぶものは学術用語であると考えても大きな誤りはないはずだ。もちろん不安ならば一度調べた方が良いであろう。

```
学術用語
 →  学術用語集、
    技術分野毎の専門書、
    JIS、ISOに記載されている用語
```

図16

　ねじや軸受等に特殊な意味を持たせたい場合，また，ねじ等が複数出てくる場合に区別したい場合は，○○ねじ，○○軸受といった具合に修飾語を置いてもかまわない。ただし，「滑り軸受」と名付けた場合には，もちろん「転がり軸受」は除外される。また，多数の漢字を並べたような修飾語を置く場合には要注意である。意味が多義的になる可能性があるとともに特に外国出願時の翻訳時に適切な訳語がない場合もある。

　なお，要素に適切な学術用語があるものの，当該要素は同様の機能を有する他の部材でも代替できる場合がある。このような場合には，請求項の記載ではある特定の部材を指す学術用語での表現を避け，上位概念化した名称を付与することが好ましいであろう。一方で，明細書中には，当該部材を説明する際には学術用語そのままの名称で記載し，当該部材としては○○を用いてもよい，といった形で代替する構成を示しておくことが良いであろう。

(3) 用語の普通の意味

　用語が複数の意味を持つと考えられる場合には，当該用語は「普通の意味」で解される。しかしながら，「普通の意味」と言っても何をもって「普通の意味」とされるのかが問題となる。

用語は，コミュニティーでの情報伝達手段である。情報伝達手段として機能するためには，用語の意味がしっかり定義されており，その定義をコミュニティーの人々が認知している必要がある。

　上記「コミュニティー」を日本全体と考えれば，用語の「普通の意味」と言えるための典型的指針となるものは，広辞苑や国語辞書等である。まずはこれら広辞苑等に記載されている意味が用語の「普通の意味」として捉えられる。

　この点に鑑みれば，不用意に名称を付けたばかりに侵害訴訟の段階で限定解釈される可能性がある点で注意が必要である。例えばある要素に，物を引っ掛ける機能から「鉤（かぎ）」と名称を付け，その後，特許権が成立したとする。この「鉤」について広辞苑を参照すると，まずは「先の曲がった金属製の具」と出てくる。この場合，例えば他社の同様の製品の構成が**図17**のイ又はロであった場合，「鉤」の構成要件を充足すると言えるだろうか。イ，ロの構成でも引っ掛ける機能はあるものの「先の曲がった」とは言い難い。よって，「鉤」の構成要件を充足しないと判断される可能性がある。また，他にも他社が同様の形状の物を金属以外の樹脂や木材で作った場合，鉤の定義の一部である「金属製の」からは外れてくる。

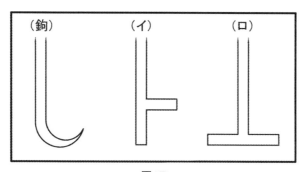

図17

　よって，要素に名称を付与する際には，当該名称として用いた用語がどのような意味を含むのかを十分に吟味しなければならない。不用意に名称を付与した場合，当該名称によって限定解釈がなされる可能性がある点に注意する。

2節 機械系明細書の書き方 ＜理論編＞

　なお，限定解釈を避けるためには，すべての要素に単に「部材」「部品」といった限定要素を含まない名称を付与することも考えられる。しかしながらそれでは，各要素の役割や要素間の関係が曖昧となり，発明全体の趣旨が伝わらない。機械明細書は，文章を読んでその機械がイメージできることが重要である。そのため，要素には必要最小限の簡潔な用語でもってその要素の特徴を表す名称を付与することが好ましい。

　上記「コミュニティー」を日本全体として捉えた例について説明した。しかしながら「コミュニティー」は，特定の業界や当業者（その発明の属する技術分野における通常の知識を有する者）等の狭い社会集団であっても，当該社会集団が認知している定義をもって用語の意味が解釈される場合がある。

　例えば「モーター」という用語について，一般的には「電気エネルギーを回転等の動力に変換する装置」，即ち「電動機」と認知されていると思われる。電気機器産業の分野でも，モーターといった場合には，通常「電動機」を指すものと思われる。しかしながら，「モーター」の意味は厳密には，「電動機」という意味に加えて電気エネルギーによらず駆動力を得る「原動機」としての意味もある。建設機械の分野では，整地用途に使用される自走式の車両である「モーターグレーダー」が知られている。「グレーダー」はトラクター等の他の車両によって牽引される器具であったが，エンジンを搭載した自走式となり「モーターグレーダー」となった。ここの「モーターグレーダー」の「モーター」は原動機を意味しており，一般的な「モーター」の定義とは異なる。

　このように，発明の属する産業分野によっても用語の「普通の意味」が異なってくる場合がある点にも注意が必要である。用語の「普通の意味」が問題となってくるのは，「用語が多義的であり，かつ，明細書中に定義がない場合」がほとんどである。したがって，このような問題意識のある用語については，明細書中に定義を当初から記載しておくことが好ましい。

　なお，ここまで「コミュニティー」を日本国内として説明したが，外国出願を意識するのであれば，出願国すべてを含む範囲まで「コミュニティー」を拡張して検討しなければならない。この場合，日本国内のみで慣用的に使用されている用語や翻訳困難な用語は避けるべきであろうし，用語が各国でどのような解釈がなされるのかを把握した上で，用語選定を

第1章　概論

行う必要がある。

普通の意味
　①日本人全体が特定の意味であるとして認知している意味
　②ある特定の産業分野、技術分野の人が認知している意味

図18

⑷　用語の定義をした場合

　用語に普通の意味があったとしても，当該用語の定義の記載を行えば，その定義の意味として用語が解釈される。そのため，上記「鉤」の例でいえば，「鉤とは，引っ掛ける部分を有する部品と定義する」と明細書中に記載をすれば，**図17**のイ，ロはともに「鉤」の構成要件を充足すると判断される可能性がある。そもそも「鉤」という表現を使わずに，「引っ掛け部」等の他の名称で名付ければよい気もするが，どうしても「鉤」と名付けたいのであれば，明細書中に定義を記して，本来の意味よりも広い解釈を狙うこともできる。

　この「用語の定義の記載」については大変便利なようにも思える。しかしながら注意しなければならない点もある。請求項に記載された用語について，その通常の意味と矛盾する定義を記載した場合や通常の意味と異なる定義をした場合，発明の範囲が不明確となる場合がある。このような場合は，特許法第36条第6項第2号の明確性違反の拒絶理由の対象となる。

明細書中での用語の定義
　→　用語の定義があれば、これに基づいて用語の意味が解釈される
　　　ただし、通常の意味と矛盾する又は異なる定義をした場合、
　　　明確性違反の対象となる可能性有り

図19

　例えば化学系の分野で言えば，「低密度ポリエチレン」は，JISの定義では密度0.910〜0.930未満のポリエチレンである。これを明細書中で「低密度ポリエチレンとは，密度0.910〜0.940未満のポリエチレンである」と

2節　機械系明細書の書き方　＜理論編＞

定義した場合，JIS の定義とは異なることになり，上記拒絶理由の対象となる場合もある。

　機械系の分野では，例えば，請求項に「転がり軸受」と記載した場合に，明細書中で「本明細書では，転がり軸受の定義には滑り軸受も含まれる」といったような記載をした場合が該当する。

　特定の用語が本来有している意味を逸脱するような範囲まで拡張するような定義付けをすれば，明確性違反の対象となってしまうことに留意すべきである。

　一方で，例えば上記「モーター」について言えば，多義的な意味があることを考慮して，「本明細書ではモーターとは電動機を意味する」との記載や，「本明細書ではモーターとは電動機のみならずエンジン等の原動機も含む」との記載があれば，その用語の意味は明確となり，不用意な不利益を避けることができるであろう。

(5)　統一した用語の記載

　特許法施行規則によれば，用語は，「明細書及び特許請求の範囲全体を通じて統一して使用する」と規定されている。

　「統一」とは言っても，請求項で上位概念化した文言を明細書中でより下位概念の文言で記載することは許容される。もちろん対応関係を示しておく必要はある。

　また，同一の部材を種々の異なる文言で表現しておけば，後々の中間処理の際の補正の材料として有利になる場合もある。

　しかしながら，不用意に用語を統一しなかったばかりに不利益となる可能性がある点についても注意である。

　例えば，ある特定の部材に「嵌合部」と名称を付与し，他の部材に「圧入部」と名称を付与した場合である。嵌合部，圧入部のそれぞれについて実施形態に細かく説明を記載しておけば良いが，それを怠った場合には，下記のような問題が発生する場合がある。

　すなわち，「嵌合部」の「嵌合」は「嵌り合う」という意味であるが，「嵌る」といった文言には，「①ぴったり合って隙間なく入る」という意味と「②穴などの内側に物が入る」という2つの意味合いがある。②は，隙間があることも許容される意味である。「キャップにペンを嵌める」といった場

30

合は①の意味であり,「落とし穴に嵌る」といった場合は②に意味であろう。

一方で「圧入部」の「圧入」は「圧力を加えて入れる」との意味であり,圧力を加えるくらいなので物が隙間なく入っている状態を意味すると思われる。

これらを考慮すると明細書全体を通して2つの名称を分けているということは圧入部が「隙間なく嵌っている部材」であるのに対し,嵌合部は「隙間がある状態で嵌っている部材」と認定される可能性がある。

両者が同じ機能を有する部材であるならば,上記のような誤解が生じないように例えば,「第1圧入部」,「第2圧入部」と記載することが好ましい。また。「嵌合部」・「圧入部」の文言をあえて使う場合には,明細書中にその定義・機能を明示しておくことが好ましい。

図20

(6) 名称付与の視点

ここまでは用語の解釈の原則を述べ,名称付与の原則を説明した。軸受,ねじ,ボルト等の学術用語が定まっている部材については,これをベースに名称を付与すれば良い。しかしながら,学術用語が定まっていない部材について名称を付ける場合いは検討が必要となる。また,ボルトの代替手段として,溶接や接着等での固定を含める場合,「ボルト」といった学術用語をそのまま使うことはできない。

このような場合に名称を付与する際には,機能的視点・構造的視点の双方からアプローチが必要になる。

2節　機械系明細書の書き方　＜理論編＞

①機能的視点からの検討
　部材Xを当該部材Xが有する機能に基づいて名称付与を検討する。部材Xは，直方体状をなしており，第1面，第2面，第3面，第4面，第5面及び第6面の6つの面を有している。機能的視点からの名称付与は，要素の有する機能に注目して機能由来の名称をつけることである。発明としての目的が達成されるのは，各要素の機能が要素同士で有機的に結合されることでなされる。その意味では，機能を検討する上で他の部材との係わり合いは非常に重要である。

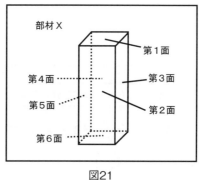

図21

　例えば部材Xが，図22に示すように他の部材α，βと以下の関係にあったらどうであろうか。この場合，部材Xは，βの上に間隔をあけて設けられたαを支持する柱として機能している。そのため，部材Xは「柱」とすることが妥当であろう。なお，「柱」は，建築用語でもあるため建築分野における学術用語でもある。また，「柱」は，上下に長い形そのものを指しているとすれば，構造的視点に基づく名称でもある。
　柱としての部材Xの第1面は，αの下面に固定された上面であり，第6面はβの上面に固定された下面である。この場合，部材Xの第2面，第3面，第4面及び第5面は，上位概念化して全体として「側面（外周面）」とすれば良いであろう。

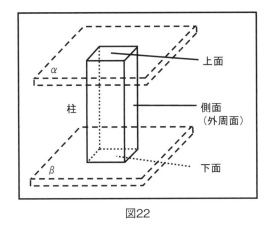

図22

　第2面,第3面,第4面及び第5面をまとめて「側面(外周面)」とすれば,**図23**に示す円柱状をなす柱も包含した内容となる。

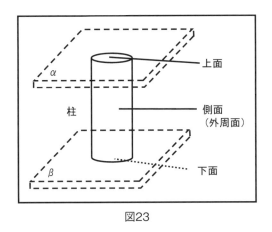

図23

　一方で,例えば**図24**に示すように,部材Xの形状として上下方向にぐっと縮めたものも許容されるとしたらどうであろうか。柱というよりは,板に近い形状になってくる。柱の定義の1つは,「材を垂直に立てた建築物の支え」であり,板状のものを排除するものではない。

2節　機械系明細書の書き方　＜理論編＞

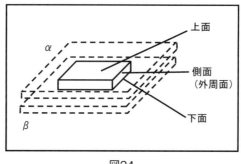

図24

　しかしながら，薄い板状のものを柱と言うには違和感がある。この「違和感がある」という感覚は，機械系明細書を作成するに当たって極めて重要な直感である。特許明細書では，図面に頼らずに物を説明する必要がある。逆に言えば，特許明細書の文章のみから簡単な図面（ポンチ絵）が書けることが好ましい。「柱」と言い切ってしまえば，通常は上下に長い形状を想定するのが当たり前で，図24のような平べったい形状は想定外となるだろう。

　そうすると，図24の構成も含めようとするのであれば，部材Xの捉え方としては，「柱」では不十分である。この場合，部材Xが部材β上に部材αを支持する役割を有しているのであれば，部材Xを「支持部」と捉えることが妥当であろう。

　ここまでは，部材α，βの位置関係が上下に間隔をあけて配置されている場合について説明した。ここで例えば図25に示すように，部材α，βの位置関係は水平方向に間隔を配置されたものでも許容されるかもしれない。部材Xもこれに応じた姿勢でも良いかもしれない。この場合，部材Xをもはや柱と呼ぶことはできない。「柱」の定義からは大きく外れるであろうし，直感的に「柱」ではないということは分かるであろう。

　また，図25では部材Xが部材α，βを支持しているというよりはむしろ部材Xが部材α，βに挟まれて支持された状態とも言える。そうすると，部材Xを「支持部」と呼ぶことも妥当ではない。

第 1 章　概論

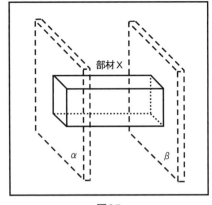

図25

　この場合も部材Xの役割によってどのように捉えるかが変わってくる。例えば部材Xを「梁」と捉えることもできるだろう。「梁」の定義の1つとしては，構造物の水平方向に設けられて上方からの荷重を受ける部材である。この定義に合致しているのであれば，**図26**に示すように，部材Xは「梁」と捉えることが妥当である。また，部材Xの第1面及び第6面はもはや上面，下面ではない。例えば，第1面を第1端面，第6面を第2端面とすることが適当であろう。第1端面，第2端面が，部材α，βに固定されていることで，梁が受けた荷重は部材α，βに伝達される。そのため，第1端面，第2端面をそれぞれ第1固固定面，第2固定面と捉えても良いであろう。

2節　機械系明細書の書き方　＜理論編＞

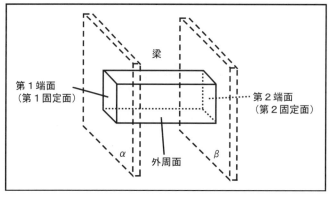

図26

　また，部材Xは部材α，βには固定されていなくても良いとすればどうであろうか。部材Xは部材α，βに単に挟まれることで部材α，βの間隔を保持する役割を有しているとする。この場合，**図27**に示す通り，部材Xを「スペーサ」と捉えることもできるであろう。第1端面，第2端面は，部材α，βに固定されている必要はなく，単に接しているだけでもよい。よって，第1端面，第2端面を例えば第1当接面，第2当接面としても良いであろう。

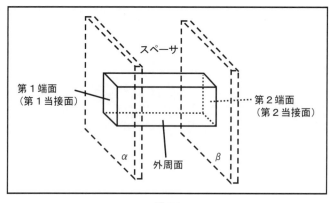

図27

36

なお，部材Xを単に部材α，βを接続する部材部材と捉えることもできる。この場合，図28に示すように，部材Xを「接続部」と名付けることができる。

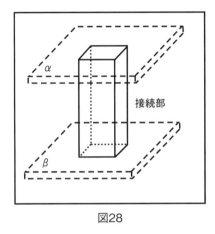

図28

　以上のように，機能的視点から名称付与を行う場合，要素の機能に応じた適切な名称を付与する必要がある。要素の機能を見誤れば，誤った機能的な名称を付与することになり，不用意な限定解釈を招く原因にもなりかねない。
　また，部材に対して漠然とした機能に基づく名称をつければ，当該部材の役割自体が曖昧となり，発明全体としての技術的思想もぼやけてしまう可能性がある。このため，上記接続部，介在部と言った名称を付ける場合には，名称のせいで発明全体の趣旨が伝わりづらくなっていないかに注意する必要がある。
　上記柱の例について上位概念から順に並べれば，次頁の図29にその概念を示すように，「接続部　→　支持部　→　柱」の順となる。

2節　機械系明細書の書き方　＜理論編＞

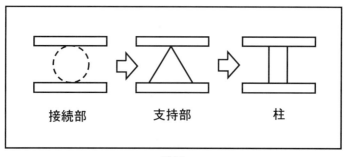

図29

　どの名称を付けるかは，部材Xの機能・役割に依存する。
　部材Xが部材α，βに対して，最低限接していれば部材Xの機能が発揮できるのであれば，「接続部」で十分であろう。例えば，接続部がα，βを導通させることが主目的であれば，「電気的に接続する」といった修飾語を追加してその目的を明確にしてもよい。
　部材Xが，β上にαを支持することを主目的としているのならば，「支持部」で良いであろう。この場合，部材Xはβ上でαの荷重を受け持つといった役割が明確となる。
　部材Xが上下に延びる物であって初めて機能を発揮できるのならば，下手な小細工はせずに「柱」とすれば良い。
　上記例では，接続部が最も漠然とした名称であり，柱が最も具体的な名称となる。漠然とした場合の方が多くの代替物を含みやすく，上手くいけば広い権利範囲の特許権が成立する可能性がある。ただし，意図せぬ構造を含んでしまうことで，予想外の引例を打たれることもあれば，技術的意義が審査官に伝わらず不利益を受けることもある点に注意である。

②構造的視点からの検討
　分解ステップで例に挙げたビールジョッキについては，容器を分解した部分を「底部」，「筒部」と名付けた。容器の底に配置された部分，又は，容器の底を形成する部分であるから「底」を使って「底部」としている。また，筒状をなす部分であるから「筒」を使って「筒部」としている。取っ手についても，各部分の名称は，形状及び配置の観点から，縦棒，上部横

棒，下部横棒と名付けている。

　なお，取っ手については，各部材に機能的視点から名称を付与することもできるだろう。例えば縦棒は人の手で持たれる部分であるから「把持部」と名付けることができる。「上部横棒」，「下部横棒」は，いずれも把持部を容器に接続する部分であるから「上部接続部」，「下部接続部」と名付けることができる。

　構造的視点での名称付与は，分解ステップで物を分解して得た要素について，要素の「形状，構造，配置」に着目して行う。機能的視点での名称付与に比べると構造的視点での名称付与の方が，初心者には難しいかもしれない。特許業界にいなければ通常馴染みのない言葉を用いるのは構造的視点での名称付与の方である。数多くの案件に触れ，関連する特許文献に触れることで，自らが使える単語を増やしていくことが必要である。

　次に以下の図30に示すビール瓶の例について検討してみよう。ビール瓶をどのように分解するかによって名称の付与の仕方も異なってくる。例えばビール瓶を，下の方から，底の部分，太い径の筒状の部分，錘状に径が変化する筒状の部分，細い径の筒状の部分，一番上のビールを注ぎ出す部分の5つのパートに分解してみる。一番下の底の部分は，「底部」で議論の余地はないであろう。底部の上の4つの部分については，いくつか特許公報を見てみると，胴部，傾斜部，首部，口部と名付けたものが多かった。おそらくこの業界では各部分をこのように名が慣例となっているのであろう。胴部，首部，口部はビール瓶の一部を人の体と捉えての構造的な表現である。確かに，人間も太い胴部の上にはそれよりも細長い首部がある。また，首の上には孔としての口がある。

2節　機械系明細書の書き方　＜理論編＞

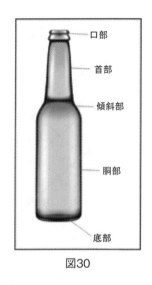
図30

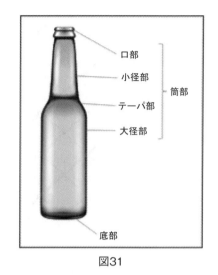
図31

　一方，上記ビール瓶の表現方法では，胴部，傾斜部，首部，口部のいずれもが筒状であることが観念できないかもしれない。このため，例えば，図31に示すような分解及び名称付与も一策である。図31では，まずビール瓶を底部と筒部とに分け，筒部をさらに大径部，テーパ部，小径部，口部とに分けた。大径部，テーパ部，小径部，口部が筒部に含まれることで，これら部分が筒状であることが観念できるであろう。また，大径部，テーパ部，小径部との名称から，ビール瓶の形状が思い描きやすくなるであろう。このように分解，名称付与を行ったに，何となく物足りなければ，もう一度分解ステップに戻って名称付与の観点から再検討を行うことも良いであろう。

③機能的名称　VS　構造的名称
　冒頭で説明した通り，部材は最低限，他の部材と識別できなければならない。そのため，何等かの名称を付与しなければならず，すなわち，何等かの限定要素を用いて名称を付さなければならない。では，機能的名称と構造的名称のどちらを使うべきであろうか。
　分解ステップで分解して得た要素のうち，大きな要素ほど何等かの機能を有している。また，大きな要素ほどいくつかの部材が複合されて構成さ

れていることが多いため，一概的に形状等を表す構造的名称を付与することが難しい場合がある。そのため，大きな要素については機能的名称を付すことが多いであろう。また，部品としてバラバラに分解された物については，学術用語としての名称が定まっていなくとも，部品である以上何等かの機能を持っている場合が多い。したがって，独立した部品単位のものであるのならば機能的表現の方が選ばれやすいであろう。

　一方で，小さな要素については，構造的名称に軍配があがる。要素を細かく分解すればするほど，分解された要素は単独での機能が乏しくなって複数の要素によって機能実現するようになり，最終的には構造のみしか残らない場合も多い。このような場合には構造的名称を付与すべきであろう。さらに，大きな要素を分解する場合であっても，ある一体物を分解して得た部分に名称を付ける場合，当該部分は機能を特段の機能を有していない場合もあり，構造的な特徴しか見いだせないこともある。上記ビール瓶の例はこれに該当する。

　機能的記載と構造的記載とでは，一般的に機能的記載の方が発明の範囲が広がる。機能的名称と構造的名称についても同様である。しかしながら，構造的名称の方が物を観念しやすく，具体的技術の理解といった観点からは好ましい。また，特に構造的名称の中でも「配置」のみを限定する名称は，機能的名称よりも限定事項が少なくなることもある。例えば**図22**に示す「柱」の例では機能的記載で最も広い表現として「接続部」を紹介した。しかし，例えば**図25**に示すように，部材Xが部材αと部材βとの間に介在されていることのみを限定する名称として，「介在部」と名付けることができる。配置を限定しているため構造的名称に該当する。この場合，部材Xは部材α，βのいずれにも接してなくてもよいため，接続部よりもさらに上位の概念となる。

2節　機械系明細書の書き方　＜理論編＞

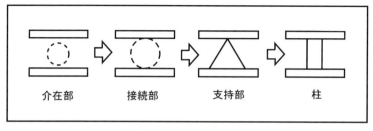

図32

　このように，機能的名称，構造的名称のいずれを付与するかは，機能の有無，一概的な構造の有無，包含する範囲の認定，技術の理解のし易さ等の観点を複合して検討する必要がある。最もセンスが出るところでもあるため，上記観点を踏まえながら多くの明細書に触れて経験を積むことが重要である。

④名称付与の具体例
　要素に付与される名称は具体的には以下のような形となる。

　　　　　機能的な修飾語　＋　構成単位を示す語
　　　　　構造的な修飾語　＋　構成単位を示す語

　構成単位を示す語とは，名称の末尾に用いられる語である。今まで登場した「部」，「部材」に加えて，「システム」，「装置」，「機構」，「手段」，「部分」，「部品」，「面」，「領域」，「群」，「ユニット」，「モジュール」，「アッセンブリ」，「要素」等種々の文言がある。
　「部」は大きな要素から小さな要素まで幅広い階層で用いられるが，同一階層の要素同士ではなるべき同様の構成単位を示す語を用いることが好ましい。

　機能的な修飾語としては，例えば以下のような文言がある。

支持，接続，固定，当接，摺接，連結，保持，冷却，排気，吸気，通気，供給，遮蔽，収容，嵌合，係合，貫通，回転，旋回，回動，連通，仕切り，

42

補強，操作，循環，還流，取付

　構造的な修飾語としては，例えば以下のような文言がある。

上部，下部，上側，下側，鉛直，上下，水平，傾斜，側部，前部，後部，
延在，介在，横，縦，外周，内周，外周側，内周側，外側，内側，外部，
内部，壁，柱，天井，底，梁，右，左，右側，左側，開口，径方向，周方
向，中央，円形，球形，湾曲，円弧，環状，線状，突出

　これらは一例ではあるが，機能的又は構造的な修飾語と構成単位を示す
語を上手く結合して，要素を表す最適な名称を付与する検討を行ってほし
い。

4．記述ステップ

　分解ステップ，名称付与ステップを終えて各要素の名称が決まったら，
記述ステップによって各要素の個性を表現する。

　分解ステップでは，説明の対象となる要素が決まり，名称付与ステップ
では各要素に名前を付与した。これによって，登場人物のすべてが明確と
なった。登場人物が明確となったからこそ，ストーリーを構築することが
できるのである。記述ステップに入る前には，登場人物に漏れがないか今
一度確認して欲しい。

　記述ステップでは，登場人物を順次登場させながら説明していく。すべ
ての登場人物が一人一人うまく説明されれば，最終的には装置全体の概要
が頭の中に出来上がっているだろう。

⑴　数珠つなぎの原則

　要素を順次説明していく際には，複数の要素が数珠つなぎに接続されて
いくことを目指す。これによって，新たに登場する要素の立ち位置が，既
に登場した要素との関係で明確となり，物としての観念がしやすくなる。

　例えば次頁の**図33**に示すように，要素Aを説明した後に，この要素Aに
接続される要素Bを説明する。そして，要素Bを説明した後に，この要素

2節　機械系明細書の書き方　＜理論編＞

Bに接続される要素Cを説明する。後の要素を説明する際には前に前述の要素との関係性から説明が可能となるため，非常に説明がしやすくなる。また，要素が次々につながることによって最終的には物全体が出来上がるため，読み手にとっても頭の中で物全体を段階的に構築しやすい。このことは実施形態を作成する上での「図面不参照の原則」にも則っている。また，請求項を作成する際にも，要素同士のつながりが順次明確になっていくことで発明の概念を把握しやすくなる。

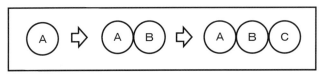

図33

一方で，例えば図34に示すように，要素Aを説明した後に，要素Cを説明し，その後に要素Bを説明する順番で記述した場合，どうであろうか。

要素Cが登場した段階で，要素Cは要素Aに接続されておらず，文字通り宙に浮いた状態となる。要素Cを他の要素との関係性抜きで説明する必要があるため，非常に説明がぼやっとしてしまう。また，読み手にとっては，要素Aから要素Cに急に飛んでしまうことになり，物全体を観念することが難しくなる。「分散説明禁止の原則」にも反する記載となってしまうであろう。より抽象的な記載となり易い請求項では，要素同士の関連性がより曖昧となり易く，発明自体の理解を妨げてしまう場合もある。

図34

例えば，「椅子」の構成を説明する場合，図35に示すように，脚部，座部，背もたれ部といった順序で説明すれば，下から上へと向かって椅子全体の

構成が段階的に思い浮かぶことになるだろう。

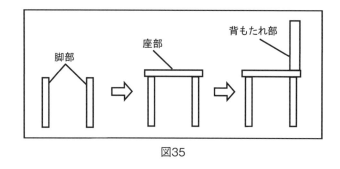

図35

　また，椅子の主となる構成が人が座る部分の座部であるとすれば，**図36**に示すように，座部，脚部，背もたれ部との順序での説明でも良いであろう。この場合，座部を基準に，脚部，背もたれ部が付け足される順番となり，これもまた物としての観念がしやすい。

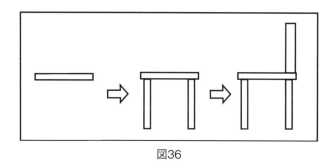

図36

　一方，次頁の**図37**に示すように，椅子の説明を，脚部，背もたれ部，座部の順番で行えば，背もたれ部が登場した段階で背もたれ部は宙に浮く。即ち，数珠つなぎの原則に反する。背もたれ部を脚部との関係で説明することはなかなか難しい。読み手にとっても，脚部から背もたれ部に飛ぶことでその時点での物としてのイメージがし難くなる。

2節　機械系明細書の書き方　<理論編>

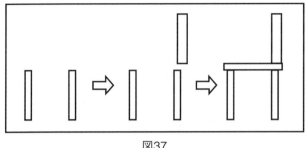

図37

　なお，新たな要素が前述要素と物理的に離れていても，数珠つなぎの原則には反しない場合もある。例えば，**図38**に示すように，第1配管，第2配管，これらを接続する接続管については，この順で説明をしても良いであろう。第1配管を登場させた段階で第1配管の中心軸線が出てくる。次に登場する第2配管が第1配管と物理的に離れていても，中心軸線を介して第2配管を第1配管との関係で説明できる。すなわち，中心軸線によって第1配管と第2配管との相対位置は定まっており，これにより第2配管は第1配管に観点的につながれている。そのため，数珠つなぎの原則に反しない。

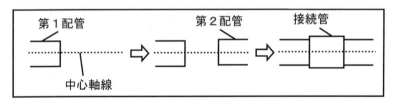

図38

　以上のような数珠つなぎの原則を頭に入れて，各要素を説明する順番を決定する。また，各要素を説明する上では，最初に出した要素は物全体の説明の出発点となるだけあって非常に重要である。そこで，この最初の要素，すなわち，基準要素の選定について説明する。

第1章　概論

(2)　基準要素の選定

基準要素の選定では，複数の要素の中から，数珠つなぎの原則の出発点となる要素を選定する。基準要素は，発明のポイントとなる部分でなくともよい。基準要素をどれにするかは以下の4つの観点，「基礎，中心機能，大部分，順序」から検討すると良いであろう。

①基礎：物全体の基礎（土台）となる部分

上下方向が定まっている物の場合，床面や地面に設置されている下部から上部に向かって要素を登場させた方が物全体を観念しやすい。特に，下部からつながるように上部へと説明していけば，途中で宙に浮いてしまう要素もなく，書き手・読み手の双方にとって物を理解しやすくなるであろう。また，基礎となる部分は，設置される部分だけに形状や姿勢が変化する場合は少ないため，他の要素の説明の基礎とするには好都合である。

45頁の**図35**に示した椅子の例では，椅子の土台となる「脚部」を基準要素として，各要素を順に登場させている。

他の例としては，家屋等の建築物であったら，文字通り「基礎」を基準要素とすることが好ましいであろう。下部走行体，上部旋回体及び作業機を有する油圧ショベルであったら下部走行体が基準要素となる。受話器と本体部とを有する固定電話であったら本体部が基準要素となる。いずれも地に足付く部分を基準要素としている。

また，「基礎」とみなすには必ずしも床面，地面に設置されたものでなくてもよい。例えば，分解ステップで説明した**図12**（21頁）の「光学シート」の例では，基部とレンズアレイとのうち，「基部」を基準要素とすることができるだろう。基部は光学シートのベースとなる部分である。その他，眼鏡の場合には，耳にかける部分であるテンプルを基準要素とすることができる。テンプルは体に設置する部分であり，眼鏡の「基礎」に該当するであろう。

②中心機能：物の中心的な機能を有する部分

物の中心的な機能を有する要素を先に登場させることによっても，その物自体の全体把握を容易にすることができる。なお，ここでの「中心機能」は，必ずしも発明のポイントではなく，あくまで物としての中心機能である。

47

2節　機械系明細書の書き方　＜理論編＞

　図37（46頁）に示した椅子の例では，「人が座る」といった椅子の中心機能を有する「座部」を基準要素とした。背もたれに発明のとしてのポイントがあったとしても，椅子としての中心機能を有する座部から説明を始めるべきであろう。

　分解ステップ（11頁〜）で例に挙げたビールジョッキであるならば，「ビールを保持する」といったジョッキの中心的機能を有する「容器」を基準要素とすべきであろう。

　タービン等の回転機械であれば，「回転」という機能から「回転軸」を基準要素とすることができる。なお，「扇風機」の場合には，回転機械ではあっても首振りによって回転軸の姿勢が変化する。このような場合は「回転軸」を基準要素とすべきではない。扇風機の場合，床面に設置される台座があるため，「基礎」の観点からは，この台座を基準要素とすることができるであろう。

③大部分：物の大部分を占める部分
　物の大部分を占める部分を先に把握すれば，物全体の概要を把握することが容易になるであろう。

　特にパッと見たところで物の外観をなす部分は，この観点からの基準要素の候補となる。家庭用エアコンの化粧パネルを基準要素とすれば，その後の要素は化粧パネル内に収容されているとの説明から入ることができるであろう。種々の機械製品の外観をなす「ケーシング」，「ハウジング」を基準要素として説明を開始することも一策である。エンジンであれば，シリンダブロックが有力候補である。サスペンションであれば，シリンダであろう。

　分解ステップで例に挙げたビールジョッキは，容器の部分が全体の大部分を示す。よって，「中心機能」の観点とともに「大部分」といった観点からも基準要素は「容器」となる。その他，例えばラジエータの場合には，多数のチューブ及びフィンからなるコアが，「中心機能」，「大部分」双方の観点からの基準要素候補となるであろう。

④時系列
　最後は「時系列」の観点である。例えば，缶を製造するためのいくつか

の機構がある装置の場合，最上流の機構を基準要素とすべきであろう。その後に登場する機構を時系列とともに把握することができるため，機構の構成・作業手順の双方を観念することができ，装置全体の把握が容易となる。

　他，動作の順番が決まっている装置の場合には，最初に動作する要素を基準要素とすることができるであろう。

　以上のように主として４つの観点から基準要素を決定すればよい。同じ物でも観点を変えれば基準要素が変わってくるかもしれない。その後につながる要素への展開をシミュレーションし，最も説明しやすく，かつ，理解しやすい記述となると判断したものを基準要素とすればよい。

　なお，実施形態では，各要素の説明がすべて終了した段階で，物全体としての作用効果の説明に入る。この作用効果にスムーズに入るためには，発明のポイントとなる要素を作用効果の直前，すなわち，各要素の説明の最後に記載することも一策である。

　明細書作成者としてある程度経験を積んでくれば，「この物であればここからスタート」という形に自分の中でのスタンダードが確立されるであろう。

　各要素の説明を行う前には，基準要素を定めると同時にもう一点なさなければならないことがある。「基準方向」の選定である。

(3)　基準方向の選定

　機械系の明細書では，基準方向の選定が極めて重要である。基準方向があって初めて，各要素の形状・構造，姿勢，配置関係の説明がしやすくなる。電気系，化学系明細書にはあまり見られない機械系明細書の特徴でもあるだろう。

①物自体からの基準方向の選定

　物に対して絶対的方向が定まっている場合は，それを用いればよい。例えば，建築物は，上下方向が絶対的方向として定まっている。このような場合は，次頁の**図39**に示すように，上下方向及び水平方向を基準方向としてその後の説明をすることができる。上下方向は「鉛直方向」，「高さ方向」

と称してもよい。また，「水平方向」といっただけでは，方向は一方向に定まらず，水平面に沿うすべての方向を意味することになる。

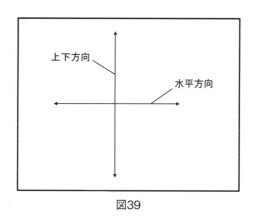

図39

　建築物以外にも，一般に重力があることが必須な物については，上下方向をベースとして他の基準方向を定めることができる。例えば，自動車，鉄道，建設車両等の車両ついては，**図40**に示すように，上下方向に加えて前後方向を規定することができる。さらに，前後方向に直交する方向を幅方向（車幅方向）と規定することもできる。車両以外でも前後方向，幅方向が観念できるのであれば，もちろんこのような方向を使用してもよい。

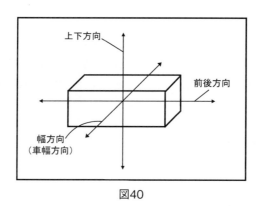

図40

なお，上記の「上下方向」，「水平方向」，「幅方向」，「前後方向」は，ある座標系での直線の傾きを表す概念であり，向きは一義的に定まっていない。すなわち，これらの方向は，2つの向きを含んでいる。上下方向は，上方向，下方向の2つの向きに分けることができる。前後方向は，前方向，後方向の2つに分けることができる。また，幅方向については，右方向，左方向に分けることができる。これらは，上下方向一方側（上方向又は下方向），前後方向一方側（前方向又は後方向），幅方向一方側（右方向又は左方向）と言うこともできる。

○○方向一方側と言えば，○○方向における互いに反対側を向く二方向のうち一方のみを表すことができる。例えば「Aの幅方向一方側に配置されたB」と言えば，BがAの右側にある場合，左側にある場合の双方を含むことになるだろう。「一方側」を規定すれば，反対側は「他方側」と規定することができる。概念的に物を表現する請求項では，「○○方向一方側」，「○○方向他方側」との表現が使用されることが多い。明細書中でも「○○方向一方側」，「○○方向他方側」と使用しても良いが，これらに対応する個別の方向（上方向，下方向等）で表現することが好ましい。その際，対応関係が不明確とならないように注意する必要がある。なお，外国出願を意識した場合，国によっては「一方側」，「他方側」との表現が不明確と判断される可能性もある。この場合の補正に備えて，「○○方向一方側」，「○○方向他方側」の具体的な個別の名称を明細書内に記載しておくことも一策であろう。

幅方向については「幅方向外側」，「幅方向内側」という言い方もできる。幅方向外側とは，車体の幅方向中央から右方又は左方に向かう方向である。幅方向内側とは，車体の右方又は左方から幅方向中央に向かう方向である。

例えば，船舶の分野では，上下方向を「船高さ方向」，前後方向を「船幅方向」，前後方向を「船首尾方向」と言う場合がある。水面上で姿勢が変化した場合を考慮し，絶対的な上下方向と区別したものである。車両関係でも，傾斜した道路を通行することを考慮すれば，絶対的な「上下方向」ではなく，例えば車体を基準とした「車体の高さ方向」等と規定してもよい。

2節　機械系明細書の書き方　＜理論編＞

　上下方向が定まっていない物，重力が必須でないものについては，原則として「上下方向」を使用すべきではない。この場合は，基準方向の規定に一工夫必要である。
　また，上記の例以外にもその物自体から観念できる方向も基準方向としてもよい。例えば，ドリルやリーマ等の工具のような長尺状のものであれば，「軸方向」，「延びる方向」，「先端側」，「後端側」等の方向を基準方向として用いることができるであろう。

②基準要素からの基準方向の選定
　各要素を説明する上で最初に登場するのは基準要素である。したがって，基準要素の形状，又は，基準要素の最初の小要素の形状に基づいて基準方向を定めてしまえば，その後の説明を円滑に行うことができる。
　例えば図41のように基準要素が面を有する場合，この面に基づいて基準方向を規定することができる。例えば,面の向く方向（面に直交する方向，面の法線方向）を基準方向とすることもできれば，面に沿う方向（面に平行な方向）を基準方向とすることができるであろう。面に沿う方向は，図39の「水平方向」同様に，互いに直交する第一方向，第二方向に分けることができる。主要な「面」さえ見出すことができれば，面に基づく基準方向の規定は容易である。

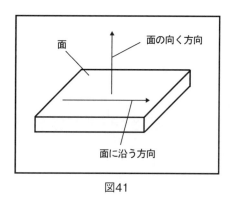

図41

　次に図42に示すような軸状の部材を基準要素とした場合について考える。軸状の部材には，円柱状，円筒状，棒状の部材等が該当する。このよ

うな軸状の部材は，この軸が延びる方向である軸方向を基準方向とすることができる。軸方向は，中心軸線にも沿う方向であるため，軸線方向と言うこともできる。また，部材の延びる方向と言うこともできる。

軸線を中心とした仮想円を基準として，「径方向」，「周方向」を規定することができ，これらもまた基準方向とすることができる。棒状の部材が円柱状をなしていれば，仮想円を出さずともこの部材自体の「径方向」，「周方向」ということもできるであろう。ここで出てきた「中心軸線」，「仮想円」はともに実体のないものである。この点，実体のある部材とは区別できるように明細書中に記載しておくことが好ましい。

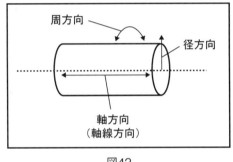

図42

軸方向については，図42の紙面左右方向を軸方向一方側，軸方向他方側と2つの方向に分けることができる。これらに第1軸方向，第2軸方向といった個別の名称を付与しても良いであろう。軸方向の両側の端面を第1端面，第2端面と名付ければ，第1端面側，第2端面側と称することもできるであろう。

周方向については，周方向一方側，周方向他方側と分けることができる。軸状の部材が軸線回りに回転しているのであれば，周方向を「回転方向」と言うこともできる。この回転方向を用いて，回転方向一方側（前方側），回転方向他方側（後方側）といった表現もある。

径方向についても径方向外側，径方向内側と分けることができる。径方向外側は外周側に向かう方向，径方向内側は内周側に向かう方向である。径方向外側，径方向内側を，単に「外周側」，「内周側」と称してもよい。

なお，基準要素のみに基づいて基準方向を決定するのみならず，2つの要素の相対位置関係から基準方向を選定する場合もある。例えば，図43に示すように，2つの要素が向き合っている方向，離れている方向を，「対向方向」又は「離間方向」としても良いであろう。

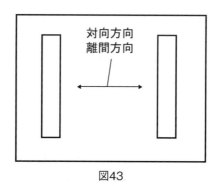

図43

また，いったん，基準要素を選定したものの，当該基準要素からは基準方向を見出すことが難しい場合がある。その場合には，基準方向の把握のしやすさの観点から基準要素の選定に立ち返ってみてもよい。

③対象物からの基準方向の規定
　物自体を構成する要素から基準方向を選択するのではなく，物が扱う対象に基づいて基準方向を選定することもできる。
　例えば，流体を扱う物であれば，図44に示すように，流体の流れ方向（流通方向）を基準方向とすることができる。流れ方向は，上流側，下流側の2つに分解することができるであろう。さらに，例えば空気を圧縮する圧縮機であれば，流れ方向上流側を「低圧側」，下流側を「高圧側」と称することもできるであろう。一方，流体により動力を得るタービンでは，圧縮機とは逆に，上流側が「高圧側」，下流側が「低圧側」となるであろう。

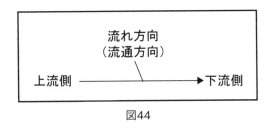

図44

　流体以外にも，例えばベルトコンベアで物品が搬送される装置であるならば，物品の「搬送方向」を基準方向とできるであろう。
　さらに，例えば有料道路の脇の料金収受機については，通路の延びる方向である「通路方向」を基準方向とすることもできるし，通路を通過する車両に関して「車両の進行方向」を基準とすることもできる。
　ただし，このような対象物に基づいて方向を規定した場合，物と対象物との相対関係が明確でない場合，基準方向が曖昧となる場合がある。また，発明特定事項ではない「対象物」は，審査段階で発明の要旨を認定する上で考慮されない場合がある。この場合，「対象物」に基づいて定めた基準方向も考慮されない可能性がある点，注意する必要がある。できれば，発明としての「物」単体として完結して説明できることが好ましく，この意味では可能な限り「①基準要素に基づく方向の規定」により基準方向を選定することが良いであろう。

(4) 各要素の説明
　次にいよいよ各要素の表現するための説明文を作成する。ここで用いる用語についても，名称付与ステップで説明した用語の解釈が適用される点に注意が必要である。
　各要素を説明する際には，「大から小の原則」を心がける。**図45**に示すように，当初はっきりしなかった要素が徐々に鮮明となり，最終的にははっきり見えるようになるまでが理想的な説明である。このイメージを忘れないで欲しい。

2節 機械系明細書の書き方 ＜理論編＞

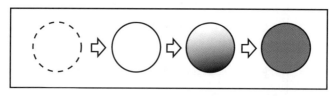

図45

　要素について説明するが必要な事項を大から小に順番に記載すると,「機能・役割 → 配置 → 材料・材質 → 具体的形状・構造」となる。この順序で記載することにより，上記イメージのように徐々に要素が具体化されるであろう。

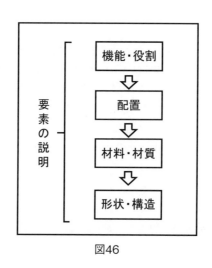

図46

①機能・役割
　要素の機能・役割を先に説明することで，当該要素の概要を把握することができるであろう。これにより後の説明する配置，材料・材質，形状・構造はこの機能を生じさせるための具体的構成となる。したがって，最初に機能を述べることにより，その後の説明が理解しやすくなる。
　なお，機能・役割は，例えば形状・構造の後に説明を行ってもよい。先に説明される配置，材料・材質，形状・構造の説明を受けた上で，これら

第1章　概論

によって要素の機能・役割が発揮されることが理解できるであろう。

　また，機能・役割の記載を省略することもある。以後の説明を読むことで自ずと要素の機能・役割を理解できるのであればこれもまた一策である。また，形状自体を説明すればよい小さい要素についても機能・役割の説明はしない場合が多い。

　さらに実施形態では，各要素の機能・役割の説明を要素個別の説明の際に行うことなく，物全体としての作用効果の説明の際に行うこともある。実施形態の「構成」の欄ではあくまで物の物理的構成の説明に特化する場合にはこの手法を採用することもあるだろう。

　なお，周知の要素については，機能・役割の説明のみでその後の説明を省略することもある。

　要素の機能・役割の記載の例としては以下のような記載がある。

「軸受は，回転軸を回転可能に支持する。」

「継ぎ手は，第一配管と第二配管とを連結する。」

「圧縮機は，導入される冷媒を圧縮する。」

「ラジエータは，エンジンを経由した冷却水を冷却する。」

「仕切り壁は，第一空間と第二空間とを区画する。」

「燃焼器は，圧縮空気に燃料を噴射して燃焼させることで燃焼ガスを生成する」

②配置

　次に要素の配置関係を説明する。配置の説明により，要素が装置全体のどの辺りにあるのか，又は，要素が前に出てきた要素との関係でどのような位置にあるのかが明確となる。これにより，特に，後に説明される形状・構造についてつながりが良くなるであろう。

　また，説明する要素について特に前の要素とのつながりを重要視するのであれば，機能・役割の前に配置を説明してもよい。

　最初に登場する要素である主要素の配置については，基準となるものがないとして省略するか，または装置全体の中でどの部分にあるのかを言えばよい。例えば，「AはX装置の下部を構成する。」との記載も配置の説明の1つであろう。

57

2節　機械系明細書の書き方　＜理論編＞

　2番目以降に登場する要素については，数珠つなぎの原則に基づいて，前に出てきた要素との位置関係を配置の説明として記載すればよい。例えば以下の記載がある。

「ラジエータは，エンジンの後方に設けられている。」
「油圧ポンプは，バッテリーユニットの車幅方向外側に設けられている。」
「シュラウドは，翼体の径方向外側に設けられている。」
「潤滑油供給部は，軸受パッドの周方向に離れて設けられている。」
「エンジンは船体の下部であってプロペラの前方に設けられている。」
「圧縮機は，ケーシングの内側であって電動機の上方に設けられている。」

③材料・材質
　物が材料をポイントとした発明でない場合であっても，物の材料・材質を説明することは物を理解する上で重要である。材料・材質を知ることによって，物の質感・重量感が把握される。これによって，より物の具体的なイメージが沸いてくるであろう。

「動翼は，Ni 基合金によって形成されている。」
「ビールジョッキは，ガラスによって形成されている。」
「ブロックは木材又はプラスチックから形成されている。」
「伝熱管は，銅等の熱伝導率の高い材料から形成されている。」

④形状・構造
　次に，要素の形状・構造についての説明を行う。形状・構造をどれだけ適切に説明できるかによって，機械系明細書作成者の熟練度が分かる。
　形状・構造を説明する際にも「大から小への原則」が活かされる。まず大きく概念的に述べて徐々に細部に入っていくことがポイントである。図47に示す部材Xを例に説明する。

第 1 章　概論

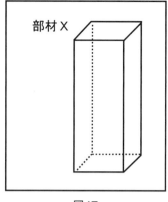

図47

ⅰ）包括的な表現

まず部材Xを大きく捉えて包括的に一言で表現してみる。部材Xを見たままの形状をそのまま言えば，「直方体」である。したがって，「部材Xは直方体状をなす」を表現することができる。

ここで，直方体の定義は，「すべての面が長方形で構成される六面体」である。そのため，図48の左に示す板状の形状ももちろん含まれる。また，長方形の概念には正方形も含まれ，すなわち，正方形は長方形の一種であることを考慮すると，図48の右に示す（正六面体）も直方体の概念に含まれることになる。

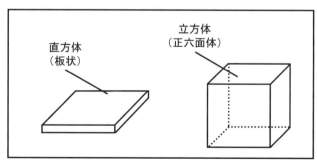

図48

要素の形状・構造を説明する際には、形状・構造を示す用語の射程範囲を正確に捉えなければ、意図しない形状・構造を含んだものとなってしまう点に注意が必要である。「直方体」との文言のみで満足してその後の説明をしなければ、形状・構造を適切に説明していないことになる。

また、部材Xをそもそも「直方体」と名付けてよいか否かについても検討する必要がある。他の形状・構造でも代替可能なのであれば、まずは直方体及び他の形状・構造を包含する表現を検討するべきであろう。請求項の記載はもちろん実施形態での記載も後々クレームアップする可能性がある以上、段階的な記載をしておいて方が有利となる。

例えば、部材Xが6つの面がある形状であればよいのなら「六面体」と名付けることができる。しかしながら、六面体と名付ければ、図49に示すような「凹六面体」も含まれることにもまた注意である。

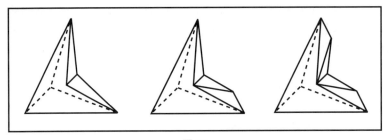

図49

部材Xの機能の観点から、部材Xが凹六面体であっても良いのならば、「六面体」という名称が適切であろう。一方で、部材Xの機能の観点から部材Xが「凸六面体」である必要があるのであれば「六面体」との名称は厳密には不適切である。正確性を期すならば「凸六面体」と名付けた方が好ましい。この文言を明細書中に記載していなければ、中間処理時に「凹六面体」が記載された引用文献が挙げられた場合、これとの差別化を図るべく「凸六面体」とする補正ができない可能性がある。その用語が含み得る意味を明らかにした上で用語を用いることが必要である。

なお、要素を端的に表す表現として、上記のような幾何学的な表現のみならず「かまぼこ型、松葉型、船型、鉤型」等、何等かの形態を模した形

状での表現がある。これらの場合，その形態から想起される形状は個人によっても左右され，曖昧な表現となってしまうことが多い。積極的に使用することは避けるべきかもしれない。また，上記表現の中には英訳ができないものもある。「コの字型」等もこれに含まれる。外国出願を意識するのであれば，避けた方が好ましいであろう。一方で，「U字型，T字型」等のアルファベットの形状を用いた表現は，形状がはっきりする上に英訳も可能なため，積極的に用いても構わないであろう。

ⅱ）具体的形状・構造の表現

当初規定した基準方向は，要素の形状・構造を説明する上で活かされる。**図50**に示すように，上下方向，幅方向及び前後方向を規定した直交座標系を用いれば，部材Xを「上下方向を長手方向とする直方体」と表現することができる。

「延びる」との文言から，部材Xの形状が想起されるであろう。この「延びる」は機械系明細書を作成する上で非常に便利な表現であるが，必ずしも「長手方向に延びる」との意味にはならない。あくまで「延びる」によって物がその方向に広がりがある程度の意味として考えた方がいいだろう。

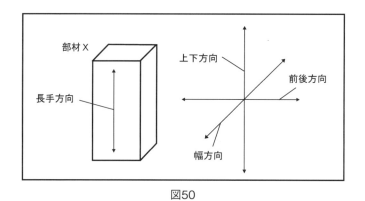

図50

部材Xをさらに細かく説明するために6つの面に分解したとすれば，各面についても方向を用いることで説明することができる。

例えば，**図50**の部材Xの右側の側面を第一側面とすれば，以下のように

2節　機械系明細書の書き方　＜理論編＞

説明できる。

　第一側面は前後方向一方側（後方側）を向く平面である。
　第一側面は，上下方向及び幅方向に延びる矩形状をなしている。
　第一側面は，上下方向を長手方向としている。

　一文目は，「第一側面は後方側を向く平面である。」としても良い。実施形態を記載する際には，「一方側」，「他方側」よりも具体的な「後方側」との表現の方が物の形状・構造を理解しやすい。
　これにより，第一側面の形状を明確に把握できるであろう。他の5面についても同様に記載することにより，部材Xの全体形状を精度高く想起できるようになるであろう。

　以下，基準方向を用いた表現の例をいくつか紹介する。
　図51の例は，最も基本型であり，部材が基準方向に広がりがある場合，「部材は基準方向に延びる」と表現する。なお，たまに「基準方向に沿って延びる」という表現を見かけることがある。方向は矢印で表されることが多いため，ついついこのように表現してしまう気持ちは分かるが，「沿って」の文言がなくとも意味は通じる。そのため，「基準方向に延びる」の表現で十分であろう。

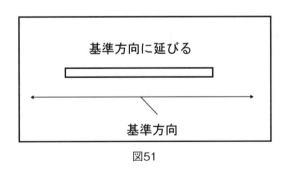
図51

　図52に示すように，部材が第一方向及び第二方向の双方に広がりがあ場合には，「部材は，第一基準方向及び第二基準方向に延びる」と表現する。

第1章 概論

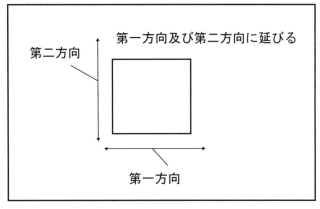

図52

　図53に示すように，部材が斜めに延びている場合には，「部材は，第一方向一方側に向かうにしたがって第二方向一方側に延びている」と表現する。ここでは，第一方向一方側が図の右方向を示し，第二方向一方側が図の上方向を示すものとしている。このように，傾斜を示す場合には互いに交差するに方向を用いる必要がある。
「傾斜」という表現を用いる場合には，何に対して傾斜しているかを明示する必要がある点に注意が不要である。
　斜めに延びることを表す表現としては，方向に加えて既に出てきた他の要素を用いて説明することもできる。例えば，「部材は，第一方向に向かうに従って部材Yから離れるように延びている」と表すことができるであろう。

2節　機械系明細書の書き方　＜理論編＞

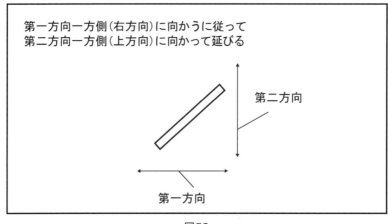

図53

　図54に示すように，凸部，凹部については例えば上方向を用いれば「上方向に凸部となる（突出する）」，「上方向に凹む（窪む）」と表現することができる。

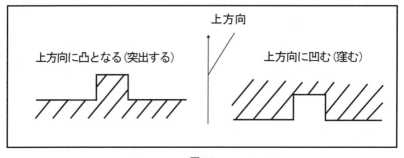

図54

　また，図55に示すように，基準方向とは別に基準点を導入して，この基準点に基づく説明を行う場合もある。基準点は，任意に設定した点であるが，要素の中心軸線，回転軸線等の軸線を基準点とすることが多い。例えば図55に示す円弧状の部材の場合，「部材は，基準点（軸線）の周方向に延びている」と表現することができる。なお，厳密には「点（軸線）」に

基づいて「周方向」は観念できないため,「基準点を中心とした仮想円の周方向」との表現の方が正確であろう。「基準点の周方向」という文言を請求項で用いた場合には,実施形態中に「基準点を中心とする仮想円の周方向」との文言を忍ばせておくことも一策かもしれない。

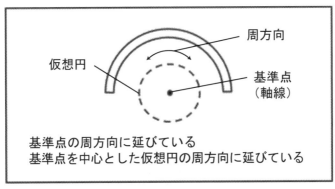

図55

　さらに,同じく基準点に基づく説明としては,図56に示すように,基準点回りに回転する部材がある。例えば,「部材は,基準点の径方向に延びている」と表現することができる。部材の姿勢が変わった場合,即ち,部材の回動角度位置が変わった場合でも,部材が径方向に延びていることは変わらない。したがって,部材の姿勢によらずに部材の形状を表現できる。なお,「基準点の径方向」との表現が気になるようであれば,上記同様,「基準点を中心とした仮想円の径方向」とすれば良い。
　部材がある範囲でのみ回動する場合には,「部材は,第一位置と第二位置との間で基準点回りに回動する」と表現することができる。なお,周方向は,部材の回動する方向となるため,「回動方向」とも表現することができる。

2節　機械系明細書の書き方　＜理論編＞

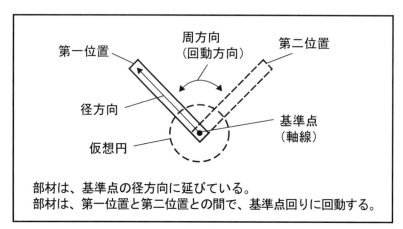

図56

　ここで紹介した形状・構造の表現方法は，基本となるごく一部のものである。これに限られず，数多くの明細書に触れることで種々の表現をマスターし，自らが担当する明細書に応用していくことが望ましい。

　以上のように，機械系明細書を作成するに当たっての基本事項を分解ステップ，名称付与ステップ，記述ステップに分けて説明した。理論編で述べた内容は，簡単な構造物から複雑な機械まで，あらゆる機械系明細書の作成に共通する基本事項である。3つのステップを指針として機械系明細書の経験を積み重ねることが，上級者への近道であると考える。
　3節の「機械系明細書の書き方＜実践編＞」では，理論編で説明した事項を踏まえながら特許明細書を一から作成する手順を説明する。

第1章 概論

3節　機械系明細書の書き方　＜実践編＞

（松沼　泰史・伊藤　英輔）

　この実践編では，前節の理論編で説明したことを踏まえて，実際に特許明細書を作成する。以下のような発明提案書があったとする。これに基づいて，一から検討を始め，特許明細書の完成を目指す。

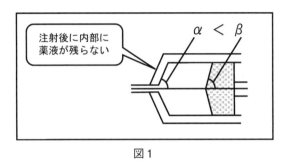

図1

1．特許明細書の基本型

　まず特許明細書の基本型を以下に示す。特許明細書の実質的内容は，大きく「特許請求の範囲」，「明細書前半部」，「明細書後半部」，「図面」に分かれている。明細書の前半部は，「発明の名称」から「発明の効果」までの発明の技術的思想を説明する部分であり。明細書の後半部は，技術的思想を具体化した実施形態を説明する部分である。

3節　機械系明細書の書き方　<実践編>

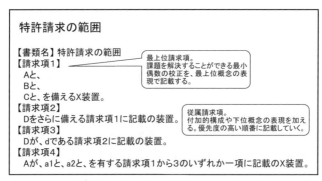

図2

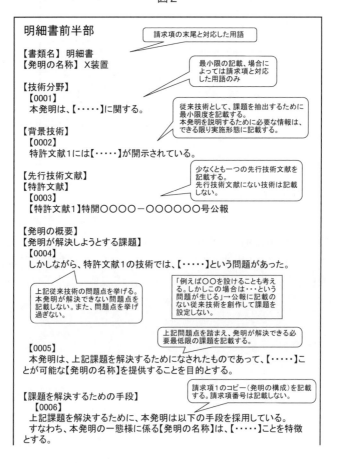

68

第1章　概論

【0007】
この構成によれば、【‥‥‥】できる。

> 発明の構成と効果とをつなぐ発明の作用を記載する。請求項の構成を利用して表現する。

【0008】
上記の【発明の名称】は、【‥‥‥】であってもよい。

> 以下、請求項2以下について、上記同様、構成・作用を記載する。

【0009】
この構成によれば、【‥‥‥】できる。

【発明の効果】
　【0010】
　本発明の【発明の名称】によれば、【課題の裏返し】することができる。

> すべての請求項で共通して主張できる効果、即ち、独立請求項で主張できる効果を記載する。課題の裏返しを記載することになる。

図3

明細書後半部

【発明を実施するための形態】
　【0011】
　以下、本発明の実施形態について、図1～図3を参照して説明する。
〈構成〉
　図1に示すように、本発明の実施の形態に係るX装置1は、
Aと、Bと、Cと、Dとを備える。
　【0012】
　Aは、a1と、a2と、a3とを有する。
a1は、【‥‥‥】。a2は、【‥‥‥】。
　【0013】
　Bは、【‥‥‥】。
　Cは、【‥‥‥】。
　【0014】
　Dはdである。
dは、【‥‥‥】。

> 発明の実施形態を詳細に記載する。
> 構成、作用、効果の順に記載する。
> 請求項での記載、課題を解決するための手段での記載は、実施するレベルの表現に落とし込み、より詳細に説明する。最初に大きな全体構成を書き、その後に各構成要素を記載する。

〈作用〉
　【0015】
　上記構成のX装置では、【‥‥‥】。

> 上記の構成から導かれる作用（メカニズム）を記載する。

〈効果〉
　【0016】
　したがって、実施形態のX装置によれば【‥‥‥】することが可能となる。

> 上記の作用（メカニズム）によってもたらされる効果（請求項毎）を記載する。

〈なお書き〉
　【0017】
　以上、本発明の実施の形態について図面を参照して詳述したが、具体的な構成はこの実施の形態に限られるものではなく、本発明の要旨を逸脱しない範囲の設計変更等も含まれる。
　【0018】
　実施形態では、Dとしてdを用いた例について説明したが、Dとして例えば【‥‥‥】を用いてもよい。

> 特許請求の範囲のサポートを忘れない。

図4

69

2．特許明細書作成の手順

特許明細書の書類を作成する際には，まず事前検討として発明の把握及び発明の展開を行い，その後に特許明細書の書類の作成に入る。書類の作成順は，願書を除くと，特許請求の範囲，明細書前半部，図面，明細書後半部及び要約書となるであろう。特許請求の範囲から明細書前半部までに，発明の技術的思想を一貫して書き上げる。その後，実施形態の構想・設計図ともなる図面を作成した後に，この図面に基づいて実施形態を書き上げる。技術的思想を整理した上で，発明の具体的内容となる実施形態に移ることで，書き手にとっても発明全体の整理・把握が容易となるであろう。

なお，特許請求の範囲を作成する前に，図面を作成することもある。複雑な発明の場合には，発明を把握する上で有効であるが，図面に引っ張られて技術的思想を縮小して把握しないように注意することが必要である。

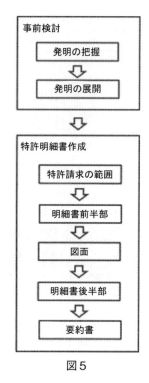

図5

3．発明の把握

　まず発明の把握を行う。特許明細書作成の入口となる発明の把握が不十分であれば，その後の発明の展開は実効性無きものとなってしまうばかりか，出来上がった明細書も自社の製品を守るものとはならない。特許権取得の最終目的は特許権により事業を有利に進めることである。保護すべき発明を誤って捉えてしまえば，特許権を取得しても事業には何ら役に立たないだろう。保護すべき発明の適確な把握は，自社の事業強化の出発点なのである。

　この発明の把握のステップでは，発明の提案書や発明者の口頭での説明にしたがって，「課題・構成・作用・効果」の４つの事項を把握する。これら４つの事項の把握により，発明の技術的思想を理解することができる。

　なお，「課題・構成・作用・効果」は，この場面のみならず，特許調査を行う際や拒絶理由で引用された特許公報を読む際など，発明に触れる際には常に意識しなければならない事項である。ある程度の熟練者ならば，発明に接する度に無意識に上記４つの事項の把握を行っているはずだ。特許実務を行う上で，特に初心者は，「課題・構成・作用・効果」を常に意識することを忘れないで欲しい。

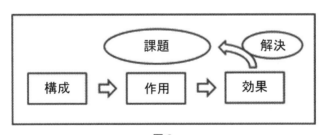

図６

(1) 課題

　発明の課題の把握は，「何が発明か」を理解する上での出発点である。発明の課題を端的に言えば，従来技術の問題点・デメリットである。

　「審査基準」における「進歩性における留意事項」には，課題に関して以下の記載がある。

3節　機械系明細書の書き方　＜実践編＞

「請求項に係る発明の解決すべき課題が新規であり，当業者が通常は着想しないようなものである場合は，請求項に係る発明と主引用発明とは，解決すべき課題が大きく異なることが通常である。したがって，請求項に係る発明の課題が新規であり，当業者が通常は着想しないようなものであることは進歩性が肯定される方向に働く一事情になり得る」

　すなわち，課題が新規であればあれば，それが特許取得に大きくプラスに働く。よって，課題は発明の一部と捉えるべきであり，慎重，かつ，適確に把握されるべきである。

　明細書には先行技術調査によって抽出した本願発明に最も近い公知技術を記載し，その公知技術を基礎として課題を設定する。しかしながら，当初把握すべき発明の課題は，必ずしも明細書に記載する課題と一致しない。当初の段階では，発明者による発明の着想のプロセスを理解すべく，発明者が考える課題を把握することが大切である。発明者がどのような問題意識を持っていたのか，発明者がどのようなことを目指して発明に至ったのか，明細書作成者がこれらを理解することが発明の本質を把握する第一歩となる。もし，発明者による発明完成までの思考のプロセスを無視して当初から客観的な先行技術（多くの場合，発明者自信が把握していない公知文献）との対比で課題を把握してしまえば，発明の本質を見落としてしまう可能性がある。

　今回例に挙げた注射器は，注射後に薬液が残ってしまうことを懸念して着想されたものであった。すなわち，従来の問題点は，「注射後に薬液が内部に残留してしまう」ことである。課題は問題点の裏返しである。そのため，ここで設定される課題は，「薬液の残留を抑制する」といったことになる。

第1章　概論

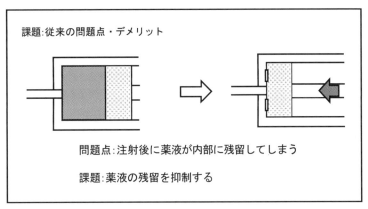

図7

(2) 構成

　発明の課題を把握した後に，発明の構成を把握する。発明の構成は，課題を解決するために必要な形状・構造である。ここで把握する発明の構成は，従来技術との形状・構成上の差分ともなる。

　形状・構成が従来技術と同じであれば，新規性のない発明となる。また，形状・構成が同じであれば，両者ともに同じ課題を解決できてしまうはずである。すなわち，従来技術でも今回の課題を解決し得たことになってしまう。

　今回の例では，**図8**に示すように，従来技術はA面，B面ともにフラットな形状であった。これに対して，本願発明では，A面とB面とをともにテーパ状に形成し，かつ，B面のテーパ角度βをA面のテーパ角度αよりも大きく設定している。この構成が，従来技術との差分であり，課題を解決するために必要な形状・構造になる。

3節　機械系明細書の書き方　＜実践編＞

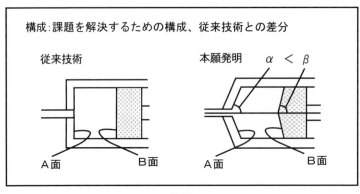

図8

(3) 作用

　発明の作用は，把握した構成から生じる動作・原理である。発明は技術的思想であるため，構成から出発して自然法則を軸とした作用が発生する。それは，特定された構成から自ずと発現される動作であったり，目的を達成するために当該構成に内在された原理であったりする。複数の作用があれば，各作用を把握しながら，どの作用が最も本発明の本質に近いか，どの作用を主軸とすれば進歩性の主張をしやすいのかを検討する。

　「構成の技術的意義は何か」といった言葉をよく耳にするが，これは「構成からどのような作用が導き出されるか」ということに尽きる。何ら作用が導き出すことができなければ，当該構成は設計事項の範疇に留まる。作用は，発明の本質が明瞭に現れる部分であり，進歩性のハードルを乗り越えるための有力な根拠となる。作用をいかに捉えてどのように記載するかは，明細書作成者の力量にかかっている。

　今回の注射器の提案書に「B面のテーパ角度がA面のテーパ角度よりも大きいので薬液が残らない」とだけあったとする。この場合に，当該記載と図面からどこまで深く入り込んだ作用を説明することができるであろうか。もし「これ以上書くことがない」との結論であれば，作用を記載する能力が相当不足していると言わざるを得ない。より突っ込んだ説明をすれば，この注射器の作用の記載は以下のようになる。

　患者の患部に対して注射を行う際にB面を有する部材が押し込まれると，B面の径方向外側の部分のみがA面に対して接触する。その後，さら

にB面を有する部材が押し込まれると，ゴムから形成されたB面を有する部材が<u>変形することで，B面がA面に対して径方向内側に向かって徐々に接していく。</u>すなわち，B面のA面に対する接触面積が，径方向外側から内側に向かって徐々に広がっていく。その結果，<u>薬液は，径方向外側から内側に絞り込まれるように押し出され移動する。</u>そして，中央に形成された孔から薬液が外部に排出される。

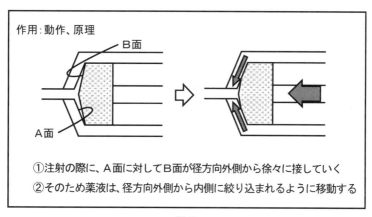

図9

(4) 効果

　発明の効果は，作用から生じる発明の最終的な目的であり，最初に把握した課題の裏返しの内容でもある。この効果があればこそ，発明は単なる構成の羅列ではなく，所定の目的を達成するための思想となり得る。

　上記作用にて，薬液が径方向外側から内側に絞り込まれるように移動するとの作用を見出した。これにより，薬液の逃げ道が確保されることとなるため，薬液の残留が抑制される。これが発明に係る注射器の効果となる。

3節　機械系明細書の書き方　＜実践編＞

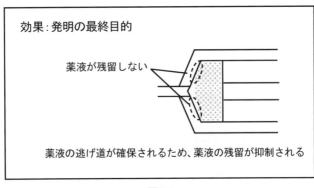

図10

　以上のようにしてまずは発明の課題，構成，作用，効果を把握する。これにより，発明の技術的思想を整理できたことになり，構成を出発点として作用・効果が生まれ，これにより課題を解決するという図式が自ずと浮かび上がる。発明に係る注射器についてまとめた課題・構成・作用・効果を図11に示す。

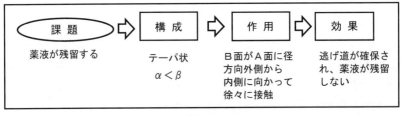

図11

　なお，上述した発明の把握では，発明者の考える従来技術を公知技術としており，発明の課題も当該従来技術を基礎として設定している。この段階で，従来技術の妥当性を検討する。従来技術が公知化されていない未公開の技術である場合，発明の課題の基礎となる従来技術としては不適格である。この場合，先行技術調査によって見出した公知技術との対比の上で課題の再設定を行う必要がある。
　また，発明者の考えている従来技術が公知文献に記載のものであったと

しても，当該従来技術よりもより近しい公知技術があれば，この公知技術を従来技術として課題の再設定を行った方が良いであろう。

課題を再設定した場合には，これに基づいて構成，作用，効果も再設定する必要がある。

4．発明の展開

発明の把握の後に「発明の展開」を行う。この発明の展開によって，発明をより広く強いものに仕上げていく。発明者からのヒアリングでもこの発明の展開に重きを置きたい。その意味では，できれば事前資料によってある程度，発明を把握した上でヒアリングに臨むことが好ましいであろう。

発明の展開は，「水平展開」，「上方展開」，「下方展開」の3つのステップに分けられる。この3つの展開こそ明細書作成者の一番の腕の見せ所であろう。

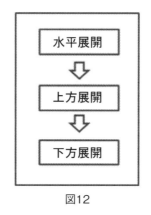

図12

(1) 水平展開

水平展開では，把握した発明（オリジナル技術）の代替技術としての構成を検討する。代替技術とは，オリジナル技術と同様の作用を奏し得る構成である。よって，「発明の把握」の段階で見出した作用効果を足掛かりに，代替できる構成にアプローチしていけばよい。

この水平展開は，後に行われる上方展開の足掛かりとなるのみならず，

3節 機械系明細書の書き方 ＜実践編＞

競合他社の迂回策を封じる意味で非常に重要である。したがって，競合他社であればどのように本願発明を迂回するか，どのように模倣してくるかを客観的に検討しながら，本願発明の代替技術を綿密に検討していく必要がある。

水平展開を行う際には，製造上のコストや実現可能性を踏まえると視野が狭くなる場合がある。即ち，現時点では実施可能性がない構成については，検討対象から外れてしまう場合がある。しかしながら，特許権が出願から20年もの間存続することを考えれば，現実の実施可能性に捉われることなく，将来を見越して柔軟に代替技術を提案することが好ましいであろう。

なお，水平展開をして一部の構成を代替手段に置き換えた場合に，その全体構成として従来技術そのものとなってしまった場合，もはや当該構成は発明の内容に含めることはできない。即ち，水平展開の限界として，代替した構成を含む構成全体が従来技術と同一とならないように注意しなければならない。

それでは，今回の注射器について，水平展開を行ってみる。この注射器の作用は，端的に言えば「Ｂ面がＡ面に対して径方向外側から径方向内側に向かって徐々に接していく」ということである。この点から，代替構成を検討すると，図13に示すように，オリジナル技術P1に加えて代替技術P2，P3，P4，P5の構成を見出すことができる。

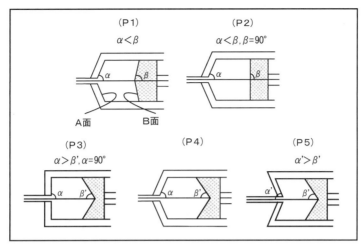

図13

　代替技術P2は，A面をテーパ面としつつ，B面を平面とした構成である。これによっても，本注射器の作用効果を得ることができる。これまでの技術と比べて，A面の形状のみを変えればいいので，製造設備の変更が容易である。一方で，オリジナル技術Xに比べて，構成上は従来技術（A面，B面がともに平面）に近づいてしまう点に留意しなければならない。

　代替技術P3は，A面を平面とし，B面を注射器の後端側に向かうにしたがって径が小さくなるテーパ面とした。

　代替技術P3は，A面を注射器の先端側に向かうにしたがって径が小さくなるテーパ面とする一方，B面を注射器の後端側に向かうにしたがって径が小さくなるテーパ面とした。

　代替技術P5は，A面，B面を，注射器の後端側に向かうにしたがって径が小さくなるテーパ面とした。さらにA面のテーパ角度α'をB面のテーパ角度β'より大きく設定した。

(2) 上方展開

　水平展開の後に上方展開を行う。上方展開のステップでは，次頁の**図14**に示すように，オリジナル技術P1と水平展開をして見出した代替技術P2，P3，P4，P5とを，上位概念Gでくくることを試みる。

3節　機械系明細書の書き方　＜実践編＞

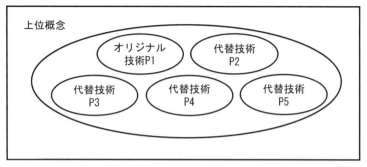

図14

　この上位概念化は，本章の2節＜理論編＞で何度も登場した「機能的視点」，「構造的視点」の双方でアプローチする。「上位概念化」と言っても，1つの概念のみで括って満足するのではなく，段階的な概念で括ることが好ましい。即ち，最上位概念と具体的な製品との間の中位の概念も見出すことが好ましい。一般的に機能的視点で捉えた方が構造的視点で捉えるよりもより広い概念となる。そこで，まずは機能的視点での上位概念化を試みる。

　機能的視点で大きくとらえれば，オリジナル技術P1，代替技術P2，P3，P4，P5の上位概念は，「B面を有する部材を押したときに，B面がA面に対して径方向内側に向かって徐々に接していく」といった点になるであろう。これは，水平展開をする際の足掛かりとなった本注射器の作用そのものに他ならない。

　ここでいったん止まって考えて欲しい。もしこの上位概念「B面を有する部材を押したときに，B面がA面に対して径方向外側から径方向内側に向かって徐々に接していく」と請求項に特定した場合，これは発明を作用そのもので特定したこととなる。この作用そのものの記載だけを見て，本注射器の具体的な形状・構造を頭に思い浮かべることができるであろうか。

　図15に示すように，発明は複数の発明特定事項から構成されており，各発明特定事項には必ず何等かの機能がある。これら機能が複合されることによって初めて発明全体としての作用が生じる。発明特定事項を機能的に表現することは，ある程度注意さえすれば許容される。しかしながら，発明全体としての作用のみを機能的に特定する請求項は，いわゆる願望ク

レームと呼ばれ，具体的な形状・構造を想起できない以上，サポート要件違反になる可能性が高い。また，外国出願を意識した場合，特に米国では当該記載自体を無視されて審査される可能性が高いであろう。そのため，機械系明細書の請求項の特定事項としては好ましくない。

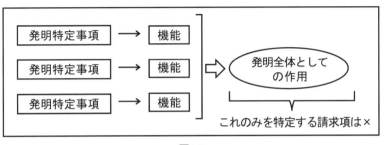

図15

そこで，構造的視点からの上位概念を試みる。機能的視点で捉えた上位概念である「B面を有する部材を押したときに，B面がA面に対して径方向内側に向かって徐々に接していく」を実現するための構成としては，例えば「径方向外側から径方向内側に向かうにしたがって，A面とB面との間隔が大きくなる」であろう。すなわち，図16に示すように，A面とB面との径方向外側の部分での間隔L1よりもA面とB面との径方向内側での部分での間隔L2が長い点が，構造的視点からの上位概念となる。これば，オリジナル技術P1，代替技術P2，P3，P4，P5でもいえることである。

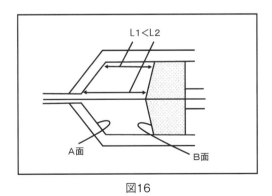

図16

3節　機械系明細書の書き方　＜実践編＞

　続いて，中位の概念で括ることを検討する。オリジナル技術P1，代替技術P2，P3，P4，P5の5つを挙げたものの，実際に注射器を使用する際には，A面が先端側に向かってテーパ状をなしていることが好ましいとの知見があった。即ち，A面がこのようなテーパ状をなしていることにより，薬液はA面を案内面として径方向内側，かつ，先端側に案内される。これによって，薬液をスムーズに孔に導入することができる。よって，中位概念として，上記上位概念に加えて「A面が先端側に向かって径が小さくなるテーパ状をなしている」といった限定事項を追加した表現で，オリジナル技術P1，代替技術P2，P4を括ることができる。

　なお，代替技術を検討したことで，オリジナル技術P1のさらなる利点も見出すことができる。オリジナル技術P1では，A面に加えてB面も先端側に向かうにしたがって径が小さくなるテーパ面とされている。よって，A面，B面のそれぞれが薬液を径方向内側，かつ，先端側に案内する案内面として機能する。これによって，孔への薬液の導入がよりスムーズになる。

　以上から，水平展開，上方展開を踏まえると，本発明の技術的思想は**図17**に示すように段階的にまとめることができる。なお，中位概念を構築する場合，上位概念とは独立した作用効果を認める必要がある。これによって，中位概念が技術的思想として成立し，請求項に記載する意義が出てくる。何ら作用効果がない中位概念であれば，上位概念と変わらない技術的思想に留まる。本注射器では，上位概念が発明の本質としての「薬液を径方向内側に向かって押し出す」といった作用効果を奏し，中位概念はこれに加えて「さらに薬液を先端側に案内する」といった作用効果を奏する。複数段階の概念を見出す際にはこの点を注意して欲しい。

第1章　概論

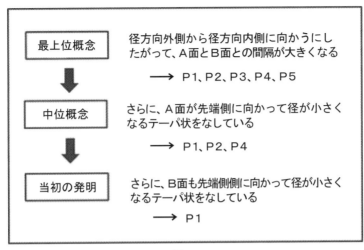

図17

(3) 下方展開

水平展開・上方展開の後に，下方展開を行う。この下方展開は，水平展開，上方展開で展開した内容に基礎をして，発明の内容を具体化・深化させるものである。

この下方展開は，例えば大きく以下の2つの観点から検討すればよい。

①作用効果の観点

提案された発明の作用効果に着目し，発明を実施する上で当該作用効果を適切に奏するために必要となる構成を検討する。

今回の注射器の場合，「B面がA面に対して径方向内側に向かって徐々に接していく」という作用効果を適切に奏するためには，B面がA面に追従するように弾性変形する必要がある。そのため，B面を有する部材は，従来に比べてより変形し易いものとする必要がある。

この点について，例えばB面を有する部材を従来よりも剛性の低い材料から形成することを検討しても良いであろう。この場合，請求項に「従来よりも剛性の低い材料で形成されている」と記載することはできない。そのため，具体的な物質名を挙げる必要がある。なお，B面を有する部材は，通常，薬液に対して耐食性の高いブチルゴム等の医療ゴムから形成されて

3節　機械系明細書の書き方　＜実践編＞

いる。医療ゴム及びその種類は既に公知であるため，結局は限られた種類の中からの材料の選択になってしまう。今回はその点を懸念して，材料の観点からの模索は断念するとしよう。

　一方で，構造の観点からB面を有する部材の剛性を低くすることを考える。単純に剛性を低くするのであれば，例えばB面を有する部材を中空構造としても良いであろう。これによってB面を有する部材を従来に比べてより変形し易くすることができ，「B面がA面に対して径方向内側に向かって徐々に接していく」という作用効果をより適切に奏すると言うことができるだろう。

　次にA面，B面の最適なテーパ角度について検討する。本発明の場合，A面のテーパ角度αとB面のテーパ角度βとの差が小さ過ぎてしまえば，又は，大き過ぎてしまえば，作用効果を適切に奏することができないかもしれない。さらに，A面のテーパ角度αとB面のテーパ角度βの値自体，実際の設計上，適切なものがあるだろう。このような事情を踏まえて，例えば，「A面のテーパ角度αが50～70，B面のテーパ角度βが60～80°であって，テーパ角度αとテーパ角度βとの差が10～20°」といった限定を加えることとしよう。

　なお，従来技術との差が数値のみである「数値限定発明」の場合，その数値の範囲のみで顕著な効果，又は従来技術では見られない異質な効果があることを裏付けない限り，進歩性のハードルを越えることはできない。今回の注射器の数値限定は，「A面とB面とのテーパ角度が異なる」といった従来技術にはなかった新たな構成があった上での数値限定である。このような数値限定は，発明の作用効果を奏するための前提である場合もあれば，発明の作用効果をより適切に奏するための技術事項である場合もあり，請求項化する意義は十分にある。

②新たな課題の観点
　今回の発明により新たに生じ得る課題を見出し，当該課題を解決する構成を検討する。発明が新しい構成をなす以上，その構成によって何等かの技術的課題が発生している可能性がある。
　今回の注射器では，B面を有する部材を弾性変形させてB面をA面に密着させている。そのため，注射が完了した後にB面を有する部材が弾性に

84

よって注射器の後端側に後戻りをしてしまう可能性がある。そのため，例えば注射針が患者の患部に刺さった状態であれば，患者の血液が注射器内に逆流してしまう可能性もある。これは，今回の注射器であるが故に生じた課題と言うことができる。この新たな課題に対して，「B面を有する部材を後戻りさせない構成」について検討することができるであろう。

　新たな課題を発明者に提案することは，新たな発明の種を提供することである。これをインスピレーションとして新たな発明に完成に至ることも多い。そのため，提案された発明が抱える課題があれば，積極的に提案することが好ましい。

　今回の例の「B面を有する部材を後戻りさせない構成」については，今回の明細書の内容には含めずに発明者の今後の検討事項とするに留めることとしよう。

　その他，発明の多面的な保護を図るべく，物の発明であったらその製造方法について検討しても良いであろう。また，駆動部があるのであれば，制御方法やプログラムについても検討することができる。

5．特許明細書の作成準備

　発明の展開の後に，特許明細書の実際の作成に入る。多くの場合，ここからが明細書作成者一人での実質的な作業になる。

　この時点で，発明である注射器を各要素に分解するとともにこれら要素に名称を付与する。

　注射器の全体構成は，図18のようになる。

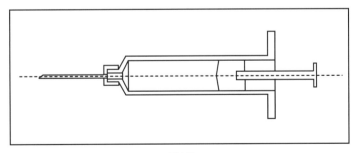

図18

これを主要素に分解する。この注射器は複数の部品から構成されている。注射器を部品単位で分けると，**図19**に示すように，要素A，B，C，Dの4つの部分に分けることができる。ここでは，Aを「注射器本体」，Bを「ガスケット」，Cを「プランジャ」，Dを「注射針」と名付ける。なお，要素Aは注射器本体の他にも「シリンジ」，「注射筒」等の技術用語があるが，注射器の主要な部分であるため，特許的には「注射器本体」で十分である。B，C，Dについては，技術用語をそのまま用いた。

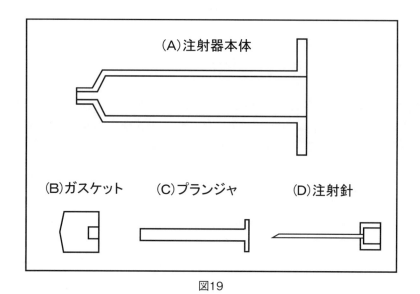

図19

　続いて，A：注射器本体を小要素に分解して名称を付与する。注射器本体を大きく構造的に分けると，次頁の**図20**に示すように，A1：筒状の部分，A2：筒の底を形成する部分，A3：先端の部分，A4：後端の張り出す部分に分けられる。これらは機能的にもそれぞれ独立している。A1は，薬液を収容するとともにガスケットを案内する部分となる。A2は，A1の端部を閉塞する部分であり発明のポイントの一部となる部分である。A3は，注射針を取り付ける部分である。A4は注射器を用いて注射をする際に指をかける部分である。ここでは，A1を外筒，A2を筒底部，A3を筒先部，A4を指掛け部と名付ける。A1は「筒部」でも十分な気がするが，注射器一般ではこのよ

うな名付けられることが多い。A2は，外筒の先端側の底となる部分構造的にそのまま筒底部である。A3は，外筒の先となる部分であるから筒先部である。A4は，指を掛ける部分であるから機能的に名付けて指掛け部である。

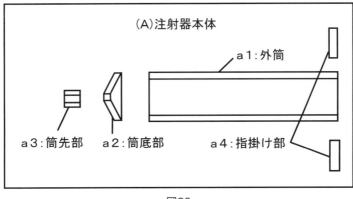

図20

　続いて小要素をさらに分解できないか検討する。この際，物が技術的に成り立つために必要な部分，発明として必要な部分を積極的に分解すべきである。
　a1：外筒については，少なくとも薬液の収容及びガスケットの案内を行う内側の面とこれに対応する外側の面とに分解すべきであろう。それぞれ，内周面，外周面と名付けることができる。(**図21**)

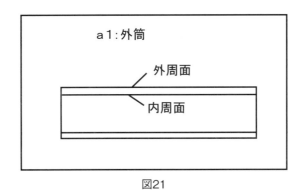

図21

3節　機械系明細書の書き方　＜実践編＞

　　a2：筒底部については，発明のポイントの一部でもあり，慎重に分解する必要がある。最も大事な部分は，ガスケットが当たる部分，即ち，外筒の前側の底となる部分である。この部分を筒底面と名付ける。また，薬液が注射針に導かれる孔を導出孔と名付ける。面と孔なので同一階層（a2の下位の要素）に位置させることができる。

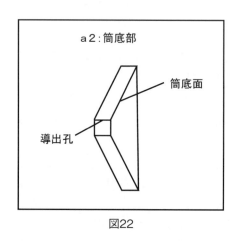

図22

　　a3：筒先部については，**図23**に示すように，内側の孔と外側の面とに分解する。内側の孔は，導出孔に連通しており薬液が流通する流路となる。導出路と名付ければ良いであろう。また，外側の面は，注射針が取り付けられるため，取付面と名付ける。

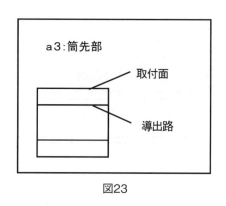

図23

続いて，B：ガスケットを小要素に分解する。（**図24**）ガスケットは，発明のポイントとなる前側の面を有している。これを基準に考えると，同一階層として面での分解が好ましい。各面に着目するとガスケットは，前側の面に加え，後側の面，そして，外筒の内周面に接する面に分解できる。これらをそれぞれ前端面，後端面，外周面と名付ける。また，後端面には凹んだ穴が形成されている。この穴はプランジャが取り付けられる部分となるため，取付穴と名付けることが適当であろう。

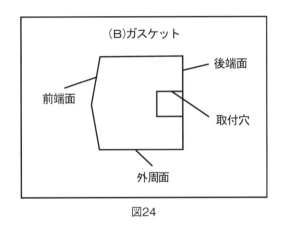

図24

同様に，C：プランジャを2つの部分に分け，ロッド，指押し部と名付ける。そして，D：注射針も2つの部分分けて，針管，針元と名付ける。

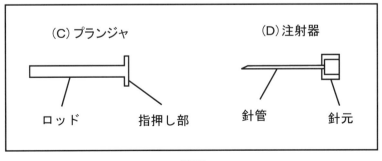

図25

3節　機械系明細書の書き方　＜実践編＞

　以上から，注射器の構成を階層的に示せば以下の通りとなる。

注射器　＝　{注射器本体，ガスケット，プランジャ，注射針}
　　注射器本体　＝　{外筒，筒底部，筒先部，指掛け部}
　　　　　　外筒　　＝　{内周面，外周面}
　　　　　　筒底部　＝　{筒底面，導出孔}
　　　　　　筒先部　＝　{導出路，取付面
　　ガスケット　＝　{外周面，後端面，取付穴，前端面}
　　プランジャ　＝　{ロッド，指押し部}
　　注射針　　　＝　{針元，針管}

　より分かりやすく構成ツリーで階層関係を示せば，**図26**に示すようにな
る。注射器を分解・整理された階層関係が，特許請求の範囲や実施形態を
作成する際のベースとなる。
　なお，この階層関係での各部材は，「数珠つなぎの原則」を意識した順
番で並べてある。注射器全体の図と構成ツリーを見比べてみると，各要素
が先の要素とつながるように並んでいることが分かるであろう。

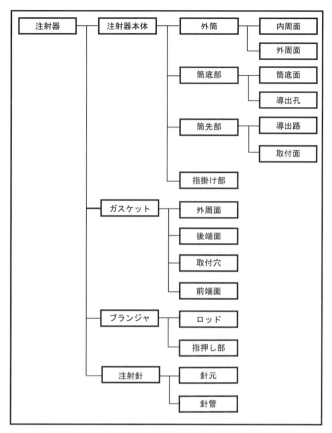

図26

6．特許請求の範囲の作成

　続いて特許請求の範囲を作成する。上記の発明の展開で請求項として挙げるべき事項の骨子は決まり，さらに発明に注射器を要素に分解して名称を付したことで，特許請求の範囲作成の材料は揃っている。後は，要素の中から発明特定事項を抽出して，これら発明特定事項同士の有機的関係が理解できるように文章をまとめる。

　ここで，数多くの要素の中からどれを発明特定事項として挙げるかが問題となる。基本的に挙げるべき発明特定事項は，「直接的な発明特定事項」

3節　機械系明細書の書き方　＜実践編＞

と「補完的な発明特定事項」の2つである。

・直接的な発明特定事項

　「直接的な発明特定事項」とは，発明としての作用効果を主張するために最低限必要な要素である。この要素を登場させることで初めて発明としての技術的意義が現れてくる。

　侵害訴訟時に被告が主張する抗弁の1つに「作用効果不奏功の抗弁」がある。これは「侵害品とされる物が特許明細書に記載された作用効果を奏しない場合には，特許発明の技術的範囲に属しない」とするクレーム解釈論に基づく。このクレーム解釈論に基づけば，発明特定事項として発明の作用・効果を奏するために必要な要素を挙げることは当然である。

　この直接的な発明特定事項は，先行技術との相違点となる要素となる。直接的な発明特定事項として挙げたもの全てが先行技術に開示されてしまっていれば，もはや新規性の無い発明となってしまう。

　今回の注射器の例でいえば，直接的な発明特定事項となる要素は，「筒底部の筒底面」と「ガスケットの前端面」とである。これらの間隔が径方向外側から径方向内側に向かうにしたがって短くなることが，発明の最上位概念であった事を思い出して欲しい。

・補完的な発明特定事項

　上記の直接的な発明特定事項を挙げたことで満足してはならない。請求項を完成させるためには，直接的な発明特定事項に加えて「補完的な発明特定事項」を挙げる必要がある。

　「補完的な発明特定事項」とは，発明を物として成立させるために必要な要素である。直接的な発明特定事項だけでは，発明として物を把握することができない。そのため，この補完的な発明特定事項を加えることにより，発明を物として成立させる。

　補完的な発明特定事項を挙げる方が直接的な発明特定事項を挙げることよりも難易度は高い。機械系以外の技術分野の明細書作成者でも，発明の押さえ方さえ理解していれば，直接的な発明特定事項は抽出しやすいであろう。しかしながら，この直接的な発明特定事項のみを挙げたとすれば，

第1章 概論

各要素が宙に浮いてしまい有機的結合が不完全となる。また，補完的な発明特定事項を挙げ過ぎてしまえば，不用意に限定された請求項が出来上がってしまう。補完的な発明特定事項を抽出する際には，請求項に無用の限定を加えないように注意深く選び出す必要がある。発明を実施する際に必ず登場する発明特定事項は，無用な限定事項とならない。（**図27**）

```
┌─────────────────────────────────────────┐
│  ┌──────────────────────┐                │
│  │ 直接的な発明特定事項 │                │
│  └──────────────────────┘                │
│      ⇨ 作用効果を主張するために最低限必要な要素 │
│  ┌──────────────────────┐                │
│  │ 補完的な発明特定事項 │                │
│  └──────────────────────┘                │
│      ⇨ 発明を物として成立させるために必要な要素 │
└─────────────────────────────────────────┘
```

図27

　今回の注射器について，補完的な発明特定事項を考えてみる。「筒底部の筒底面」に「ガスケットの前端面」が接触するためには，これらの相対的な姿勢を維持しながらガスケットを案内する必要がある。そのため，「注射器本体の外筒」は必要になるであろう。さらに，本注射器は，筒底部の筒底面にガスケットの前端面が径方向外側から内側に向かって徐々に接触することで，薬液の逃げ道が確保されるものであった。この最終的な逃げ道として薬液を排出するためには，「筒底部の導出孔」が必要になってくる。また，これら外筒及び導出孔は，注射器を実施する上では必ず必要になる要素である。そのため，補完的な発明特定事項として間違いないであろう。

　では，その他の発明特定事項はどうであろうか。大きな要素としては「プランジャ」と「注射針」が残っている。これらがなければ，実際に注射器を使用することはできない。すなわち，プランジャでガスケットを押し込むことで薬液が排出されるし，注射針があることで患部への薬液の注入が可能となる。その意味では，発明の実施する際には必ず登場する発明特定事項のようにも思える。

　しかしながら，ここで発明の「実施」の定義について思い出して欲しい。特許法第2条第1項には，発明の「実施」について以下のように定義され

3節　機械系明細書の書き方　＜実践編＞

ている。

　「物（プログラム等を含む。以下同じ。）の発明にあっては，その物の生産，使用，譲渡等（譲渡及び貸渡しをいい，その物がプログラム等である場合には，電気通信回線を通じた提供を含む。以下同じ。），輸出若しくは輸入又は譲渡等の申出（譲渡等のための展示を含む。以下同じ。）をする行為」

　すなわち，実施には，「使用」のみならず「生産」や「譲渡」等も含まれる。したがって，補完的な発明特定事項を抽出する際には，「生産」や「譲渡（販売）」の形態についても検討しなればならない。

　注射器の場合，主要素となる注射器本体，ガスケット，プランジャ及び注射針が１つの業者によって一貫して製造される場合もあるが，部品ごとに異なる業者によって製造される場合もある。

　また，注射器の種類として，薬液が当初から外筒の内に封入されたプレフィルドシリンジというものもある。この場合，外筒及びガスケットによって薬液が封止された状態の物が市場を流通することになり，医療現場で初めてプランジャ及び注射針が取り付けられて注射器が完成する。

　したがって，これら生産・販売の形態を検討すると，生産者・販売者の被侵害品に対して直接侵害を主張するためには，プランジャと注射針は補完的な発明特定事項として挙げない方が好ましいと考える。また，本発明の作用である「ガスケットを押した際に，ガスケットが筒底面に対して径方向外側から径方向内側に向かって徐々に接触すること薬液が導出孔に導入される」といった本発明の作用を説明するに当たっても，プランジャ及び注射針を出さなくても説明は可能であろう。したがって，プランジャ及び注射針は，「補完的な発明特定事項」から除外しても構わないであろう。

　補完的な発明特定事項を選定して請求項に記載する際に，もう一点注意する事項がある。それは，競合他社の対応製品を意識しての記載である。例えば，自社の注射器本体は一体的に樹脂成型した構成であるのに対して，競合他社の注射器本体は，図28に示すように，ガラス製の外筒の先端に樹脂製の部材を嵌め込むことで構成されたものであったとする。この場合，競合他社の注射器にも本発明を適用することが可能であるならば，この注

射器も包含する請求項を作成する必要がある。すなわち，競合他社の注射器も包含できるように，補完的な発明特定事項から無用の限定を排除する必要がある。また，実施形態のなお書きでも，念のために，本発明が図28に示すような注射器にも適用可能である旨，付け加えておくことが好ましいであろう。

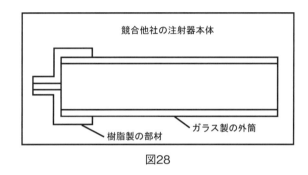

図28

ここで請求項のスタイルとして以下の3つがある。

・構成要件列挙型（と書き）
　　Aと，
　　Bと，
　　Cと，を備える装置。

・ジェプソン形式（おいて書き）
　　Aと，
　　Bと，を備える装置において，
　　Cを備える装置。

・流し書き
　　AにBを設け，BにCを設けた装置。

構成要件列挙型は一番単純そうに見えるが，初心者にとっては一番難しいスタイルである。発明特定事項（侵害訴訟時の構成要件）の区切れが明

3節　機械系明細書の書き方　＜実践編＞

確であり発明の理解をしやすく，また，外国出願を見据えた場合に翻訳しやすいといった利点がある。

　ジェプソン形式は，「おいて」の前段に発明の前提となる構成を記載して，「おいて」の後段に発明の特徴部分を記載するといった2部形式のスタイルである。発明のポイントを理解し易い点で好ましいスタイルである。外国出願を見据えた場合，欧州や中国では請求項を2部形式で記載することが要求される。さらに「おいて」の前段に「従来の構成」，すなわち，「公知の構成」を記載し，発明の後段に「発明の特徴部分」，すなわち，「新規な構成」を記載する必要がある。しかしながら，各発明特定事項が公知か新規かは，拒絶理由で挙げられた引用文献との対比をしなければ客観的に把握することはできない。そのため，欧州や中国でも，当初は請求項を構成要件列挙型で記載し，挙げられた引用文献に応じて2部形式に補正することが好ましい。

　流し書きは，日本の特許明細書の請求項では古くから見られるスタイルである。比較的初心者にも書きやすいスタイルではあるが，現在はこのスタイルを選択する余地はない。「AにBを設け，…」といった具合に方法的な記載となるため，そのまま物の発明として翻訳すると不都合が生じる。そのため，翻訳するには，流し書きを構成要件列挙型に書き換える必要がある。また，文章の長文化を避けられないため修飾・被修飾の係り受けが曖昧となる場合があり，さらに発明特定事項の区切れが不明確となる場合もある。そのため，発明を一義的に把握できないことが生じ，権利解釈上，不利となるケースも生じ得る。

　よって，請求項は「構成要件列挙型（と書き）」で記載されることが最も好ましい。

　以上を踏まえて，まず請求項1を作成する。直接的な発明特定事項，補完的な発明特定事項として登場させるべき要素は以下の通りである。

　　　注射器本体　｛外筒（内周面），筒底部（筒底面，導出孔）｝
　　　ガスケット　｛前端面｝

　数珠つなぎの原則にしたがって，請求項1の骨子を作成する。今回の注

第1章　概論

射器では，主要素である「注射器本体」の「外筒」を基準要素とし，円筒座標系で方向を特定すれば後に出てくる要素の説明がしやすい。そのため，まずは外筒を登場させて，これにつながるように各要素を並べていく。

　　内周面を有する外筒と，筒底面及び導出孔を有する筒底部と，を有する
注射器本体と，
　　外周面及び前端面を有するガスケットと，
　　を備える注射器。

　ここで，本注射器の場合「注射器本体」の文言を出さなくても発明としては完成するし，記載が不明確ともならない。できるだけ余分な文言は排除してすっきりさせた方が好ましい。「注射器本体」の文言を排除すると請求項1の骨子は以下の通りとなる。

　　内周面を有する外筒と，
　　筒底面及び導出孔を有する筒底部と，
　　外周面及び前端面を有するガスケットと，
を備える注射器。

　続いて各要素を順に説明していく。最初に出てくる外筒については，円筒座標系の基準となる軸線を登場させるように記載すると以下のようになる。

　軸線に沿って延びる円筒状をなすとともに，内周面を有する外筒

　外筒の形状を包括的に「円筒状」と表現し，円筒の幾何学的形状から「軸線」を登場させている。
　なお，「円筒状」と表現すれば，「内周面」を有することは当然であり，この「内周面」をわざわざ登場させる必要はないとも考えられる。しかしながら，後のガスケットの説明で外筒との有機的結合関係を述べる際には，外筒の内周面が登場することになる。日本出願では，ガスケットの説明の

3節 機械系明細書の書き方 ＜実践編＞

際に初めて「外筒の内周面」が登場しても問題はない。しかしながら，米国出願を意識した場合，「antecedent basis」のルールに従った記載を行う必要がある。このルールは，「予め先行詞を宣言した上で要素の説明を行う」といったものである。例えば，「基板と，前記基板の上面に設けられた素子と，…」といった記載は，このルールに従って記載されれば「上面を有する基板と，前記上面に設けられた素子と，…」といった形になる。

続いて，「筒底部」の説明を記載する。既に登場した要素との有機的結合を考えれば，まずは配置について説明することが好ましい。外筒の説明で登場した「軸線」を基準として考え，以下のように筒底部の配置関係を記載する。

前記外筒の軸線方向一方側の端部に設けられているとともに，<u>筒底面</u>，及び，<u>導出孔</u>を有する筒底部

そして，筒底面と導出孔の説明を追加すると，筒底部を説明する記載は以下の通りとなる。

前記外筒の軸線方向一方側の端部に設けられているとともに，前記外筒の前記端部を閉塞する<u>筒底面</u>，及び，前記筒底面に前記軸線に沿って開口する<u>導出孔</u>を有する筒底部

なお，筒底部の説明のうち「前記外筒の軸線方向一方側の端部に設けられている」の被修飾語は「筒底部」ではあるが，修飾語と本来の被修飾語とが離れているため，被修飾語が「筒底面」であると誤解されてしまう場合もある。特に翻訳する場合に係り受けを誤ってしまう場合もあるだろう。外国出願を意識して係り受けを明確にしたければ，例えば以下のように記載することも一策である。

前記外筒の軸線方向一方側の端部に設けられている筒底部であって，前記外筒の前記端部を閉塞する<u>筒底面</u>，及び，前記筒底面に前記軸線に沿って開口する<u>導出孔</u>を有する筒底部

第1章　概論

　次にガスケットの説明を記載する。ガスケットについて「配置，材質」を順に記載する。ガスケットは外筒の内側に設けられており，発明の作用効果を発揮するためには「弾性変形」する必要がある。そのため「弾性材料から形成されている」点を材質の特定として述べる必要がある。記載は以下の通りとなる。

　前記外筒の内側に設けられて弾性材料から形成されているとともに，外周面及び前端面を有するガスケット

　そして，ガスケットの外周面について，外筒の内周面と接触するといった点を示すことで有機的結合関係を示す。さらに，ガスケットの前端面について，発明のポイントともなる筒底面との関係を説明する。これにより，ガスケットの説明は以下の通りとなる。

　前記外筒の内側に設けられて弾性材料から形成されているとともに，前記内周面に接触する<u>外周面</u>，及び，前記外周面の軸線方向一方側に接続されて前記筒底面に対向し，前記外筒の径方向外側から内側に向かうにしたがって前記筒底面との前記軸線方向の間隔が大きくなる<u>前端面</u>を有するガスケット

　以上から，発明に係る注射器の請求項1は以下の通りとなる。

【請求項1】
　軸線に沿って延びる円筒状をなすとともに，内周面を有する外筒と，
　前記外筒の軸線方向一方側の端部に設けられているとともに，前記外筒の前記端部を閉塞する筒底面，及び，前記筒底面に前記軸線に沿って開口する<u>導出孔</u>を有する筒底部と，
　前記外筒の内側に設けられて弾性材料から形成されているとともに，前記内周面に接触する<u>外周面</u>，及び，前記外周面の前記軸線方向一方側に接続されて前記筒底面に対向し，前記外筒の径方向外側から内側に向かうにしたがって前記筒底面との前記軸線方向の間隔が大き

第1章 3節

3節　機械系明細書の書き方　＜実践編＞

くなる前端面を有するガスケットと，
を備える注射器。

　なお，「～を有するガスケット」については，例えば以下のように二段階に分けて記載してもよい。

「前記外筒の内側に設けられて弾性材料から形成されているとともに，前記内周面に接触する外周面，及び，前記外周面の前記軸線方向一方側に接続されて前記筒底面に対向する前端面を有するガスケットと，を備え，
　前記外筒の径方向外側から内側に向かうにしたがって前記筒底面との前記軸線方向の間隔が大きくなる注射器。」

　同様にして，請求項2以下を作成すると，下記の通りとなる。

【請求項2】
前記筒底面が，前記軸線方向一方側に向かうにしたがって内径が小さくなるテーパ状をなしている請求項1に記載の注射器。
【請求項3】
前記前端面が，前記軸線方向一方側に向かうに従って外径が小さくなるテーパ状をなしている請求項2に記載の注射器。
【請求項4】
前記筒底面のテーパ角度よりも前記前端面のテーパ角度が大きく，
前記筒底面のテーパ角度と前記前端面のテーパ角度との差が10°～20°である請求項3に記載の注射器。
【請求項5】
前記筒底面のテーパ角度が50°～70°であって，
前記前端面のテーパ角度が60°～80°である請求項4に記載の注射器。
【請求項6】
前記ガスケットが中空構造をなしている請求項1から5のいずれか一項に記載の注射器。

第1章　概論

なお，機械系明細書の請求項は，それを読んだ際に物がイメージできるかが重要となる。出来上がった請求項を順に読んでいき，スムーズにポンチ絵を描けるかどうかを試して欲しい。もし，ポンチ絵が描けなければ，発明の趣旨が伝わらず，明確性違反（特36⑥二）を指摘される可能性が高い。

7．明細書前半部の作成

次に明細書前半部である「発明の名称」から「発明の効果」までを記載する。明細書前半部は，発明の技術的思想を説明する部分である。明細書前半部を読んだ際に，発明の4要素「課題・構成・作用・効果」を把握できるように記載しなければならない。

【書類名】　明細書
【発明の名称】　注射器
【技術分野】
　　【0001】
　本発明は，注射器に関する。

発明の名称は，請求項の末尾の語句と対応させる。今回の請求項の末尾は「注射器」なので，発明の名称も「注射器」となる。請求項に注射器の製造方法をある場合には，発明の名称は，「注射器及び注射器の製造方法」となる。

技術分野は，最小限の記載とする。技術分野を細かく記載してもメリットは少なく，発明を限定解釈される要因になり得る等のデメリットしかない。「本発明は，（発明の名称）に関する。」で十分である。

【背景技術】
　　【0002】
　特許文献1には，外筒を有する注射器本体と，外筒の内側に設けられたガスケットと，を備える注射器が開示されている。ガスケットを押し込むことで，外筒内の薬液が外筒の先端に設けられた注射針に導入される。

3節　機械系明細書の書き方　＜実践編＞

```
【先行技術文献】
【特許文献】
    【0003】
    【特許文献1】特開○○○○－○○○○○○号公報
```

　背景技術には，先行技術文献の内容を記載する。ここでは，課題を抽出するための最低限の内容を記載すれば十分である。背景技術に従来技術を必要以上に詳細に記載すると，以下の課題との関連で発明が限定的に解釈される場合がある。そのため，発明に最も関連すると思われる先行技術のみを簡潔に記載することが望ましい。

　この注射器の例では，注射器自体が当業者はおろか一般人にまで広く知られているため，背景技術で注射器自体を深く説明する必要はない。しかしながら，分野・製品によっては，先行技術文献の内容をいきなり書くと文章の入口としては唐突であり，何を言っているのか理解できない場合もある。このような場合は，先行技術文献を説明する手前に，導入文章を記載する。

　この導入文章では，「一般に」，「従来」，「近年」等から始めて，発明に関する技術を引き合いに出す。これを受けて，「この技術の一例として特許文献1には，…が記載されている」といった具合に，先行技術文献の内容に繋げていけば良い。
　先行技術文献の内容を記載する際には，先行技術文献から客観的に読み取れる事項のみの記載に留める。先行技術文献の記載を誤って記載してしまえば，この後に記載する課題の記載との論理性が崩れてしまう。また，先行技術文献に記載されてない事項を「記載されている」として本願発明を捉えれば，本来取れるはずであった本願発明の権利範囲を狭めてしまう可能性もある。

　さらに現行の日本の「審査基準」における「進歩性の判断における留意事項」には以下の記載がある。（Ⅲ部2章2節3.3(4)）

第1章　概論

「審査官は，本願の明細書中に本願出願前の従来技術として記載されている技術について，出願人がその明細書の中でその従来技術の公知性を認めている場合は，出願当時の技術水準を構成するものとして，これを引用発明とすることができる。」（Ⅲ部2章2節3.3(4)）

当該事項は，以前は米国等の一部の外国のみでの運用であったが，現在は日本特許出願の審査にも適用されている。先行技術文献に記載されている内容のみを淡々と記載すれば，これによる不利益を回避することができる。

【発明の概要】

【発明が解決しようとする課題】

　【0004】

　しかしながら上記注射器では，ガスケットを最後まで押し込んでも外筒内に薬液が残ってしまうという問題があった。

　【0005】

　本発明は，上記課題を解決するためになされたものであって，薬液の残留を抑制することができる注射器を提供することを目的とする。

ここでは，先行技術文献の技術を受けて当該技術の問題点を挙げる。「しかしながら，上記…では，…という問題があった。本発明は，上記課題を解決するためになされたものであって，…できる（発明の名称）を提供することを目的とする。」とパターン化してしまえば良い。

この課題の記載は，「書き過ぎない」ことが最も重要である。問題点を上げ過ぎてしまい，本願発明がこれをすべて解決できるという論理展開にしてしまうと，侵害訴訟時に相手方から「作用効果不奏功の抗弁」の隙を作ってしまうことになる。すなわち，明細書で掲げた複数の問題点のうちの1つを他社の侵害被疑品が解決できないとすれば，当該侵害被疑品が特許発明とは異なるものであり技術的範囲に属さないとされる場合もある。

発明の素晴らしさを伝えるために，どうしてもいろいろと書き過ぎてしまいたくなる気持ちは分かるが，課題についてはこの気持ちを抑えて端的

3節　機械系明細書の書き方　＜実践編＞

に記載することが好ましい。惜しくも課題の欄の記載から漏れた事項については，実施形態の中で記載し，中間処理の際等に役に立てれば良い。

　課題の記載として，「例えば○○を設けることも考えられる。しかしこの場合は・・・という問題が生じる。」といった具合のものが，たまに見受けられる。当該記載では，先行技術文献に記載のない事項を創作して課題を抽出している。発明が従来技術との差分であるとすれば，上記記載によってこの差分を小さくしてしまっている。したがって，上記記載は好ましくなく，あくまで客観的な先行技術に基づいて課題を設定すべきである。

　また，先行技術として自社製品に関連する公開公報を挙げた場合には，記載する課題がPL法（製造物責任法）における「欠陥」に該当しないように留意する必要がある。明細書中の課題の記載により，「製造者が製品における欠陥の存在を認識していた」とみなされると，製造者に対して製品の欠陥による損害の賠償責任が問われる場合がある。特に「危険性がある」，「爆発や火災のおそれがある」等の安全性の欠如に関する記載は，上記「欠陥」を想起させるため，使用すべきではない。他安全性とは異なる他の観点から課題を抽出すべきである。

【課題を解決するための手段】
　【0006】
　本発明の一態様に係る注射器は，軸線に沿って延びる円筒状をなすとともに，内周面を有する外筒と，前記外筒の軸線方向一方側の端部に設けられているとともに，前記外筒の前記端部を閉塞する筒底面，及び，前記筒底面に前記軸線に沿って開口する導出孔を有する筒底部と，前記外筒の内側に設けられて弾性材料から形成されているとともに，前記内周面に接触する外周面，及び，前記外周面の前記軸線方向一方側に接続されて前記筒底面に対向し，前記外筒の径方向外側から内側に向かうにしたがって前記筒底面との前記軸線方向の間隔が大きくなる前端面を有するガスケットと，
を備える。
　【0007】

104

上記構成によれば，ガスケットを外筒の軸線方向一方側に向かって押し込むと，まずガスケットの前端面の径方向外側の部分のみが筒底部の筒底面に接触する。その後さらにガスケットを押し込むと，弾性材料から形成されたガスケットが変形することで，ガスケットの前端面が筒底部の筒底面に対して径方向内側に向かって徐々に接触していく。その結果，外筒内の薬液は，径方向外側から内側に絞り込まれるように押し出され，導出孔から外部に排出される。

【0008】

上記注射器では，前記筒底面が，前記軸線方向一方側に向かうにしたがって内径が小さくなるテーパ状をなしていることが好ましい。

【0009】

これにより，筒底面が薬液を軸線方向一方側に案内する案内面として機能する。そのため，薬液を導出孔に円滑に導入することができる。

【0010】

上記注射器では，前記前端面が，前記軸線方向一方側に向かうに従って外径が小さくなるテーパ状をなしていることが好ましい。

【0011】

これにより，筒底面に加えて前端面も薬液を軸線方向一方側に案内する案内面として機能する。よって，薬液を導出孔により一層円滑に導入することができる。

【0012】

上記注射器では，前記筒底面のテーパ角度よりも前記前端面のテーパ角度が大きく，前記筒底面のテーパ角度と前記前端面のテーパ角度との差が10°〜20°であることが好ましい。

【0013】

上記注射器では，前記筒底面のテーパ角度が50°〜70°であって，前記前端面のテーパ角度が60°〜80°であることが好ましい。

【0014】

上記注射器では，前記ガスケットが中空構造をなしていることが好ましい。

【0015】

これによって，ガスケットの剛性が低下し，該ガスケットをより変

3節　機械系明細書の書き方　＜実践編＞

> 形し易くことができる。したがって，薬液をより一層，径方向外側か
> ら内側に絞り込むように押し出すことができる。

　ここでは，各請求項の構成及びその作用を記載する。書き出しは，「上
記課題を解決するために，本発明は以下の手段を採用している。即ち，本
発明の一態様に係る（発明の名称）は，（請求項1のコピー）である。」と
パターン化すれば良い。

　例えば，「本発明に係る（発明の名称）は…」と記載した場合，侵害訴
訟の際に本発明の内容が限定的に解釈される場合がある。そのため，「本
発明」ではなく本発明を一段階具現化した「本発明の一態様」と記載する
方が好ましい。

　また，従属項に対応する内容については「上記注射器では…が好ましい。」
と記載する。例えば，請求項2に対応する内容として「上記注射器では，
前記筒底面が，前記軸線方向一方側に向かうにしたがって内径が小さくな
るテーパ状をなしている。」と記載した場合，本発明が必ず当該内容も備
えているとの解釈の余地を許してしまう。そのため，付加的な特徴につい
ては断定的な表現を避け，「…好ましい。」「…でもよい。」といった表現と
した方が良いであろう。

　各請求項に対応する記載の後に，構成と効果とをつなぐ作用を記載する。
作用の記載は，請求項の構成のみを利用して行う。すなわち，請求項に登
場していない構成を無意識に使用してしまうことを避けなければならな
い。もし，請求項に登場していない構成が出てきてしまえば，当該構成が
発明として必須の要件と判断される場合もある。この場合，サポート要件
違反，明確性要件違反を指摘され得る。

　なお，この作用の記載は必須ではなく，発明の構成を読んだだけで発明
の作用が理解できる場合や，本願の請求項4及び5のように発明の好まし
い範囲を限定する場合については，作用自体の記載を省略してもよい。た
だし，実施形態の中で各請求項の作用を個別に把握できるように記載する
ことが好ましいであろう。

第1章　概論

【発明の効果】
　【0010】
　本発明の注射器によれば，薬液の残留を抑制することができる。

　発明の効果の欄は，すべての請求項で共通して主張できる効果，すなわち，独立請求項（多くの場合，請求項1）で主張できる効果を記載する。「本発明の（発明の名称）によれば，…することができる。」と言った具体に，課題の裏返しを記載すれば良い。この発明の効果の欄でも，書き過ぎには注意である。

8．図面の作成

　続いて図面の作成に入る。図面は，以後の「発明を実施するための形態」の設計図ともなる。発明を具現化した物をどのように説明すれば理解し易いかをシミュレーションしながら図面を決定することが好ましい。実施形態は「大から小への原則」に従って記載する。したがって，図面も大から小へと作成することが原則である。

【図面の簡単な説明】
　【0011】
　【図1】　本発明の第一実施形態に係る注射器を示す縦断面図である。
　【図2】　図1の要部拡大図である。
　【図3】　本発明の第一実施形態に係る注射器の作用を説明する図である。
　【図4】　本発明の第二実施形態に係る注射器の要部を示す縦断面図である。
　【図5】　本発明の第三実施形態に係る注射器の要部を示す縦断面図である。

　本明細書の「図面の簡単な説明」は上記の通りである。第一実施形態の図面は「全体構成→要部構成→作用」といった順序とした。第二実施形態，

107

3節　機械系明細書の書き方　<実践編>

　第三実施形態については，第一実施形態と異なる部分のみを説明できれば十分である。そのため，要部のみを示すこととした。具体的な図面は以下の通りになる。以下の図面では，既に各部の符号を付けているが，通常は実施形態を記載しながら符号を付けるか，実施形態の記載が終わった後に符号を付けるかのいずれかである。

　図面を作成する際には，全体構成と要部構成との間で，互いの大小関係や位置関係が理解できるようにする必要がある。また，内部構造を示す場合には，断面図，分解図等の各種の表現手法を活用する。要部構成が断面図の場合には，全体構成のうちのどの部分の断面かを理解できるようにする。異なる図面同士の同様の部材に同じ符号を付ければ，当該部材の位置関係から各図の対応関係を自ずと理解できる場合もあるだろう。

　さらに，第二実施形態以降は，第一実施形態の図面と対比できるような図面を少なくとも1つずつ含む必要がある。また，図面には請求項記載の構成のすべてが表されていることが好ましい。

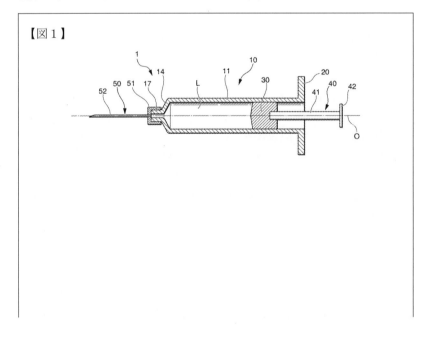

【図1】

【図2】

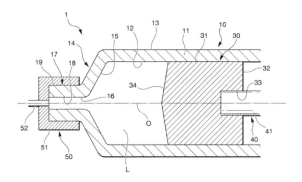

【図3】

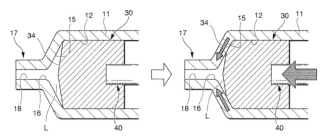

【図4】

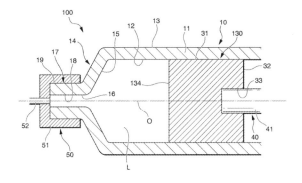

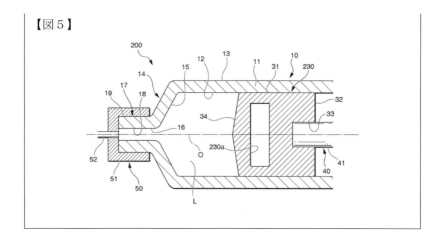
【図5】

9. 明細書後半部の作成

　続いて明細書後半部の「発明を実施するための形態（以下，実施形態）」を作成する。実施形態では，発明を具現化した物を具体的に説明していく。
　実施形態は，発明を具現化した物を，構成・作用・効果の順で作成していく。これにより物の内容理解が容易となる。重要なのは，各パート（構成・作用・効果）のうち少なくとも，「構成」のパートと「作用・効果」のパートとをはっきりと区分けして記載することである。これらが入り乱れていれば，読み手の認知能力の限界を超えてしまうこともあり「分散説明禁止の原則」に反する。また，各パートが区分けされていれば，後に中間処理を行う際に補正の材料を探しやすくもなる。作用・効果の部分については，その境界が曖昧なこともあり，一緒に記載してしまっても構わないであろう。
　そして，実施形態の末尾には，いわゆる「なお書き」を記載する。ここは，実施形態で説明した構成の代替技術である変形例等を示す部分である。発明の裾野を広げるとともに発明の外延を明確にさせるといった重要な役割を有する。

(1) 構成
　構成のパートでは，図面に示された構成そのものを忠実に説明する。図

面不参照の原則に基づいて，図面がなくとも物の全体概要が理解できるように記載しなければならない。また，図面には記載のない事項を「…であってもよい」と脇道にそれるように変形例を散りばめる記載形式もあるが，機械分野の明細書の原則としては，まずは図面に忠実に一本道で物を説明すべきである。変形例等はまとめて「なお書き」で記載すればよい。

　物の構成の説明は，「大から小への原則」に従って行う。まず物を一段階分解して得て主要素を登場させる。続いて各主要素の細部を，小要素を用いて説明する。
　本注射器の構成のパートの骨子は以下の通りとなる。途中で要素が浮かないように数珠つなぎの原則に従って骨子を作成する。

　注射器は，注射器本体，ガスケット，プランジャ及び注射針を備える。
　　　　　注射器本体は，外筒，筒底部，筒先部及び指掛け部を備える。
　　　　　　　　外筒は，内周面及び外周面を備える。
　　　　　　　　筒底部は，筒底面及び導出孔を備える。
　　　　　　　　筒先部は，導出路及び取付面を備える。
　　　　　ガスケットは，外周面，後端面，取付穴及び前端面を備える。
　　　　　プランジャは，ロッド及び指押し部を備える。
　　　　　注射針は，針元及び針管を備える。

　この骨子に基づいて構成のパートを作成する。各要素の説明では，要素の機能・役割，配置，材料・材質，形状等を説明していく。一文一文，主語を忘れずに記載する。日本語では主語を記載しなくとも分の意味が通じる場合が多いが，翻訳の際に主語が必要になる。そのため，多少冗長になろうとも主語は必ず記載する。また，構成のパートでは，翻訳時に余分の記載となる接続詞をなるべく使用しない。大から小の原則を守って記載すれば，接続詞がなくとも文章の流れは良くなるはずである。さらに，「一文一意の原則」に従った記載に心掛ける。一文に多くの意味を持たせようとすると，表現が複雑となり修飾関係が不明確となる場合がある。翻訳の観点からも，文は短く切って記載した方が好ましい。

3節　機械系明細書の書き方　＜実践編＞

【発明を実施するための形態】
　【0016】
　　以下，本発明の第一実施形態に係る注射器1について，図1〜図3を参照して説明する。
　　図1に示すように注射器1は，注射器本体10，ガスケット30，プランジャ40及び注射針50を備える。

　最初に第一実施形態で参照する図がどれかを説明する。そしてこれらの図に従って構成を説明していくことになる。なお，各図面の説明は既に行っているため，各図面が登場する際に再度図面の説明を行う必要はない。

　　次いで「図1に示すように注射器1は…」を導入文として，発明に係る注射器を分解して得た主要素を挙げる。その後，主要素ごとに独立して説明を行う。

　　【0017】
＜注射器本体＞
　　注射器本体10は，プラスチック等の透明な樹脂によって形成されている。注射器本体10は，外筒11，筒底部14，筒先部17及び指掛け部20を備える。
　　【0018】
≪外筒≫
　　外筒11は，薬液Lを収容する。外筒11は，円筒状をなしている。外筒11の中心軸線O（以下，単に軸線Oと称する。）は，注射器1の先端と後端との離れる方向に延びる直線に沿って延びている。外筒11は，内周面12及び外周面13を有する。
　　【0019】
〔内周面〕
　　内周面12は，外筒11の径方向内側（以下，単に径方向内側と称する。）の面である。内周面12は，軸線Oを中心として軸線Oに沿う方向（以下，単に軸線O方向と称する。）に延びる円筒面状をなしている。
　　【0020】
〔外周面〕

112

外周面13は，外筒11の径方向外側（以下，単に径方向外側と称する。）の面である。外周面13は，軸線Oを中心として軸線O方向に延びる円筒面状をなしている。

【0021】

これら内周面12及び外周面13は，外筒11の軸線O方向一方側（注射器1の先端側。以下，単に「先端側」と称する。）の端部と，外筒11の軸線O方向他方側（注射器1の後端側。以下，単に「後端側」と称する。）の端部と，にわたってそれぞれ一様な径で延びている。

実施形態でも請求項と同様に主要素である「注射器本体」の「外筒」を基準要素とする。「外筒」は，発明のポイントとなる部分ではないが，注射器全体の基礎（土台）となる部分であり，大部分を占める要素でもある。この「外筒」に関して円筒座標系で方向を特定すれば後に出てくる要素の説明がし易い。

外筒の説明文中で，基準軸である「軸線」，及び，基準方向である外筒の「径方向」及び「軸線方向」を登場させる。なお，「軸線方向一方側」，「軸線方向他方側」はこの後の説明で頻出する上に多少冗長な用語であるため，単に「先端側」，「後端側」と称することとする。

以後の要素は，この「外筒」を出発点として，数珠つなぎの法則にしたがって詳細を説明していく。

【0022】

≪筒底部≫

筒底部14は，筒底部14は，外筒11の底となる部分を形成する。筒底部14は，外筒11の先端側の端部に設けられている。筒底部14は，筒底面15及び導出孔16を備える。

【0023】

〔筒底面〕

筒底面15は，外筒11の先端側の端部の開口を閉塞する面である。筒底面15は筒底部14の内面である。筒底面15は，後端側を向いている。筒底面15は，外筒11の内周面12の先端側に周方向にわたって接続されている。筒底面15は，内周面との接続箇所から先端側に向かうに従っ

3節　機械系明細書の書き方　＜実践編＞

て径方向内側に向かって延びる円錐面状をなしている。即ち，筒底面
15は，先端側に向かうに従って内径が小さくなるテーパ状をなしている。

【0024】

　詳しくは図2に示すように，筒底面15のテーパ角度α，即ち，筒底面15が軸線Oに対してなす鋭角は，50°〜70°の範囲に設定されている。

【0025】

〔導出孔〕

　導出孔16は，筒底部14の内部に軸線Oに沿って延びるように形成された孔である。導出孔16の後端側の端部は，筒底面15に開口している。導出孔16は，後端側の端部が筒底面15のテーパ状の頂点となる部分に開口している。

　直接的な発明特定事項となる筒底面の説明は，他の要素に比べて厚く記載した方が好ましい。近しい引例が挙げられた場合を想定して，当該引例を差別化ができる程度に形状を細かく記載した方が良いであろう。

　ある程度の特許明細書熟練者になれば，架空の引用文献と戦いながら実施形態を作成していく。「あのような引例が挙げられたとしても，ここの記載で限定して差別化できるようにしよう」と思いを馳せながら，内容に濃淡を付けて作成を進めることが好ましい。

【0026】

≪筒先部≫

　筒先部17は，筒底部14の先端側に一体に設けられている。筒先部17は，筒底部14から先端側に突出するように設けられている。筒先部17は，導出路18及び取付面19を有している。

【0027】

〔導出路〕

　導出路18は，筒先部17の内部に軸線Oに沿って延びるように形成された孔である。導出路18の後端側の端部は，導出孔16に連通している。

114

導出路18の先端側の端部は，筒先部17の先端側の端部に開口している。導出孔16と導出路18によって，注射針50への薬液Lの流路が構成されている。即ち，筒底部14の導出孔16は，筒先部17の導出路18を介して注射針50に連通している。

【0028】

〔取付面〕

　取付面19は，筒先部17における径方向外側の面である。取付面19は，軸線Oを中心として軸線O方向に延びる円筒面状をなしている。取付面19は，軸線O方向にわたって一様な外径を有している。取付面19の外径は，外筒11の内周面12及び外周面13の径よりも小さい。

【0029】

≪指掛け部≫

　指掛け部20は，外筒11の後端側の端部に設けられている。指掛部は，外筒11の外周面13から径方向外側に張り出すように設けられている。

筒先部は，請求項に挙がっていない要素ではあるが，筒底部との関係が強い筒先部は後々にクレームアップされる可能性はある。これを意識して多少記載を充実させた方が良いであろう。一方，指掛け部は，発明のポイントとの関係性も薄いため，最低限の記載とする。

【0030】

＜ガスケット＞

　ガスケット30は，外筒11内に設けられている。ゴム弾性を有する弾性材料から形成されている。ガスケット30は，例えばブチルゴム等の医療ゴムによって形成されている。ガスケット30は，外周面，後端面32，取付穴33及び前端面34を有する。

【0031】

≪外周面≫

　外周面は，軸線Oを中心として軸線O方向に延びる円筒面状をなしている。外周面は，軸線O方向にわたって一様な外径を有している。ガスケット30が外筒11内に設けられる前の状態では，ガスケット30外周面の外径は，外筒11の内周面12の内径よりも大きい。ガスケット30

3節　機械系明細書の書き方　＜実践編＞

が外筒11内に後端側から挿入されることで，ガスケット30は外筒11の内周面12によって径方向内側に圧縮される。これによって，ガスケット30の外周面31は，外筒11の内周面12に軸線O方向及び軸線O方向にわたって密着している。ガスケット30の外周面31は，外筒11の内周面12に対して軸線O方向に摺動可能とされている。

【0032】

≪後端面≫

後端面32は，ガスケット30における後端側を向く面である。後端面32は，軸線Oに直交する平面上をなしている。後端面32の縁部は外周面の後端側の端部に周方向にわたって接続されている。

【0033】

≪取付穴≫

取付穴33は，ガスケット30にプランジャ40を取り付けるための孔である。取付穴33は，ガスケット30の後端面32から先端側に凹むように形成されている。取付穴33は，軸線Oに沿って形成されている。

【0034】

≪前端面≫

前端面34は，ガスケット30における先端側を向く面である。前端面34は，筒底面15に対して後端側に対向している。前端面34は，ガスケット30の外周面31の先端側に周方向にわたって接続されている。前端面34は，ガスケット30の外周面31との接続箇所から先端側に向かうに従って径方向内側に向かって延びる円錐面状をなしている。即ち，前端面34は，先端側に向かうに従って外径が小さくなるテーパ状をなしている。

【0035】

詳しくは図2に示すように，前端面34のテーパ角度β，即ち，前端面34が軸線Oに対してなす鋭角は，60°〜80°の範囲に設定されている。筒底面15のテーパ角度と前端面34のテーパ角度との差は10°〜20°の範囲に設定されている。これにより，筒底面15と前端面34との軸線O方向の間隔は，径方向外側から内側に向かうに従って小さくなる。

116

第1章　概論

　直接的な発明特定事項のガスケットについては，構成を詳細に記載する。数珠つなぎの法則にしたがって，既に登場した外筒とつながるように記載する。そのため，まずは，外筒の内周面に接触するガスケットの外周面から説明し，これにつながるように，後端面，取付穴，前端面の順で記載することが好まし。

　【0036】
＜プランジャ＞
　プランジャ40は，ロッド41及び指押し部42を有する。
≪ロッド≫
　ロッド41は，軸線O方向に延びる棒状をなしている。ロッド41の先端側の端部は，取付穴33に挿入されて取り付けられている。
≪指押し部≫
　指押し部42は，注射器1の後端となるロッド41の後端側の端部に一体に設けられている。指押し部42は，ロッド41の後端側の端部から，径方向外側に張り出すように形成されている。
　【0037】
＜注射針＞
　注射針50は，針元51及び針管52を有する。
≪針元≫
　針元51は，注射器本体10の筒先部17に取り付けられるキャップ状をなしている。針元51は，内側の部分が筒先部17の取付面19に固定されている。
≪針管≫
　針管52は，管状をなして軸線O方向に延びている。針管52は，後端側が針元51に一体に固定されている。針管52は管状をなしており，後端側の端部が筒先部17の導出路に連通している。

　プランジャ及び注射針は，発明のポイントとは離れており，かつ，周知の構成であるため，最低限の記載をさらりとすれば良いであろう。

　ここまでが構成の説明である。図面に記載された事項のみを，作用効果

3節　機械系明細書の書き方　＜実践編＞

を交えずに淡々と説明を行った。図面不参照の原則に従って，記載を読んだだけで注射器のポンチ絵が描ける程度まで記載することに心掛ける。

(2)　作用・効果

　構成の説明の後に，作用・効果の説明に入る。

【0038】

＜作用効果＞

　上記構成の注射器1を使用する際には，外筒11の内側における筒先部17とガスケット30の間の空間に薬液Lを充填する。そして，患者の患部に注射針50の針管52を刺し，プランジャ40を操作することでガスケット30を先端側に押し込んでいく。これにより，薬液Lが導出孔16及び導出路に導入され，針管52を介して患者の体内に注入されていく。

　上記文章は，作用効果の導入文であって，注射器の動作の説明ともなる注射器の使用方法である。

　ここで，実施可能要件（特36④一）を満たすためには，原則として物を生産及び使用できるように記載する必要があり，即ち，実施形態中に生産方法及び使用方法を記載することが求められる。機械系明細書で扱う物の場合，生産方法を記載しなくとも当業者であれば物を把握できれば容易に生産できる。そのため，生産方法は省略できることとされている。

　一方で，実施形態で構成・作用効果が記載されていたとしても，当業者が生産方法を理解できない場合には生産方法の記載は必須となる。例えば，MEMSなどの微細構造では，パターニング，エッチング等の製造プロセスの説明が必要なるケースが多い。また，通常の切削加工では実現できない内部構造を有することが特徴である金属構造物である場合には，そのような内部構造が3Dプリンタで製造させるものなのか，特殊な薬液等で内部の空洞を形成するものなのか等を説明する必要がある。

　また，注射器のように使用方法が周知である物については当該使用方法

の記載を省略しても良いが，注射器の動作の説明ともなう使用方法を，作用効果の記載の導入文とすることにより，構成から作用効果への文章のつながりが良くなる。

【0039】
　ガスケット30をさらに先端側に押し込むと，図3の左図に示すように，まずガスケット30の前端面34の径方向外側の部分のみが筒底部14の筒底面15に接触する。その後，さらにガスケット30を押し込むと，ゴム弾性を有する材料から形成されたガスケット30が変形することで，ガスケット30の前端面34が筒底部14の筒底面15に対して径方向内側に向かって徐々に接触していく。即ち，筒底面15とガスケット30の前端面34との接触面が径方向外側から内側に向かって徐々に広がっていく。これにより，薬液Lが充填されていた空間は，径方向外側から径方向内側に絞り込まれるように減少し，薬液Lも径方向内側に絞り込まれるように移動していく。そして，最終的には図3の右図に示すように，外筒11内の薬液Lの全てが導出孔16を介して外筒11内から排出される。

【0040】
　このように，本実施形態の注射器1によれば，ガスケット30を押し込んだ際に薬液Lの逃げ道が最後まで確保されるため，注射器本体10内での薬液Lの残留を抑制することができる。

【0041】
　本実施形態の注射器1では，筒底部14の筒底面15が先端側に向かうにしたがって内径が小さくなるテーパ状をなしている。これにより，ガスケット30によって押圧される薬液Lは，筒底面15によって径方向内側かつ先端側に向かって案内される。即ち。筒底面15が薬液Lを導出孔16に導く案内面として機能するため，薬液Lを導出孔16に円滑に導入することができる。

【0042】
　さらに，筒底部14の筒底面15に加えてガスケット30の前端面34が，先端側に向かうに従って外径が小さくなるテーパ状をなしている。そのため，筒底面15に加えてガスケット30の前端面34も薬液Lを導出孔

119

3節　機械系明細書の書き方　＜実践編＞

16に案内する案内面として機能する。よって，薬液Ｌを導出孔16に対して，より一層円滑に導入することができる。

　実施形態中の作用効果は，請求項に対応するように記載する。この際，請求項と対応した上位概念化した構成で奏する作用効果と，下位概念化した構成で奏する作用効果を切り分けて記載していくことに注意する。

　また，「発明を解決するための手段」の欄でも最低限の作用を記載したが，実施形態中では発明に係る注射器の作用をさらに厚く記載する。ここでは，「最低限」と言わず，記載できる事項があればすべてを盛り込んだ方が良いであろう。

　「発明が解決しようとする課題」に記載し切れなかった課題があれば，ここで新たに課題を挙げてこれを解決する作用効果を説明しても良いであろう

　【0043】
　次に本発明の第二実施形態に係る注射器100について図4を参照して説明する。第二実施形態では，第一実施形態と同様の構成要素には第一実施形態と同一の符号を付して詳細な説明を省略する。
　第二実施形態の注射器100は，ガスケット130の前端面134の形状が第一実施形態の注射器1のガスケット30の前端面34とは相違する。
　【0044】
　第二実施形態のガスケット130の前端面134は，軸線Ｏに直交する平面状をなしている。前端面134の縁部は，ガスケット130の外周面31に周方向にわたって接続されている。
　【0045】
　第二実施形態の注射器100でもガスケット130を押し込むと，まずガスケット130の径方向外側の部分が筒底面15に接触する。そしてさらにガスケット130を押し込むことにより，ガスケット130が変形しながら，筒底面15に対して径方向外側から内側に向かって徐々に接触していく。したがって，第一実施形態と同様の作用効果を奏する。

第1章　概論

【0046】

　次に本発明の第三実施形態に係る注射器200について図5を参照して説明する。第三実施形態では，第一実施形態と同様の構成要素には第一実施形態と同一の符号を付して詳細な説明を省略する。

　第三実施形態は，ガスケット230が中空構造をなしている点で第一実施形態と相違する。

【0047】

　ガスケット230の内部には，弾性材料が充填されていない中空部230aが形成されている。これによって，ガスケット230は中空部がない場合に比べて低剛性とされる。これにより，ガスケット230が筒底面15に接触した際に，ガスケット302は筒底面15に対してより追従するように変形する。したがって，薬液Lをより一層，径方向外側から内側に絞り込むように押し出すことが可能となる。

　続いて第二実施形態，第三実施形態を記載する。実際に実施する可能性の高い構成や請求項に挙げた構成については，なお書きではなく「実施形態」として記載した方が良いであろう。これら実施形態では，第一実施形態で異なる部分のみを記載すれば良い。「第○実施形態では，第一実施形態と同様の構成要素には第一実施形態と同一の符号を付して詳細な説明を省略する。」は定型文として覚えてしまおう。

⑶　なお書き

　すべての実施形態の説明を終えた後に，なお書きの記載に入る。この記載に入る前に，今一度，特許請求の範囲の各請求項の構成を確認することが好ましい。そして，実施形態としての記載の漏れがないか，記載されていない場合には，なお書きとしてフォローする形で良いのかを確認し，なお書きとして記載すべき内容を吟味していく。

【0048】

＜その他の実施形態＞

以上，本発明の実施の形態について説明したが，本発明はこれに限定されることなく，その発明の技術的思想を逸脱しない範囲で適宜変更

3節　機械系明細書の書き方　＜実践編＞

可能である。

当該記載のみをもって他のバリエーションがカバーされるわけでもなく，発明の範囲が広がるわけではないが，なお書きの導入の文章として記載することでその後の説明へのつながりが良くなるだろう。

【0049】
　第一変形例として，筒底面を軸線に直交する平面状に形成するとともにガスケットの前端面を後端側に向かうに従って内径が小さくなるテーパ状に形成してもよい。
【0050】
　第二変形例として，筒底面を先端側に向かうに従って内径が小さくなるテーパ状に形成するとともにガスケットの前端面を後端側に向かうに従って内径が小さくなるテーパ状に形成してもよい。
【0051】
　第三変形例として，筒底面を後端側に向かうに従って外径が小さくなるテーパ状に形成するとともにガスケットの前端面を後端側に向かうに従って内径が小さくなるテーパ状に形成してもよい。この場合，筒底面のテーパ角度をガスケットの前端面のテーパ角度よりも大きく設定する。
【0052】
　これら変形例も，実施形態同様，筒底面とガスケットの前端面との軸線方向の間隔が，径方向外側から径方向内側に向かうに従って大きくなる構成をなしている。したがって，実施形態同様の作用効果を有する。

　発明の展開で挙げたバリエーションを変形例として記載した。当該記載は，請求項1をサポートするための記載である。すなわち，第一実施形態，第二実施形態に加えてこれら変形例を記載することによって，最上位概念としての請求項1がサポートされる。
　なお，変形例については図面の記載は省略したが，もし後々にクレーム

第1章　概論

アップする可能性があるのであれば，図面も記載した方が好ましい。

【0053】

　第二実施形態のガスケット130や変形例のガスケットを第三実施形態同様の中空構造としてもよい。

　第三実施形態では，第一実施形態のガスケットが中空構造でも良いといった記載をしたが，第二実施形態や変形例についても適用できるため，このような記載を行った方が良い。特に，中空構造に係る請求項５は請求項１〜４の全てに従属しているため，当該記載は請求項５のサポート的な意味合いもある。

【0054】

　実施形態では，注射器本体10の外筒11と筒底部14とが一体構造である例について説明したが，これに限定されることはない。例えば，筒底部と筒先部とが一体となった部品が，外筒の先端側の端部に取り付けられた構成であってもよい。この場合，外筒は樹脂から形成されているのではなく，ガラス材料から形成されていてもよい。

【0055】

　本発明の注射器を，予め注射器本体内に薬液が充填された状態で流通するプレフィルドシリンジに適用してもよい。

　他社の注射器は，外筒に対して別部品を取り付けることで筒底部及び筒先部を形成する構成であった。現在の請求項でもこれをカバーしているが，確認的に当該構成でも良い旨を記載した。

　さらに，注射器としては注射時に薬液を充填するタイプのものでなく，プレフィルドシリンジでも良いため，その旨を確認的に記載した。このように発明の範囲に入り得る構成を確認的に記載しておくことで，発明の射程範囲を明確にすることができるであろう。

123

3節　機械系明細書の書き方　＜実践編＞

(4)　符号の説明

　実施形態の後に符号の説明を記載する。符号とともに要素の名称を記載する。符号の説明で記載する要素は，請求項に記載された要素のみの場合，すべての要素の場合の２通りがある。明細書の読み易さを優先させれば，すべての要素を記載した方が好ましいと考える。これによって，符号の説明を要素の索引として利用できる。

【符号の説明】
　　【0056】
　1…注射器，10…注射器本体，11…外筒，12…内周面，13…外周面，14…筒底部，15…筒底面，16…導出孔，17…筒先部，18…導出路，19…取付面，20…指掛け部，30…ガスケット，31…外周面，32…後端面，33…取付穴，34…前端面，40…プランジャ，41…ロッド，42…指押し部，50…注射針，51…針元，52…針管，100…注射器，130…ガスケット，134…前端面，200…注射器，230…ガスケット，230a…中空部，O…軸線，L…薬液

10.　要約書の作成

　要約書は，発明の内容を端的に理解できるように記載する。明細書で記載した「発明が解決しようとする課題」と「請求項１」をベースとして以下のように作成する。

【書類名】要約書
【要約】
【課題】薬液の残留を抑制することができる注射器を提供する。
【解決手段】注射器1は，軸線Oに沿って延びる円筒状をなすとともに内周面12を有する外筒11と，外筒11の軸線O方向一方側の端部に設けられているとともに，外筒11の端部を閉塞する筒底面15，及び，筒底面15に軸線Oに沿って開口する導出孔16を有する筒底部14と，外筒11の内側に設けられて弾性材料から形成されているとともに，内周面

124

第1章　概論

12に接触する外周面31，及び，外周面31の軸線Ｏ方向一方側に接続されて筒底面15に対向し，外筒11の径方向外側から内側に向かうにしたがって筒底面15との軸線Ｏ方向の間隔が大きくなる前端面34を有するガスケット30と，を備える。

【選択図】図2

　以上，機械系明細書の書き方＜理論編＞で学んだ基本事項を踏まえ，機械系明細書の書き方＜実践編＞では，注射器を例として明細書の作成方法を一から説明した。実際の機械はより複雑な物となる場合が多いが，ここで学んだ基本は全ての物の発明に応用できるはずである。この基本を明細書の作成に生かして欲しい。

第2章

技術分野別の明細書等の作成方法

1節　機械部品
　　1節1　「座金」
　　1節2　「アンカー」
　　1節3　「リンク機構」
2節　動的機械
　　2節1　「空調機」
　　2節2　「発進制御機」
　　2節3　「建設機械」
3節　静的機械
　　3節1　「切削工具」
　　3節2　「什器」
4節　輸送機械
　　4節1　「四輪自動車（車体補強部品)」
　　4節2　「二輪自動車（エアクリーナ配置)」
　　4節3　「二輪自動車（サイドスタンド)」
5節　「建築・土木構造物」
6節　材料・プラント
　　6節1　「製造装置」
　　6節2　「組成物」
7節　「印刷機械」
8節　「電子機器の筐体」
9節　「方法・装置」
10節　光学機器
　　10節1　「光学機器　レンズ」
　　10節2　「光ファイバー」

第2章　技術分野別の明細書等の作成方法

> # 1節　機械部品
>
> # 1節1　「座金」
>
> （田﨑　聡）

　以下，具体的な題材を用いた発明の展開について説明する。ここでは，機械部品の題材として，座金を例に用いて発明の展開について説明する。

1．発明者から与えられた発明提案書の内容

　発明者が作成した発明提案書には次の内容が記載されている。

（発明提案書）
■発明の名称
　座金

■従来技術
　従来，ボルトの頭部と，被締結物との間に配置される平座金が知られている（**図1**参照）。平座金の座金本体部は，ボルトのねじ部が挿通される通し孔を有し，軸方向と直交する平らなリング状に形成されている。平座金の座金本体部は，ボルトの軸方向から見て，ボルトの頭部よりも外形が大きくなっている。
　平座金を用いることにより，被締結物に加わる面圧を小さくすることにより，被締結物の陥没（いわゆる座屈）を防止し，ボルトの軸力低下に起因する緩みを防止することができるとされている。

129

1節1 「座金」

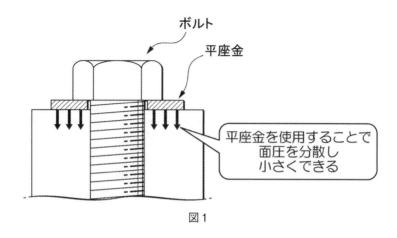

図1

■従来技術とその問題点
　ところで，ボルトによる締結において，適切に軸力を確保しない場合には，緩みが発生するおそれがある。ボルトの締結時に十分な軸力が確保できれば良いが，例えば，被締結物が比較的軟らかい場合には，軸力を確保するのが困難である。
　また，温度変化の激しい環境下での使用においては，ボルトと被締結物との線膨張係数差により，ボルトが緩むおそれがある。
　したがって，平座金を用いることにより被締結物に加わる面圧を小さくすることはできるが，ボルトの緩み防止という点でさらなる改善の余地があった。

■発明のポイント
　本発明のばね座金は，全周にわたって，中心から径方向の外側に向かうにしたがい軸方向の一方側から他方側に傾斜するように形成されている座金本体部を有する（図2参照）。

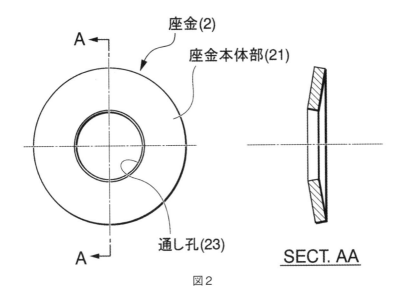

図2

■発明から得られる効果

　ボルトの頭部と被締結物との間に本発明のばね座金を配置してボルトを締結することにより，中心から径方向の外側に向かうにしたがい軸方向の一方側から他方側に傾斜する座金本体部は，軸方向と直交する平板状に変形する。このときに座金本体部に発生する復元力により，ボルトの頭部および被締結物と，ばね座金との間の摩擦力が増大する。したがって，従来技術と比較して，ボルトの緩みを防止することができる（図3参照）。

1節1 「座金」

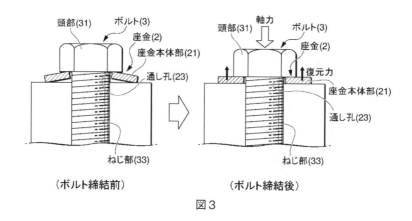

図3

2. 発明の把握と展開

(1) 発明の把握

発明者からのヒアリングでは，先行技術に対する課題，従来技術と本発明との構成上の差異，本発明の作用および効果について，質疑応答を行いながら確認を行う。先行技術に対する課題，従来技術と本発明との構成上の差異，本発明の作用および効果は，以下のとおりである。

(a) 先行技術に対する課題

本件における先行技術に対する課題は，ボルトの軸力低下に起因する緩みを確実に防止する，という点にある。すなわち，従来の平座金は，被締結物に加わる面圧を小さくし，座屈に起因するボルトの緩みを防止できる。しかしながら，軸力の管理の簡素化や，ボルトと被締結物との線膨張係数差等を考慮すると，ボルトの緩み防止という点でさらなる改善の余地があるということである。

(b) 従来技術と本発明との構成上の差異

従来技術の平座金と，本発明のばね座金との構成上の差異は，以下のとおりである。

従来技術の平座金は，座金本体部が軸方向と直交する平らなリング状に形成されている。ボルトの頭部と被締結物との間に平座金を配置してボルトを締結したとき，変形は発生しない。

第2章　技術分野別の明細書等の作成方法

　これに対して，本発明のばね座金は，座金本体部が中心から径方向の外側に向かうにしたがい，軸方向の一方側から他方側に傾斜するように形成されている。座金本体部は，ボルトの頭部と被締結物との間に配置された状態でボルトを締結したとき，軸方向と直交する平板状に変形する。

　発明者は，従来技術におけるボルトの頭部および被締結物と，座金本体部との間の摩擦力の向上について着目した。発明者は，ボルトの頭部と被締結物との間において，座金本体部を弾性変形させて軸方向に復元力を発生させることにより，ボルトの頭部および被締結物と，ばね座金との間の摩擦力を増大させるということを思いついた。

(c)　本発明の作用および効果

　本発明によれば，座金本体部が中心から径方向の外側に向かうにしたがい，軸方向の一方側から他方側に傾斜するように形成されているので，ボルトを締結すると，ボルトの頭部と被締結部材との間に配置された座金本体部は，軸方向と直交する平板状に変形する。このときに座金本体部に発生する復元力により，ボルトの頭部および被締結物と，ばね座金との間の摩擦力が増大する。したがって，従来技術と比較して，ボルトの緩みを防止することができる。

(2)　発明の展開について

　発明提案書に記載された内容および発明者からのヒアリングにより把握された本発明の構成は，実施形態レベルの具体的なものとなっている。このままでは，権利範囲の狭い発明となってしまう。そこで，広い権利取得を目指すために，発明の構成について，垂直展開（A，B），水平展開およびその他展開を行い，発明の他の構成を検討して発明の展開を行う。本発明に係る軸受装置について，具体的な発明の展開は以下のようになる。

(3)　垂直展開A

　発明の垂直展開Aとしては，上方展開と下方展開とがある。

(a)　上方展開

　上方展開とは，発明の上位概念化を行うことである。発明の上位概念化とは，下位概念の構成を含むより広い概念であって，本発明の作用効果を奏するのに有効な下位概念の性質と同じ性質を有するものを概念化するこ

133

1節1 「座金」

とをいう。

本発明の構成においては，ボルトの頭部と被締結物との間に本発明のばね座金を配置してボルトを締結することにより，中心から径方向の外側に向かうにしたがい軸方向の一方側から他方側に傾斜する座金本体部は，平板状に変形する。このときに発生する復元力により，ボルトの頭部および被締結物と，ばね座金との間の摩擦力が増大するので，ボルトの緩みを防止できるという作用効果を奏している。

本発明の構成である「全周にわたって，中心から径方向の外側に向かうにしたがい軸方向の一方側から他方側に傾斜するように形成されている座金本体部」を下位概念として把握したとき，本発明の作用効果を奏するのに有効な下位概念の性質は，「ボルトの頭部と被締結物との間に座金を配置してボルトを締結したときに，座金本体部が軸方向に弾性変形できる」ものであればよいと考えられる。下位概念である「全周にわたって，中心から径方向の外側に向かうにしたがい軸方向の一方側から他方側に傾斜するように形成されている座金本体部」を上位概念化すると，「少なくとも一部分が軸方向の一方側から他方側に傾斜する座金本体部」となる。

(b) 下方展開

下方展開とは，発明の下位概念化を行うことである。発明の下位概念化とは，上位概念に含まれる狭い概念であって，本発明の作用効果を奏するのに有効なものを概念化することをいう。

下方展開では，上位概念である「少なくとも一部分が軸方向の一方側から他方側に傾斜する座金本体部」に含まれる下位概念を列挙する。例えば，座金本体部が周方向に沿って波状に形成されている態様が挙げられる。

(4) 垂直展開B

垂直展開Bとは，発明した物を含む，より大きな流通製品への展開や，発明した物を製造する製造方法への展開，発明した物を動作させるための制御装置，発明した物を動作させるための制御方法等への展開をいう。

例えば，本発明のばね座金については，座金の座金本体部がボルトのねじ部に挿通された状態で装着されたボルトユニットが考えられる。

第2章　技術分野別の明細書等の作成方法

⑸　水平展開

　水平展開とは，上位概念の構成を，特段の効果を発揮するように限定することである。ここで，「特段の効果を発揮する」とは，例えば，最初に把握した発明の効果とは異質の効果，または最初に把握した発明の効果とは同質だがさらに優れた効果を発揮することをいう。

　例えば，発明の水平展開を行った結果，ボルトのねじ部の基端側にばね座金を配置し，ボルトのねじ部の先端側に平座金を配置し，ばね座金と平座金とを軸方向に積層配置する構成を備えたボルトユニットが考えられる。この構成によれば，「座金本体部に発生する復元力により，ボルトの頭部および被締結物と，ばね座金との間の摩擦力が増大する。したがって，従来技術と比較して，ボルトの緩みを防止することができる」という，最初に把握した発明の効果と同質の作用効果を奏することができる。さらに，「平座金が被締結物に接した状態で締結されるので，締結時に発生する軸力により被締結物の表面が座屈するのを確実に防止できる」という，最初に把握した発明の効果とは異質な効果を奏することができる。

　また，例えば，発明の水平展開を行った結果，複数のばね座金の座金本体部をボルトの軸方向に積層配置する構成を備えたボルトユニットが考えられる。この構成によれば，「座金本体部に発生する復元力により，ボルトの頭部および被締結物と，ばね座金との間の摩擦力が増大する。したがって，従来技術と比較して，ボルトの緩みを防止することができる」という，最初に把握した発明の効果と同質の作用効果を奏することができる。さらに，「複数の座金本体部に発生する復元力により，ボルトの頭部および被締結物と，ばね座金との間の摩擦力をさらに増大する。したがって，ボルトの緩みを確実に防止することができる」という，最初に把握した発明の効果とは同質だがさらに優れた効果を奏することができる。

3．請求項案の作成

　上述した発明の展開により，請求項案は以下のように作成される。なお，各請求項に対応した軸受装置は，明細書中に実施形態として記載される。明細書作成時は，展開した複数の発明の中からベストモード発明を決定し，第1実施形態として記載する。

1節1 「座金」

(1) 請求項1 (垂直展開Aの上方展開により導き出された請求項)
請求項1は，以下のようになる。

【請求項1】

ボルト（3）の頭部（31）と被締結物との間に配置される環状の座金（2）であって，

前記ボルトのねじ部（33）が挿通される通し孔（23）を有する座金本体部（21）を備え，

前記座金本体部の少なくとも一部分は，前記座金本体部の中心から前記座金本体部の径方向の外側に向かって，前記座金本体部の軸方向の一方側から他方側に傾斜していることを特徴とする座金（2）（**図2**参照）。

---

(2) 請求項2 (発明提案書により導き出された請求項)
請求項2は，以下のようになる。本ケースにおいては，請求項2に記載の発明は，発明提案書に記載されているいわゆる皿ばねワッシャーである。請求項2に記載の発明は，明細書の実施形態においてベストモードとして第1実施形態に記載されることになる。

【請求項2】

前記座金本体部は，全周にわたって前記軸方向の一方側から他方側に傾斜していることを特徴とする請求項1に記載の座金（2）（**図2**参照）。

---

(3) 請求項3 (垂直展開Aの下方展開により導き出された請求項)
請求項3は，以下のようになる。請求項3に記載の発明は，明細書において第2実施形態の座金（いわゆるウェーブワッシャー，**図4**参照）して記載される。

【請求項3】

前記座金本体部は，前記座金本体部の周方向に沿って波状に形成されていることを特徴とする請求項1に記載の座金（2A）（**図4**参照）。

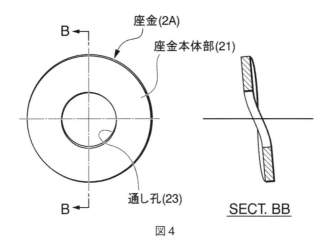

図4

(4) 請求項4（垂直展開Bにより導き出された請求項）

　請求項4は，以下のようになる。請求項4の構成は，明細書において第1実施形態の座金を備えたボルトユニット（いわゆるワッシャー組み込みボルト，次頁の**図5**参照）として記載される。

【請求項4】
　　請求項1から3のいずれか1項に記載の座金（2）と，
　　前記座金の前記座金本体部（21）がねじ部（33）に挿通された状態で装着されたボルト（3）と，
　　を備えたことを特徴とするボルトユニット（1）（**図5**参照）。

1節1 「座金」

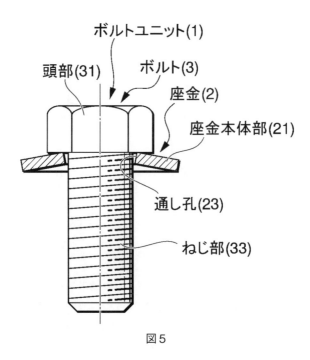

図5

(5) 請求項5 (第1の水平展開により導き出された請求項)

請求項5は,以下のようになる。請求項5の構成は,明細書において第3実施形態のボルトユニットとして記載される(**図6**)。

【請求項5】
　複数の前記座金を前記軸方向に積層配置したことを特徴とする請求項4に記載のボルトユニット(1A)(**図6参照**)。

第２章　技術分野別の明細書等の作成方法

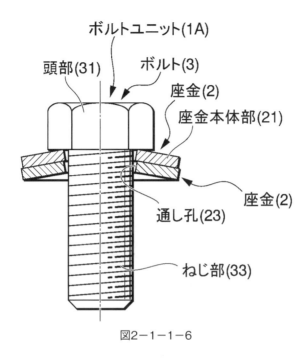

図２−１−１−６

(6) 請求項６（第２の水平展開により導き出された請求項）
　請求項６は，以下のようになる。請求項６の構成は，明細書において第４実施形態のボルトユニットとして記載される（図７）。

【請求項６】
　前記座金を前記ねじ部の基端側に配置し，平座金（５）を前記ねじ部の先端側に配置し，前記座金と前記平座金とを軸方向に積層配置したことを特徴とする請求項４または５に記載のボルトユニット（1B）（図７参照）。

1節1 「座金」

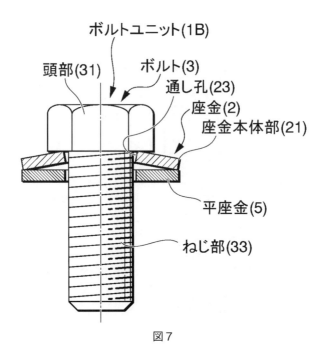

図7

4．まとめ

　発明者とのヒアリングでは，先行技術に対する課題，従来技術と本発明との構成上の差異，本発明の作用および効果について，質疑応答を行いながら確認を行うとともに，発明の展開（垂直展開A，垂直展開B，水平展開）を行った上で，出願に結びつきそうなポイントを整理する必要がある。

第2章　技術分野別の明細書等の作成方法

1節2　「アンカー」

（松本　将尚）

1．はじめに

　構築物のコンクリートにボルトや鉄筋を固着する技術として，先ずドリルにより穿孔し，この穿孔内にアンカーボルトを固着させる，あと施工アンカーが広く用いられている。

　あと施工アンカー（以下，単に「アンカー」とよぶ）は，大きく分けて，a．金属系アンカー，b．接着系アンカーがある。

a　金属拡張アンカー

　埋込み部分に拡径部を有する金属製等の部材を，あらかじめ母材に穿孔した孔に所定の深さまで挿入し，打撃又は回転締め付けによりその拡径部を開かせ，コンクリート孔壁に食いこませることで機械的に固着する方式のアンカーである。

b　接着系アンカー

　母材に穿孔した孔に接着剤を充填しボルトを施工することで，ボルト等及び母材の凹凸に接着剤が食い込み，化学反応により硬化して定着部全体を物理的に固着する方式のアンカーである。

　以下，金属拡張アンカーを例に挙げて，特許請求の範囲および実施形態を検討及び作成する過程について説明する。

2．明細書作成手順

　金属拡張アンカーとして，次のような発明が提案された場合について考える。

141

1節2 「アンカー」

(1) 発明提案書

発明者からの発明提案書には，下記に示すような【従来技術】,【課題】,【目的】,【発明の構成】,【作用効果】が記載されているものとする。

【従来技術】

従来，ナットを締付けることでコーン部を拡張部内に引き上げて，拡張部を母材の下孔の内壁面に食い込ませるコーンナット式の金属拡張アンカーが知られている。

【課題】

従来の金属拡張アンカーでは，アンカーの施工が良好に行われたか否かを目視で確認することが難しく，アンカーの施工確認が不十分な場合に母材からアンカーが<u>脱落する事故</u>を引き起こす虞があった。

【目的】

目視によってアンカーの施工完了確認を行うことができる金属拡張アンカーを提供する。

【発明の構成】

図1に示すように，ボルトの締め付けによって変形するゴム部材を設けた。

【作用効果】

変形後のゴム部材を目視することでアンカーの施工完了を容易に確認できる。

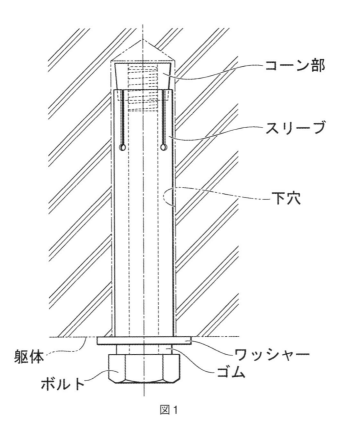

図1

(2) 発明のポイント把握

　特許請求の範囲を作成するに際し，上記の発明提案書に基づいて発明のポイントを把握する。発明提案書と従来技術との比較により，従来技術との構成，作用・効果の差異を抽出し，発明のポイントとなる構成要件（発明特定事項）を把握する。

　提案書に記載された発明のポイントは，施工前後で変化したアンカーの態様を視認することでアンカーの施工完了を目視で簡便に判断できるものである。

・発明の展開

　続いて，把握した発明のポイントに基づいて，発明の展開を行う。

1節2 「アンカー」

　　発明の展開としては，①垂直展開と，②水平展開とがある。

①垂直展開
　　発明の垂直展開は，ａ．上方展開と，ｂ．下方展開と，を含む。

ａ．上方展開
　　発明の上方展開では，発明提案書に記載の発明を中心として，より広い
上位の概念を検討する。すなわち，発明の上位概念化を行う。
　　発明のポイントによれば，ゴム部材はアンカーボルトの締め付け前（施
工前）と締め付け後（施工後）とで目視で判別可能な程度まで変化する構
成であれば本発明の課題を解決できることが判る。
　　ここで，ゴム部材とは別の構成を検討してみると，例えば，金属等のよ
うに塑性変形する部材であってもよいことが判る。すなわち，アンカーボ
ルトの締め付けによって変形可能な部材であれば材質はゴムに限定されな
いことになるため，上位概念への展開が可能となる。
ｂ．下方展開
　　発明の下方展開では，形状，大きさ，材料，機能，用途，部材間の関連
性，配置形態などを限定した構成を検討する。これらのうちで新たな効果
を奏するものであれば，設計変更の範囲を超えて特許される可能性が高く
なる。例えば，提案書に記載されたゴム部材の具体的形状や，ゴム部材を
保持する構成をより具体化したりすることで，新たな効果を奏するものが
あるか等を検討する。

②水平展開
　　発明の水平展開では，発明提案書に記載された具体的な課題解決手段と
同様の作用効果を得られる他の解決手段（代替手段），発明提案書に記載
された課題解決手段を用いることなく課題を解決する手段（回避手段）や，
対象発明を使用できる他の製品や用途について検討する。代替手段や回避
手段を検討することで，上方展開した発明をさらに上位概念化することが
可能になる。
　　提案書に記載の発明において，ゴム部材等の変形部材を使用することな
く，施工前後でアンカーの形状を変化させる手段はないか検討する。

第2章 技術分野別の明細書等の作成方法

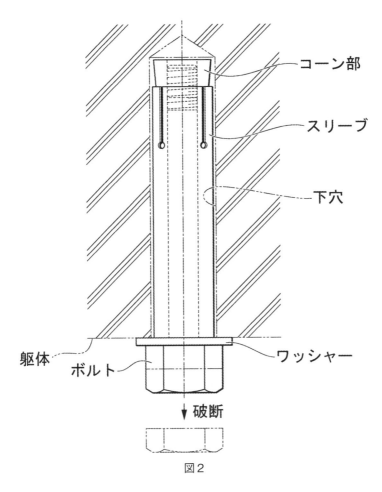

図2

　例えば，上記の図2に示すように，施工完了時に締め付けたボルトの一部が破断して分離する構成であっても，破断したボルト片を視認することで，アンカーの施工完了の確認を目視で判断可能である。
　すなわち，締め付け方式のアンカーにおいて施工完了時にボルトの一部（頭部）を破断させる手段は，アンカーの施工完了を目視で確認できるようにするという本願発明の目的を達成できると言える。
　このように提案書の記載の発明を水平展開することで，ボルトの一部を破断させるという他の解決手段も本発明の対象に含めることができる。

1節2 「アンカー」

(3) 特許請求の範囲の検討

　特許請求の範囲の検討では，発明を多面的に捉え，発明のポイントを階層的に記載することで，出願費用等の制約の中で可能な限り多くの請求項を作成することが好ましい。複数の請求項を階層的に記載しておくことで，審査においては，権利化可能な範囲を容易に知ることができる。また，多くの請求項を権利化しておくことで，無効になりにくく，無効理由への対処も容易な特許権となる。

　また，発明提案書から可能な限り多くの発明を請求項として抽出しておけば，明細書中で作用効果を記載してサポートすべき発明が明確になるため，記載要件の充足性が高まる。

・請求項の記載例

　以上の検討内容に基づいて作成した特許請求の範囲は下記のようになる。作成した特許請求の範囲を読んだ際，構成を絵にかけない場合，構成が不足している或いは検討が不十分である可能性が高い。

　請求項を含め明細書内で使用する用語としては，一般の人がその意味を直ちに理解できないような特許用語は用いるのは避けるべきである。

　近年，国内出願を基礎として外国出願されるケースが増加している。この場合において，日本語を外国語に翻訳する必要があるが，特許用語に対応する翻訳語は一義的に定まらず，誤訳等の問題が生じるリスクが高い。

請求項1について

　締め付け方式の金属拡張アンカーは，拡張部分を拡張させる構造の違いによって，一端拡張型と平行拡張型とに分けられる。一端拡張型は，**図1**に示したコーンナット式の他に，テーパーボルト式を含む。また，平行拡張型は，ダブルコーン式及びウエッジ式を含む。

　請求項1では，上述した，一端拡張型（コーンナット式，テーパーボルト式）及び平行拡張型（ダブルコーン式，ウエッジ式）をいずれも包含するように作成している。

　「拡張部分が所定量だけ拡張したとき」については明細書中で明確に定義することで記載不備を指摘された場合に補正可能な準備をしておくのが望ましい。

第２章　技術分野別の明細書等の作成方法

【請求項１】
　軸部と，
　前記軸部における中心軸方向の第１端部側に設けられ，径方向外側に変形可能な拡張部分を有する拡張部と，
　前記軸部の前記第１端部側に設けられるコーン部と，
　前記軸部における前記中心軸方向の第２端部側に設けられ，前記中心軸周りに回転することで前記コーン部を前記拡張部に引き込んで前記拡張部分を拡張させる回転部材と，
　前記拡張部分が所定量だけ拡張したときに，第１の態様から第２の態様へと変化する態様変化部と，を備える，
　ことを特徴とする締め付け方式金属拡張アンカー。

請求項２について
　提案書に記載されたゴム部材の上位概念化して変形部材として記載した請求項である。

【請求項２】
　前記態様変化部は，前記回転部材における前記第１端部側に設けられ，前記中心軸方向に圧縮されることで径方向外側に変形可能な変形部材を有する，
　ことを特徴とする請求項１に記載の金属拡張アンカー。

請求項３について
　提案書に記載されていたゴム部材の実施例に限定する請求項である。

【請求項３】
　前記変形部材は，ゴム部材である，
　ことを特徴とする請求項２に記載の金属拡張アンカー。

請求項４について
　発明の水平展開で検討した「ナットの一部を破断させる構成」に関する

147

1節2 「アンカー」

請求項である。破断する部位は，ナットの一部或いはボルトの頭部の一部のいずれでも問題ないと考えられる。

　また，ナットの一部を破断させる構成と上述した変形部材を用いる構成とは両立しないため，請求項4は請求項1のみに従属させた。

【請求項4】
　前記態様変化部は，前記回転部材に設けられ，
　前記回転部材は，破断溝を有しており，前記拡張部分が所定量だけ拡張したときに，前記破断溝において破断されることで前記回転部材の一部が分離可能である，
　ことを特徴とする請求項1に記載の金属拡張アンカー。

請求項5について

　発明の下方展開によって得た「破断溝の具体的な構成」を限定する請求項である。

　請求項3の破断溝の形状をより限定した請求項である。

【請求項5】
　前記破断溝は，前記回転部材の外面における前記中心軸の周方向に沿って環状に設けられる，
　ことを特徴とする請求項4に記載の金属拡張アンカー。

請求項6について

　締め付け方式の金属拡張アンカーの種類をコーンナット式アンカーに限定した請求項である。

【請求項6】
　前記回転部材及び前記軸部がアンカーボルトを構成し，
　前記コーン部は，前記アンカーボルトのネジ部を構成する前記軸部に設けられたコーンナットである，
　ことを特徴とする請求項1から請求項5のいずれか一項に記載の金属拡張アンカー。

第2章　技術分野別の明細書等の作成方法

請求項7について

　締め付け方式の金属拡張アンカーの種類をテーパーボルト式アンカーに限定した請求項である。

　なお，テーパーボルト式と上述のコーンナット式とは両立できない構成のため，請求項7は請求項6に従属させない点に注意する。

【請求項7】

　前記軸部及び前記コーン部がテーパーボルトを構成し，

　前記回転部材は，前記テーパーボルトのネジ部を構成する前記軸部に設けられたナットである，

　ことを特徴とする請求項1から請求項5のいずれか一項に記載の金属拡張アンカー。

---

(4)　図面

　図面については，発明の対象製品の全体図，発明のポイントと作用を表した図，変形例に対応する図を用意することが好ましい。アンカーのような物の発明は，請求項の構成要件を図面に表すことは必須である。また，図面は発明の理解を助け，拒絶理由や無効理由の対処においても有効に利用できる。発明者の意図した図面だけでは発明を理解し難いと感じた場合には，提案書の図面にこだわることなく，発明を端的に表す図面を別途作成し，追加すると良い。

(5)　明細書

・従来技術，課題の記載

　前述の発明提案書では，従来技術の課題として，アンカーの脱落事故に関する記載がある。

　ここで，明細書に，特に自社製品の課題を記載する場合，PL法（製造物責任法）における「欠陥」に該当する記載とならないよう留意する必要がある。

　PL法の概要（米国の場合）：製品の欠陥により被害が発生した場合，損害の事実，製品における欠陥の存在，及び損害と欠陥との因果関係の3点

1節2 「アンカー」

が証明できれば，製品の製造者が，被害が製造者の過失によるか否かに関わらず，被害に対する賠償責任を負う。

　明細書の記載が PL 法上問題となるのは，明細書の記載により，製造者が「製品における欠陥の存在を認識していた」とみなされる場合である。従って，従来技術の課題や本発明の目的及び効果を明細書に記載する際には，それらの記載が上記「欠陥の認識」に結びつかないよう，細心の注意を払う必要がある。そのため，安全性に関する記載は避けるのが好ましい。
　上記提案書に基づいて従来技術を記載する際，「従来の金属拡張アンカーでは，アンカーの施工が良好に行われたか否かの目視での確認が難しかった。」といった程度の記載に留めるのが好ましい。

・課題を解決するための手段の記載
　出願人の方針にもよるが，全クレームの構成と各々効果を記載するパターン，独立クレームの構成とその効果のみを記載するパターン，全クレームの構成のみを記載するパターン，独立クレームの構成のみを記載するパターンがある。

・発明の効果の記載
　簡潔に記載する。基本的に，本発明の課題の裏返しが発明の効果となる。
　本発明の課題は「アンカーの施工完了を目視で確認できなかった」である。よって，発明の効果は「アンカーの施工完了を目視で確認できる」となる。

・発明を実施するための形態の記載
ａ．サポート要件（特36⑥1号）
　例えば，実施形態を作成するに際し，特許請求の範囲をコピー＆ペーストし，各請求項の構成に符号を付しながら行間を埋める図や文言を追加しつつ順に説明していく。このようにすれば，少なくとも特許請求の範囲に記載した内容を明細書に書き忘れるといったサポート抜け等のミスを回避しやすくなる。

第2章 技術分野別の明細書等の作成方法

b．実施可能要件（特36④1号）
　実施形態の記載は，その発明の属する技術の分野における通常の知識を有する者（当業者）が実施可能な程度に明確かつ十分に記載する点に留意する。すなわち，発明の詳細な説明及び図面の記載から本発明を認定できる程度に記載する必要がある。また，当業者がその物を使用できるように記載しなければならない。例えば，各々がどのような働き（役割）をするか（すなわち，その作用）をともに記載する。

c．実施形態を記載する順番例
①明細書で使用する文言の定義（例えば，座標系や方向等）。
②アンカー全体構成の説明。
③アンカーの各部材の説明
④アンカーの作用効果
⑤他の実施形態や変形例

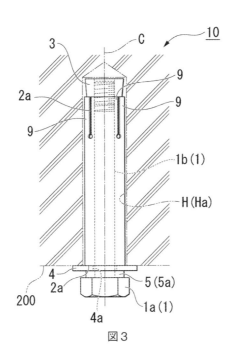

図3

1節2 「アンカー」

①明細書で使用する文言の定義について

アンカーボルトの中心軸方向を基準に明細書中で使用する文言を定義しておくと，明細書中で各構成の位置関係や配置等が説明しやすくなる。例えば下記のように記載できる。

下線部分は，請求項1の記載との整合性。

【00XX】

本明細書において，アンカーの中心軸に平行な方向を単に「軸方向」と称し，中心軸を中心とする径方向を単に「径方向」と称し，中心軸を中心とする周方向，すなわち，中心軸の軸周りを単に「周方向」と称す。なお，本明細書において，「平行な方向」とは略平行な方向も含み，「直交する方向」とは略直交する方向も含む。

【00XX】；下線部分は，図1と請求項1の第1，第2端部側との対応付け

（第一実施形態）

図1は，本実施形態のアンカーの構成を示す図である。<u>図1において，上下方向を軸方向，上側を軸方向上側（第1端部側），下側を軸方向下側（第2端部側）と称す。</u>

本実施形態の金属拡張アンカーは，アンカーボルトを締め込むこと（回転させること）でコーンナットをスリーブ内に引き込み，スリーブを拡張させるコーンナット式のアンカーである。なお，以下の説明において，金属拡張アンカーを単にアンカーと称すことにする。

---

②アンカー全体の説明について

特許請求の範囲に記載された文言との対応付，例えば，下記のゴム部材5のように行う。

下線部分は，請求項6の記載のサポート。

【00XX】

図1に示すように，アンカー10は，アンカーボルト1と，スリーブ（拡張部）2と，コーンナット<u>（コーン部）</u>3と，ワッシャー4と，態様変化部5を有している。アンカー10は，躯体200に形成された

152

第2章　技術分野別の明細書等の作成方法

下孔Hに施工される。

③アンカーの各部材の詳細な説明について

　各部品を説明する際，他の部品との位置関係や取り付け関係等についても説明する。

下線部分は，請求項6の記載のサポート。

【00XX】
（アンカーボルト）

　図1に示すように，<u>アンカーボルト1は，頭部（回転部材）1aとネジ部（軸部）1bとを有する。</u>頭部1aは，ネジ部1bにおける下側に設けられる。頭部1aとネジ部1bとは一体に形成されている。アンカーボルト1は，ネジ部1bを後述するスリーブ2に挿入した状態に設けられ，ネジ部1bの一端側にコーンナット3が取り付けられている。アンカーボルト1を締め込むと，コーンナット3が下方に移動することでスリーブ2内に引き込まれるようになる。頭部1aには，アンカー10の施工後，アンカー10に対して接続される外部ボルトを取り付けるための雌ネジ（不図示）が設けられている。

【00XX】
（スリーブ）

　図1に示すように，スリーブ2は全体として筒状からなり，ネジ部1bにおける上側に設けられる。スリーブ2は複数のスリット2aを有する。各スリット2aは中心軸C方向に延びるようスリーブ2の外面に形成される。複数のスリーブ2は，中心軸C周りの周方向に間隔をあけるように配置される。スリーブ2は，後述するコーンナット3が内部に引き込まれることで径方向外側に変形可能である。スリーブ2は，周方向において互いに隣り合うスリット2aの間に拡張部分9を有する。拡張部分9は，後述のようにコーンナット3が内側に引き込まれることで径方向外側に変形可能である。

【00XX】
（コーンナット）

　コーンナット3はテーパー状の外形を有する。コーンナット3は，

1節2 「アンカー」

ネジ部1bの上側に設けられる。コーンナット3は，アンカーボルト1のネジ部1bが中心軸C周りに回転することでスリーブ2内に引き込まれる。コーンナット3がスリーブ2内に引き込まれるに従って，スリーブ2の拡張部分9がコーンナット3によって径方向内側から径方向外側へと押し込まれる。これにより，拡張部分9が径方向外側に拡張することとなる。アンカー10は，拡張部分9が径方向外側に所定量だけ拡張することで下孔Hの内周面Haに当接するようになる。これにより，アンカー10は下孔に対して確実に定着されたものとなる。

【00XX】

（ワッシャー）

　ワッシャー4は，スリーブ2の下端2aに設けられる。ワッシャー4はアンカーボルト1の軸部1bを挿入するための開口4aが設けられている。

　ワッシャー4の外径は，アンカーボルト1の頭部1aと同等の大きさに形成されている。ワッシャー4は所定の強度を有していれば材質を問わず，金属製でも樹脂製でもよい。

下線部分は，請求項2の記載のサポート。

【00XX】

（態様変化部）

　態様変化部5は，変形部材5aを含む。本実施形態において，変形部材5aは，ゴム部材で構成される。変形部材5aは，アンカーボルト1の頭部1aとワッシャー4との間に配置される。<u>すなわち，変形部材5aは，頭部1aにおける上側に設けられる。変形部材5aは，後述のように頭部1aとワッシャー4との間に挟まれることによって中心軸C方向に圧縮されて径方向外側に変形可能である。</u>

【00XX】

　変形部材5aの外径は，頭部1a及びワッシャー4の外径よりも小さい。そのため，アンカー10の施工を行う前段階において，変形部材5aは径方向において頭部1aとワッシャー4との間に隠れており，外部から視認され難くなっている。

154

第2章　技術分野別の明細書等の作成方法

> …

下線部分は，請求項1との対応付け。

【00XX】

　一方，変形部材5aは，アンカーボルト1を締め込んで拡張部分9を拡張させていくと，頭部1aとワッシャー4との間に挟まれることによって中心軸C方向に圧縮されて径方向外側に変形する。変形部材5aは，拡張部分9の拡張量が大きくなるに従って径方向外側に大きく変形する。本実施形態の変形部材5aは，拡張部分9が所定量だけ拡張したときに頭部1aとワッシャー4との間から外側にはみ出すように，その外径や厚み等が設計されている。ここで，拡張部分9が所定量だけ拡張するとは，拡張部分9が下孔Hの内周面Haに確実に当接することでアンカーの施工が正しく完了した状態を意味する。

【00XX】

　本実施形態の変形部材5aは，拡張部分9が所定量だけ拡張したとき，頭部1aとワッシャー4との間に隠れた態様（第1の態様）から，頭部1aとワッシャー4との間から外側にはみ出した態様（第2の態様）に変化する構成を有する。よって，アンカー10の施工者は，頭部1aとワッシャー4との間に位置する変形部材5aを視認することで拡張部分9の拡張量を把握することが可能である。

　…

---

④作用効果について

　アンカーの施工前後で作用効果が生じるため，アンカーの施工方法を参照しつつ，作用効果を説明すると，作用効果が読み手に伝わりやすくなる。

1節2 「アンカー」

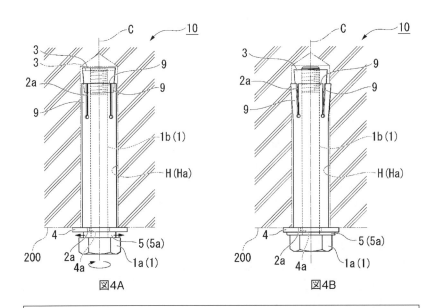

図4A　　　　　　　　図4B

【00XX】
　続いて，アンカーの施工方法を説明しつつ，本実施形態のアンカー10による作用効果について説明する。
　アンカーを施工する躯体200に下孔Hを形成した後，図1に示したように，アンカー10のアンカーボルト1の先端部側を，躯体200に形成した下孔Hに挿入する。アンカー10は，ワッシャー4が躯体200に接触するまで，下孔Hに挿入される。

【00XX】
　続いて，不図示の工具を用いて，図4Aに示すように，アンカーボルト1の頭部1aを回転させてアンカーボルト1を締め付けていく。アンカーボルト1が締め付けられることで，アンカーボルト1の軸部1bがコーンナット3にねじ込まれる。これにより，コーンナット3はスリーブ2内に引き込まれるようになる。コーンナット3は，スリーブ2内に引き込まれることで，スリーブ2の拡張部分9を拡張させていく。

【00XX】
　また，アンカーボルト1の締め付けに伴って，アンカーボルト1の

156

頭部1aとワッシャー4との間隔が狭まる。これにより，頭部1aとワッシャー4との間に挟まれた変形部材5aが押し潰されることで，中心軸方向に圧縮される。中心軸方向に圧縮されたゴム部材6は，径方向外側に拡がるように変形する。

【00XX】

　アンカー10の施工者は，拡張部分9が所定量だけ拡張する前において，頭部1aとワッシャー4との間に隠れた変形部材5aを目視で視認することができない。これに対し，アンカー10の施工者は，図4Bに示すように，拡張部分9が所定量だけ拡張すると，頭部1aとワッシャー4との間からはみ出した変形部材5aを目視で視認することができる。上述したように，頭部1aとワッシャー4との間から変形部材5aがはみ出すことは，拡張部分9が所定量だけ拡張し，アンカー10の施工が正しく完了したことを意味する。したがって，本実施形態のアンカー10によれば，施工者が変形部材5aを視認することでアンカーの施工完了を目視で容易に確認できる。

　…

⑤他の実施形態や変形例について

・第二実施形態

　締め付け方式の金属拡張アンカーの用途をテーパーボルト式アンカーに限定した請求項7をサポートする実施形態。次頁の**図5**にテーパーボルト式アンカーの図を示す。

1節2 「アンカー」

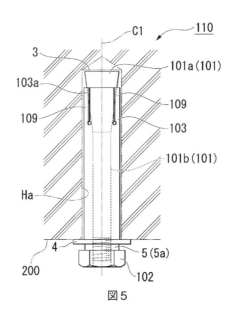

図5

下線部分は，実施形態が変わったため，符号を使い分けた。

【00XX】
（第二実施形態）
　続いて，本発明の第二実施形態に係る金属拡張アンカーについて説明する。以下の説明において，上記実施形態と共通の部材及び構成についてはその詳細については説明を省略する。
　本実施形態の金属拡張アンカーは，ナットを締め込むこと（回転させること）でテーパーボルトの頭部をスリーブ内に引き込み，スリーブを拡張させるテーパーボルト式の締付け型のアンカーである。
　…

【00XX】
　図3に示すように，本実施形態のアンカー110は，テーパーボルト101と，ナット102と，スリーブ103と，ワッシャー4と，態様変化部5とを有している。なお，図3において，上下方向を軸方向，上側を軸方向上側（第1端部側），下側を軸方向下側（第2端部側）と称す。

158

第2章　技術分野別の明細書等の作成方法

> …

下線部分は，請求項7の記載のサポート。

【00XX】
(テーパーボルト)
　<u>テーパーボルト101は，中心軸C1方向に延び，頭部（コーン部）101aとネジ部（軸部）101bとを有する。</u>頭部101aはテーパー形状を有し，ネジ部101bと一体に形成されている。テーパーボルト101は，ネジ部101bを後述するスリーブ103に挿入した状態に設けられ，ネジ部101bの他端側にナット（回転部材）102が取り付けられている
…

【00XX】
(ナット)
　ナット102は，テーパーボルト101のネジ部101bの中心軸C1周りに回転されることでテーパーボルト101の頭部101aをスリーブ103内に引き込む。
…

【00XX】
(スリーブ)
　スリーブ103は全体として筒状からなり，複数のスリット103aを有する。各スリット103aは中心軸C1方向に延びるようスリーブ103の外面に形成される。複数のスリーブ103aは，中心軸C1周りの周方向に間隔をあけるように配置される。スリーブ103aは，テーパーボルト101の頭部101aが内部に引き込まれることで径方向外側に変形可能である。スリーブ103は，周方向において互いに隣り合うスリット103aの間に拡張部分109を有する。アンカー10は，拡張部分109が径方向外側に所定量だけ拡張することで躯体200の下孔Hの内周面Haに当接するようになる。これにより，アンカー10は下孔Hに対して確実に定着されたものとなる。

1節2 「アンカー」

…

【00XX】

　本実施形態において，スリーブ103の下端にはワッシャー4が設けられている。また，変形部材5aは，ナット102とワッシャー4との間に配置される。すなわち，変形部材5aは，ナット102における上側に設けられる。変形部材5aは，ナット102とワッシャー4との間に挟まれることによって中心軸C1方向に圧縮されて径方向外側に変形可能である。

【00XX】

　変形部材5aの外径は，ナット102及びワッシャー4の外径よりも小さい。そのため，アンカー110の施工を行う前段階において，変形部材5aは径方向においてナット102とワッシャー4との間に隠れており，外部から視認され難くなっている。

…

【00XX】

　本実施形態の変形部材5aは，拡張部分109が所定量だけ拡張したとき，ナット102とワッシャー4との間に隠れた態様（第1の態様）から，ナット102とワッシャー4との間から外側にはみ出した態様（第2の態様）に変化する構成を有する。アンカー110の施工者は，拡張部分109が所定量だけ拡張した場合，ナット102とワッシャー4との間からはみ出した変形部材5aを目視で容易に視認できる。したがって，本実施形態においても，アンカー110の施工者は，変形部材5aの変形によってアンカーの施工完了を目視で確認することができる。

・第三実施形態

　発明の水平展開で本発明の対象となった「ボルト頭部の一部を破断させる構成」に関する請求項4及び請求項5をサポートする実施形態である。

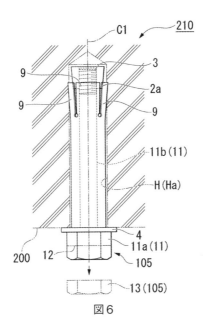

図6

下線部分は，実施形態が変わったため，符号を使い分けた．

【00XX】
（第三実施形態）
　続いて，本発明の第三実施形態に係る金属拡張アンカーについて説明する．本実施形態のアンカーは，態様変化部の構成が第一実施形態の構成と異なっており，それ以外の構成は同じである．そのため，第一実施形態と共通の部材及び構成についてはその詳細については説明を省略する．
…

【00XX】
　図4（図6参照）に示すように，本実施形態のアンカー210は，アンカーボルト11と，スリーブ2と，コーンナット3と，ワッシャー4と，態様変化部105とを有している．
…

1節2 「アンカー」

下線部分は，請求項4のサポート。

【00XX】
（態様変化部）
　本実施形態の態様変化部105は，アンカーボルト11に設けられる。具体的に，態様変化部105は，アンカーボルト11の頭部11aに設けられる。頭部11aは，破断溝12を有する。破断溝12は，頭部11aにおける下側に設けられる。
【00XX】；下線部分は，請求項5のサポート。
　破断溝12は，頭部11aの外面における中心軸Cの周方向に沿って環状に設けられる。破断溝12は，V字状の断面を有する溝である。頭部11aは，破断溝105aが設けられた部分の肉厚が相対的に薄い。そのため，頭部11aは，所定値以上のトルクが破断溝12よりも頭部1aの先端側に作用した場合，破断溝12にて破断するようになっている。
【0000】
　本実施形態において，アンカーボルト11を締め込んで拡張部分9を拡張させていくと，アンカーボルト11を締め込むために必要となるトルクが増大する。すなわち，拡張部分9が拡張するにしたがって，破断溝12よりも頭部11aの先端側に作用するトルクが増大する。本実施形態のアンカーボルト11は，拡張部分9が所定量だけ拡張することにより破断溝12よりも頭部11aの先端側に所定値以上のトルクが作用したときに，頭部11aが破断するように破断溝12の深さや幅を適宜設定している。

下線部分は，請求項1との対応付け。

【00XX】
　アンカーボルト11は，拡張部分9が所定量だけ拡張したとき，頭部11aが破断溝12で破断していない態様（第一の態様）から，頭部1aが破断溝12で破断した態様（第二の態様）に変化する構成を有する。よって，アンカー210の施工者は，態様変化部105（アンカーボルト11の頭部11a）を視認することで拡張部分9の拡張量を把握することが可能

第2章　技術分野別の明細書等の作成方法

である。

…

【00XX】

　上述したように，頭部11aが破断溝12で破断した破断片13がことは拡張部分9が所定量だけ拡張し，アンカー210の施工が正しく完了したことを意味する。したがって，本実施形態のアンカー210においても，アンカーの施工完了を施工者が目視で容易に確認することができる。

・なお書き

末尾に実施形態中で触れなかった変形例などをまとめて記載することで特許請求の範囲に含まれる構成をサポートする。

【00XX】

　なお，本発明の技術的範囲は前記実施の形態に限定されず，本発明の趣旨を逸脱しない範囲において種々の変更を加えることが可能である。

　例えば，上記実施形態では，締め付け方式の金属拡張アンカーのうちのコーンナット式，テーパーボルト式に適用した場合を例に挙げたが，平行拡張型のダブルコーン式やウエッジ式のアンカーにも本発明は適用可能である。

　また，第一，第二実施形態において，変形部材5aはゴム部材で構成される場合を例に挙げたが，アンカーボルトの締め付けによって変形可能な部材であれば変形部材の材質はゴムに限定されず，例えば，金属製であってもよい。

　また，第二実施形態の態様変化部として，ゴム部材に替えてナット102の一部を破断させる構成を採用することも可能である。

163

1節3 「リンク機構」

(白石　卓也)

1．リンク機構

リンク機構の題材として，スライダークランク機構を例に挙げて説明する。

2．発明提案書

例えば，発明提案書には以下の内容が記載されていたとする。
(1) 従来技術とその課題
　従来，水平方向にすべるスライダーを備えたスライダークランク機構が知られている。しかし，スライダーは上方に露出しており，スライダーを落下物から保護することができなかった。
(2) 発明の目的
　スライダーを落下物から保護する。
(3) 発明のポイント
　スライダーの上方に保護板を設けた。
(4) 発明の効果
　落下物を保護板で遮ることができるため，スライダーを落下物から保護することができる。
(5) 図面

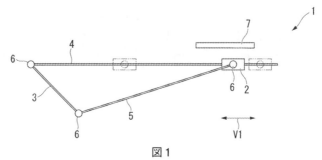

図1

第２章　技術分野別の明細書等の作成方法

(6)　符号の説明

　1…スライダークランク機構，2…スライダー，3…クランク（回転節），4…第一リンク（固定節），5…第二リンク（中間節），6…対偶，7…保護板，V1…水平方向

3．発明の把握

　発明の把握は，発明提案書を読み込むことにより行う。発明提案書は，出願ヒアリングの前に顧客から受領していることが多い。出願ヒアリング前に発明提案書を読み込むことにより，予め発明内容を把握することができる。事前に発明提案書を読み込むことにより，出願ヒアリング時に発明提案書では把握しきれなかった不明点などを確認することができる。

　発明提案書を素直に読むと，従来技術の課題は，水平方向にすべるスライダーを備えたスライダークランク機構において，スライダーが上方に露出しているため，スライダーを落下物から保護することができないという点である。

　従来技術と本発明との差異に着目すると，従来技術ではスライダーが上方に露出しているのに対し，本発明ではスライダーの上方に保護板が設けられている。

　本発明によれば，スライダーの上方に保護板が設けられていることで，落下物を保護板で遮ることができるため，スライダーを落下物から保護することができるといえる。

　発明提案書の**図１**の構成（以下「構成１」ともいう。）に基づいて特許請求の範囲を検討すると，下記の請求項が考えられる。請求項の構成が**図１**と照らし合わせて分かりやすいように，請求項の各構成要素には参照符号を（）内に記している。

【請求項１】（案１）

　水平方向（V1）にすべるスライダー（2）と，

　前記スライダー（2）の上方に設けられた保護板（7）と，を備えることを特徴とするスライダークランク機構。

1節3 「リンク機構」

　ところで，スライダークランク機構の設置場所によっては，落下物などの上方からの外的要因のみならず，側突などの側方からの外的要因を考慮する必要がある。さらには，打ち上げ物などの下方からの外的要因を考慮する必要もある。保護板がスライダーの上方のみに設けられている場合，落下物などの上方からの外的要因に対してはスライダーを保護することはできるが，上方以外の方向（側方および下方）からの外的要因に対してはスライダーを保護することは困難である。発明提案書を読み込むと，側方および下方などの上方以外の外的要因を考慮した構成を検討する余地がありそうである。
　検討の結果，側方および下方からの外的要因からスライダーを保護することが可能な構成（以下「構成2」ともいう。）を思いついたとする。構成2としては，図2に示すような構成が考えられる。図2（構成2）において，図1（構成1）と同様の構成については同一の符号を付している。

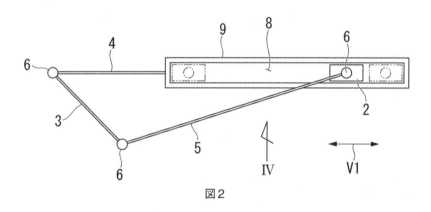

図2

図2の構成2に基づいて素直に請求項を作成すると，下記のようになる。

【請求項1】（案2）
　水平方向（V1）にすべるスライダー（2）と，
　前記スライダー（2）の周囲を囲むように設けられ，前記スライダー（2）のすべり移動を許容する内部空間（8）を有するシリンダ（9）と，
を備えることを特徴とするスライダークランク機構。

第2章　技術分野別の明細書等の作成方法

　さらに，**図1**，**図2**で示した構成（構成1，2）以外の構成（例えば，スライダーの下方のみに保護板を設けた構成，スライダーのすべり方向の一側方のみに保護板を設けた構成など）を考慮して請求項を作成すると，下記の構成（以下「構成3」ともいう。）になる。

【請求項1】（案3）

　水平方向にすべるスライダーと，

　前記スライダーの少なくとも一部を外方から覆う保護部材と，備えることを特徴とするスライダークランク機構。

　このような請求項を作成することにより，スライダーの少なくとも一部の外方に壁が設けられている構成であれば，構成3の技術的範囲に含まれることになる。例えば，構成3の技術的範囲には，**図1**，**図2**でそれぞれ示した構成1，2はもちろん，**図1**，**図2**以外の構成（例えば，スライダーの下方のみに保護板を設けた構成，スライダーのすべり方向の一側方のみに保護板を設けた構成など）も含まれる。構成3によれば，より広い権利を取得できる可能性が高まる。

4．発明の展開

　発明提案書に記載された発明の構成（スライダーの上方に保護板を設けた構成1）のままでは，権利範囲の狭い発明となってしまう。そこで，より広い権利を取得するために，発明の他の構成を検討して発明の展開（水平展開，垂直展開など）を行う。発明の展開の一例を以下に説明する。

(1)　発明の水平展開

　水平展開とは，上位概念の構成を，特段の効果を奏するように限定することである。例えば，**図1**を参照すると，保護板はスライダーの上方においてスライダーのすべり方向全域の一部のみに設けられていると見受けられる。この場合，スライダーのすべり方向全域において，スライダーを落下物から保護することは困難であると考えられる。このような事情に鑑み，発明の水平展開を行うと，保護板はスライダーのすべり方向に延在してお

1節3 「リンク機構」

り，保護板の延在長さ（スライダーのすべり方向における保護板の長さ）がスライダーの最大すべり移動量（スライダーのすべり方向における最上流位置と最下流位置との間の距離）以上である構成（以下「構成4」という。）が考えられる（図3参照）。図3において，符号11は保護板，符号L1は保護板11の延在長さ，符号L2はスライダー2の最大すべり移動量をそれぞれ示す。図3の構成4によれば，保護板の延在長さL1がスライダーの最大すべり移動量L2以上であるので（L1≧L2），スライダーのすべり領域全域において，スライダーを落下物から保護することができるという特段の効果を奏することができる。

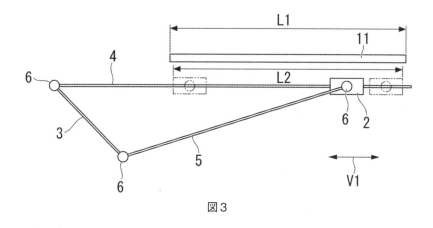

図3

また，図1を参照しても，スライダーのすべり方向と直交するスライダーの幅方向（図1の奥行き方向）における保護板の長さ（以下「保護板の幅」という。）は不明である。保護板がスライダーの上方においてスライダーの幅方向の一部のみに設けられている場合，スライダーの幅方向全域において，スライダーを落下物から保護することは困難であると考えられる。このような事情に鑑み，発明の水平展開を行うと，保護板の幅がスライダーの幅以上である構成（以下「構成5」という。）が考えられる。この構成5によれば，保護板の幅がスライダーの幅以上であるので，スライダーの幅方向全域において，スライダーを落下物から保護することができるという特段の効果を奏することができる。

また，図2を参照すると，シリンダの下壁には，第二リンク5が移動（揺動）するための開口部（下壁を上下方向に開口する貫通孔）が必要になると考えられる。しかし，シリンダの下壁に開口部があると，開口部を通じて塵埃などの異物がシリンダ内に侵入してしまうおそれがある。このような事情に鑑み，発明の水平展開を行うと，シリンダの下壁には，弾性変形可能なシート状をなし，かつ，リンクの移動を許容するスリットを有する弾性シートが設けられている構成（以下「構成6」という。）が考えられる（図4参照）。

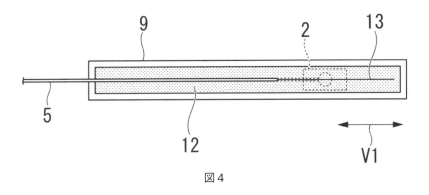

図4

図4は図2を下方（矢視IV）から見た図に相当する。図4において，符号12は弾性シート，符号13はスリットをそれぞれ示す。図4の構成6によれば，シリンダ9の下壁には，弾性変形可能なシート状をなし，かつ，第二リンク5の移動を許容するスリット13を有する弾性シート12が設けられているので，第二リンクの移動をスリットで許容しつつ，下方からの異物を弾性シートで遮ることができ，シリンダ内への異物の侵入を抑制することができるという特段の効果を奏することができる。

(2) 発明の垂直展開

垂直展開としては，大きく2つに分けて，上方展開と下方展開とが挙げられる。

上方展開とは，発明の具体的構成を上位概念化することである。例えば，上記構成2の「シリンダ」を「保護部材」と上位概念化する考え方である。

1節3 「リンク機構」

一般にシリンダは円筒（円筒形の容器として用いられる部品）を意味する。しかし，「シリンダ」を「保護部材」と上位概念化した構成（以下「構成7」という。）とすれば，具体的な形状は特定されない。保護部材には，スライダーのすべり移動を許容する内部空間を有する種々の態様が含まれる。

　下方展開とは，発明の下位概念化を行うことである。例えば，上記構成1の「保護板」を「金属板」，「樹脂板」と下位概念化する考え方である。例えば，「保護板」を「金属板」と下位概念化した構成（以下「構成8」という。）によれば，樹脂板よりも優れた強度および剛性が得られるとの効果を奏することができる。一方，「保護板」を「樹脂板」と下位概念化した構成（以下「構成9」という。）によれば，金属板よりも耐食性に優れ，軽量化しやすいとの効果を奏することができる。

5．特許請求の範囲

　上述の検討事項を整理して特許請求の範囲として記載すると下記のようになる。

【特許請求の範囲】
【請求項1】（構成3）
　水平方向にすべるスライダーと，
　前記スライダーの少なくとも一部を外方から覆う保護部材と，備えることを特徴とするスライダークランク機構。
【請求項2】（構成1）
　前記保護部材は，前記スライダーの上方に設けられた保護板を備えることを特徴とする請求項1に記載のスライダークランク機構。
【請求項3】（構成4）
前記保護板は，前記スライダーのすべり方向に延在しており，
前記保護板の延在長さは，前記スライダーの最大すべり移動量以上であることを特徴とする請求項2に記載のスライダークランク機構。
【請求項4】（構成5）
　前記保護板の幅は，前記スライダーの幅以上であることを特徴とする請求項2または3に記載のスライダークランク機構。

【請求項5】（構成8）

　前記保護板は，金属製であることを特徴とする請求項2から4のいずれか一項に記載のスライダークランク機構。

【請求項6】（構成9）

　前記保護板は，樹脂製であることを特徴とする請求項2から4のいずれか一項に記載のスライダークランク機構。

【請求項7】（構成7）

　前記保護部材は，前記スライダーの周囲を囲むように設けられ，前記スライダーのすべり移動を許容する内部空間を有することを特徴とする請求項1から6のいずれか一項に記載のスライダークランク機構。

【請求項8】（構成2）

　前記保護部材は，シリンダであることを特徴とする請求項7に記載のスライダークランク機構。

【請求項9】（構成6）

　前記シリンダの下壁には，弾性変形可能なシート状をなし，かつ，リンクの移動を許容するスリットを有する弾性シートが設けられていることを特徴とする請求項8に記載のスライダークランク機構。

6．明細書

　発明提案書に記載された発明の構成は1つのみ（スライダーの上方に保護板を設けた構成1）であったが，発明の展開を行うことにより，複数の構成を見出すことができた。これらの構成を実施形態として明細書に記載する。

　明細書の発明の詳細な説明の記載は，当業者が発明を実施できる程度に明確かつ十分に記載したものである必要がある。発明を実施できるとは，今回のスライダークランク機構のような「物の発明」にあっては，その物を作ることができ，かつ，その物を使用できることである。

　また，複数の構成を見出すことができた場合には，ベストモードを第一実施形態として記載する。具体的に，ベストモードは，実際の製品として採用する可能性の高い構成（重要度の高い構成），他の構成と比べて有利

な効果を奏する構成を記載するとよい。例えば，今回の例では，**図1**の構成を第一実施形態とし，**図3**の構成を第一実施形態の変形例とし，**図2**の構成を第二実施形態とし，**図4**の構成を第二実施形態の変形例とすればよい。

7．まとめ

発明提案書を読み込むことにより発明を把握し，出願ヒアリング時に発明提案書では把握しきれなかった不明点などを確認することにより，従来技術とその課題，従来技術と本発明との差異，発明の作用・効果について理解し，発明の本質を的確に把握する。また，より広い権利を取得するために，発明の展開（水平展開，垂直展開）を行う。そして，特許請求の範囲には，上述の検討事項を整理した内容を記載し，明細書には，請求項に係る発明を実施できる程度に明確かつ十分に記載し，明細書等の記載要件を満足する必要がある。

参考文献

1．特許庁。「明細書及び特許請求の範囲の記載要件の改訂審査基準」。特許庁ホームページ。（オンライン）（引用日：2018年6月26日）
https://www.jpo.go.jp/tetuzuki/t_tokkyo/shinsa/pdf/kisaiyouken_honbun.pdf

第2章　技術分野別の明細書等の作成方法

2節　動的機械

2節1　「空調機」

(長谷川　太一)

1．はじめに

　空調機（空気調和機）とは，文字通り空気を調和する装置である。一般には，空調機は「エアコン」の名称で広く知られている。厳密には「空調機」は「エアコン」に比べて広い概念を含んでいるが，本項では空調機として最もなじみのある「エアコン」を実例に挙げ，特許明細書の作成方法について記載する。

2．空調機（エアコン）の概要

　エアコンは，室内機と室外機との間で循環する冷媒を用いて室内の空気を冷やしたり暖めたりすることで室内の冷暖房を行うものである。世の中には様々な種類のエアコンが存在するが，一般的には家庭用のルームエアコン，業務用のパッケージエアコン等がよく知られている。なお，エアコンとして車載用のカーエアコンも存在するが，ルームエアコンやパッケージエアコンとは構造が大きく異なっている。

3．明細書作成時の注意事項

　以下，空調機としてのエアコンの明細書を作成する上での注意事項を，具体的な明細書の例を挙げて説明する。

⑴　ヒアリング時の注意事項
①　エアコンは受注生産品ではなく見込み生産品であることが多い。このためヒアリングの依頼を受けた際には，販売する製品そのものが製造され

2節1 「空調機」

ていなくとも，モックアップや詳細な図面が存在することもしばしば見受けられる。また，エアコンの室外機はコンプレッサや電装部品等を収容しているため非常に重く，持ち運びが大変である一方で，室内機は比較的軽く，外形寸法もそれほど大きくないため，ヒアリング時にはモックアップを見ながら技術説明を受けることが可能である。クライアントに了承を得た上で，写真や動画に収め，明細書や図面作成の際に参考にするとよい。

②　上記の通りモックアップや詳細な図面が存在する場合，特許図面を作成する際にはこれらモックアップの形状や詳細図面をそのまま使用することで図面作成の手間を省くことが可能である。しかしながら，詳細構造の全てをそのまま特許図面に用いてしまうと，発明のポイント以外の構造までも開示してしまうことになりかねず，今後の特許戦略に支障をきたすおそれが生じる。そこで特許図面ではできる限り簡略化を図り，発明のポイントのみをクローズアップした図面とするとよい。また，自分で図面の簡略化ができるかどうかを判断する必要がある。簡略化が難しいようならクライアントに簡略化した図面の作成をお願いするのも一策である。

③　モックアップや製品を見ながらクライアントから説明を受ける場合，今回の発明のポイントというよりも製品の構造全体の説明を受けることになりがちである。そこで，まずは今回の製品全体の特徴を理解し，その中でどの特徴部分についてクライアントが権利化を望むのか，どこまで上位概念化してよいか，について十分に聞き出す必要がある。

④　エアコンの歴史はそれほど浅くはなく，基本的な形状や構造についてはある程度完成されている。そのため今回の発明と先行技術との差があまり明確でない場合も少なくない。そこでヒアリング時には，例え微差であっても先行技術との差異を見出し，その差異による特有の効果についても見出す努力が必要である。また，最上位のクレームでは進歩性まで担保することが難しいとしても，従属クレームや明細書中に先行技術とは異なる特徴部分を開示可能な範囲で記載しておくとよい。すなわち，補正の際の"ネタ"を仕込んでおくと安心である。

第2章　技術分野別の明細書等の作成方法

⑤　上記の通りエアコンは受注生産品ではなく見込み生産品である場合が多いため，製品の公知行為（発表等）を間近に控えている場合や，既に公知となっている場合も少なくない。そこで出願期限をいつに設定するのか，新規性喪失の例外規定の適用が必要なのか，等についてもヒアリング時に必ず確認を行う。

⑥　競合メーカーがある程度特定されている場合，外国出願を行う国についてもヒアリング時に既に決定している場合がある。このため，想定される出願国の実務に合わせた明細書の作成が必要となる。例えば，米国であれば必要な構成要素をすべて図面に表しておくべきであるし，先行技術や効果の記載をできるだけシンプルにしておくとよい。また，欧州では想定される実施の態様を一つの実施形態にまとめて記載せず，それぞれ別々の実施形態に記載しておくことが好ましい。サポート要件違反を回避するためである。

(2)　明細書作成時の注意事項

【書類名】明細書（例）
【発明の名称】空調機の室内機，及び空調機
【技術分野】
　【0001】
　本発明は，空調機の室内機，及びこれを備えた空調機に関する。
【背景技術】
　【0002】
　従来から，室内の空気を取り込んで温度の調整を行った後に，空気を室内へ供給する空調機（空気調和機）が知られている。空調機は室内に設置される室内機と，室内機に配管及び配線によって接続されるとともに室外に設置される室外機とを備えている。
　【0003】
　特許文献1には空調機の室内機が開示されている。空調機の室内機は，室内の空気をファンによって筐体内に取り込むとともに，取り込んだ空気を冷媒が流通する熱交換器によって温度調整することで空調

2節1 「空調機」

風を生成し，この空調風を筐体に設けられた吹出口から室内に向かって吹出すようになっている。

【先行技術文献】

【特許文献】

【0004】

【特許文献1】特願○○○○─○○○○○号公報

【発明の概要】

【発明が解決しようとする課題】

【0005】

しかしながら，特許文献1に記載の室内機の吹出口からは，常に一定の方向に空調風が吹出される。このため，空調風の吹出方向の延長線上に居ない人，即ち，室内機から離れた位置にいる人へは空調風が届かない。一方で，空調風の吹出方向の延長線上に居る人には空調風が直撃して非常に不快である。特に部屋が広い場合，このような問題は顕著である。

【0006】

そこで本発明は，快適性を向上しつつ，十分な空調効果を得ることができる空調機の室内機，及びこれを備えた空調機を提供する。

→特に米国出願を行う予定がある場合には，従来技術の説明はできるだけシンプルに行うとよい。例えば，従来技術ではないものまでも出願人自らが従来技術と自白することになりかねず，権利行使の際に不利益になり得るためである。効果の記載についても同様にシンプルな記載を心掛けるとよい（上記(1) ヒアリング時の注意事項⑥を参照）。

【課題を解決するための手段】

【0007】

本発明の一態様に係る空調機の室内機は，室内の壁面に固定されて前記壁面に沿う幅方向に延在する筐体と，前記筐体の内部に収容され，室内空気を前記筐体内に取り込む送風ファンと，前記筐体内に取り込まれた室内空気と冷媒との間で熱交換を行う熱交換器と，前記幅方向

に延在し，前記筐体の下部で該筐体の内外を連通するように前方に向かって斜め下方に開口して前記熱交換器で熱交換された室内空気を空調風として室内へ吹出可能な吹出口と，前記吹出口に設けられて前記空調風の吹出し方向を調整可能な風向調整部材と，を備えている。

【0008】
このような室内機では，風向調整部材によって空調風の吹出し方向を調整可能となっている。このため，吹出口からの空調風の吹出し方向が常に一定となることを回避でき，室内が広くとも室内の隅々まで空調風を行きわたらせることが可能である。

【0009】
また，上記の室内機では，前記風向調整部材は，前記吹出口を覆うように，前記幅方向に延びる軸線を中心として前記筐体に回動可能に取り付けられていることで，前記空調風の吹出し方向を調整可能なフラップであってもよい。

【0010】
このようにフラップが幅方向に延びる軸線を中心として筐体に対して回動することで，容易に吹出口を開閉できる。この結果，吹出口の開度を調節することで空調風の吹出し方向を変化させることができ，常に空調風の吹出し方向が一定となることを回避でき，容易に室内の隅々まで空調風を行きわたらせることが可能である。

【0011】
また，上記の室内機では，前記フラップを，前記軸線を中心として回動させる駆動部をさらに備えていてもよい。

【0012】
このような駆動部によって，フラップを自動で回動させることが可能となる。このため，容易に室内の全体へ，均一に空調風を行きわたらせることが可能である。

【0013】
また，上記の室内機では，前記風向調整部材は，前記幅方向及び該幅方向に交差する前後方向の少なくとも一方に互いに離れて複数配置され，前記吹出口の開口方向に対して傾斜可能に前記筐体に取り付けられていることで，前記空調風の吹出し方向を調整可能なルーバーで

2節1 「空調機」

あってもよい。

【0014】

このように吹出口の開口方向に対して傾斜可能なルーバーを設けることで，空調風の吹出し方向が常に一定となることを回避でき，容易に室内の隅々まで空調風を行きわたらせることが可能である。

【0015】

また，本発明の一態様に係る空調機は，上記の室内機と，室外に設置されて前記室内機との間で冷媒が循環する室外機と，を備えている。

【0016】

このような空調機では，上記の室内機を備えることで，風向調整部材によって吹出口からの空調風の吹出し方向が常に一定となることを回避でき，室内が広くとも室内の隅々まで空調風を行きわたらせることが可能である。

【発明の効果】

【0017】

上記の室内機，及び空調機によれば，快適性を向上しつつ，十分な空調効果を得ることができる。

【図面の簡単な説明】

【0018】

【図1】 本発明の第一実施形態に係る空調機の全体図である。

【図2】 本発明の第一実施形態に係る空調機の室内機の縦断面図であって，図1のA－A断面図である。

【図3】 本発明の第二実施形態に係る空調機の室内機の縦断面図である。

【図4】 本発明の第三実施形態に係る空調機を斜め下方から見た図である。

→図面は発明のポイントがわかる範囲で簡略化を図るとよい（上記(1) ヒアリング時の注意事項①，②を参照）

【発明を実施するための形態】

【0019】

〔第一実施形態〕

　以下，本発明の第一実施形態について図面を参照しながら説明する。

　空調機100は，図1に示すように，室内機1及び室外機2を備えている。これら室内機1と室外機2とは，冷媒が流通する冷媒配管3や図示しない電気配線等により接続されている。詳細な図示は省略するが冷媒配管3は一対設けられており，冷媒は一方の冷媒配管3によって室内機1から室外機2へ，また他方の冷媒配管3によって室外機2から室内機1へ流通することで室内機1と室外機2との間を冷媒が循環する。

【0020】

　室外機2は，空調対象の室内の外に設置される。図示を省略するが室外機2には筐体と，筐体内に設置されて室外の空気を筐体に取り込む室外ファンと，筐体内に設置されて室外ファンによって筐体内に取り込まれた空気と冷媒との間で熱交換を行う室外熱交換器と，筐体内に設置されて冷媒を圧縮する圧縮機と，筐体内に設置されて圧縮機等の電装品の制御を行うコントロールボックス等とを有している。

【0021】

　図2に示すように室内機1は，筐体4と，筐体4内に設置されて室内の空気を筐体4内に取り込む室内ファン（送付ファン）5と，筐体4内に設置されて室内ファン5によって筐体4内に取り込まれた空気と，冷媒との間で熱交換を行う室内熱交換器6とを有している。

【0022】

　室内ファン5は，室内機1が室内の壁面Wに設置された状態で壁面Wに沿う幅方向D1に延びる中心軸回りに回転可能なクロスフローファンである。

【0023】

　室内熱交換器6は，室内ファン5の外周側を覆うように設けられ，冷媒が流通可能な伝熱管7を複数有している。

【0024】

　次に，室内機1の筐体4について詳しく説明する。

　図1に示すように筐体4は，室内機1が室内に設置された状態で壁面Wに対向する背面パネル9と，背面パネル9と一体に設けられた上

面パネル10，下面パネル11，側面パネル12（図1参照），及び前面パネル13と，前面パネル13を覆う前面カバー14と，下面パネル11に設けられたフラップ（風向調整部材）15とを有している。

【0025】

背面パネル9は，壁面Wに固定される。

上面パネル10は，背面パネル9の上端から前方に向かって延びて室内熱交換器6，及び室内ファン5の上方に配置される。上面パネル10は，筐体4の内外を上下方向D3に連通する開口部10aを有している。

【0026】

ここで，本実施形態における上下方向D3，前後方向D2は，室内機1が壁面Wに設置された状態を基準とした上下方向D3，前後方向D2のことを示す。壁面Wから離れる方向が前方であり，壁面Wに近づく方向が後方である。よって幅方向D1とは，これら上下方向D3及び前後方向D2に交差する左右方向 である。

→空調機の場合には，方向の定義が難しい。なぜなら室内機が室内に設置されて使用状態となっている場合と，運搬状態とでは前後上下左右の方向が異なってくるためである。そこで，例えば，室内機が壁面に設置された状態を基準とすることで方向を一義的に定めるとよい。

【0027】

側面パネル12は，背面パネル9の幅方向D1左右の両端から前方に向かって延びて上面パネル10と背面パネル9とに接続されている。

【0028】

下面パネル11は，背面パネル9の下端から壁面Wから離れるように前方に延びて，室内熱交換器6及び室内ファン5の下方に配置される。下面パネル11は，側面パネル12と背面パネル9とに接続されている。下面パネル11は，背面パネル9の下端から前方に離れた位置から，さらに前方に向かうにしたがって上方に向かって傾斜する傾斜面11aを有している。下面パネル11の傾斜面11aには，幅方向D1に延在して開口する吹出口11bが設けられている。これにより，吹出口11bは筐体

4の内外を連通するように前方に向かって斜め下方に開口している。吹出口11bからは，室内熱交換器6で冷媒と熱交換された室内空気を，空調風として室内ファン5によって室内へ吹出し可能となっている。

【0029】

前面パネル13は，上面パネル10，側面パネル12，及び下面パネル11の前端を接続することで，室内ファン5と室内熱交換器6の前方に配置されている。さらに前面パネル13は，筐体4の内外を前後方向D2に連通する開口部13aを有している。開口部13aは上面パネル10の開口部10aに連通している。開口部13aと開口部10aとの間にわたってフィルタ16が設けられている。室外の空気はこのフィルタ16を通じて筐体4内に室内ファン5によって取り込まれ，吹出口11bから室内へ吹出される。

【0030】

前面カバー14は，前面パネル13を覆うように取り付けられている。前面カバー14は前面パネル13に対して着脱可能に設けられている。前面パネル13を取り外すことでフィルタ16を筐体4から着脱可能となる。

【0031】

フラップ15は，吹出口11bを開閉可能に筐体4に取り付けられて空調風の吹出し方向を調整可能としている。本実施形態ではフラップ15は，吹出口11bの下端部で幅方向D1に延びる軸線Oを中心として筐体4に対して回動可能に取り付けられている。これにより吹出口11bを開閉可能し，その開度に応じて空調風の吹出し方向を調整可能となっている。

【0032】

ここで本実施形態では，室内機1は，フラップ15を上記の軸線Oを中心として回動させる駆動部20と，駆動部20を制御することでフラップ15を回動させる制御部21とをさらに備えている。

駆動部20はステッピングモータである。制御部21は駆動部20の動作を制御する。駆動部20及び制御部21は筐体4内に設けられている。制御部21は例えば不図示のリモートコントローラによって室内から操作可能となっており，駆動部20によってフラップ15を回動させて任意の

2節1 「空調機」

角度で静止させることが可能である。また制御部21は,駆動部20によってフラップ15を周期的に回動させるように駆動部20を制御することも可能である。

> →フラップを周期的に動作させることは,今回のフラップの発明ならではのアイデアである。よって補正の"ネタ"となり得る(上記(1) ヒアリング時の注意事項④を参照)。

【0033】

以上説明した本実施形態の空調機100によれば,室内機1のフラップ15が,吹出口11bを開閉可能に筺体4に設けられて空調風の吹出し方向を調整可能となっている。このため,吹出口11bからの空調風の吹出し方向が常に一定となることを回避でき,室内が広くとも,室内の隅々まで空調風を行きわたらせることが可能である。よって快適性を向上しつつ,十分な空調効果を得ることができる。

【0034】

また,駆動部20によってフラップ15を自動で回動させることが可能となる。このため,容易に,室内の全体へ均一に空調風を行きわたらせることが可能である。特に本実施形態では制御部21によってフラップ15を自動で周期的に回動させることができる。したがって,室内の全体へ,より均一に空調風を行きわたらせることが可能である。

【0035】

〔第二実施形態〕

次に,図3を参照して本発明の第二実施形態に係る空調機100Aについて説明する。第一実施形態と同様の構成については同一の符号を付し,詳細な説明を省略する。本実施形態では,空調機100Aの室内機1Aが,駆動部20,及び制御部21を備えていない。

【0036】

本実施形態の空調機100Aによれば,第一実施形態と同様に室内機1Aのフラップ15を例えば手動で回動させることで,吹出口11bからの空調風の吹出し方向が常に一定となることを回避でき,室内が広くとも室内の隅々まで空調風を行きわたらせることが可能である。よって

第2章　技術分野別の明細書等の作成方法

快適性を向上しつつ，十分な空調効果を得ることができる。

　　→特に欧州出願を行う予定がある場合には，「駆動部が無い場合」
　　　についても独立した図面とともに別の実施形態として記載してお
　　　くことが好ましい（上記(1)　ヒアリング時の注意事項⑥を参照）。

【0037】
〔第三実施形態〕
　次に，図4を参照して本発明の第三実施形態に係る空調機100B に
ついて説明する。第一実施形態及び第二実施形態と同様の構成につい
ては同一の符号を付し，詳細な説明を省略する。本実施形態の空調機
100B は，風向調整部材が異なっていること以外は，第二実施形態と
同じ構成を有している。

【0038】
　室内機1B は，ルーバー（風向調整部材）35を備えている。ルーバー
35は，幅方向 D1に互いに離れて吹出口11b の内部に複数配置され，吹
出口11b の開口方向 D4に対して傾斜可能に筐体4 に取り付けられてい
ることで空調風の吹出し方向を調整可能となっている。吹出口11b の
開口方向 D4とは，幅方向 D1，前後方向 D2，及び上下方向 D3に交差す
る方向であって，前方に向かって斜め下方を示す。

【0039】
　本実施形態では，ルーバー35は幅方向 D1に互いに離れて複数配置
されているが，前後方向 D2に互いに離れて複数配置されていてもよ
い。

　　→特に米国出願を行う予定がある場合には，請求項に記載された構
　　　成要素をすべて図面に表しておく必要がある。よって，請求項4
　　　に対応する第三実施形態についても，言葉だけでなく図面を用い
　　　て説明するべきである（上記(1)　ヒアリング時の注意事項⑥を参
　　　照）。

【0040】

183

2節1 「空調機」

　以上説明した本実施形態の空調機100Bによれば,室内機1Bのルーバー35の傾斜角度を吹出口11bの開口方向D4に対して変更することで,空調風の吹出し方向が常に一定となることを回避でき,容易に室内の隅々まで空調風を行きわたらせることが可能である。よって快適性を向上しつつ,十分な空調効果を得ることができる。

【0041】

　以上,本発明の実施形態について図面を参照して詳述したが,各実施形態における各構成及びそれらの組み合わせ等は一例であり,本発明の趣旨から逸脱しない範囲内で,構成の付加,省略,置換,及びその他の変更が可能である。また,本発明は実施形態によって限定されることはなく,特許請求の範囲によってのみ限定される。

【符号の説明】

【0042】

1,1A,1B…室内機　2…室外機　3…冷媒配管　4…筐体　5…室内ファン（送風ファン）　6…室内熱交換器　7…伝熱管　9…背面パネル　10…上面パネル　10a…開口部　11…下面パネル　11a…傾斜面　11b…吹出口　12…側面パネル　13…前面パネル　13a…開口部　14…前面カバー　15…フラップ（風向調整部材）　16…フィルタ　20…駆動部　21…制御部35…ルーバー（風向調整部材）　100,100A,100B…空調機　W…壁面　O…軸線　D1…幅方向　D2…前後方向　D3…上下方向　D4…開口方向

【書類名】　特許請求の範囲

【請求項1】

　室内の壁面に固定されて前記壁面に沿う幅方向に延在する筐体と,

　前記筐体の内部に収容され,室内空気を前記筐体内に取り込む送風ファンと,

　前記筐体内に取り込まれた室内空気と冷媒との間で熱交換を行う熱交換器と,

　前記幅方向に延在し,前記筐体の下部で該筐体の内外を連通するように前方に向かって斜め下方に開口して前記熱交換器で熱交換された

第2章　技術分野別の明細書等の作成方法

室内空気を空調風として室内へ吹出可能な吹出口と，

　前記吹出口に設けられて前記空調風の吹出し方向を調整可能な風向調整部材と，

　を備える空調機の室内機。

→クライアントは，風向調整部材として"フラップ"のみを想定していたが，実際には"ルーバー"であってもよいことをヒアリング時に確認し，上位概念化を図っている（上記(1)　ヒアリング時の注意事項③を参照）。

【請求項2】

　前記風向調整部材は，前記吹出口を覆うように，前記幅方向に延びる軸線を中心として前記筐体に回動可能に取り付けられていることで，前記空調風の吹出し方向を調整可能なフラップである請求項1に記載の空調機の室内機。

【請求項3】

　前記フラップを，前記軸線を中心として回動させる駆動部をさらに備える請求項2に記載の空調機の室内機。

【請求項4】

　前記風向調整部材は，前記幅方向及び該幅方向に交差する前後方向の少なくとも一方に互いに離れて複数配置され，前記吹出口の開口方向に対して傾斜可能に前記筐体に取り付けられていることで，前記空調風の吹出し方向を調整可能なルーバーである請求項1に記載の空調機の室内機。

【請求項5】

　請求項1から4のいずれか一項に記載の室内機と，

　室外に設置されて前記室内機との間で冷媒が循環する室外機と，

　を備える空調機。

【書類名】要約書

【要約】

2節1 「空調機」

【課題】快適性を向上しつつ,十分な空調効果を得ることができる空調機の室内機,及び空調機を提供する。
【解決手段】室内の壁面Wに固定されて壁面Wに沿う幅方向D1に延在する筐体4と,筐体4の内部に収容され,室内空気を筐体4内に取り込む室内ファン5と,筐体4内に取り込まれた室内空気と冷媒との間で熱交換を行う室内熱交換器6と,幅方向D1に延在し,筐体4の下部で筐体4の内外を連通するように前方に向かって斜め下方に開口して室内熱交換器6で熱交換された室内空気を空調風として室内へ吹出可能な吹出口11bと,吹出口11bに設けられて空調風の吹出し方向を調整可能なフラップ15と,を備えている。
【選択図】図2

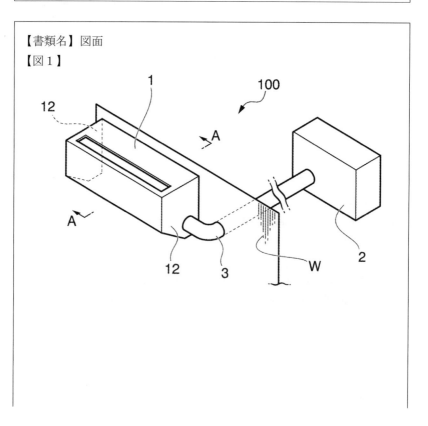

【書類名】図面
【図1】

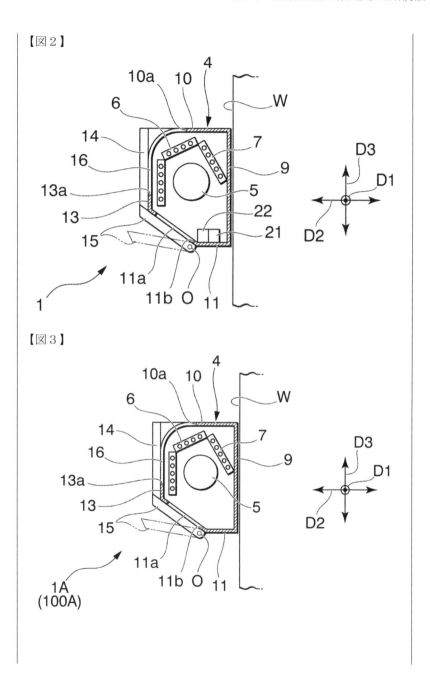

2節1 「空調機」

【図4】

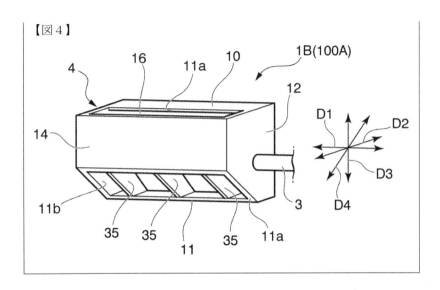

2節2 「発進制御機」

(鎌田　康一郎)

1．発進制御機

　発進制御機は，高速道路の料金所ゲート等に設置されている装置であって，阻止棒の開閉により車両の通行を制御する。例えば，よく知られている電子料金収受システム(ETC;Electronic Toll Collection System)では，無線通信により正常に料金を収受した車両に対しては阻止棒を開状態にして通行を許可し，何らかの原因により料金を収受できなかった異常車両に対しては阻止棒を閉状態に維持して車両の通行を阻止する（図１参照）。

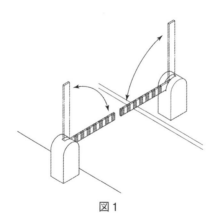

図１

2．発明の例

　例えば,以下のような発進制御機の制御についての発明であったとする。

(1)　従来技術とその課題

　発進制御機は，阻止棒を閉状態に維持して車両の通行を阻止しようとするが，進入してきた車両が阻止棒の前で停止せずに，阻止棒と接触してし

2節2 「発進制御機」

まう場合がある。このような事態に備え，発進制御機には，阻止棒を水平方向に回動可能とするリリース機構が備えられている場合がある。このリリース機構により，阻止棒が車両と接触した際，車両からの衝撃を受け流すように退避する（図2参照）。

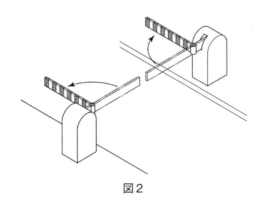

図2

しかし，リリース機構は，車両との接触時の衝撃によって回動するため，車両の進入スピードが高い場合には，衝撃を受け流しきれずに破損してしまう場合もある。

(2) 発明の目的
　阻止棒及び車体を保護する。

(3) 発明のポイント
　車線上流側で車両の進入スピードを計測し，所定以上のスピードを検知した場合に，そのスピードから接触予想時刻を計算し，接触直前で自動的に退避する仕組みを設けた。

(4) 発明の効果
　接触直前で自動的に阻止棒を自動的に退避させるため接触を回避することができる。また，接触予想時刻に基づいてその直前でリリースするために，接触ぎりぎりまで阻止棒を閉状態に維持し，運転者に，異常状態にあることを認識させることができる。

(5) 全体構成図

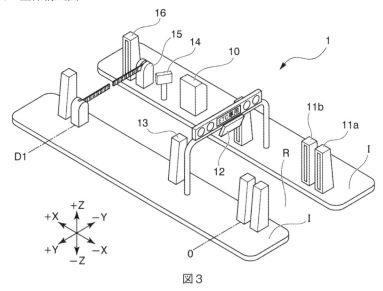

図3

(符号)
1　料金収受システム
10　車線制御装置
11a, 11b　車両検知器（車速計測器）
12　路側アンテナ
13　車両検知器
14　路側表示器
15　発進制御機
16　車両検知器
R　車線
I　アイランド

3．特許請求の範囲の作成方針

　上述の発明は，実体しては，「車線制御装置」，「車両検知器」，「路側アンテナ」，「発進制御機」などの複数の構成機器の組み合わせからなる「料

2節2 「発進制御機」

金収受システム」の発明である。このような発明について請求項を作成する場合，発明者からの提案をよく理解したうえで，発明のエッセンスはどの構成機器が持っているかをよく検討する。上述の例で言えば，まずは，「車線制御装置」による「発進制御機」の制御の仕方に特徴があることが読み取れるであろう。したがって，物の発明としては，まず，この制御を行う「車線制御装置」をクレームアップすべきである。「車線制御装置」は構造的特徴（ハードウェア的特徴 を持たないので，クレームは専らソフトウェア的特徴のみで記載できると考えられる。例えば，以下のようなクレームとすることができる。

【請求項X】

　車両の進入時刻及び進入速度を取得する情報取得部と，

　前記進入時刻及び進入速度を用いて，前記車両の発進制御機への接触予想時刻を演算する接触予想時刻演算部と，

　前記接触予想時刻の所定時間前に，前記発進制御機に対しリリース制御指令を送る接触回避制御部と，

　を備える車線制御装置。

　請求項1は，「車両検知器」，「発進制御機」などの他のハードウェアを発明特定事項に含まない「車線制御装置」単体の発明である。請求項Xの「車線制御装置」が具備する「情報取得部」，「接触予想時刻演算部」，「接触回避制御部」は，実際には，プログラムで動作するCPU（プロセッサー）である。例えば，「情報取得部」は，センサのようなハードウェアそのものではなく，「車両検知器」という他のハードウェア（センサ）から受け付けた検知信号に基づいて，"進入時刻，進入速度を取得する"というCPUの機能を説明している。このように，ハードウェア要素を除いたソフトウェア要素のみの物のクレームを作成しておけば，方法クレーム，プログラムクレームへの展開も容易となる。

　上述の発明の本質的特徴は，「車線制御装置」の"制御"にあることを述べたが，他の構成機器についても単独でクレームアップできないかを十分に検討すべきである。本質的特徴の"制御"を実現するために，他の構

192

第２章　技術分野別の明細書等の作成方法

成機器にも特有の要素が付加されている可能性があるからである。例えば，今回の発明に係る「発進制御機」は，従来の発進制御機のリリース機構を遠隔から能動的に動作させる「アクチュエーター」が新たに付加されている。このようなアクチュエーターを有することが実際に新規性の要件を満たすかどうかはともかく，発明者が認識している従来の発進制御機と比して新たな構成（アクチュエーター）が加わっているのであるから，その特徴を記載した「発進制御機」単体でのクレームアップを検討すべきである。例えば，下記の請求項Ｙのような「発進制御機」のクレームを作成する。

【請求項Ｙ】
　車両の走行を規制する阻止棒と，
　前記阻止棒を水平方向に回動可能なリリース機構と，
　車線制御装置からのリリース制御指令を受け付けた場合に，前記リリース機構を，走行車両から退避する方向に回動させるアクチュエーターと，
　を備える発進制御機。

　権利一体の原則に鑑みれば，上記請求項Ｘ，請求項Ｙのように，電気（制御）的特徴，構造的特徴を個々に有する構成機器をそれぞれクレームアップして権利化を図ることで権利行使しやすい特許とすることができる。ただし，本発明の最終的な形態としては，「発進制御機」，「車両検知器」及び「車線制御装置」を含む料金収受システムであるから，やはり料金収受システムのクレームもカバーしておくべきである。

　また，請求項Ｘの「車線制御装置」は，発明の本質的特徴を抑えているとはいえ，発明特定事項はCPUの処理内容で記載されているため，顕現性が低い（第三者が実施しているかどうかを判別しにくい）クレームといえる。他方，請求項Ｙの「・・走行車両から退避する方向に回動させるアクチュエータ」を備える発進制御機の発明は，見ただけですぐにわかる，顕現性の高いクレームである。実施しているかどうかを見ればすぐにわかるクレームは，他社を牽制する効果も極めて高い。このように，発明の本質は制御にあったとしても，間接的にでも，顕現性の高い（構造的特徴を有

2節2 「発進制御機」

する）クレームを作成できないか，検討することも重要である。

　また，複数の構成機器が連携して動作するシステムの発明において，構成機器単体のクレームを作成することが重要である旨を述べたが，その発明特定事項に，他の構成機器の特徴が含まれていないかどうかを意識すべきである。例えば，下記の請求項Zは「発進制御機」の発明であるにもかかわらず，「車線制御装置」に関する発明特定事項を含んでいる。

【請求項Z】

　車線制御装置によって制御される発進制御機であって，

　<u>前記車線制御装置は，</u>

　<u>車両の進入時刻及び進入速度を取得する情報取得部と，</u>

　<u>前記進入時刻及び進入速度を用いて，前記車両の接触予想時刻を演算する予想時刻演算部と，</u>

　<u>前記接触予想時刻の所定時間前に，前記発進制御機に対しリリース制御指令を送る接触回避制御部と，を備える</u>

　発進制御機。

　請求項Z下線部の記載は，「他のサブコンビネーション」（車線制御装置）に関する事項であり，請求項に係るサブコンビネーション（発進制御機）自体の発明の構造，機能等を何ら特定していない可能性が高い。「車線制御装置」側の発明特定事項から間接的に「発進制御機」側が「車線制御装置からリリース制御指令を受け付ける手段」を具備していると読み取られる可能性もあるが，そのようなことを意識するのであれば，最初から「発進制御機」側の構成として記載すべきである。

4．明細書，図面の作成方針

　上記の例のような機械制御の発明では，下記の図面を作成し，それぞれについて明細書で詳しく説明する。

⑴　全体構成図（**図3**と同一のもの）

　本発明に係る料金収受システムの全体構成図である。発明の本質部分が

全体のごく一部であったとしても，まずは，全体の構成を簡単に説明しておくべきである。**図3**に示す料金収受システム1の各構成機器を簡単に説明すると，以下のとおりである。

　車線制御装置10は，車線Lの路側等に配置された各構成機器の連係動作を司る。車両検知器11a，11bは，車線Lの最も上流側（－X側）に配置され，走行車両の進入を検知する。また，車両検知器11a，11bは，二連式の車両検知器となっており，2つの車両検知器による車両の検知時刻の時間差から，当該車両の進入速度を算出することができる。つまり，車両検知器11a，11bは，車両の進入速度を計測する速度センサとしても機能する。路側アンテナ12は，ETCの無線通信用の電波を送受信するアンテナである。車両検知器13は，路側アンテナ12付近で車両を検知する。例えば，路側アンテナ12は，車両検知器11a，11bによる車両の進入検知をトリガにして電波の放射を開始し，車両検知器13による通過検知をトリガにして電波の放出を停止するように制御される。路側表示器14は，収受料金や通信異常等の情報を運転者に提示する。発進制御機15は，阻止棒の開閉により，車線Lを走行する車両の走行を規制する。発進制御機15は，正常に料金を収受した車両に対しては阻止棒を開状態にして通行を許可し，無線通信に何らかの異常が発生した車両に対しては阻止棒を閉状態に維持して車両の通行を阻止する。車両検知器16は，車線Lの最も下流側に配置された車両検知器であって，車両が車線Lから退出したか否かを検知するための車両検知器である。発進制御機15は，車両検知器16によって車両が退出したことを検知した後に阻止棒が閉状態となるように制御される。

(2)　構造的特徴を示す図

　請求項Yでは，「発進制御機」をクレームアップしているから，これをサポートするために発進制御機の構造的特徴が把握できる図面及び説明を用意する。下図（**図4**）において，発進制御機15は，支持体150と，支持体150に対して開閉動作を行う阻止棒151と，走行車両に対し阻止棒151をリリースさせる（水平方向に回動させる）リリース機構152と，リリース機構152をN軸回りに回転駆動させるアクチュエータ1520とを備えている。このアクチュエータ1520は，車線制御装置10からリリース制御指令を受け付けると，リリース機構152を回動させる。

2節2 「発進制御機」

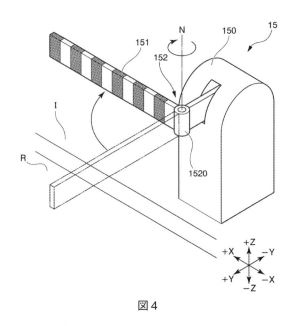

図4

(3) 機能ブロック図

　図3の全体構成図と対応させて，料金収受システム1全体の機能ブロック図（図5）を記載すべきである。特に，今回のような機械制御の発明は，「ソフトウェア」の機能と「ハードウェア」の機能とを明確に区分けして機能ブロック図を作成する。例えば，「車線制御装置」の機能ブロック図は，一般的なコンピュータのハードウェア構成（CPU100，メモリ101，ストレージ102，通信インタフェース103等）を具備することを明確に示したうえで，更に，CPU100は，請求項に記載した発明特定事項に対応するソフトウェア的機能（進入検知処理部1001，情報取得部1002，速度超過判定部1003，接触予想時刻演算部1004，接触回避制御部1005）を具備することを明示する。請求項Xの発明特定事項に対応するのは，上記のうち，情報取得部1002，接触予想時刻演算部1004，接触回避制御部1005である。

　なお，図5の機能ブロック図はハードウェア構成のみとし，CPU100の機能構成については別のブロック図を容易してもよい。こうすると，ハードとソフトとが，図面としても完全に分離されて書き手も読み手も整理しやすくなる。

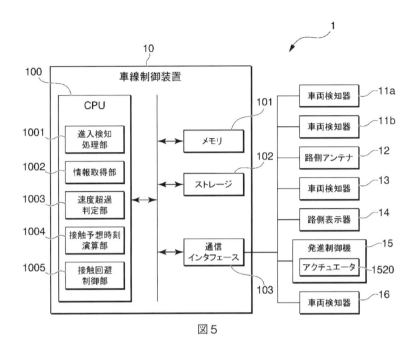

図5

(4) フローチャート図

「車線制御装置」のソフトウェア的特徴（本発明におけるCPU100の具体的な処理）は，機能ブロック図（**図5**）だけではなく，フローチャート図などを用いてCPU100の処理の流れを詳しく説明する。フローチャート図では，必ずしもCPU100の動作の全てを正確に説明する必要はないが，本発明の効果につながる要素を過不足なく抽出して詳細に説明したい。本発明の「車線制御装置」のCPU100の動作を示すフローチャート図の例を**図6**に示す。

図6のフローチャート図では，まず，CPU100が車両検知器11a，11bからの検知信号により車両の進入検知を行うこと（ステップS01），進入検知した場合に，その時刻（進入時刻）と，車両検知器11a，11bそれぞれの検知時間差に基づく進入速度とを取得すること（ステップS02），車両の進入速度が所定の判定閾値を超過しているか否かを判定すること（ステップS03）を説明している。更に，当該進入速度が所定の判定閾値を超過している場合には（ステップS03；YES），CPU100は，接触予測時刻を演

2節2 「発進制御機」

算し（ステップS04），現在時刻が接触予想時刻の直前（接触予想時刻の所定時間前）となった際に（ステップS05；YES），発進制御機15に対しリリース制御指令を送信する（ステップS06）。図5で設定したCPU100の各機能ブロックは，フローチャートの各ステップの処理と整合させるとよい。この例では，ステップS01の処理は進入検知処理部1001が実行し，ステップS02の処理は情報取得部1002が実行し，ステップS03の処理は速度超過判定部1003が実行し，ステップS04の処理は接触予想時刻演算部1004が実行し，ステップS05及びステップS06の処理は接触回避制御部1005が実行するものとして説明する。

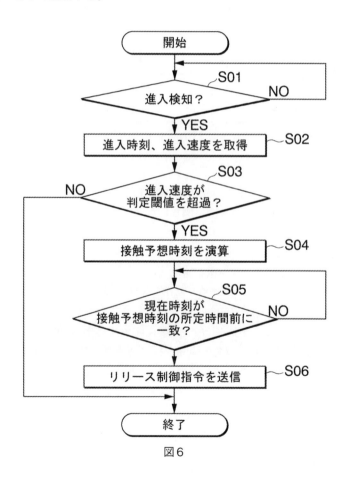

図6

(5) グラフ，データテーブルなど

図6のフローチャートで説明しきれない要素については，グラフやデータテーブルなどの図を交えて説明する。本例では，例えば，図6のステップS04の処理については，図7のようなグラフ図を参照しながら説明するのが好ましい。図7のグラフ図は，ステップS02で取得した検出値（進入速度 V1）から，どのようにして，推定値（接触予想時刻 t1）を演算するかを示している。ここで，車両検知器11bの車線方向の位置から発進制御機15までの距離 D1（図3参照）は，実測などにより予め規定されているものとする。

図6に示す処理は，車両が進入速度 V1一定で走行することを想定したものであり，接触予想時刻の最もシンプルな推定方法である。もちろん実際の明細書では，このような処理だけでなく，想定される範囲で種々の推定方法を付記しておくべきである。

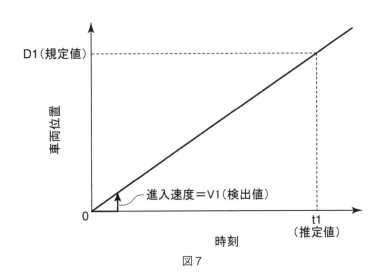

図7

2節3 「建設機械」

（古都　智）

1．建設機械

　「建設機械」とは，油圧ショベル，ブルドーザー，ホイールローダーなど，土砂などの施工対象物について，掘削，運搬，圧し固めなどの施工を行うための機械である。建設機械には，施工対象物を施工するために，動力シャベル，ブレードなどの「作業機」が設けられている。また，建設機械によっては，タイヤや無限軌道などの走行装置を備えるものもある。

　作業機の多くは，油圧により駆動する。そのため，作業機を制御する制御装置は，作業機に設けられた油圧アクチュエーターを作動させるための信号を出力する。

　近年は，国土交通省等により，建設事業の施工において，ICT の活用により，施工を高度化する情報化施工（i-Construction）が推進されている。車体および作業機にセンサーを設け，その位置および姿勢を検出し，これを用いて作業機を制御する ICT（Information and Communication Technology）建設機械なるものも存在する。

　ここでは，ICT 油圧ショベルを例に，建設機械に係る特許明細書の作成について説明する。

2．特許明細書の検討例

(1)　発明提案書

　発明者から，以下の発明提案書が提出されたものとして，特許明細書について検討する。

従来技術：
　　従来，油圧ショベルを操作する場合，レバー操作によって，ブーム，アーム，バケットを動かしている。油圧ショベルは，左レバーの前後

操作によってブームを操作し，左レバーの左右操作によってアームを操作し，右レバーの前後操作によってバケットを操作する。そのため，レバー操作に慣れない新人のオペレーターは，バケットの刃先を目的の位置へ移動させることが困難であった。

発明のポイント：

　そこで，油圧ショベルに搭載したタッチパネルに，油圧ショベルを基準とした施工現場の断面図を表示し，オペレーターによってタッチされた点に相当する位置にバケットの刃先を自動的に移動させることで，簡易な操作を可能にする。

具体的な実施例：

　油圧ショベルのコントローラーが GPS や IMU によって自機の位置および姿勢を認識する。また，ブーム，アーム，バケットにはシリンダーストロークセンサが設けられており，これらの値からバケットの刃先位置が計算することができるようになっている。

　タッチパネルには，上部旋回体の位置，姿勢，ブーム，アーム，バケットの角度を用いて油圧ショベルの側面図を描画する。オペレーターがタッチパネルをタッチしたとき，タッチされた点の現場座標を特定する。そして，コントローラーは，地面に対するバケットの傾きを変えずに，タッチされた点に刃先が位置するときのバケットピンの位置 P1 を特定することができる。ブームピンの位置 P0，ブームの長さ Lb，アームの長さ La はわかっているので，その長さの 2 辺と，ブームピンの位置 P0 とバケットピン位置 P1 とを結ぶ線分の辺とを用いて三角形を描くことで，アームピンの位置 P2 を算出できる（図を参照）。各ピンの位置から，ブーム，アーム，バケットの角度を特定できる。その後，ブーム，アーム，バケットの現在の角度と移動後の角度との差から駆動信号を生成する。

2節3 「建設機械」

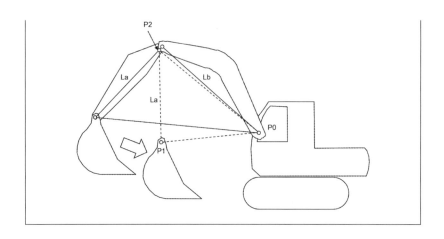

(2) 発明提案書から読み取れるヒアリングにおける留意事項
　上記のような発明提案書が提示された場合，例えば以下の点に気を付ける。
　タッチパネル　→　タッチパネルでなくてもよいだろう。マウスなどの他のポインティングデバイスでもよいし，現実的ではないけれど直接座標の値を指定してもよいはず。
　施工現場の断面図　→　現場の断面図はどのように得ることができるのだろうか。断面図があることで，バケットを移動させたときに土砂を掘削できるかどうかをオペレーターに認識させることができるのだろう。
　自動的に移動　→　ブームおよびアームをどれだけ伸ばしても届かない点がタッチされたらどうするのだろう。
　シリンダーストロークセンサー　→　作業機位置はロータリーエンコーダーなど他の検出方法もあるだろう。ブーム，アーム，バケットにGPSアンテナをそれぞれつけてもよいかもしれない。この場合，直接バケットの刃先位置が得られる。
　油圧ショベルの側面図　→　側面図は，作業機の姿勢によって描き変わるようだ。側面図があることで，車体とバケットとの位置関係をオペレーターに認識させることができるのだろう。
　バケットの傾き　→　バケットの傾きを変えないことでバケットピンの位置が一意に決まるから，ブームピン，アームピン，バケットピンを頂点

第2章　技術分野別の明細書等の作成方法

とする三角形の計算でアームピンの位置がわかる。指定する点を刃先ではなくバケットピンの位置にしてやり，バケットは任意に操作可能としてもよいのでは。

　アームピン位置の算出　→　計算できそうだけど具体的にはどう計算できるのだろう。

　このように，ヒアリング前に，またはヒアリング時に，発明提案書の記載から想像を膨らませ，発明者に質問すべきこと，上方展開，水平展開，下方展開の案を考えておくことができる。また，ヒアリングを実施せずに明細書のドラフティングする場合には，自分なりに実現可能な構成を考える。

(3)　明細書の例

　発明提案書およびヒアリングの結果に基づいて，明細書をドラフティングする。ここでは，明細書の例と，記載の意図とを説明する。

【書類名】　　　　明細書
【発明の名称】　制御装置，制御方法，制御プログラムおよび建設機械
【技術分野】
　【0001】
　本発明は，制御装置，制御方法，制御プログラムおよび建設機械に関する。
【背景技術】
　【0002】
　特許文献1には，レバー操作によって油圧シリンダーに供給する油量を制御することで作業機を駆動する技術が開示されている。
【先行技術文献】
【特許文献】
　【0003】
　　　【特許文献1】　特開ＸＸＸＸ－ＸＸＸＸＸＸ号公報
【発明の概要】
【発明が解決しようとする課題】

203

【0004】

しかしながら，レバー操作と作業機の動作とが直感的にリンクしないため，経験の浅いオペレーターにとっては，レバー操作によって作業機を所望の位置に移動させることが困難である。

本発明の目的は，オペレーターの経験によらず容易に作業機を操作することができる制御装置，制御方法，制御プログラムおよび建設機械を提供することにある。

【課題を解決するための手段】

【0005】

本発明の一態様によれば，制御装置は，作業機を備える建設機械を制御する制御装置であって，前記作業機の姿勢の計測値を取得する現在姿勢特定部と，前記作業機の一部の目標位置の指定を受け付ける目標位置指定部と，前記作業機の一部が前記目標位置に位置するときの前記作業機の姿勢である目標姿勢を特定する目標姿勢特定部417と，前記作業機の姿勢の計測値と前記目標姿勢とに基づいて，前記作業機を駆動させる駆動信号を出力する作業機制御部とを備える。

【発明の効果】

【0006】

上記態様に係る制御装置によれば，制御装置は，オペレーターに容易に作業機を操作させることができる。

【図面の簡単な説明】

【0007】

【図1】　第1の実施形態に係る油圧ショベルの構成および姿勢の例を示す図である。

【図2】　第1の実施形態に係る作業機制御装置および入出力装置の構成を示すブロック図である。

【図3】　第1の実施形態に係る操作画面の一例を示す図である。

【図4】　第1の実施形態に係る操作画面の表示処理を示すフローチャートである。

【図5】　第1の実施形態に係る油圧ショベルの操作処理を示すフローチャートである。

【図6】　第1の実施形態に係る作業機の目標姿勢の特定方法の例を

示す図である。
【発明を実施するための形態】
【0008】
〈座標系〉
　図1は，第1の実施形態に係る油圧ショベルの構成および姿勢の例を示す図である。
　以下の説明においては，三次元の現場座標系（Xg, Yg, Zg）および三次元の車体座標系（Xm, Ym, Zm）を規定して，これらに基づいて位置関係を説明する。
【0009】
　現場座標系は，南北に伸びるXg軸，東西に伸びるYg軸，鉛直方向に伸びるZg軸から構成されるグローバル座標系である。
　車体座標系は，後述する油圧ショベル100の旋回体120に規定された代表点を基準として前後に伸びるXm軸，左右に伸びるYm軸，上下に伸びるZm軸から構成されるローカル座標系である。

> グローバル座標系と，車体を基準としたローカル座標系とを意識して記載する。「位置」がいずれの座標系によるものかを明記する。

【0010】
〈作業機械〉
　油圧ショベル100は，走行体110と，走行体110に支持される旋回体120と，油圧により作動し旋回体120に支持される作業機130とを備える。旋回体120は，走行体110に旋回自在に支持される。
【0011】
　作業機130は，ブーム131と，アーム132と，バケット133と，ブームシリンダー134と，アームシリンダー135と，バケットシリンダー136とを備える。
【0012】
　ブーム131の基端部は，旋回体120にブームピンP1を介して取り付けられる。アーム132は，ブーム131とバケット133とを連結する。アー

ム132の基端部は，ブーム131の先端部にアームピンP2を介して取り付けられる。バケット133は，土砂などを掘削するための刃先を備える。バケット133の基端部は，アーム132の先端部にバケットピンP3を介して取り付けられる。

【0013】
ブームシリンダー134は，ブーム131を作動させるための油圧シリンダーである。ブームシリンダー134の基端部は，旋回体120に取り付けられる。ブームシリンダー134の先端部は，ブーム131に取り付けられる。アームシリンダー135は，アーム132を駆動するための油圧シリンダである。アームシリンダー135の基端部は，ブーム131に取り付けられる。アームシリンダー135の先端部は，アーム132に取り付けられる。バケットシリンダー136は，バケット133を駆動するための油圧シリンダーである。バケットシリンダー136の基端部は，アーム132に取り付けられる。バケットシリンダー136の先端部は，バケット133に取り付けられる。

> 米国出願を視野に入れるならば，発明の対象が制御方法にある場合であっても，制御対象について図面を用いて説明しておくことがベター。37 CFR 1.83 (a) で求められる「every feature of the invention」は，発明の構成要素のみならず制御対象にも及びうる。

【0014】
旋回体120は，エンジン121，油圧ポンプ122，コントロールバルブ123，制御装置124，タッチパネル125を備える。

【0015】
エンジン121は，油圧ポンプ122を駆動する原動機である。
油圧ポンプ122は，エンジン121により駆動され，コントロールバルブ123を介してブームシリンダー134，アームシリンダー135，バケットシリンダー136を含む各アクチュエーターに作動油を供給する。
コントロールバルブ123は，油圧ポンプ122から作業機130を作動させるための各アクチュエーターへ供給される作動油の流量を制御する。

機械制御に係る発明においては，アクチュエーター（ここでは各シリンダー）およびアクチュエーターの動作量の調整を行う機構（ここではコントロールバルブ）についての記載は必須である。場合によってはアクチュエーターが調整機構を内蔵することもある。

【0016】
　制御装置124は，油圧ショベル100に設けられた後述する複数の計測装置の計測値に基づいて，現場座標系におけるバケット133の位置および姿勢を特定する。また，制御装置124は，コントロールバルブ123にブームシリンダー134の制御指令，アームシリンダー135の制御指令，およびバケットシリンダー136の制御指令を出力する。

【0017】
　タッチパネル125は，作業機130の操作画面を表示する。またタッチパネル125は，利用者の操作に従ってバケット133の刃先の最終目標位置の入力を受け付け，制御装置124に出力する。タッチパネル125は，油圧ショベル100の運転室に設けられる。

【0018】
　油圧ショベル100は，複数の計測装置を備える。各計測装置は，計測値を制御装置124に出力する。具体的には，油圧ショベル100は，ブームストロークセンサー141，アームストロークセンサー142，バケットストロークセンサー143，位置方位演算器144，傾斜検出器145を備える。

【0019】
　ブームストロークセンサー141は，ブームシリンダー134のストローク量を計測する。アームストロークセンサー142は，アームシリンダー135のストローク量を計測する。バケットストロークセンサー143は，バケットシリンダー136のストローク量を計測する。
　位置方位演算器144は，GNSSを構成する人工衛星から測位信号を受信し，旋回体120の現場座標系における位置および旋回体120が向く方位を演算する。
　傾斜検出器145は，旋回体120の加速度および角速度を計測し，計測

2節3 「建設機械」

結果に基づいて旋回体120の傾きを検出する。

機械制御に係る発明においては，センサーまたは入力装置についての記載は必須である。多くの場合，センサーか入力装置かの少なくとも一方は備えているはずである。入力がネットワーク経由である場合もある。

【0020】
《作業機制御装置》
　図2は，第1の実施形態に係る作業機制御装置および入出力装置の構成を示すブロック図である。制御装置124は，プロセッサー410，メインメモリー430，ストレージ450，インターフェース470を備える。
【0021】
　ストレージ450には，作業機130の制御プログラムが記憶されている。ストレージ450の例としては，HDD (Hard Disk Drive)，SSD (Solid State Drive)，不揮発性メモリ等が挙げられる。
　プロセッサー410は，ストレージ450から制御プログラムを読み出してメインメモリー430に展開し，制御プログラムに従って処理を実行する。またプロセッサー410は，制御プログラムに従ってメインメモリー430に記憶領域を確保する。

制御装置のハードウェアは通常，コンピューターであり，その構成は周知ではあるが，米国出願を視野に入れるならば，コンピューターのハードウェアについても触れておきたい。ミーンズプラスファンクションクレーム（35 U.S.C.112条 (f)）の推定がされた場合に，明細書にハードウェアが記載されていない場合に，構成が不明確として拒絶される可能性がある（35 U.S.C.112条 (b)）。
　また，図示しておくことで，将来的に記憶媒体クレームを作成する可能性を鑑みた37 CFR 1.83 (a) の対策にもなる。

【0022】
　プロセッサー410は，プログラムの実行により，メインメモリー430に地形記憶部431の記憶領域を確保し，ストレージ450から施工現場の現況地形の三次元データである地形データを読み出し，地形記憶部431に記憶させる。

通常，記憶部はメインメモリーかストレージに実装される。

　プロセッサー410は，プログラムの実行により，計測値取得部411，現在姿勢特定部412，断面図生成部413，ショベル画像生成部414，表示制御部415，目標位置指定部416，目標姿勢特定部417，作業機制御部418として機能する。

制御対象のハードウェア構成にポイントがある場合であっても，ソフトウェア構成について説明をしておくことがベター。

【0023】
　計測値取得部411は，ブームストロークセンサー141,アームストロークセンサー142,バケットストロークセンサー143,位置方位演算器144,および傾斜検出器145のそれぞれの計測値を取得する。ブームストロークセンサー141,アームストロークセンサー142,バケットストロークセンサー143,位置方位演算器144,および傾斜検出器145の計測値は，それぞれ作業機130の姿勢に係る計測値である。

【0024】
　現在姿勢特定部412は，計測値取得部411が取得した計測値に基づいて，現場座標系における旋回体120の位置および姿勢，並びに，車体座標系におけるブーム131，アーム132，およびバケット133の先端部の位置を特定する。現在姿勢特定部412は，ブーム131，アーム132，およびバケット133の先端部の位置を特定することにより，作業機130の現在の姿勢を特定することができる。

2節3 「建設機械」

【0025】
断面図生成部413は，現在姿勢特定部412が特定した現場座標系における旋回体120の位置および姿勢，ならびに地形記憶部431が記憶する地形データに基づいて，作業機130の可動面に沿った施工現場の現況地形の断面図を生成する。

【0026】
ショベル画像生成部414は，現在姿勢特定部412が特定したブーム131，アーム132，およびバケット133の先端部の車体座標系の位置に基づいて，油圧ショベル100の姿勢を表す側面図であるショベル画像を生成する。すなわち，ショベル画像におけるブーム131，アーム132，およびバケット133の位置および姿勢は，実際の位置および姿勢に対応したものとなる。

【0027】
表示制御部415は，断面図生成部413が生成した断面図G11とショベル画像生成部414が生成したショベル画像G12と作業機130の可動範囲を表す可動範囲画像G13とを重ね合わせた操作画面G1を表示させる表示信号をタッチパネル125に出力する。図3は，第1の実施形態に係る操作画面の一例を示す図である。表示制御部415は，現場座標系における旋回体120の姿勢に基づいてショベル画像G12を回転させる。ショベル画像G12は，操作画面G1の中央に表示される。作業機130の可動範囲は，油圧ショベル100の機種によって予め分かっている。

 断面図は現場座標系に基づいて生成され，ショベル画像は車体座標系に基づいて生成される。このように座標系を意識して記載する必要がある。

【0028】
目標位置指定部416は，タッチパネル125のタッチ操作により，バケット133の刃先の最終目標位置の指定を受け付ける。目標位置指定部416は，操作画面におけるショベル画像の縮尺および回転角に基づいて，タッチ操作がなされた画面上の位置を車体座標系における位置に変換する。また目標位置指定部416は，最終目標位置に基づいて，制御周

期ごとのバケット133の刃先の一時目標位置を決定する。

画像の座標系は，車体座標系に対応しているが，同じものではない。したがって，その座標系の変換についても触れる必要がある。

【0029】
目標姿勢特定部417は，旋回体120の位置および姿勢ならびにバケット133の対地角を変えずに，バケット133の刃先を一時目標位置に移動させたときのブーム131，アーム132，およびバケット133の先端部の車体座標系の位置を算出する。以下，バケット133の刃先を一時目標位置に移動させたときのブーム131，アーム132，およびバケット133の先端部の車体座標系の位置を作業機130の一時目標姿勢ともいう。

【0030】
作業機制御部418は，現在姿勢特定部412が特定した作業機130の現在の姿勢と，目標姿勢特定部417が特定した作業機130の一時目標姿勢とに基づいて，ブーム131，アーム132，およびバケット133の操作信号を生成し，操作信号をコントロールバルブ123に出力する。

米国出願を意識するのであれば，35 U.S.C.101条の対策のために出力まできちんと記載しておくことが重要。記載しておくことで，MPEP2106.05（b）の「Particular Machine」に該当する旨の主張がしやすくなる。

【0031】
《表示方法》
　以下，第1の実施形態に係る油圧ショベル100のタッチパネル125への操作画面の表示方法について説明する。図4は，第1の実施形態に係る操作画面の表示処理を示すフローチャートである。
　油圧ショベル100が起動すると，制御装置124は，図4に示す操作画面の表示処理を制御周期ごとに実行する。まず，計測値取得部411は，ブームストロークセンサ141，アームストロークセンサ142，バケッ

トストロークセンサー143，位置方位演算器144，および傾斜検出器145のそれぞれの計測値を取得する（ステップS101）。

【0032】

現在姿勢特定部412は，位置方位演算器144および傾斜検出器145の検出値から，旋回体120の位置および姿勢を特定する（ステップS102）。現在姿勢特定部412は，ブームシリンダー134のストローク長と既知のブーム長さとに基づいて，車体座標系におけるブーム131の先端部の位置すなわちアームピンP2の位置を算出する（ステップS103）。現在姿勢特定部412は，アームピンP2の位置と，アームシリンダー135のストローク長と，既知のアーム長さとに基づいて，アーム132の先端部の位置すなわちバケットピンP3の位置を算出する（ステップS104）。現在姿勢特定部412は，バケットピンP3の位置と，バケットシリンダー136のストローク長と，既知のバケット長さとに基づいて，バケット133の刃先の位置を算出する（ステップS105）。

【0033】

断面図生成部413は，特定した旋回体120の位置および姿勢に基づいて，ブームピンP1の現場座標系の位置，およびを旋回体120の正面が向く方向を特定する（ステップS106）。断面図生成部413は，ブームピンP1の位置を通り旋回体120の正面方向を含む平面と，地形データとの交線を，断面図G11として生成する（ステップS107）。

【0034】

ショベル画像生成部414は，ブームピンP1位置に基づいて，旋回体図形の回転角および位置を決定し，空白のショベル画像G12に描画する（ステップS108）。ショベル画像生成部414は，ブームピンP1およびアームピンP2の位置に基づいて，ブーム図形の回転角および位置を決定し，ショベル画像G12に描画する（ステップS109）。ショベル画像生成部414は，アームピンP2およびバケットピンP2の位置に基づいて，アーム図形の回転角および位置を決定し，ショベル画像G12に描画する（ステップS110）。ショベル画像生成部414は，バケットピンP3およびバケット133の刃先の位置に基づいて，バケット図形の回転角および位置を決定し，ショベル画像G12に描画する（ステップS111）。

第2章　技術分野別の明細書等の作成方法

【0035】

　表示制御部415は，油圧ショベル100の機種に基づいて可動範囲画像G13を生成する（ステップS112）。表示制御部415は，ステップS102で特定した旋回体120の姿勢に基づいてショベル画像G12およびを可動範囲画像G13回転させる（ステップS113）。表示制御部415は，断面図G11，ショベル画像G12，および可動範囲画像G13を重ね合わせて描画し，操作画面G1を生成する（ステップS114）。表示制御部415は，操作画面G1の表示信号を，タッチパネル125に出力する（ステップS115）。これにより，タッチパネル125には，図3に示すような操作画面G1が表示される。

【0036】

《操作方法》

　図5は，第1の実施形態に係る油圧ショベルの操作処理を示すフローチャートである。

　タッチパネル125にタッチ操作がなされると，制御装置124は，図5に示す操作処理を実行する。まず目標位置指定部416は，タッチ操作がなされた画面上の座標を特定する（ステップS151）。目標位置指定部416は，タッチ操作に係る座標が可動範囲画像G13上の座標であるか否かを判定する（ステップS152）。タッチ操作に係る座標が可動範囲画像G13上の座標でない場合（ステップS152：NO），バケット133の刃先を当該位置に移動させることが不可能であるため，制御装置124は操作処理を終了する。

【0037】

　他方，タッチ操作に係る座標が可動範囲画像G13上の座標である場合（ステップS152：YES），目標位置指定部416は，操作画面におけるショベル画像の縮尺および回転角に基づいて，タッチ操作に係る座標に対応する車体座標系の位置をバケット133の刃先の最終目標位置として特定する（ステップS153）。

【0038】

　図6は，第1の実施形態に係る作業機の目標姿勢の特定方法の例を示す図である。

　次に，目標位置指定部416は，バケット133の刃先の現在の位置Q4

とバケット133の刃先の最終目標位置Q0とを結ぶ線分のうち，バケット133の刃先の現在の位置から距離L0だけ離れた位置を，バケット133の刃先の一時目標位置Q4´に決定する（ステップS154）。距離Lは，作業機130の制御周期に係る時間で移動可能な距離である。

目標位置を定めて動作を開始しても，バケットの刃先を瞬間的に目標位置に移動させることはできない。制御開始から目標達成までの制御を意識しておく必要がある。
（ここにポイントがなければ省略することもありうる。）

【0039】
目標姿勢特定部417は，ステップS104およびステップS105で特定したバケットピンP3の位置Q3およびバケット133の刃先の位置Q4に基づいて，バケット133の対地角を変えずにバケット133の刃先を一時目標位置Q4´に移動させたときのバケットピンP3の位置を，バケットピンP3の一時目標位置Q3´として特定する（ステップS155）。次に，目標姿勢特定部417は，ブームピンP1の位置Q1，バケットピンP3の目標位置Q3´，並びに既知のブーム長さLbおよびアーム長さLaに基づいて，アームピンP2の一時目標位置Q2´を特定する（ステップS156）。すなわち，目標姿勢特定部417は，ブームピンP1の位置Q1からバケットピンP3の一時目標位置Q3´までの長さLc´を算出し，余弦定理に基づきブームピンP1，アームピンP2およびバケットピンP3を結ぶ三角形の頂点の角度を特定することで，アームピンP2の一時目標位置Q2´を特定することができる。これにより，目標姿勢特定部417は，ブーム131およびアーム132の一時目標姿勢を特定することができる。

【0040】
作業機制御部418は，ステップS103からステップS105で特定したブーム131，アーム132，およびバケット133の現在の姿勢と，ステップS154からステップ156で特定した特定したブーム131，アーム132，およびバケット133の一時目標姿勢とに基づいて，ブームシリンダ134，アームシリンダ135，およびバケットシリンダ136の目標ストロー

第2章　技術分野別の明細書等の作成方法

ク量を，それぞれ特定する（ステップS157）。すなわち，作業機制御部418は，制御周期に係る時間でブーム131，アーム132，およびバケット133の姿勢を一時目標姿勢に一致させるためのブーム131，アーム132，およびバケット133の角速度を求め，当該角速度をストローク量に変換する。作業機制御部418は，特定した目標ストローク量に基づいてブーム131，アーム132，およびバケット133の操作信号を生成し，操作信号をコントロールバルブ123に出力する（ステップS158）。

【0041】

　制御装置124の次の制御周期までの間，作業機130は操作信号に従って，バケット133の刃先の位置がタッチ操作に係る座標に対応する車体座標系の位置へ移動するように駆動する。この間に，図4に記載の操作画像の表示処理が実行され，現在姿勢特定部412によって，作業機130の現在の姿勢が更新されている。

　制御周期に係る時間の経過後，目標位置指定部416は，バケット133の刃先の位置Q4がステップS153で特定した最終目標位置Q0に到達したか否かを判定する（ステップS159）。バケット133の刃先の位置Q4が最終目標位置Q0に到達していない場合（ステップS159：NO），制御装置124は処理をステップS154に戻し，次の一時目標位置Q4´を決定する。他方，バケット133の刃先の位置Q4が最終目標位置Q0に到達している場合（ステップS159：YES），制御装置124は，操作処理を終了する。

【0042】

《効果》

　このように，第1の実施形態の第1の設定方法によれば，制御装置124は，バケット133の刃先の目標位置の指定を受け付け，バケット133の刃先が目標位置に位置するときの作業機130の目標姿勢を特定し，作業機130の姿勢の計測値と目標姿勢とに基づいて，作業機130を駆動させる駆動信号を出力する。これにより，オペレーターは，レバー操作によらず，バケット133の刃先の目標位置を指定することにより，バケット133を目標位置に移動させることができる。

【0043】

　また，第1の実施形態によれば，制御装置124は，タッチパネル125

にショベル画像G12が写る操作画面G1を表示させ，画面上の点の指定によって，最終目標位置Q4´を特定する。これにより，オペレーターは，目視により作業機130の位置を認識しながらバケット133の刃先の最終目標位置Q4´を指定することができる。

従属請求項の効果の記載。効果を得られる最小限の構成について記載し，その構成により効果が得られるという説明にしておくことで，欧州等においてIntermediate Generalization（EPC123(2)）と判断されることを回避しやすくしておくことができる。

なお，他の実施形態においてはこれに限られず，油圧ショベル100がタッチパネル125に変えて，マウス等の他のポインティングデバイスを備えてもよい。また他の実施形態に係る制御装置124は，キーボード等により直接バケット133の刃先の最終目標位置Q4´の座標の入力を受け付けてもよい。

従属請求項に係る構成は必須構成ではないため，その構成を備えない場合のバリエーションについて触れておくことがベター。これにより発明の水平展開を試みることができる。

【0044】
　また，第1の実施形態によれば，制御装置124は，作業機130の姿勢の計測値に基づいてショベル画像G12を生成する。これにより，制御装置124は，タッチパネル125に現在の作業機130の姿勢を反映したショベル画像G12を表示させることができる。なお，他の実施形態においてはこれに限られず，制御装置124は，作業機130の姿勢によって変化しないショベル画像G12をタッチパネル125に表示させてもよい。
【0045】
　また，第1の実施形態によれば，制御装置124は，施工現場の地形を表す三次元データと作業機130の駆動平面との交線に基づいて施工

第２章　技術分野別の明細書等の作成方法

現場の断面図G11を生成し，タッチパネル125に断面図G11およびショ
ベル画像G12が写る操作画面G1を表示させる。これにより，オペレー
ターは，目視により作業機130と施工現場の地形を認識しながらバケッ
ト133の刃先の最終目標位置Q4´を指定することができる。なお，他
の実施形態においてはこれに限られず，操作画面G1に断面図G11が表
示されなくてもよい。

【0046】

　また，第１の実施形態によれば，制御装置124は，タッチパネル125
に作業機130の可動範囲を表す可動範囲画像G13が写る画面を表示さ
せ，可動範囲画像G13上の点の指定によって，最終目標位置P4´を
特定する。これにより，オペレーターは，目視により作業機130の可
動範囲を認識しながらバケット133の刃先の最終目標位置Q4´を指定
することができる。また制御装置124が可動範囲画像G13上の点の指
定を受け付けることにより，誤操作を防止することができる。なお，
他の実施形態においてはこれに限られず，可動範囲画像G13を表示し
ないものであってもよい。また他の実施形態においては，可動範囲画
像G13の外が指定された場合にも，指定された座標へ向かって作業機
130を駆動させてもよい。この場合，制御装置124は，作業機130が可
動範囲の境界に達した時点で作業機130を停止させる。

【0047】

　また，第１の実施形態によれば制御装置124は，バケット133の対地
角を保持したままバケット133の刃先が目標位置に位置するときの，
ブーム131およびアーム132の目標姿勢を特定する。これにより，制御
装置124は，意図しない排土など，オペレーターの意図に反するバケッ
ト133の駆動が生じることを防ぎつつ，作業機130を指定された目標位
置に移動させることができる。なお，他の実施形態においてはこれに
限られず，例えば制御装置124は油圧ショベル100以外の建設機械を制
御するものであってもよい。また例えば制御装置124は目標位置とし
てバケットピンP3の位置の指定を受け付け，バケット133の姿勢はレ
バー操作等によってオペレーターが任意に操作可能とするものであっ
てもよい。

【0048】

第２章

２節

2節3 「建設機械」

〈他の実施形態〉

　以上，図面を参照して一実施形態について詳しく説明してきたが，具体的な構成は上述のものに限られることはなく，様々な設計変更等をすることが可能である。例えば，第1の実施形態に係る制御装置124は，タッチパネル125上の点のタッチ操作によりバケット133の刃先の最終目標位置を特定するが，これに限られない。例えば，他の実施形態に係る制御装置124は，ショベル画像におけるバケット133をドラッグアンドドロップ操作することで，バケット133の刃先の軌跡を指定してもよい。この場合,軌跡上の点が刃先の一時目標位置となり，ドロップ操作された位置が刃先の最終目標位置となる。

【0049】

　第1の実施形態によれば，ブーム131，アーム132，およびバケット133の姿勢は，それぞれブームストロークセンサー141，アームストロークセンサー142，およびバケットストロークセンサー143の計測値によって特定される。他方，他の実施形態においてはこれに限られず，例えばブーム131，アーム132，およびバケット133の姿勢はロータリーエンコーダなど他のセンサーの計測値によって特定されてもよい。また他の実施形態に係る制御装置124は，ブーム，アーム，バケットのそれぞれに設けられた GNSS アンテナの計測値に基づいてブーム131，アーム132，およびバケット133の現場座標系における姿勢を特定してもよい。

【符号の説明】

【0050】

100　油圧ショベル

110　走行体

120　旋回体

130　作業機

131　ブーム

132　アーム

133　バケット

134　ブームシリンダー

135　アームシリンダー

136　バケットシリンダー

121　エンジン

122　油圧ポンプ

123　コントロールバルブ

124　制御装置

125　タッチパネル

141　ブームストロークセンサー

142　アームストロークセンサー

143　バケットストロークセンサー

144　位置方位演算器

145　傾斜検出器

410　プロセッサー

411　計測値取得部

412　現在姿勢特定部

413　断面図生成部

414　ショベル画像生成部

415　表示制御部

416　目標位置指定部

417　目標姿勢特定部

418　作業機制御部

430　メインメモリー

431　地形記憶部

450　ストレージ

470　インターフェース

【書類名】　　　　特許請求の範囲

【請求項1】

作業機を備える建設機械を制御する制御装置であって，

前記作業機の姿勢に係る計測値を取得する計測値取得部と，

前記作業機の一部の目標位置の指定を受け付ける目標位置指定部と，

前記作業機の一部が前記目標位置に位置するときの前記作業機の姿勢である目標姿勢を特定する目標姿勢特定部と，

2節3 「建設機械」

前記作業機の姿勢の計測値と前記目標姿勢とに基づいて，前記作業
機を駆動させる駆動信号を出力する作業機制御部と
を備える制御装置。

【請求項2】
表示装置に前記作業機の画像が写る画面を表示させる表示制御部を
さらに備え，
前記目標位置指定部は，前記画面上の点の指定によって，前記目標
位置を特定する
請求項1に記載の制御装置。

【請求項3】
前記表示制御部は，前記作業機の姿勢の計測値に基づいて前記作業
機の画像を生成する
請求項2に記載の制御装置。

【請求項4】
施工現場の地形を表す三次元データと前記作業機の駆動平面との交
線に基づいて前記施工現場の断面図を生成する断面図生成部をさらに
備え，
前記表示制御部は，前記表示装置に前記作業機の画像および前記断
面図が写る画面を表示させる
請求項2または請求項3に記載の制御装置。

【請求項5】
前記表示制御装置は，前記表示装置に前記作業機の画像および前記
作業機の可動範囲を表す図形が写る画面を表示させ，
前記目標位置指定部は，前記図形上の点の指定によって，前記目標
位置を特定する
請求項2から請求項4のいずれか1項に記載の制御装置。

【請求項6】
前記作業機は，ブーム，アームおよびバケットを備え，
前記目標姿勢特定部は，前記バケットの地面に対する角度を保持し
たまま前記バケットの刃先が前記目標位置に位置するときの，前記
ブームの目標姿勢および前記アームの目標姿勢を特定する
請求項1から請求項5のいずれか1項に記載の制御装置。

220

【請求項7】
　作業機を備える建設機械を制御する制御方法であって，
　前記作業機の姿勢の計測値を取得するステップと，
　前記作業機の一部の目標位置の指定を受け付けるステップと，
　前記作業機の一部が前記目標位置に位置するときの前記作業機の姿勢である目標姿勢を特定するステップと，
　前記作業機の姿勢の計測値と前記目標姿勢とに基づいて，前記作業機を駆動させる駆動信号を出力するステップと
　を備える制御方法。

【請求項8】
　コンピューターに，
　建設機械に備えられる作業機の姿勢の計測値を取得するステップと，
　前記作業機の一部の目標位置の指定を受け付けるステップと，
　前記作業機の一部が前記目標位置に位置するときの前記作業機の姿勢である目標姿勢を特定するステップと，
　前記作業機の姿勢の計測値と前記目標姿勢とに基づいて，前記作業機を駆動させる駆動信号を出力するステップと
　を実行させるための制御プログラム。

【請求項9】
　建設機械本体と，
　前記建設機械本体に設けられた作業機と，
　前記作業機に設けられ，前記作業機の姿勢を計測する姿勢センサと，
　前記作業機の一部の目標位置の入力を受け付ける入力装置と，
　前記姿勢センサーによる姿勢の計測値と，前記入力装置に入力された前記目標位置とに基づいて駆動信号を出力する制御装置と，
　前記駆動信号によって前記作業機を駆動させる駆動装置と
　を備える建設機械。

制御方法が発明の主たるポイントであっても，ハードウェアの面での権利化が図れないかを検討する。
サブコンビネーションの発明にすることも一策。

2節3 「建設機械」

【書類名】要約書
【要約】
【課題】オペレーターの経験によらず容易に作業機を操作する。
【解決手段】計測値取得部は，作業機の姿勢に係る計測値を取得する。
目標位置指定部は，作業機の一部の目標位置の指定を受け付ける。目
標姿勢特定部は，作業機の一部が目標位置に位置するときの作業機の
姿勢である目標姿勢を特定する。作業機制御部は，作業機の姿勢の計
測値と目標姿勢とに基づいて，作業機を駆動させる駆動信号を出力す
る。
【選択図】図6

第2章 技術分野別の明細書等の作成方法

【書類名】図面

【図1】

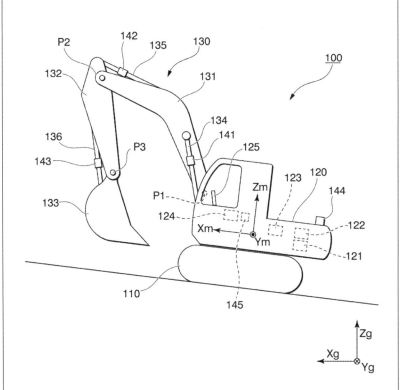

2節3 「建設機械」

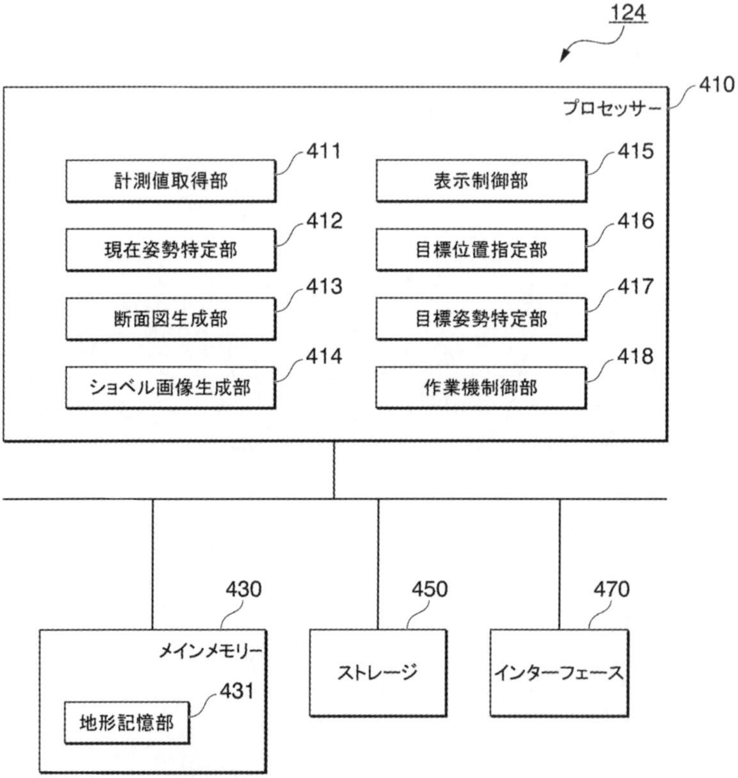

【図2】

【図3】

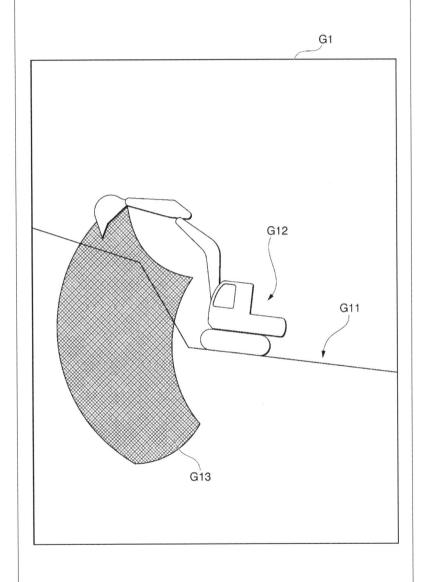

2節3 「建設機械」

【図4】

【図5】

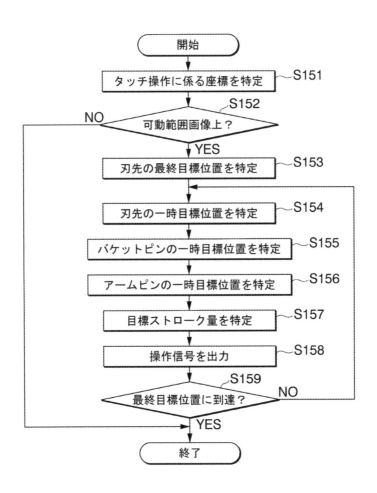

2節3 「建設機械」

【図6】

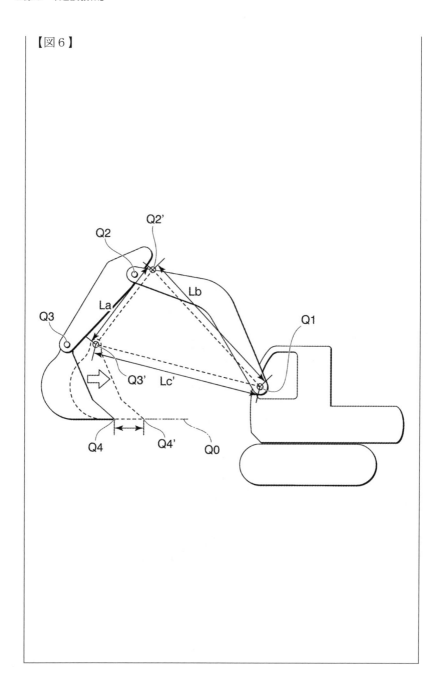

第2章　技術分野別の明細書等の作成方法

3節　静的機械

3節1　「切削工具」

（大浪　一徳）

1．切削工具分野の特許出願

　本節では，切削工具分野の特許明細書の書き方について説明する。

　切削工具の歴史は古く，ハイス（高速度工具鋼）の発明は1800年代，超硬合金の製品化は1900年代初頭である。現在主流となっている超硬合金基体の表面に硬質皮膜をコーティングした切削工具も1970年代には製品化されている。特許の面から見ると，歴史の古い技術分野においては，期限切れとなった特許が多くなることにより，自由技術の範囲が広くなる。そのため，幅広い範囲をカバーする特許権は成立しづらい状況にあると考えられる。例えば，用途を選ばすに適用できる工具形状やコーティング材料に関する特許権を取得することは非常に難しい。

　以上のような状況から，切削工具分野においては，大半の出願は，切削工具の種類や用途を限定し，新規な課題や使用態様において有利な効果を奏することを主張して権利化を図っている。

　本節では，上記した切削工具分野の状況に鑑みて，

> 　従来品から少ししか変更していない発明品について特許権を取得する。

　ことを主眼に，明細書の書き方について説明する。

　したがって，似通った先行技術がある中で，いかにして発明を掘り下げて違いを出すかという点について説明する。発明の上位概念化や代替構成の追加など，発明を広げる方向における検討や明細書の記載については，本書の第1章の概論や，既刊の特許業務法人志賀国際特許事務所知財実務シリーズ出版委員会編「知財実務シリーズ1　競争力を高める特許リエゾン」（発明推進協会　2015年）を参照されたい。

2. 事例

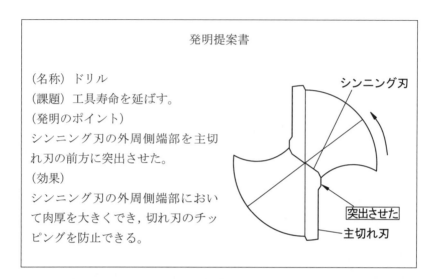

発明提案書

(名称) ドリル
(課題) 工具寿命を延ばす。
(発明のポイント)
シンニング刃の外周側端部を主切れ刃の前方に突出させた。
(効果)
シンニング刃の外周側端部において肉厚を大きくでき，切れ刃のチッピングを防止できる。

(発明提案書の補足)

　上記の提案書は，切削工具分野の技術者には一目瞭然の構成であるが，必要最低限の事項しか記載されていない。提案書に記載のドリルの全体図を下記の**図1**に示す。提案書に記載のドリルは，中心軸線Oに沿って延びるドリル本体と，ドリル本体の先端面（図示左側の端部）から基端側へ延びる切屑排出溝と，ドリル本体の先端面に位置する主切れ刃と，主切れ刃の内周側に位置するシンニング刃とを有する。提案書に記載の図面は，**図1**のA方向からドリルの先端面を見た図である。

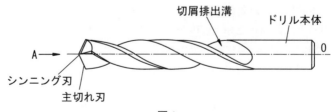

図1
提案書記載のドリルの側面部

(1) 特許請求の範囲の検討
(先行技術の把握)
　上記の提案書では，先行技術に関する記載がないが，図中に「突出させた」との注釈があり，発明者が想定している先行技術は，下記**図2**に示す先行技術Aである。先行技術Aは，主切れ刃とシンニング刃がいずれも直線状であり，主切れ刃とシンニング刃が1つの角で接続されている構成である。

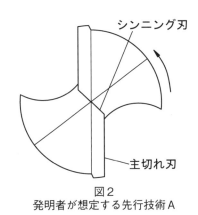

図2
発明者が想定する先行技術A

　一方，公知技術としては，**図3**に示す先行技術Bのように，主切れ刃に切屑排出溝による凹部が形成されているドリルが周知である。

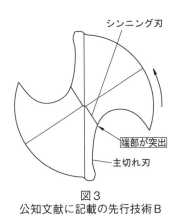

図3
公知文献に記載の先行技術B

3節1 「切削工具」

　先行技術Bでは，主切れ刃に凹部が形成されている結果として，シンニング刃と主切れ刃との接続部分が工具回転方向（反時計回り）の前方に突出している。先行技術Bでは，提案書記載の発明と同一の課題を解決することを意図して切れ刃の一部を突出させているわけではないが，提案書に記載の発明のポイントである「シンニング刃の外周端を主切れ刃よりも前方に突出させた」構成が開示されている。そのため，提案書記載の発明のポイントのままでは特許を取得することは困難である。

　このように，提案書に記載の発明に非常に近い構成を開示する公知文献が発見された場合，公知文献の構成と差別化できる要素（構成，作用，効果）を提案書および技術資料から抽出し，明細書に記載することを検討する。

　なお，上記とは逆に，発明者の想定している従来技術が，未公開の自社開発品である場合もあり得る。この場合には，発明者が想定している先行技術（図2）自体が新規なものである可能性があるため，どの時点の開発品までが公知であるのかについても確認すべきである。その結果として，発明者が想定していた発明のポイントよりも広い概念で発明が抽出可能な場合もある。

（先行技術との差異の抽出）

> まずは「形状」「構造」の違いに着目する。

　次に，提案書に記載の発明と，先行文献に記載の発明との差異を抽出する。差異の抽出にあたっては，発明の要素である構成，作用，効果のうち，構成における違いを優先的に検討する。すなわち，切削工具の形状，構造（複数部材の配置，組合せなど），材質（基材，コーティング），および形状，構造，材質の組合せについて，先行技術との差異を検討する。作用および効果は，構成上の差異に起因して生じる。

　上記の例で提案書記載の発明と先行技術Bとを比較すると，以下のような違いがある。

① 提案書記載の発明では，切れ刃の突出部が，回転方向前方側の先端部に平坦な部位を有するのに対して，先行技術Bでは，突出部分の

先端は尖った角部である。
② 提案書記載の発明ではシンニング刃が屈曲しており，いずれも直線状の第1シンニング刃と第2シンニング刃とからなるのに対して，先行技術Bでは1本の直線状のシンニング刃である。
③ 提案書記載の発明では，主切れ刃の外周側の端部は直線状であるのに対して，先行技術Bでは，主切れ刃の外周側の端部が，回転方向の前方側へ突出している。
④ 提案書記載の発明では，切れ刃全体が直線状の切れ刃を接続した構成であるのに対して，先行技術Bでは，曲線状の主切れ刃と直線状のシンニング刃とを接続した構成である。

提案書記載の発明と先行技術Bとの形状の差異として，以上の4つを抽出した。ここでは，請求項1（独立請求項）の発明のポイントとして採用可能な構成として，角度や長さなどの数値的な要素を含まない構成を抽出している。

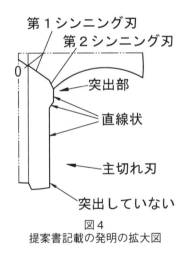

図4
提案書記載の発明の拡大図

上記4つの構成のうち，構成③および構成④については，先行技術Aの主切れ刃が同様に直線状の切れ刃を接続した構成であるため，請求項1の構成要素としては候補から外れる。ただし，構成③および構成④を従属請求項として記載することは差し支えない。

3節1 「切削工具」

　構成①と構成②は，それぞれ異なる部位の形状を規定しており，先行技術A，Bのいずれにも記載がない。したがって，構成①および構成②のいずれか一方あるいは両方を，独立請求項の候補とすることができる。

「構成」と「効果」をセットにする。

　抽出された差異を発明のポイントとして明細書に記載するには，構成①または構成②に基づく効果が必須である。発明とは，課題解決のために行った工夫であり，少なくとも課題を解決するという効果が必ず付随するからである。

　上記の例では，提案書には突出部を設けることによる効果は記載されているものの，①突出部の先端部に平坦な部位を設けること，②シンニング刃を2つの直線状の切れ刃から構成すること，の効果はいずれも記載されていない。このような場合には，発明者を交えた検討により，構成に基づく効果を確認する。

［構成①の効果］

　突出部を有することにより，シンニング刃近傍の肉厚を大きくでき，切れ刃の剛性を高めることができる。さらに，突出部の先端部において，回転方向に向く鋭い角部がないため，切れ刃のチッピングを抑制できる。

［構成②の効果］

　シンニング刃を屈曲させることにより，主切れ刃との接続部となる第2シンニング刃を，第1シンニング刃よりも外側を向けた状態で配置できる。これにより，シンニング刃の外周側端部において切屑ポケットを大きくでき，シンニング刃のチッピングを抑制できる。

　なお，上記の効果を得るには，第2シンニング刃が，第1シンニング刃

第2章　技術分野別の明細書等の作成方法

の外周端から回転方向の後方側に傾いて延びる構成を請求項において限定する必要がある。

　また，構成①と構成②は，いずれもチッピング抑制の効果を有するため，構成①と構成②を組み合わせることで，チッピングの抑制効果がさらに高まることが予想できる。このような場合，構成①と構成②の両方を含む従属請求項を記載しておくとよい。

　以上より，構成①または構成②を独立請求項として記載し，構成③，構成④を従属請求項として記載する出願方針を立てることができる。

　なお，上記の例では，構成①と構成②は共通の構成を有しないため，構成①と構成②のそれぞれで権利化を希望する場合には，別々の特許出願とすることを検討すべきである。後述する特許請求の範囲および明細書の記載例では，構成①を独立請求項とし，構成②を従属請求項とする場合について説明する。

> 出願の「落とし所」を決める。

　上記により，一応の出願方針は立てられるものの，特許庁における出願審査時には，先行技術Ａ，Ｂ以外の先行技術が発見され，提示される可能性もある。出願時点で未発見の先行技術を想定することは難しいため，現状で発見されている先行技術Ａ，Ｂと異なる部分について，できるだけ詳しく説明しておく。これにより，上記①〜④の構成に対応する請求項が拒絶された場合でも権利化を続行可能となる。

　発明の細部の構成についてどの程度まで記載するかについては，出願の目的に応じて設定するとよい。例えば，自社実施が確定している発明品の出願であれば，狭い範囲であっても権利化が必須であるから，発明品の詳細部分まで説明する必要がある。一方，開発品に関する出願であり，後の設計変更の可能性がある場合には，権利行使可能な範囲で記載することが考えられる。

　提案書記載の発明では，発明のポイントは突出部とシンニング刃の部分である。

3節1 「切削工具」

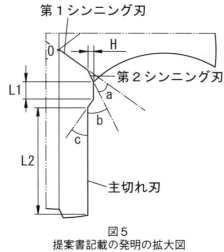

図5
提案書記載の発明の拡大図

　これらの部分について，先行技術との差別化要素として抽出可能な構成を検討する。
　このとき，発明のポイントに直接関連しない構成については，検討しない，あるいは検討の優先順位を低くしてよい。発明のポイントに直接関連しない構成は，周知の構成であることが多く，詳細に記載したとしても特許権の取得には，ほとんど役に立たないからである。発明のポイント以外に，新規性を有する構成があるのであれば，その構成について別途特許出願すればよい。
　以下は，検討例であり，ドリルにおける技術的な有意性は考慮していない。
　＜高さH＞

> 　構成①に関連して，突出部の高さHを規定する。図示の例では，主切れ刃の直線状部分からの突出高さとして規定している。例えば，高さHは，○mm以上○mm以下など。高さHの範囲は，寸法の数値範囲以外に，ドリルの直径Dとの比率の範囲，シンニング刃の長さとの比率の範囲などにより規定することもできる。

236

第2章　技術分野別の明細書等の作成方法

<長さL1>

構成①に関連して，突出部の平坦部分の長さL1の範囲を規定する。長さL1を絶対値で規定してもよいし，長さL1と主切れ刃の直線状部分の長さL2との比率の範囲として規定してもよい。あるいは，長さL1とドリルの外径との比率として規定してもよい。

<突出部と主切れ刃の関係>

提案書記載の図では，主切れ刃の直線状部分と，突出部先端の平坦部分が，軸方向から見て平行である。平行以外の形状が許容される場合には，上記直線状部分と平坦部分との交差角度の範囲（例えば−15°以上15°以下など）を規定してもよい。平行からの多少のずれのみが許容される場合には，許容範囲（例えば−1°以上1°以下など）を規定してもよい。

<角度a>

構成②に関連して，第1シンニング刃と第2シンニング刃とが交差する角度aの範囲を規定する。例えば5°≦a≦30°など。
第1シンニング刃が中心軸Oを通らない場合には，中心軸Oを中心とする半径方向に対する第1シンニング刃の交差角度範囲をさらに規定してもよい。

<角度b>

構成②に関連して，第2シンニング刃と主切れ刃の直線状部分とが交差する角度bを規定する。例えば5°≦b≦30°など。

237

3節1 「切削工具」

＜角度c＞

> 構成①に関連して，突出部の外周側端部の切れ刃と，主切れ刃の直線状部分とが交差する角度cを規定する。例えば40°≦c≦60°など。

＜アキシャルレーキ＞

> さらに，図には現れていないが，第1シンニング刃のアキシャルレーキ（軸方向すくい角），第2シンニング刃のアキシャルレーキ，突出部先端の平坦部分におけるアキシャルレーキなどの範囲を規定してもよい。

以上のように抽出した構成について，それぞれの構成に基づく効果を検討する。形状や配置についての規定であれば，それらの構成に基づく切削性能，耐久性，作業性などについて有意な効果を検討する。角度や長さの数値範囲を規定する構成については，数値範囲の内外における効果を検討する。数値範囲の規定に基づく効果については，実際の使用態様に近い条件で切削試験などを行った結果（実施例）の裏付けを用意する。

検討の結果，効果が得られる構成については，特許出願の権利化過程において権利化の決め手（落とし所）となり得る構成である。そのような構成については，明細書で説明するとともに，従属請求項として記載しておくとよい。

※構成上の差異が見つからないとき

> 一見して構成の違いが見つからなくても，作用または効果が異なるのであれば，あきらめてはいけない。

構成の違いのみに着目して検討していると，先行技術との差異が見つからない場合がある。このような場合，作用または効果の違いを手がかりにすると，構成上の差異が見つかることがある。一見して構成が同じであっ

238

第2章　技術分野別の明細書等の作成方法

たとしても，作用または効果が異なるのであれば，異なる作用または効果を生み出している構成上の差異が存在する可能性が高いからである。

　仮に提案書に記載の範囲では違いがなくても，発明者の頭の中にある発明では構成上の差異があるかもしれない。「なぜ作用および効果が異なるのか?」を発明者に問いかけることで，発明の真の構成を発明者から引き出せることがある。

(2)　特許請求の範囲の記載

　上記の検討により抽出された発明のポイントとなる構成，および落とし所となり得る構成について，特許請求の範囲を作成する。以下に，請求項の記載例を示す。

【書類名】　特許請求の範囲
　【請求項1】（構成①）
　中心軸線に沿って延びるドリル本体と，
　ドリル本体の外周面においてドリル先端から後端側へ延びる切屑排出溝と，
　前記切屑排出溝の回転方向を向く面と前記ドリル本体の先端面との交差稜線に形成される主切れ刃と，
　前記主切れ刃の内周側の端部から前記ドリル本体の中心軸線側へ延びるシンニング刃と，
　を備えるドリルであって，
　前記主切れ刃の一部に，前記主切れ刃の他の部位よりも回転方向の前方側へ突出する突出部を有し，
　前記突出部は，軸方向に見て，回転方向を向く先端部に直線状の第1切れ刃部を有する台形状である，
　ドリル。
　【請求項2】（構成②）
　前記シンニング刃は，軸方向に見て，直線状の第1シンニング刃と，前記第1シンニング刃と前記主切れ刃とを接続する直線状の第2シンニング刃とを有し，
　前記第2シンニング刃は，前記第1シンニング刃との接続位置から

239

3節1 「切削工具」

外周側に向かうに従って回転方向の後方側へ延びる，

請求項1に記載のドリル。

【請求項3】（構成③）

前記主切れ刃は，軸方向に見て，前記主切れ刃の外周端から内周側へ直線状に延びて前記突出部の外周端に接続する第2切れ刃部を有する，

請求項1または2に記載のドリル。

【請求項4】（構成④）

前記シンニング刃と前記主切れ刃は，軸方向に見て，直線状の切れ刃部が連結された形状を有する，

請求項1から3のいずれか1項に記載のドリル。

【請求項5】

前記第1切れ刃部と前記第2切れ刃部は，軸方向に見て，略平行である，請求項3または4に記載のドリル。

【請求項6】

前記突出部の高さ（H）は，軸方向に見て，前記第1切れ刃部の長さ（L1）よりも小さい，請求項1から5のいずれか1項に記載のドリル。

【請求項7】

前記第1切れ刃部の長さ（L1）は，前記第2切れ刃部の長さ（L2）よりも小さい，請求項1から6のいずれか1項に記載のドリル。

（図面）

　明細書に添付する図面としては，ドリル，フライスなどの回転切削工具であれば，回転軸に直交する方向から見た側面図（下記例の**図1**），および回転軸（中心軸）に平行な方向から見た平面図（下記例の**図2**）を用いて説明できる場合が多い。さらに必要に応じて，発明のポイントを的確に表す図面を追加する。例えば，切屑排出溝の断面形状に特徴がある場合には，先端面よりも基端側の部分の断面図を追加する。切れ刃のすくい角，逃げ角などに特徴がある場合には，切れ刃部分の断面図を追加する。

　上記の図面に加えて，切削工具全体の斜視図を記載しておくとよい。斜

視図を記載しておくことで，後日出願人自身が外国出願や中間処理の検討のために読み直す際にも発明を理解しやすくなる。

以下に明細書に添付する図面の例を示す。

【書類名】図面
【図1】

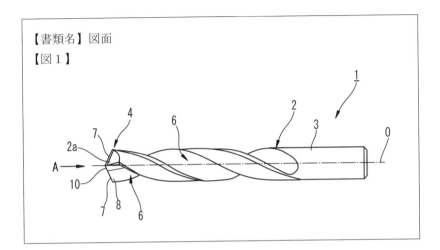

【図2】

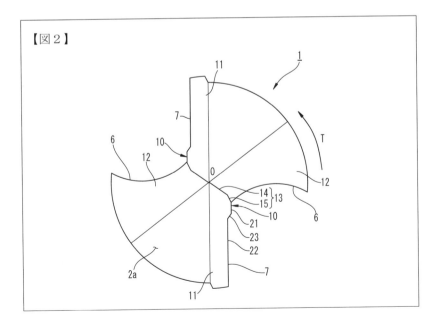

3節1 「切削工具」

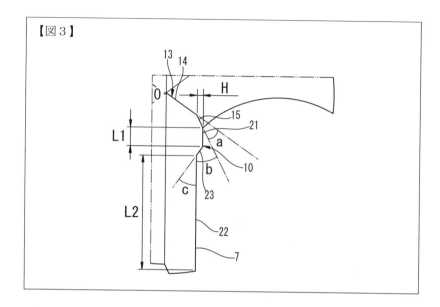

(明細書)

以下に,明細書の一例を示す。下記の明細書は,書き方の一例であるため,構成の説明を一部省略している。また,作用効果の説明については,必ずしも技術的に正しくない場合がある。

【書類名】　明細書
【発明の名称】　ドリル
【技術分野】
　【0001】
　　本発明は,ドリルに関する。
【背景技術】
　【0002】
　　従来,ドリル先端部の切削抵抗を低減し,食い付き性を改善するために,シンニングが施される(例えば特許文献1参照)。
【先行技術文献】
【特許文献】
　【0003】

【特許文献1】　特開＊＊＊＊－＊＊＊＊＊＊号公報
【発明の概要】
【発明が解決しようとする課題】
　【0004】
　　シンニングによって形成されるシンニング刃は，すくい角を大きく
するほど切削抵抗を低減できるが，シンニング刃の強度が低下して
チッピングを生じやすくなる。
【課題を解決するための手段】
　【0005】
　　本発明の一態様によれば，中心軸線に沿って延びるドリル本体と，
ドリル本体の外周面においてドリル先端から後端側へ延びる切屑排出
溝と，前記切屑排出溝の回転方向を向く面と前記ドリル本体の先端面
との交差稜線に形成される主切れ刃と，前記主切れ刃の内周側の端部
から前記ドリル本体の中心軸線側へ延びるシンニング刃と，を備える
ドリルであって，前記主切れ刃の一部に，前記主切れ刃の他の部位よ
りも回転方向の前方側へ突出する突出部を有し，前記突出部は，軸方
向に見て，回転方向を向く先端部に直線状の第1切れ刃部を有する台
形状である，ドリルが提供される。
【発明の効果】
　【0006】
　　本発明の一態様によれば，チッピングを抑制しつつ切削抵抗できる
ドリルが提供される。
【図面の簡単な説明】
　【0007】
　【図1】図1は，実施形態のドリルの側面図である。
　【図2】図2は，図1のA方向矢視図である。
　【図3】図3は，シンニング刃周辺の拡大図である。
【発明を実施するための形態】
　【0008】
　　以下，図面を用いて本発明の実施の形態について説明する。
　　図1に示すように，本実施形態のドリル1は，中心軸線Oを中心と
して回転される略円柱状のドリル本体2を備える。ドリル本体2の後

3節1 「切削工具」

端側（図1において右側）は，工作機械の回転軸に把持されるシャンク部3である。ドリル本体2の先端側（図1において左側）は被削材に加工を施す刃先部4である。

【0009】

ドリル1は，刃先部4の外周面に，ドリル本体2の先端側（図1における左側）から後端側に向かって一定のねじれ角で螺旋状に延びる2本の切屑排出溝6を有する。切屑排出溝6は，ドリル本体2の後端側へ向かうに従ってドリル回転方向Tの後方側へ捩れる。切屑排出溝6の回転方向を向く面とドリル本体2の先端面2aとの交差稜線部に主切れ刃7が形成される。

【0010】

図1および図2において，主切れ刃7における切屑排出溝6のドリル回転方向Tを向く壁面の先端領域がすくい面8である。ドリル本体2の先端面2aにおける主切れ刃7の回転方向後方に位置する部分が逃げ面11である。

【0011】

主切れ刃7の回転方向前方に位置する先端面2aに，中心軸線Oの近傍から切屑排出溝6へ延びる斜面を含むシンニング溝が，シンニング部12として形成されている。シンニング部12は2本の主切刃7の回転方向前方にそれぞれ形成されている。

【0012】

図2に示すドリル本体2の先端面2aにおいて，シンニング部12を構成するシンニング溝と逃げ面11との交差稜線に，シンニング刃13が形成される。本実施形態では，シンニング刃13は，軸方向に見て屈曲した形状を有する。シンニング刃13は，軸方向に見て，直線状の第1シンニング刃14と，第1シンニング刃14と主切れ刃7とを接続する直線状の第2シンニング刃15とを有する。第2シンニング刃15は，第1シンニング刃14との接続位置から外周側に向かうに従って回転方向の後方側へ延びる。

【0013】

本実施形態のドリル1では，シンニング刃13を屈曲させることにより，主切れ刃7との接続部となる第2シンニング刃15を，第1シンニ

244

ング刃14よりも外側を向けた状態で配置できる。これにより，シンニング刃13の外周側端部において切屑ポケットを大きくでき，シンニング刃13のチッピングを抑制できる。

【0014】

主切れ刃7は，第2シンニング刃15との接続部から延びる直線状の第1切れ刃部21と，第1切れ刃部21よりもドリル回転方向Tの後方側に位置する直線状の第2切れ刃部22と，第1切れ刃部21と第2切れ刃部22とを接続する段差切れ刃部23とからなる。この構成により，主切れ刃7は，第1切れ刃部21が第2切れ刃部22よりもドリル回転方向Tの前方側へ突出された突出部10を有する。

【0015】

本実施形態の突出部10は，ドリル回転方向Tの前方側を向く先端部に直線状の第1切れ刃部21を有する台形状である。台形状の突出部10の側面は，第2シンニング刃15と，段差切れ刃部23である。

【0016】

本実施形態のドリル1では，突出部10を有することにより，シンニング刃13の後方の肉厚を大きくでき，切れ刃の剛性を高めることができる。したがって，シンニング刃13のすくい角を大きくでき，切削抵抗を低減できる。また，突出部10の先端部に第1切れ刃部21が配置されていることで，ドリル回転方向Tの前方側に向く鋭い角部がなくなる。これにより，主切れ刃7とシンニング刃13との接続部におけるチッピングを抑制できる。

【0017】

特に本実施形態では，第2シンニング刃15が設けられているため，第2シンニング刃15と第1切れ刃部21との交差角度をより鈍角にできる。これにより，チッピング抑制効果がさらに高まる。

【0018】

また，シンニング刃13と主切れ刃7は，軸方向に見て，直線状の切れ刃部が連結された形状を有する。この構成により，切れ刃の加工が比較的容易になり，突出部10を有する主切れ刃7および屈曲形状のシンニング刃13を精度よく形成できる。

【0019】

3節1 「切削工具」

　本実施形態において，第1切れ刃部21と第2切れ刃部22は，軸方向に見て，略平行である。第1切れ刃部21と第2切れ刃部22との成す角度は，軸方向に見て，－3°以上3°以下であることが好ましく，－1°以上1°以下であることがより好ましい。

【0020】

　突出部10の高さHは，軸方向に見て，第1切れ刃部21の長さL1よりも小さい。高さHは，第2切れ刃部22を延長した仮想線と第1切れ刃部21との距離の最大値である。この構成によれば，第1切れ刃部21を十分な長さとすることができ，突出部10の先端部におけるチッピングを抑制できる。

　一方，第1切れ刃部21の長さL1の上限値は，第2切れ刃部22の長さL2未満である。

【符号の説明】

【0021】

　1…ドリル，2…ドリル本体，2a…先端面，6…切屑排出溝，7…刃，10…突出部，13…シンニング刃，14…第1シンニング刃，15…第2シンニング刃，21，22，23…刃部，H…高さ，L1，L2…長さ，O…中心軸線

第2章　技術分野別の明細書等の作成方法

3節2　「什器」

(黒嶋　厚至)

1．はじめに

　「什器」とは，食器や家具等，広義に解釈すると日常生活で使用される道具のことを指す。本項では，什器の中でも家具を例にして出願原稿の作成方法について説明する。

2．什器の発明の特徴

　⑴　什器は，上記から分かるように，多くの人が普段から身近に接するものであり，その歴史も古く，見た目から構造を把握し易い場合が多い。その分，権利化を図る上では，課題や従来技術との差異を十分に検討した上で，出願原稿を作成する必要がある。

　⑵　什器はデザイン性の要素が高く，意匠権による保護も積極的に行われている。しかし，特許権の取得を目的とする以上，技術的思想の創作の観点から発明の本質を見抜き，より広い権利取得を図ることが求められる。

　⑶　発明は，技術的思想の創作であることから，発明の効果には発明の構成によって得られる技術的な利益を主張することが好ましい。

　しかし，什器の発明は，上記の通り他の発明に比べてデザイン性の観点から生み出されることが多く，発明の主たる効果がデザイン性の向上になることが多い。このような場合には，単に「デザイン性を向上できる」と記載するのではなく，デザイン性を向上させることができる構成や作用を明確にした上で，効果を主張することが好ましい。

3．発明提案書

　発明者から以下の発明提案書が提出されたものとする。

247

発明提案書

[発明の名称] 机装置

[従来技術] 机装置として，左右一対の側板に天板が支持された構成が知られている。この種の机装置では，使用者（子ども）が椅子に着座した状態で，天板上で作業（例えば，勉強等）を行うことができる。

[課題] 側板に対する天板の高さ位置が固定されているため，子どもの成長や体格によっては理想の姿勢で作業を行うことが難しかった。

[解決手段] 子どもの成長に合わせて天板の高さ位置を調整可能とした。

[実施例] 図1に示すように，一対の側板には，上下方向に並ぶ複数の貫通孔がそれぞれ形成されている。一方，天板の側面には，雌ねじ穴が形成されている。本実施例の机装置では，側板に形成された複数の貫通孔の中から，何れかの貫通孔を選択する。選択した貫通孔内にボルトを挿入し，締結部材を天板の雌ねじ穴に締結する。

　これにより，選択した貫通孔の高さに応じて天板の高さ位置を変更することができるため，子どもの成長に合わせて天板の高さを調整できる。

[図面]

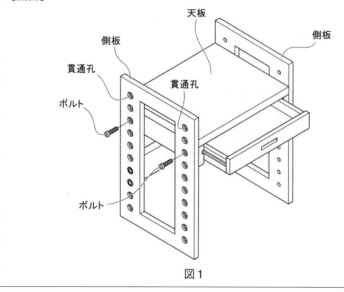

図1

4．発明の展開

　以下，第1章3節4（78頁〜）に基づき，発明の展開を行う。

⑴　発明提案書の記載のみから考え得る請求項

　現状の発明提案書に基づき，発明の名称及び請求項を作成すると，例えば以下のようになる。

「【発明の名称】机装置

【請求項案】

（Ａ）左右方向に離間して配置されるとともに，上下方向に間隔をあけて複数の貫通孔が形成された一対の側板と，

（Ｂ）複数の前記貫通孔のうち，何れかの前記貫通孔内に挿通されるボルトと，

（Ｃ）一対の前記側板同士の間に架け渡されるとともに，前記ボルトが連結される締結孔を有する天板と，を備えている机装置。」

⑵　発明の本質の把握

　上記請求項で権利化された場合，発明者が意図している製品，自社製品の保護を図ることはできるであろう。しかし，他社への牽制や権利行使等，権利の活用の観点からは適切な請求項とは言い切れない。すなわち，発明を展開して，より広い範囲で権利化を図るためには，発明の本質を把握する必要がある。

　ここで，本発明の本質部分は，側板に形成された複数の貫通孔の中から何れかを選択して天板を取り付けることで，選択した貫通孔の位置に応じて天板の高さが調整できる点であると考えられる。

⑶　水平展開

　上記発明の名称及び各構成要件（Ａ）〜（Ｃ）について水平展開を試みる。

　・発明の名称について

　発明提案書には，机装置を前提として，「子どもの成長に合わせて天板の高さを調整できる」が記載されている。しかし，使用者の好みの位置に高さ調整可能であるという観点で捉えれば，机以外にも棚や椅子等

3節2 「什器」

にも応用できるものと考えられる。

・（A）について

i ）発明提案書には，天板を支持する部材として，側板と記載されている。しかしながら，天板を支持する部材としては，単に板状に限らず，枠状やブロック状，柱状のものも考えられる。

ii ）発明提案書には，ボルトを用いて側板と天板とを連結することを前提にしているため，側板に「貫通孔」が形成されていることを請求項案で限定している。しかし，後述するように側板と天板とを連結する部材をボルトに限定しないのであれば，「貫通孔」の限定は不要であると考えられる。

・（B）について

発明提案書には，側板と天板とを連結する部材として，「ボルト」が挙げられている。しかし，側板と天板との連結する構造としては，ボルト以外にも例えばダボによる連結やフックによる連結等が挙げられる。

・（C）について

上記（A）についての水平展開と同様に，「締結孔」について側板と天板とを連結する部材として，「ボルト」に限定しないのであれば，「締結孔」という限定は不要である。

上記のように本発明を机装置に限定しないのであれば，天板という用語は不適切になる。すなわち，本発明を例えば椅子に採用した場合には，高さ調整を行う部材は，座になる。また，本発明を例えば棚に採用した場合には，高さ調整を行う部材は棚板になる。

⑷　上方展開

上記⑶の水平展開に基づき，上方展開を試みる。

・発明の名称について

上記水平展開の結果から，机や棚，椅子等を含む用語として「什器」と設定する。

250

第2章 技術分野別の明細書等の作成方法

・（A）について

　上記水平展開の結果から，側板は支持構造体と規定し，貫通孔は取付部等と規定することができる。

・（B）について

　上記水平展開の結果から，ボルトやダボ，フック等を含む用語として「連結部材」と規定する。

・（C）について

　上記水平展開の結果から，天板を載置部等と規定する。

5．特許請求の範囲の記載例

　上記発明の展開により，例えば特許請求の範囲は以下のように記載することができる。

【請求項1】

　上下方向に間隔をあけて複数の取付部が形成された支持構造体と，

　複数の前記取付部の中から選択された選択取付部を介して前記支持構造体に着脱可能に支持された載置部と，を備えている什器。

⇒上記発明の展開での検討結果から上位概念化した請求項である。

【請求項2】

　前記選択取付部と前記載置部とを連結する連結部材を備えている請求項1に記載の什器。

⇒ボルトやダボ，ナット等の中位概念として「連結部材」と規定した。

【請求項3】

　前記連結部材は，

　　前記載置部に設けられたナットと，

251

3節2 「什器」

前記選択取付部を貫通して前記ナットに螺着されるボルトと，を
備えている請求項2に記載の什器。

⇒請求項2の下位概念であり，発明提案書に記載された内容に限定した
請求項である。

【請求項4】
前記連結部材の第1端部は，前記選択取付部に着脱可能に嵌合され，
前記載置部には，前記連結部材の第2端部が着脱可能に嵌合される
嵌合凹部が形成されている請求項2に記載の什器。

⇒請求項2の下位概念であり，上記（B）の水平展開で展開したダボの
構造を限定した請求項である。

【請求項5】
前記連結部材は，前記載置部から突出するフック部を備え，
前記連結部材は，前記選択取付部に着脱可能に係止される請求項2
に記載の什器。

⇒請求項2の下位概念であり，上記（B）の水平展開で展開したフック
の構造を限定した請求項である。

【請求項6】
前記支持構造体は，左右方向に間隔をあけて配置されるとともに，
前記取付部がそれぞれ形成された一対の側板を備え，
前記載置部は，前記一対の側板に架け渡されている請求項1から請
求項4の何れか1項に記載の什器。

⇒支持構造体の下位概念の請求項であって，発明提案書に記載された内
容に限定した請求項である。

252

第2章　技術分野別の明細書等の作成方法

【請求項7】
　前記支持構造体は，一対の前記側板同士を架け渡す梁材を備えている請求項5に記載の什器。

⇒請求項5をさらに下位概念化した請求項である。

6．明細書及び図面の記載例

　次に，明細書及び図面の記載例を以下に示す。なお，記載時に留意した点については注釈（※）を付して，欄外で解説している。以下の記載例は，出願用原稿の記載事項を例示するためコンパクトにまとめたものである。したがって，実際の出願に使用するには必ずしも十分ではないことを付言しておく。

⑴　【発明の名称】〜【発明が解決しようとする課題】

【発明の名称】　什器
【技術分野】
　　【0001】
　本発明は，什器に関する。（※1）
【背景技術】
　　【0002】
　什器として，左右一対の側板と，側板間を架け渡す天板と，を備えた机装置が知られている（例えば，下記特許文献1参照）。この種の机装置では，使用者が椅子に着座した状態で，天板上で作業を行うことができる。（※2）
【先行技術文献】
【特許文献】
　　【0003】
　　【特許文献1】特開○○○○−△△△△△△△号公報
【発明の概要】
【発明が解決しようとする課題】

253

3節2 「什器」

【0004】
　しかしながら，上述した什器では，使用者の使用態様に応じた位置に天板を配置できず，使い勝手の向上させる点で改善の余地があった。(※3)
【0005】
　本発明は，使い勝手の向上させることができる什器を提供することを目的とする。

※1) 発明の名称は，上記水平展開の結果から「什器」とした。

※2) 什器の一例として，従来の机装置を例に挙げていればよい。背景技術については，課題を把握できる程度にしておけばよく，詳細な説明は必要ない。

※3) ここでは，請求項1が解決できる最小限の課題を記載することが好ましい。すなわち，請求項1では解決できない課題まで詳細に記載すると，請求項1で上位概念化したにも関わらず，限定解釈されるおそれがある。本発明では，什器全般の課題である「使用者の使用態様に応じた位置に支持板を配置できず，使い勝手の向上させる点で改善の余地があった。」とした。

(2) 【課題を解決するための手段】〜【発明の効果】

【課題を解決するための手段】(※4)
【0006】
　上記目的を達成するために，本発明の一態様に係る什器は，上下方向に間隔をあけて複数の取付部が形成された支持構造体と，複数の前記取付部の中から選択された選択取付部を介して前記支持構造体に着脱可能に支持された載置部と，を備えている。
【0007】
　本態様によれば，複数の取付部の中から好みの高さに位置する取付部を介して載置部を支持構造体に支持させる。これにより，載置部の高さを，使用者の好みに応じて調整することができる。
【0008】
　上記態様の什器において，前記選択取付部と前記載置部とを連結す

254

第2章　技術分野別の明細書等の作成方法

る連結部材を備えていてもよい。（※5）

　本態様によれば，連結部材を介して支持構造体に載置部を安定して支持させることができる。

【0009】

　上記態様の什器において，前記連結部材は，前記載置部に設けられたナットと，前記選択取付部を貫通して前記ナットに螺着されるボルトと，を備えていてもよい。

　本態様によれば，連結部材の着脱を容易にした上で，支持構造体と載置部とを安定して連結することができる。

【0010】

　上記態様の什器において，前記連結部材の第1端部は，前記選択取付部に着脱可能に嵌合され，前記載置部には，前記連結部材の第2端部が着脱可能に嵌合される嵌合凹部が形成されていてもよい。

　本態様によれば，構成の簡素化を図った上で，支持構造体と載置部とを安定して連結することができる。

【0011】

　上記態様の什器において，前記連結部材は，前記載置部から突出するフック部を備え，前記連結部材は，前記選択取付部に着脱可能に係止されてもよい。

　本態様によれば，連結部材の着脱を容易にした上で，支持構造体と載置部とを安定して連結することができる。

【0012】

　上記態様の什器において，前記支持構造体は，左右方向に間隔をあけて配置されるとともに，前記取付部がそれぞれ形成された一対の側板を備え，前記載置部は，前記一対の側板に架け渡されていてもよい。

　本態様によれば，一対の側板によって載置部における左右方向の両端部が安定して支持される。

【0013】

　上記態様の什器において，前記支持構造体は，一対の前記側板同士を架け渡す梁材を備えていてもよい。

　本態様によれば，一対の側板同士を強固に連結できるので，支持構造体の強度を確保し，載置部を安定して支持できる。

255

3節2 「什器」

【発明の効果】
　　【0014】
　　上記各態様によれば，使い勝手の向上させることができる什器を提供できる。（※6）

※4）各請求項のコピーの後に，各請求項に対応して作用効果を記載した。この記載方法は，各請求項において構成に対する作用効果が明確になるため，請求項に不要な限定が入っていないか等を確認する意味でも好ましい。手段の記載方法については，上記の記載方法の他に，①各請求項のみを記載する方式や，②請求項1とその効果のみを記載する方式，③請求項1のみを記載する方式等，種々の方式がある。

※5）従属項の構成は，本発明に必ずしも必須ではないことを明らかにするため，末尾を「〜よい。」や「〜好ましい。」と締めている。

※6）【発明の効果】は，全ての態様で共通で奏する効果を簡潔に記載することが好ましい。特に【課題を解決するための手段】に各請求項の作用効果を記載している場合には，課題の裏返しを記載する程度でよい。

(3)　【図面の簡単な説明】

【図面の簡単な説明】
　　【0015】（※7）
　　【図1】　第1実施形態に係る机装置の斜視図である。
　　【図2】　図1のⅡ－Ⅱ線に沿う断面図である。
　　【図3】　第1実施形態に係る天板ユニットの高さ調整方法を説明するための図であって，図1に対応する斜視図である。
　　【図4】第2実施形態に係る机装置において，図2に対応する部分の断面図である。
　　【図5】第3実施形態に係る机装置において，図2に対応する部分の断面図である。
　　【図6】第4実施形態に係る机装置において，図2に対応する部分の断面図である。
　　【図7】本発明に係る什器の変形例として，棚の斜視図である。

256

【図8】本発明に係る什器の変形例として，椅子の斜視図である。

※7）第1実施形態については，全体図，要部の断面図，作用説明図を用意した。第2実施形態〜第4実施形態については，第1実施形態と異なる部分，すなわち要部の断面図のみを用意した。また，机装置以外の什器の例として，棚及び椅子の全体図を変形例として用意した。

(4) 【図面】

【図1】

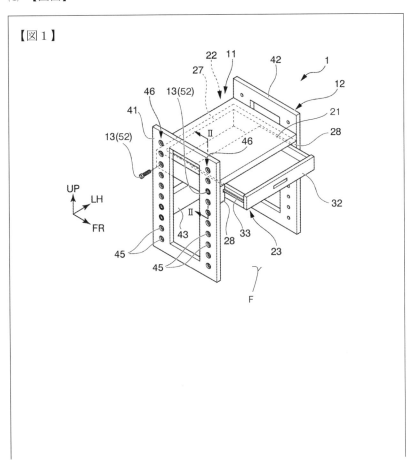

3節2 「什器」

【図2】

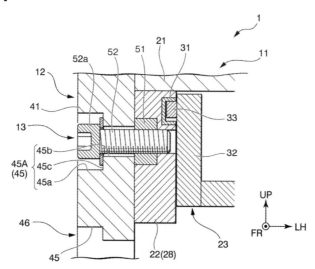

【図3】

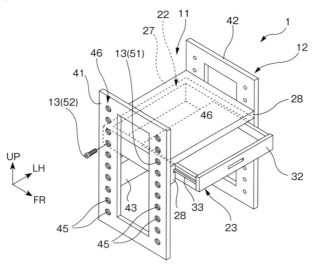

【図4】

【図5】

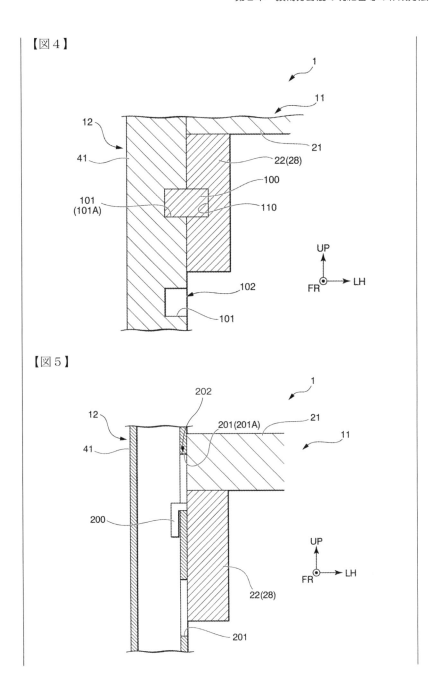

3節2 「什器」

【図6】

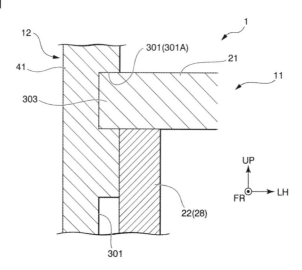

【図7】

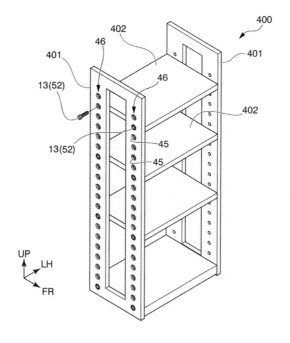

【図8】

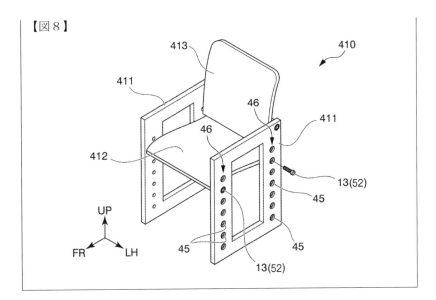

(5) 【発明を実施するための形態】

【発明を実施するための形態】
　　　【0016】
　次に，本発明の実施形態を図面に基づいて説明する。以下の各実施形態では，同一又は対応する構成については同一の符号を付して説明を適宜省略する場合がある。また，以下の説明において，床面Fに直交する方向を上下方向（矢印 UP が上側）とし，上下方向に直交する2方向をそれぞれ前後方向（矢印 FR が前側）及び左右方向（矢印 LH が左側）として説明する。また，以下の説明では，左右方向の中心から離間する方向を外側といい，左右方向の中心に接近する方向を内側という場合がある。(※8)
　　　【0017】
(第1実施形態) (※9)
［机装置］
　図1は，机装置1の斜視図である。(※10)
　図1に示すように，本実施形態の机装置1は，例えば居室やオフィ

ス，公共施設の会議室等に設置される。机装置1は，天板ユニット（載置部（※11））11と，支持構造体12と，連結部材13と，を備えている。（※12），（※13）

【0018】

＜天板ユニット＞

天板ユニット11は，天板21と，天板フレーム22と，引き出し機構23と，を備えている。

天板21は，例えば左右方向を長手方向とし，前後方向を短手方向とする平面視長方形状に形成されている。（※14）

天板フレーム22は，天板21の下面に連結されている。天板フレーム22は，天板21の外周部分において，後端部及び左右両端部に沿って配置されている。具体的に，天板フレーム22は，天板21の後端部に沿って左右方向に延びる後部フレーム27と，天板21の左右両端部に沿って前後方向に延びる一対の側部フレーム28と，を備えている。

【0019】

図2は，図1のⅠⅠ－ⅠⅠ線に沿う断面図である。

図2に示すように，引き出し機構23は，レール受け31と，引き出し本体32と，ガイドレール33と，を備えている。

レール受け31は，上述した各側部フレーム28の内側面に形成されている。レール受け31は，前後方向に延在している。

【0020】

図1に示すように，引き出し本体32は，上方に開口する箱型に形成されている。引き出し本体32は，ガイドレール33を介してレール受け31に前後スライド可能に支持されている。

ガイドレール33は，引き出し本体32の外側面に配設されている。ガイドレール33は，前後方向に延在している。ガイドレール33は，レール受け34に前後方向にスライド可能に支持されている。これにより，引き出し本体32は，天板21の下方に収納された収納位置と，天板21から前方に引き出された引き出し位置と，の間を移動する。

【0021】

＜支持構造体＞

支持構造体12は，天板ユニット11を支持している。支持構造体12は，

262

第2章　技術分野別の明細書等の作成方法

一対の側板（第1側板41及び第2側板42）と，梁材43と，を備えている。

　各側板41，42は，天板ユニット11に対して左右両側にそれぞれ配置されている。なお，各側板41，42は，何れも同等の構成により形成されている。そのため，以下では，第1側板41を例にして説明する。そして，第2側板42において，第1側板41に対応する構成については，同一の符号を付して説明を省略する場合がある。（※15）

【0022】

　第1側板41は，左右方向から見た側面視で矩形枠状に形成されている。第1側板41には，第1側板41を左右方向に貫通する貫通孔（取付部）45が形成されている。貫通孔45は，上下方向に間隔をあけて複数形成されることで，孔列46を構成している。本実施形態では，上述した孔列46が前後方向に間隔をあけて2列形成されている。各孔列46において，各貫通孔45の上下方向における配列ピッチは，互いに同等になっている。各孔列46は，第1側板41における前後方向の中心を間に挟んで両側にそれぞれ配置されている。

【0023】

　図2に示すように，貫通孔45は，左右方向の内側に向かうに従い，内径が段々と縮小する段付き孔である。すなわち，貫通孔45は，左右方向の外側に位置する大径部45aと，大径部45aに対して左右方向の内側に位置する小径部45bと，大径部45a及び小径部45b間を接続する接続部45cと，を有している。

【0024】

　図1に示すように，梁材43は，各側板41，42の後端部同士を架け渡している。なお，梁材43は，複数本設けてもよい。梁材43は，各側板41，42の下端部同士を架け渡してもよい。（※16）

【0025】

＜連結部材＞

　図2に示すように，連結部材13は，天板ユニット11と支持構造体12とを連結している。連結部材13は，ナット51と，ボルト52と，を備えている。

　ナット51は，上述した側部フレーム28に埋め込まれている。ナット

3節2 「什器」

51は，各側部フレーム28において，前後方向に間隔をあけて2つ（図2ではナット51を一つのみ示す）配置されている。一の側部フレーム28に形成されたナット51間の間隔は，上述した孔列46の前後方向の間隔に一致している。

【0026】

ボルト52は，各孔列46を構成する複数の貫通孔45のうち，何れかの貫通孔45（以下，選択貫通孔（選択取付部）45A という。）内にそれぞれ挿通されている。ボルト52は，頭部52a が選択貫通孔45A の大径部45a 内に収容された状態で，選択貫通孔45A を貫通している。なお，選択貫通孔45A は，各孔列46において，同一高さに配置された貫通孔45である。

【0027】

ボルト52は，選択貫通孔45A を通じてナット51に螺着されている。これにより，天板ユニット11が支持構造体12に支持されている。

【0028】

［高さ調整方法］（※17）

次に，上述した机装置1において，天板ユニット11の高さ調整方法について説明する。

まず，天板ユニット11を好みの高さに位置合わせする。具体的には，孔列46を構成する複数の貫通孔45のうち，好みの高さに位置する貫通孔45（選択貫通孔45A）と，ナット51と，の上下位置を合わせる。

【0029】

続いて，支持構造体12と天板ユニット11とを連結する。具体的には，選択貫通孔45A を通じてボルト52をナット51に螺着する。

これにより，天板ユニット11が支持構造体12に連結される。

【0030】

図3は，天板ユニット11の高さ調整方法を説明するための図であって，図1に対応する斜視図である。以下の説明では，天板ユニット11の高さを図1に示す状態に対して低くする場合について説明する。

図3に示すように，天板ユニット11の高さを低くする場合には，ボルト51を取り外した後，天板ユニット11を好みの高さに合わせた状態で，再びボルト51をナット52に螺着する。

264

第2章　技術分野別の明細書等の作成方法

【0031】

［効果］（※18）

　このように，本実施形態によれば，支持構造体12（天板41，42）が上下方向に間隔をあけて形成された複数の貫通孔45の中から選択した選択貫通孔45Aを用いて天板ユニット11を支持する構成とした。

　この構成によれば，支持構造体12により支持される天板ユニット11の高さを，使用者の使用態様に応じた好みに応じて調整することができる。これにより，使い勝手を向上させることができる。

【0032】

　本実施形態では，側板41，42と天板ユニット11とを連結部材13により連結する構成とした。

　この構成によれば，連結部材13を介して支持構造体12に天板ユニット11を安定して支持させることができる。

【0033】

　本実施形態では，ボルト52が選択貫通孔45Aを通じてナット51に螺着される構成とした。

　この構成によれば，連結部材13の着脱を容易にした上で，支持構造体12と天板ユニット11とを安定して連結できる。

【0034】

　本実施形態では，天板ユニット11が支持構造体12の側板41，42間に架け渡される構成とした。

　この構成によれば，一対の側板41，42によって天板ユニット11における左右方向の両端部が安定して支持される。

【0035】

　本実施形態では，支持構造体12が，側板41，42同士を架け渡す梁材43を備える構成とした。

　この構成によれば，一対の側板41，42同士を強固に連結できるので，支持構造体12の強度を確保し，天板ユニット11を安定して支持できる。

【0036】

（第2実施形態）（※19）

　図4は，第2実施形態に係る机装置1において，図2に対応する断面図である。本実施形態では，天板ユニット11と支持構造体12（側板

265

41，42）とをダボ（連結部材）100により連結する点で上述した実施形態と相違している。

　図4に示す机装置1において，第1側板41の内側面には，左右方向の外側に向けて窪む側板凹部（取付部，嵌合凹部）101が形成されている。側板凹部101は，上下方向に間隔をあけて形成されることで，凹部列102を構成している。本実施形態において，凹部列102は，前後方向に間隔をあけて2列形成されている。

【0037】

　側部フレーム28の外側面には，左右方向の内側に向けて窪む天板凹部110が形成されている。天板凹部110は，各側部フレーム28において，前後方向に間隔をあけて2つ配置されている。

【0038】

　本実施形態において，天板ユニット11と支持構造体12とがダボ100により連結されている。具体的に，ダボ100における左右方向の外側端部は，各凹部列102を構成する複数の側板凹部101のうち，何れかの側板凹部101（以下，選択凹部（選択取付部）101Aという。）内にそれぞれ嵌合されている。一方，ダボ100における左右方向の内側端部は，天板凹部110内に嵌合されている。

【0039】

　本実施形態においても，凹部列102を構成する複数の側板凹部101の中から何れかの側板凹部101内にダボ100を嵌合させることで，天板ユニット11を任意の高さに調整できる。特に，本実施形態では，連結部材としてダボ100を用いることで，構成の簡素化を図った上で，支持構造体12と天板ユニット11とを安定して連結することができる。

【0040】

（第3実施形態）

　図5は，第3実施形態に係る机装置1において，図2に対応する断面図である。本実施形態では，天板ユニット11と支持構造体12とをフック（連結部材）200により連結する点で上述した実施形態と相違している。

　図5に示す机装置1において，第1側板41は，筒状に形成されている。第1側板41の内側壁には，係止孔201が形成されている。係止孔

201は，上下方向に間隔をあけて形成されることで，係止孔列202を構成している。係止孔列202は，前後方向に間隔をあけて２列形成されている。

【0041】

側部フレーム28の外側面には，左右方向の外側に向けて突出するフック200が設けられている。フック200は，例えばＬ字状に形成されている。すなわち，フック200は，左右方向の外側に向けて延在した後，下方に向けて延在している。フック200は，各側部フレーム28において，前後方向に間隔をあけて２つ形成されている。

【0042】

本実施形態において，天板ユニット11と支持構造体12とはフック200により連結されている。具体的に，各係止孔列202を構成する複数の係止孔201のうち，何れかの係止孔201（以下，選択係止孔（選択取付部）201Ａ という。）内に，フック200が係止されている。

【0043】

本実施形態においては，上述した実施形態と同様の作用効果を奏することに加え，フック200によって支持構造体12と天板ユニット11との着脱を容易に行うことができる。

【0044】

（第４実施形態）

図６は，第４実施形態に係る机装置１において，図２に対応する断面図である。本実施形態では，天板21を支持構造体12に直接連結する点で上述した実施形態と相違している。

図６に示す机装置１において，第１側板41の内側面には，左右方向の外側に向けて窪む係合溝（取付部）301が形成されている。係合溝301は，第１側板41を前後方向に貫通している。係合溝301は，上下方向に間隔をあけて複数形成されている。

【0045】

天板21において，側部フレーム28に対して左右方向の外側に突出した部分は，突出支持部303を構成している。突出支持部303は，各係合溝301のうち，何れかの係合溝301（選択係合溝（選択取付部）301Ａ）内に挿入されている。これにより，天板ユニット11が支持構造体12に

3節2 「什器」

連結される。

【0046】

本実施形態においては，上述した実施形態と同様の作用効果を奏することに加え，天板21が支持構造体12に直接連結されるので，部品点数の削減を図ることができる。

【0047】

（変形例）

上述した各実施形態では，本発明に係る什器として，机装置1を例にして説明したが，この構成のみに限られない。

什器としては，例えば図7に示す棚400や，図8に示す椅子410であってもよく，ベッド等であってもよい。

【0048】

図7に示す棚400は，一対の側板（支持構造体）401と，一対の側板401間に架け渡された複数の棚板（載置部）402と，を備えている。

各側板401には，例えば上述した第1実施形態と同様に，孔列46が形成されている。各棚板402は，孔列46を構成する複数の貫通孔45のうち，何れかの貫通孔45を通じて挿通されるボルト52によって連結されている。

これにより，側板401に対する棚板402の高さを使用者の好みによって調整できる。なお，複数の棚板402のうち，少なくとも何れかの棚板402が高さ調整可能に構成されていれば，他の棚板402は側板401に固定された構成であってもよい。

【0049】

図8に示す椅子410は，一対の側板（支持構造体）411と，座（載置部）412と，背凭れ413と，を備えている。

各側板411には，例えば上述した第1実施形態と同様に，孔列46が形成されている。

座412は，各側板411間を架け渡している。座412は，孔列46を構成する複数の貫通孔45のうち，何れかの貫通孔45を通じて挿通されるボルト52によって連結されている。これにより，側板411に対する座412の高さを使用者の好みによって調整できる。

背凭れ413は，座412の後部上方において，各側板411間を架け渡し

268

第2章　技術分野別の明細書等の作成方法

ている。なお，背凭れ413は，座412に連結されていてもよい。

【0050】

（その他の変形例）（※20）

　以上，本発明の好ましい実施形態を説明したが，本発明はこれら実施形態に限定されることはない。本発明の趣旨を逸脱しない範囲で，構成の付加，省略，置換，及びその他の変更が可能である。本発明は上述した説明によって限定されることはなく，添付の特許請求の範囲によってのみ限定される。

　例えば，上述した実施形態では，支持構造体12として，一対の側板41に取付部が形成されている構成について説明したが，この構成に限られない。すなわち，一枚の側板（支持構造体）により載置部を支持する構成であってもよい。また，支持構造体は，板状に限らず，柱状やブロック状であってもよい。

　上述した実施形態では，各取付部のうち，何れか一つの取付部を介して載置部が支持される構成について説明したが，この構成のみに限られない。複数の取付部を介して載置部を支持してもよい。

【0051】

　その他，本発明の趣旨を逸脱しない範囲で，上述した実施形態における構成要素を周知の構成要素に置き換えることは適宜可能であり，また，上述した各変形例を適宜組み合わせてもよい。

※8）冒頭で方向を定義することが好ましい。この際，可能な限り全体で統一の方向を定義付けることが好ましい。什器の場合は，床面に設置される物が多いため，床面を基準として前後上下左右を規定することが考えられる。方向を一概に決められない場合には，例えば構成のベースとなる部分を通る何れか1つの方向を規定した上で，例えばXYZの直交座標系を定義してもよい。なお，仮に各構成物品毎に方向を記載する場合には，1の構成物品の方向と，他の構成物品又は全体での方向と，の関連付けをさせておくことがよい（※13参照）。

※9）構成や作用，効果の冒頭，実施形態や変形例の冒頭に見出しを設けることが好ましい。さらに構成の説明の中で，例えば請求項の構成要件毎に小見出しを設けることで，どこに何が記載しているか，構成要件が

269

3節2 「什器」

何を含んでいるかを読み手が把握し易い。

※10) 図面を使用する直前に，図面の説明をすることが好ましい。

※11) 請求項で使用した部材名と実施形態で使用する部材名とが異なる場合には，実施形態で使用する部材名に請求項で使用した部材名を対応付けておく。

※12) 初めに構成要件を列挙した後，各構成要件について説明を行っていくことが好ましい。これにより，各構成要件が何を含んでいるのかが明確になる。

また，説明の際は，各構成要件を大パーツとすると，大パーツを中パーツ，小パーツに分解しながら，詳細な説明を行っていくことが好ましい（第1章第2節2参照）。特に，大パーツと小パーツとの間で中パーツを規定しておくことで，中間対応時にいきなり極端な限定を強いられることを回避できる場合もある。例えば，第1実施形態の構成要件を大パーツから小パーツに分解していくと，図2のようになる。

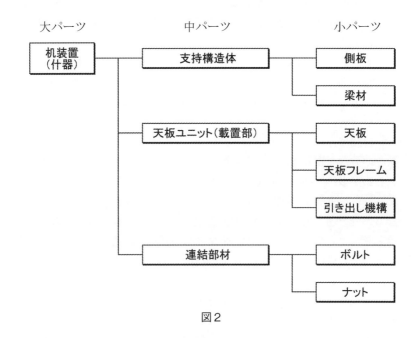

図2

第2章　技術分野別の明細書等の作成方法

※13）説明の順序は，数珠つなぎの法則（第1章第2節5参照）にしたがって，各構成要件が繋がるようにする。但し，発明のポイントとなる部分を明確にするために，発明のポイントのみを構成の最後に説明してもよい。

※14）各構成物品毎に方向を記載する場合には，冒頭で定義したどの方向に対応するかを明確にすることが好ましい。

※15）重複説明を避けるため，対称部材や同一部材等については，断りを入れた上で，何れかの部材を代表して説明をすることが好ましい。

※16）説明直後にバリエーションの説明（なお書き）を記載してもよい。ただし，なお書きの説明が冗長になり，ベストモードから脱線して読み手に混乱を与える場合には，明細書の最後にまとめて記載することがよい（※20参照）。

※17）構成の説明後，本発明の作用として，高さ調整方法を記載する。

※18）効果は，基本的には請求項毎に記載することが好ましい。実施形態のみで主張できる効果を記載してもよい。

※19）第2実施形態以降は，第1実施形態との相違点を簡潔に述べた上で，相違点のみを説明することが好ましい。

※20）請求項の記載と，実施形態の記載と，の間をなお書きでサポートする。

第2章　3節

第2章　技術分野別の明細書等の作成方法

4節　輸送機械

4節1　「四輪自動車（車体補強部品）」

(田﨑　聡)

1．概要

(1)　はじめに

　ここでは，輸送機械分野の発明の展開（リエゾン）について説明する。特に，本項では，四輪自動車の車体補強部品を例に，発明のヒヤリングおよびヒアリングにおける請求項案の作成について説明する。

(2)　輸送機械の発明の特徴

　輸送機械の構造系に係る発明の特徴について簡単に説明する。

　一般に輸送機械とは，人を乗せて移動するものであり，いわゆる航空機や船舶，四輪自動車，二輪自動車，鉄道車両等のことを示す。

　輸送機械は，世界各国，種々の環境下（低温環境下，高温環境下，高湿度環境下等）で使用されるものであり，過酷な使用条件にも耐えうるような設計がなされている。

　例えば，使用される部品の周辺温度においては，摂氏マイナス数十度の極低温から摂氏百数十度の高温まで変化し得る。このため，異材料の固定等においては，熱膨張差による負荷（いわゆるヒートショック）を考慮して設計する必要がある。

　また，例えば，重力加速度においては，輸送機械の加減速や旋回時において，数G～数十Gの重力加速度が加わることがある。このため，輸送機械に採用される部品は，重力加速度および重力加速度の急激な変化に耐えうるように設計する必要がある。

　また，部品のレイアウトや部品が収納される筐体の設計においては，被水や塵埃等による影響がないように設計する必要がある。

　また，内燃機関や，モーター，スイッチング素子，バッテリー等の発熱

4節1 「四輪自動車（車体補強部品）」

部品においては，高温とならないように冷却構造を設けることがある。この際，効果的に発熱部品を冷却できるように，冷却構造を設計する必要がある。

　輸送機械および輸送機械に使用される部品の開発では，上述のような過酷な環境下に耐え得る仕様となるように，技術者の創意工夫がなされる。一般に，輸送機械の構造系に係る発明は，上述のような過酷な環境下で発生する課題を解決するためのものが多いと考える。

２．発明のヒアリング

(1) はじめに

　以下，具体例に沿って，発明のヒアリングについて説明する。

　発明者から頂いた発明提案書は次のとおりである。

■発明の名称

　車体補強部材

■従来技術

　一般に，車両のエンジンルームの左右両端部には，ストラットタワーが一対に対向して配置されている。ストラットタワーは，サスペンションのストラット上端部を支持するとともに，ストラットを覆うよう形成される（**図1**参照）。

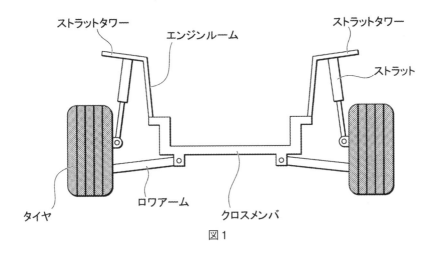

図1

■従来技術とその問題点

ところで,例えば車両のコーナーリング時や路面の凹凸乗り上げ時に発生する荷重は,タイヤおよびサスペンションを通じてストラットタワーに伝達される。このとき,サスペンションがストロークする前に,エンジンルームを含む車両のボディに歪みが発生する(**図1**参照)。このため,ステアリングのレスポンスが低下し,ハンドリングや乗り心地が悪化するおそれがあった。

また,ストラットタワー自体の板厚を上げたり,ストラットタワーにパッチを当てたりすることにより,ストラットタワー自体の剛性を向上させることも考えられる。しかしながら,重量が大幅に増加し,構造および製造工程も複雑になる。

4節1 「四輪自動車(車体補強部品)」

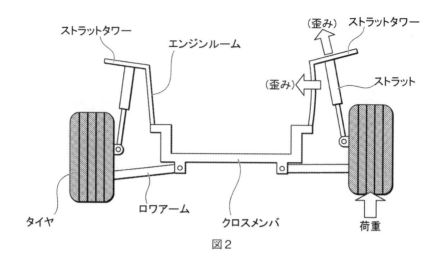

図2

■発明のポイント

　左右一対のストラットタワー(11,12)を,車幅方向に延在するパイプ状の主補強部(20)により連結する。また,左右一対のストラットタワー(11,12)を,それぞれ一対の補助補強部(30)により,アッパーパネル(13)と連結する(図3参照)。

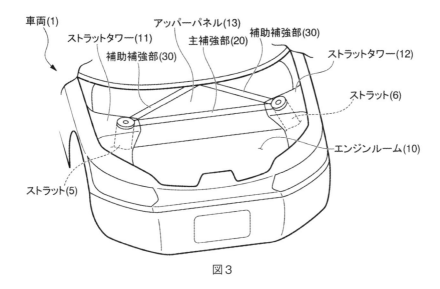

図3

■発明から得られる効果

　左右一対のストラットタワー（11,12）を互いに連結する主補強部（20）と，左右一対のストラットタワー（11,12）をそれぞれアッパーパネル（13）と連結する一対の補助補強部（30,30）と，を備えているので，左右一対のストラットタワー（11，12）の剛性を向上させることができる。これにより，車両（1）のコーナーリング時や路面の凹凸乗り上げ時に発生する荷重が，タイヤ（3）およびストラット（5，6）を通じてストラットタワー（11,12）に伝達された場合であっても，左右一対のストラットタワー（11，12）の歪みを抑制できる。したがって，ハンドリングや乗り心地の悪化を防止できる（図4参照）。

4節1 「四輪自動車(車体補強部品)」

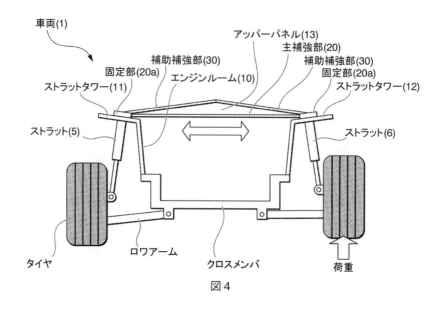

図4

(2) 発明提案書の事前検討

　発明のヒアリングにあたり，発明者が作成した発明提案書の事前検討は欠かせない事項である。事前検討においては，発明の概要の把握，ヒアリング時に解決したい疑問点の整理，不足情報の有無の検討，発明の展開（水平展開，垂直展開）のイメージをメモしておく。特に，機械構造系の案件については，例えば部品の材料や形状のバリエーションおよびそれに伴う作用効果についてヒアリングで確認すべきである。これら事項をまとめておくことで，短時間で有意義なヒアリングを行うことができる。

　なお，原則として，発明提案書から読み取れない事項については，あまり時間をかけて検討する必要はない。あれこれ検討しても結局はヒアリングしてみないと解決できないからである。発明提案書から読み取れない事項については，疑問点としてまとめておけばよい。

　本発明提案書での疑問点は，例えば以下のようになる。

第2章　技術分野別の明細書等の作成方法

■提案書事前検討メモ

（疑問点）

・本件の作用効果を奏する必須の構成は何か？（補助補強部は必須の構成
　かどうか？）→補助補強部はサブクレームでよいかも。

・主補強部／補助補強部の最適の形状は発明提案書の形状でよいか？他の
　形状のバリエーションの有無は？

・主補強部／補助補強部の材料は？

・主補強部／補助補強部の固定方法は？

・車体補強部品はフロントのストラットタワーに適用されているが，リヤ
　のストラットタワーに適用してもよいのではないか？

(3)　ヒアリングの具体例

　発明者からのヒアリングでは，まず発明者より発明提案書の記載に基づ
いて内容の説明をして頂き，適宜質問をしながら，先行技術に対する課題，
従来技術と本発明との構成上の差異，本発明の作用および効果について確
認を行う。その後，疑問点について質疑応答を行いつつ，発明の展開（水
平展開や垂直展開）を行って，発明者および知財担当者とともに請求項案
を議論する。最後に，本発明のまとめとして，発明の名称，課題，請求項
案および作用効果の確認を行う。

　具体的なヒアリングの様子を例にし，疑問点についての質疑応答および
発明の展開を以下に示す。以下では，発明者を（**発**）と記載し，知財担当
者を（**知**）と記載し，特許事務所の担当弁理士を（**弁**）と記載している。

（ヒアリング例1：垂直展開による上位概念化／下位概念化）

（**弁**）発明提案書の記載によると，ストラットを補強する部材として，主
　　補強部と補助補強部とがありますが，両方必要ですかね？

（**発**）といいますと？

（**弁**）今回の発明の課題は，ストラットタワーの歪みの抑制だったと思い
　　ます。とりあえず主補強部で一対のストラットタワーを連結してしま
　　えば，従来技術と比較して，ストラットタワーの歪みを抑制できるか
　　と思いますが，いかがでしょうか？簡単にいってみれば，主補強部は，

4節1 「四輪自動車（車体補強部品）」

　　　左右のストラットタワーの間で突っ張り棒的な働きをして，ストラッ
　　　トタワーの歪みを抑制していますよね？

（知）確かに。補助補強部はなくても，本件発明の作用効果を奏すること
　　　ができますね。

（弁）ちなみに，主補強部を外して，補助補強部のみとした場合はどうで
　　　すか？

（発）補助補強部の接続先はダッシュアッパーパネルですが，それほど強
　　　度は有していないので・・・。補助補強部のみで荷重を受けると，荷
　　　重の伝達先であるダッシュアッパーパネル全体が大きく歪む可能性も
　　　ありますね。補助補強部という名の通り，あくまで補助としてとらえ
　　　て頂ければ。

（弁）では，メインクレームである請求項1の構成では，主補強部のみ登
　　　場させて，補助補強部は請求項2の構成にしてよいでしょうか？

（知）それでお願いします。

（ヒアリング例2：水平展開）

（弁）発明提案書に記載されておりませんが，主補強部および補助補強部
　　　の材質は何ですか？

（発）金属ですね。実際はアルミの棒部材を想定しております。軽量で安
　　　価なので。

（弁）中実ですか？中空ですか？

（発）どちらでもいいですが，強度を確保しつつ軽量化が可能という点では，
　　　中空が良いですね。

（弁）長尺の板材でもよいですか？

（発）とりあえず良いかと思いますが，撓みやすいと本件の効果が出ない
　　　ので，所定の板厚を必要としますね。だったら，軽量化の観点から，
　　　所定の板厚に相当する直径を有するパイプにします。

（知）では，主補強部および補助補強部は中空の金属部材である点をサブ
　　　クレームで追加してもらえますか？主補強部は板状の部材であっても
　　　よい旨は，実施形態で一言触れておいてください。

（弁）わかりました。

第2章　技術分野別の明細書等の作成方法

（ヒアリング例3：水平展開）

（弁）主補強部の両端の固定部と，ストラットタワーとの固定方法は？

（発）今考えているのは，サスペンションのストラット上端に設けられているスタットボルトがストラットタワーに締結固定されています。このスタットボルトに締結固定ですね。ストラットタワーと固定部が共締めとなります。追加部品も不要ですし，一番簡単に固定できると思います。

（弁）固定部をストラットタワーに溶接する方法はありでしょうか？

（発）うーん・・・。ないかな。

（知）溶接の方が固定強度も得られてより剛性が向上しますよね。

（発）でも，一回着けたら外せなくなっちゃうから，メンテナンス性が悪くて量産車には適用はないかな。

（知）レース専用車両だと，溶接の方がより良いってことはないですか？

（発）あ，レース専用車両だと断然溶接ですね。強固に固定できるし，メンテはあまり考慮しなくてもよいし。

（弁）では，それぞれの固定方法で異なる作用効果も得られるので，「ストラットタワーと共締めにより固定された」構成と，「溶接により固定された」構成を両方下位クレームに入れましょうか。

（知）それでお願い致します。

（ヒアリング例4：水平展開）

（弁）発明提案書では，車体補強部材は，フロントのストラットタワーを補強するようにエンジンルーム内に設けられていますが，リヤにもストラットタワーはありますよね。車体補強部材をリヤに設ける構成はどうしましょうか。

（発）リヤにももちろん設けてもよいです。ただ，トランクルーム内で橋渡しされる形態となるので，荷物の出し入れ時に使い勝手が悪くて・・・。入る物も入らなくなっちゃうし。量産車ではほぼ適用はありませんね。さっきと同様にレース専用車両だとやっちゃいますけど。

（知）請求項では，ストラットタワーについて，フロントで特定してもらえますか？実施形態は，フロントに設けた場合で記載して頂いて，明細書中でリヤのトランクルーム内に設けてもよい旨の記載をお願いし

第2章　4節

281

4節1 「四輪自動車（車体補強部品）」

ます。あえてリアに設けるという請求項は，必要ないかと。作用効果はほぼ同じですが，リヤに適用した場合はトランクルームの使い勝手が悪くなるという点で不具合も発生しますし。

（弁）承知致しました。

3．ヒアリングより導き出された請求項案

上記のとおりヒアリングを行った結果,以下の請求項案が導き出される。

(1) **請求項1（ヒアリング例1：垂直展開による上位概念化により導き出された請求項)**

請求項1は，主補強部を必須の構成としている。以下のような請求項になる。

> 【請求項1】
> サスペンションのストラット（5，6）上端を支持する左右一対のストラットタワー（11，12）に固定される一対の固定部（20a，20a）と，
> 車幅方向に延在し，一端が一方の前記固定部に接続され，他端が他方の前記固定部に接続され，前記一対のストラットタワーを連結する主補強部（30）と，
> を備えたことを特徴とする車体補強部材（**図4**参照）。

(2) **請求項2（ヒアリング例1：垂直展開による下位概念化により導き出された請求項)**

請求項2は，以下のようになる。請求項2は，補助補強部の構成を備える。この態様は，発明者が考えるベストモードである。したがって，明細書においては第1の実施形態として記載される。

> 【請求項2】
> 一端が一方の前記固定部に接続され，他端がエンジンルームと車室とを仕切るアッパーパネル（13）に接続されて，一方の前記ストラッ

第2章　技術分野別の明細書等の作成方法

トタワーと前記アッパーパネルとを連結する第1の補助補強部（30）
と，

　一端が他方の前記固定部に接続され，他端が前記アッパーパネルに
接続されて，他方の前記ストラットタワーと前記アッパーパネルとを
連結する第2の補助補強部（30）と，

　を備えたことを特徴とする請求項1に記載の車体補強部材(**図4**参照)。

(3)　請求項3および4（ヒアリング例2：水平展開）

　請求項3および4は，以下のようになる。請求項3および4では，主補
強部および補助補強部について，中空とすることにより軽量化ができると
いう特段の効果を発揮するように限定している。

【請求項3】

　前記主補強部は，中空の金属部材により形成されていることを特徴
とする請求項1から3のいずれか1項に記載の車体補強部材。

【請求項4】

　前記補助補強部は，中空の金属部材により形成されていることを特
徴とする請求項2から4のいずれか1項に記載の車体補強部材。

---

(4)　請求項5および6（ヒアリング例3：水平展開）

　請求項5および6は，以下のようになる。請求項5および6では，主補
強部の固定方法について，それぞれ異質であるが特段の効果を発揮するよ
うに限定している。具体的に，請求項5では，固定部をストラットタワー
に対して溶接することで，主補強部を強固に固定できるので車体剛性が向
上するという作用効果を発揮するように限定している。請求項6では，固
定部をストラットタワーに対してストラット上端とともに締結固定するの
で，新たな部品を設けることなく容易に着脱ができるので，低コストかつ
メンテナンス性に優れるという作用効果を発揮するように限定している。

【請求項5】

　前記固定部は，前記ストラットタワーに対して溶接により固定され

4節1 「四輪自動車（車体補強部品）」

ていることを特徴とする請求項1から5のいずれか1項に記載の車体補強部材（**図5**参照）。

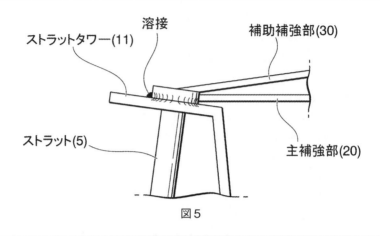

図5

【請求項6】
　前記固定部は，前記ストラットタワーに対して前記ストラット上端とともに締結固定されていることを特徴とする請求項1から5のいずれか1項に記載の車体補強部材（**図6**参照）。

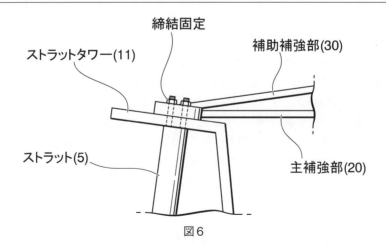

図6

第2章　技術分野別の明細書等の作成方法

⑸　請求項7（ヒアリング例4：水平展開）

　請求項7は，以下のようになる。請求項7では，車体補強部材の固定部が前輪のストラットタワーに固定される構成とすることで，車体補強部材がフロントのエンジンルームに設けられることを特定している。

【請求項7】

　一対の前記固定部は，それぞれ前輪の前記ストラットタワーに固定されていることを特徴とする請求項1から7のいずれか1項に記載の車体補強部材（**図4**参照）。

4．まとめ

　発明提案書の事前検討では，疑問点をまとめておくとともに，発明の展開のイメージをあらかじめ想起することが重要である。また，ヒアリングでは，疑問点を解決する過程において，発明が適用される製品の態様が明確になるとともに，発明の垂直展開や水平展開が可能となる。このとき，発明の展開によりできた請求項について，製品の実施形態と照らし合わせることが重要である。これにより，依頼者が権利化を望む発明は何かが明確になるからである。

4節2 「二輪自動車（エアクリーナー配置）」

4節2 「二輪自動車（エアクリーナー配置）」

(阿部　隆弘)

自動二輪車（部品）に係る明細書等の作成方法の一例について説明する。

1．例題の選定

過去の特許庁ウェブサイトに「標準技術集」なるものがあり，その中で「自動二輪車における部品の配置」をまとめたものがある（掲載日2002年6月28日）。ここで最初に紹介される「エアクリーナーの配置」を以下の例題に選定した。なお，この標準技術集は自動二輪車の公知技術を広く知る上で有用なので是非一読されたい。

2．例題

下記発明（実施形態）の説明を受けた場合を想定する。
「図1〜3に示すように，原付スクーターにおいて，シートと変速機ケース（リアアームを兼ねる）とで囲まれた三角形の空間にエアクリーナーを配置した。これにより，シート下に大きな荷物収納空間を確保した。右側にマフラー，左側にエアクリーナーを振り分けて効率よく配置した。エアクリーナーを車体カバーで覆わずメンテナンスを容易にした。この配置は大型スクーターでも採用可である。」

第2章 技術分野別の明細書等の作成方法

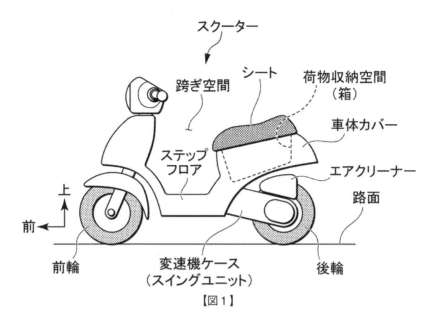

【図1】

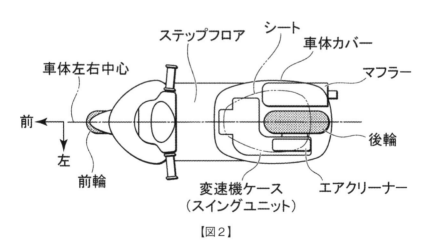

【図2】

4節2 「二輪自動車（エアクリーナー配置）」

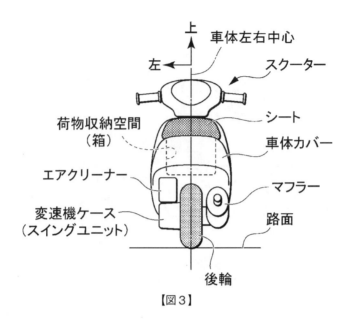

【図3】

3．技術の把握

　上記実施形態（以下，本実施形態という。）は，「シートと変速機ケースとで囲まれた三角形の空間にエアクリーナーを配置した」の構成を有している。この構成は，図1を参照すれば，側面視で規定されることが分かる。本実施形態のメインの効果は，「シート下に大きな荷物収納空間を確保した」である。

4．発明の抽出

　次に，本実施形態と従来技術とを比較しながら発明を抽出する。
　なお，従来技術について，実際には現在のスクーターのほとんどが，上記したエアクリーナー配置を採用している。これは，シート下の荷物収納空間がスクーターに当然求められる機能となったからと考えられる。そこで，シート下の荷物収納空間が特別だった，あるいは荷物収納空間が小さかった頃を想定し，従来技術を次のように仮定する。

第2章　技術分野別の明細書等の作成方法

5．従来技術

　従来，スクーターにおいて，シート下は燃料タンクやバッテリー等の補器類の配置スペースであり，このスペースにエアクリーナーも配置されていた。エアリーナーは，車体左右中心を跨いで配置されていた。また，エアクリーナーは，車体カバーの内側に入り込んでいた。すなわち，エアクリーナーの少なくとも一部は，車体カバーに覆われていた。

　ここで，スクーターの変速機ケースは，後輪を左右方向一側から支持する片持ちのリアアームを兼ねている。この変速機ケースを避けるように，スクーターのマフラーは，後輪の左右方向他側に配置されている。これらの構成も従来技術に含まれるものとする。

6．従来技術との比較

　次に，本実施形態における，上記従来技術と比べて有利な効果を奏するための構成について検討する。

(1)　効果１．「シート下に大きな荷物収納空間を確保した」に関し
　まず，シート下の荷物収納空間からエアクリーナーが退避する必要がある。エアクリーナーは，スイングユニットとともに上下揺動する場合を考慮すると，左右方向で荷物収納空間を避けることが望ましい。したがって，例えば「エアクリーナーがシート下の荷物収納空間を避けて左右方向一側に配置」の構成を追加することが考えられる。

　「シート下に大きな荷物収納空間を確保した」は本実施形態のメインの効果であり，その裏返しである「シート下に大きな荷物収納空間を確保できない」が本実施形態の課題となる。さらに，エアクリーナーの前後方向の配置，およびエアクリーナーの形状等で，有利な効果を奏する構成があれば抽出しておく。

　「シートと変速機ケースとで囲まれた空間にエアクリーナーを配置」の

第2章　4節

289

4節2 「二輪自動車（エアクリーナー配置）」

構成は，本実施形態のメインの効果を奏する構成からは外してもよいが，
「エアクリーナーを左右方向でオフセットさせつつ車幅の増加を抑える」
という別の効果を奏するので，従属発明として捉えることができる。

　本実施形態において，エアクリーナーは，片持ちのリアアーム（変速機
ケース）の上方に配置されている。エアクリーナーは，変速機ケースとと
もに左右方向一側にずれて配置されている。エアクリーナーは，左右方向
一側にずれることで，車体左右中心よりも左右方向一側に配置され，さら
には後輪側面よりも左右方向一側に配置されている。これにより，エアク
リーナーがシート下の荷物収納空間に入り込み難くなる。エアクリーナー
が部分的にシート下の荷物収納空間に入り込む場合，エアクリーナーを複
数部位に分けて記載することが考えられる。これらの構成も，発明の限定
要素になり得る。

⑵　効果2．「右側にマフラー，左側にエアクリーナーを振り分けて効率
　よく配置した」に関し

　まず，エアクリーナーが左右方向一側に配置されるのに対し，マフラー
が左右方向他側に配置される必要がある。したがって，「マフラーが左右
方向他側に配置」の構成を追加することが考えられる。この構成は，本実
施形態のメインの効果を奏する構成からは外してもよいが，「右側にマフ
ラー，左側にエアクリーナを振り分けて効率よく配置した」，「エアクリー
ナーの左右幅（ひいては容量）を確保しやすい」という別の効果を奏する
ので，従属発明として捉えることができる。さらに，マフラーとエアクリー
ナー等との相対配置やマフラーの形状等で，有利な効果を奏する構成があ
れば抽出しておく。

⑶　効果3．「エアクリーナーを車体カバーで覆わずメンテナンスを容易
　にした」に関し

　まず，車体カバーの外側にエアクリーナーが露出する必要がある。ただ
し，車体カバーの内側を覗き込んだときにエアクリーナーが見える，とい
う程度では効果を奏し難く，かつ従来技術との差異になり難い。エアクリー
ナーのメンテナンスを容易にするには，例えば「側面視でエアクリーナー

が車体カバーを避けて配置」の構成を追加することが考えられる。

「側面視でエアクリーナーが車体カバーを避けて配置」の構成は，本実施形態のメインの効果を奏する構成からは外してもよいが，「エアクリーナーを車体カバーで覆わずメンテナンスを容易にした」という別の効果を奏するので，従属発明として捉えることができる。

エアクリーナーは，少なくとも車両単独の停車時に車体カバーを避けていればよい。エアクリーナーがスイングユニットとともに上下揺動する場合を考慮すると，ライダー乗車時や走行時には，スイングユニットとともにエアクリーナーが上方に揺動し，エアクリーナーと車体カバーとの相対配置に変化が生じるからである。エアクリーナーは，車両単独の停車時にメンテナンスを行うと考えられるため，少なくとも車両単独の停車時に車体カバーを避けていればよい。これらの構成も，発明の限定要素になり得る。

7．その他の効果

一般的な効果のポイントとしては以下のものが挙げられる。
・動力性能
・操縦安定性
・安全性
・環境対応
・メンテナンス性
・利便性
・生産性
・防犯性
・耐久性
・デザイン性
・コストメリット

これらのポイントを切り口に実施形態を吟味すれば，新たな発明を抽出する可能性がある。

8．本実施形態の「三角形の」に関し

「三角形の」は本実施形態のメインの効果を奏する構成からは外してもよいが，「シートと変速機ケースとで囲まれた空間」が「三角形」であることで，「エアクリーナの後部の上下幅を増加可能として容量を確保した」，「エアクリーナを前下がりの形状としてデザイン性を向上させた」，等の別の効果が考えられるので，従属発明として捉えることができる。

9．本実施形態の「原付」に関し

「原付」とは「原動機付自転車」であり，道路交通法では排気量50cc以下，道路運送車両法では排気量125cc以下（排気量で一種，二種に分かれる）といった定義がある。いずれにしても，排気量や出力は本実施形態のメインの効果に関係なく，かつ本実施形態は「大型スクーターでも採用可である」ことから，「原付」である必要はない。ただし，特に大型スクーターの場合，原動機と変速機ケース（リアアーム）とが分離し，エンジンが車体フレームに固定的に支持されたものや，変速機ケースと左右方向の反対側にも，別途のリアアームを備えたもの，等があるため，発明を検討する際には注意が必要である。

また，「原付」であるか否かに関わらず，自動二輪車に係る発明は，二輪に限らず三輪および四輪の車両にも適用可能な場合がある。これらの車両の総称として，明細書等では「鞍乗り型車両（Saddle-ride type vehicle）」という名称を用いることがある。「鞍乗り型車両」は，乗用車のように乗員がシートに身体を預けて運転を行う車両に対し，乗員が身体の動きを加味して運転を行う小型車両に相当する。「鞍乗り型車両」は，乗員が車体を跨いで乗車する車両の総称であるが，車体をニーグリップするものに限らない。例えば，車体にニーグリップ部分が無くても，サドル型シートを有していればよく，したがってスクーターを含んでもよい。この点は明細書等に記載しておくことが望ましい。

第2章　技術分野別の明細書等の作成方法

10.　本実施形態の「自動二輪車」に関し

「自動二輪車」とは，「自動」の「二輪車」の意である。

「自動」とは，走行用の原動機を持つことの意である。原動機は，エンジン（内燃機関）に限らず，電気モーターを含んでもよい。本実施形態の「エアクリーナー」は，特に記載が無ければエンジン吸気用のものと考えられる。

「二輪車」とは，一般に，車体左右中心で前後に並ぶ前輪および後輪を持つ車両の意である。また一般に，前輪は操舵輪であり，後輪は駆動輪である。二輪の配置や機能が上記と異なる場合は，その旨特記すべきである。

一般的な自動二輪車の場合，車体を左右方向でバランスさせて起立するには，停車時（スタンド等の使用時を除く）および走行時の何れにおいても，少なからず乗員の支持または操作入力を必要とする。また，自動二輪車の旋回走行時には，車体を旋回方向内側に傾斜（バンク）させて走行する。ただし，三輪および四輪の鞍乗り型車両の中にも，自立時に乗員の助けがいるもの，および車体をバンクさせて走行するものはある。発明を「自動二輪車」とする場合は，主に「車体左右中心に配置された前輪および後輪」を限定したい場合である。

11.　本実施形態の「スクーター」に関し

「スクーター」とは，フロア状のステップ（足置き）を有し，かつ，シート前方に乗降用の跨ぎ空間を有する，といった定義が考えられる。以前は「フラットフロア」，「スイングユニット」，「遠心クラッチ」，「Vベルト式無段変速」，等も定義になり得たが，車種の多様化に伴い定義になり得る条件が減少した。発明を「スクーター」とする場合は，明細書等で定義を明確にすべきである。

ここで，本実施形態がスクーター以外の車両に適用可能か否かについて考える。

まず，フロア状のステップもシート前方の跨ぎ空間も有さない車両（上

4節2 「二輪自動車（エアクリーナー配置）」

記した定義のスクーター以外の車両）について考える。このような車両であっても，原動機を含んだスイングユニット，およびシート下の荷物収納空間を備えることは考えられるので，本実施形態のメインの効果を奏し得る。したがって，本実施形態は，上記した定義のスクーター以外の車両にも適用可能である。なお，スクーターであることの構成および効果については別途検討しておく。

　次いで，ユニットスイング式ではない車両について考える。本実施形態の「変速機ケース」は，原動機を含んだスイングユニットの構成に相当する。この「変速機ケース」を単なる「リアアーム」に置換可能か否かを考えると，置換自体は成立する。そして，該当車両がシート下に荷物収納空間を備えていれば，本実施形態のメインの効果を奏し得る。したがって，本実施形態は，ユニットスイング式ではない車両にも適用可能である。なお，ユニットスイング式であることの構成および効果については別途検討しておく。

　ユニットスイング式ではない車両，すなわち車体フレームにエンジンを固定的に支持した車両に本実施形態を適用する場合，エアクリーナーとエンジンとの接続を考慮すると，例えばエアクリーナーも車体フレームに支持することが考えられる。また強引だが，エアクリーナーをリアアームに支持しても，このエアクリーナーをフレキシブルホース等を介して車体側のエンジンに接続することが考えられる。エアクリーナーとエンジンとの接続のしやすさに違いはあるが，エアクリーナーの支持部位には自由度がある。ただし，ある程度の実施可能性は考慮したい。

　「ユニットスイング式」の車両でスイングユニット（変速機ケース）にエアクリーナーを支持することは，エアクリーナーとエンジンとの接続を容易にする点で有利である。また，左右幅のある変速機ケースをエアクリーナとともに左右方向一側に配置することは，左右方向他側に配置したマフラーとの振り分け配置の点で有利である。

第2章　技術分野別の明細書等の作成方法

12. クレーム案

　次に，上記検討を行った上で，本発明のメインクレーム（請求項1）の
ポイントを書き出すと，

【請求項1】
「エアクリーナーがシート下の荷物収納空間を避けて左右方向一側に
　配置された，鞍乗り型車両。」

となる。

　サブクレームとしては，

【請求項2】
「側面視でシートとリアアームとで囲まれた空間にエアクリーナーが
　配置された，請求項1に記載の鞍乗り型車両。」
【請求項3】
「前記空間は後側が広い三角形とされた，請求項2に記載の鞍乗り型
　車両。」
【請求項4】
「リアアームがスイングユニットに含まれ，リアアームにエアクリー
　ナーが支持された，請求項2又は3に記載の鞍乗り型車両。」
【請求項5】
「リアアームがスイングユニットの変速機ケースであり，変速機ケー
　スがエアクリーナーとともに左右方向一側に配置された，請求項2か
　ら4の何れか一項に記載の鞍乗り型車両。」
【請求項6】
「マフラーが左右方向他側に配置された，請求項1から5のいずれか
　一項に記載の鞍乗り型車両。」
【請求項7】
「側面視でエアクリーナーが車体カバーを避けて配置された，請求項
　1から6のいずれか一項に記載の鞍乗り型車両。」

第2章
4節

4節2 「二輪自動車（エアクリーナー配置）」

等が挙げられる。その他，上記検討時に抽出したポイントがあれば順次追
加していく。

13. 使用図面

次に，使用図面について検討する。

使用図面は，まず代表図を決定する。代表図には，発明のポイントを最
も表現している図を選定する。

構造物の図面の場合，使用図面は，側面図，平面図および正面図といっ
た，見る方向がはっきりした図面を用いることが望ましい。これらの図面
は，「側面視で・・・」，「平面視で・・・」，「正面視で・・・」といった
限定の参考になる。また，図面には，前後方向，左右方向および上下方向
を示す矢印を記載することが望ましい。その他，構造物であれば，適宜「断
面図」や「斜視図」を追加し，発明の理解のしやすさに努める。図面を選
定する際には，同時に実施形態のあらすじを考えておく。

14. 実施形態

次に，実施形態を記載する。

まず，請求項を実施形態の名称および符号を用いて書き換えた文章を
「幹」として用意する。この「幹」が不自然な場合，請求項を見直すとよい。

次いで，「幹」の主要構成の説明を順に行うとともに，適宜の「枝葉」，「花」
および「実」を肉付けしていく。図面の内容を言葉で説明するのは言うほ
ど簡単ではないが，請求項の方向性と使用図面の選定とが間違っていなけ
れば，実施形態の記載が大きく外れることは少ない。

請求項に基づく「幹」は，原則，明細書を書き終わるまで維持する。し
かし，実施形態を記載する段階で初めて気付くこともあるため，「幹」の
修正は否定しない。ただし，この段階で後戻りするのは多大な手間と無駄
が発生するので，請求項および使用図面の検討は入念に行うべきである。
この検討が甘いと，後戻りの手間と無駄が生じるばかりか，発明の展開が
些末な方向に向かいがちである。この検討のために，構成，作用，効果の

第2章　技術分野別の明細書等の作成方法

順に発明を捉える習慣をつけるとよい。

　実施形態の記載に関しては，言い尽くされてはいるが，以下の点に注意
する。
・一文一義
・主語を明確に
・現在形，肯定文，能動態
・作用順，ステップ順
・用語統一，一貫性
　実施形態の記載は，「どこに」，「なにが」，「どのように」，のように一定
のリズムで刻んでいくと読みやすい。物の発明は，各構成の空間上の配置
を定めつつ記載することで，図面を参照して読みやすくなる。物の発明の
記載は，文章を読みながらある程度の図が書けるよう留意する。同様に，
方法の発明は，時間軸上の配置を定めつつ記載するとよい。

第2章

4節

4節3 「二輪自動車（サイドスタンド）」

（峯村　威央）

1. 二輪車の概要

(1) 前提として

　二輪車として，自転車や二輪自動車が挙げられる。これら二輪車にはサイドスタンドが設けられており，停止時の二輪車を自立させる役割を有しているのは周知のところである。しかしながらここでは，従来，二輪車にサイドスタンドというものが存在していなかった事を前提とし，サイドスタンドを発明した場合について取り上げてみる。

(2) サイドスタンドを用いて車体を自立させるために必要な特徴

　主構成要素としては，
・車体に回動自在に設けられた棒状のサイドスタンド
・サイドスタンドを使用位置，又は格納位置に保持するためのコイルスプリング
・サイドスタンドの回動範囲を規制するストッパー
である。

　ここで，コイルスプリングの役割についてもう少し考察してみる。コイルスプリングが無いとスタンドは走行中，停止中に関わらず回動してしまう可能性がある。従って，コイルスプリング無しではサイドスタンドの機能を満足できるとは言いにくい。通常の二輪車では，コイルスプリングは1本であり，この1本でストッパーを使用位置と，格納位置とに保持する。これは，使用位置，格納位置とのいずれの場合でもコイルスプリングの付勢力が作用し，使用位置，又は格納位置のいずれか一方から他方に向かってスタンドが移動しないように，コイルスプリングが配置されているからである。

　次にストッパの役割についてもう少し考察してみる。ストッパーは，コイルスプリングの付勢力が作用した状態でサイドスタンドの回動範囲を規

制できる。また、コイルスプリングを用いることにより、このコルスプリングのばね力に抗して運転者がスタンドの操作を行うだけでサイドスタンドの位置を変更することができる。このように、サイドスタンドを各位置に保持するためにコイルスプリング利用することにより、使い勝手が良くなる。

2．各構成の本質の捉え方と、発明の展開（請求項を作成するうえでの準備）

ところで、上記のような主たる特徴を全て満足する二輪車のみ、本案の特徴として捉えてしまうのは早計といえる。各部について本質を捉え、それをどのように展開していくかが重要である。そこで、スタンドとコイルスプリングの本質について考察してみる。さらに、スタンド本体を使用位置、及び格納位置に保持するために必要なストッパーや、その他の機能を考察してみる。

(1) サイドスタンド

a．サイドスタンドは、二輪車の自立姿勢を維持可能な構造であればよく、棒状である必要はない。

b．サイドスタンドを棒状にすると、軽量化を図れるし二輪車の外観も損なわない。

c．サイドスタンドに足かけ部分等があると、運転者のスタンドの操作性も向上できる。

d．サイドスタンドの設置面が安定していると、二輪車の自立姿勢も安定すると考えられる。

(2) コイルスプリング

そもそもコイルスプリングは、使用位置、及び格納位置のいずれの位置でもスタンドを保持するように作用させる必要はあるのか。少なくとも使用位置、又は格納位置のいずれかの位置を保持可能なように作用させるだけでも多少なりとも運転者の労力を低減できないだろうか。

4節3 「二輪自動車（サイドスタンド）」

(3) ストッパー

　例えば最上位請求項に，ストッパーを記載せずに抽象的に記載する事は可能か。

(4) その他に必要な機能

　明細書で記載する予定の文言の本質，機能を考察し，請求項に記載する文言の上位概念化を考察してみる。例えばコイルスプリングについて考察してみると，コイルスプリングである必要はあるのか。コイルスプリングに代えて弾性部材等の文言に置き換えることが可能か等を考察してみる。これにより，より幅広い権利範囲を主張することが可能になる場合も有り得る。

3. 実施形態を記載するにあたっての留意すべき点

　特に構造の場合，明細書を読んでその構造をイメージでき，構造を理解しやすく記載できているかが重要となる。この点，構造の明細書を作成する際に注意が必要である。具体的には，各構成とそれらの位置関係を明確にして記載する事が望ましい。また，形状については，できる限り具体的に記載する事が望ましい。

(1) 構成の説明の仕方

　例えば，「①どこに②何が③どのように④設けられている（備えている）」のように記載していく。

(2) 文章の流れ

　文章の流れとしては，

a. まず全体の大まかな構成の説明。

b. その後，各構成の詳細について説明。

c. 詳細な説明では，構成を数珠式に順番に登場させることを心がけるとよい。例えば，「Aには，Bが設けられている。Bは，・・・である。Bには，Cが設けられている。Cは，・・・。」という流れで記載することが望ましい。

300

第2章　技術分野別の明細書等の作成方法

　記載順序に迷う場合，大から小，中心（又は外側）から外側（又は中心），下（又は上から）から上（又は下）などを意識すると書きやすい。このように，数珠式に構成を記載していくことで，読み手にとっても読みやすくなる。また，各構成の位置関係をイメージしやすく，構造を理解しやすくなる。

4．出願用原稿の記載例

　以上の点を考慮した明細書，特許請求の範囲，要約書および図面の記載例を以下に示す。

　なお，以下の出願用原稿は，一例として示すものであり，明細書に記載する文言と請求項に記載する文言とを極力合わせている。その方が，請求項の構成が明細書に記載されているか否かが分かりやすいからである。しかしながら，**上記2．(4)**で示す通り，明細書の文言と請求項の文言とを必ずしも合わせる必要はない。

【書類名】　　明細書
【発明の名称】二輪車
【技術分野】
　【0001】
　本発明は，二輪車に関するものである。
【背景技術】
　【0002】
　従来から，車体と車体の進行方向前後に車輪を設けた自転車や二輪自動車（以下，これらを総称して二輪車と称する）が知られている。このような二輪車は，走行中，ジャイロ効果が作用して車体のバランスを保つことができる。なお，ジャイロ効果とは，車輪等の物体が自転運動すると姿勢が乱れにくくなる現象をいう。
　これ対し，二輪車が停止している際は，ジャイロ効果が作用しない。このため，路面に車体を横倒しにしておく必要がある。停止時に車体を横倒しにしない方法として，車体の車幅方向側面に補助輪を設ける方法が考えられる。これにより，二輪車が停止している際も車体を自

301

4節3 「二輪自動車（サイドスタンド）」

立させておくことができる。

【先行技術文献】

【特許文献】

【0003】

　　　　　【特許文献1】　特公昭43-92052号公報

【発明の概要】

【発明が解決しようとする課題】

【0004】

　しかしながら，二輪車を停止させる度に車体を横倒しにすると，車体を傷つけてしまう可能性があった。また，再度二輪車を使用する際に車体を起こさなければならず，運転者の負担が大きいという課題があった。

　また，補助輪を設けた場合，二輪車の低速走行の際は方向転換もスムーズに行うことが可能である。しかしながら，二輪車の高速走行の際は，車体を進行方向に向けて傾倒するのを補助輪が阻害してしまう。このため，二輪車の走行性が低下してしまうという課題があった。

【0005】

　そこで，本発明は，停車時にも車体を傷つけることなく，容易に自立させておくことができ，かつ走行性を阻害しない二輪車を提供する。

【課題を解決するための手段】

【0006】

　上記の課題を解決するために，本発明に係る二輪車は，車体の車幅方向一側に設けられたサイドスタンドを備え，前記サイドスタンドは，回動軸回りに回動自在に設けられ，路面に接地可能な使用位置と，使用位置から進行方向後方に跳ね上げられた格納位置との間で移動可能なスタンド本体と，前記車体の前記一側に設けられた第1係止部と前記スタンド本体に設けられた第2係止部とに両端が係止されたコイルスプリングと，を備え，前記使用位置，及び前記格納位置において，前記回動軸は，前記第1係止部の中心と前記第2係止部の中心との間で，かつ前記第1係止部の中心と前記第2係止部の中心とを結んだ直線上からずれた位置に配置されている。

【0007】

このように構成することで，スタンド本体を使用位置にした場合，サイドスタンドが路面に横倒しになろうとする車体を支持する。このため，車体の姿勢が保たれ，車体を傷つけることなく，容易に自立させることができる。

一方，スタンド本体を格納位置にすると，スタンド本体の接地箇所が路面から離間される。しかも，車体の進行方向後方にスタンド本体が跳ね上げられるので，サイドスタンドによって二輪車の走行（例えば，車体を傾倒させる等）が阻害されることもない。

また，車体の第1係止部との第2係止部とにコイルスプリングの両端が係止されている。しかも，スタンド本体の使用位置，及び格納位置において，スタンド本体の回動軸は，第1係止部と第2係止部との間で，かつ第1係止部と第2係止部とを結んだ直線上からずれた位置に配置されている。このため，コイルスプリングのばね力によって，使用位置，及び格納位置にスタンド本体を維持させることが可能である。また，ばね力に抗してスタンド本体を回動させることにより，使用位置又は格納位置のいずれか一方の位置から他方の位置にスタンド本体を回動させることも容易にできる。

よって，停車時に車体の自立姿勢を保つことができ，かつ走行性を阻害しない二輪車を提供できる。

【0008】

本発明に係る二輪車は，前記使用位置での前記コイルスプリングの位置に対し，前記格納位置での前記コイルスプリングの位置は，前記回動軸を挟んで反対側に位置している。

【0009】

このように構成することで，1つのコイルスプリングにより，使用位置と格納位置とにスタンド本体を維持させておく事ができる。このため，二輪車の製造コストを低減できるとともに，二輪車の意匠性が低下してしまうことを防止できる。

【0010】

本発明に係る二輪車において，前記スタンド本体は，直線の棒状に形成されている。

【0011】

4節3 「二輪自動車（サイドスタンド）」

このように構成することで，極力スタンド本体を目立たせなくすることができ，二輪車の意匠性をさらに高めることができる。

【0012】

本発明に係る二輪車は，前記スタンド本体の前記路面に接する第1端部に，座面を設けた。

【0013】

このように構成することで，スタンド本体の路面に対する接地面積を増大させることができる。このため，停止時の車体の自立姿勢をさらに安定させることができる。

【0014】

本発明に係る二輪車は，前記スタンド本体の前記第1端部とは反対側の第2端部に，前記回動軸を設けた。

【0015】

このように構成することで，できる限り省スペースでスタンド本体を回動させることができる。このため，サイドスタンドの配置スペースを省スペース化できるので，サイドスタンドのレイアウト性を向上できる。

【0016】

本発明に係る二輪車は，スタンド本体の前記車幅方向外側に，足掛け用のスタンド操作部を設けた。

【0017】

このように構成することで，例えば，スタンド操作部に運転者が足を掛けてスタンド本体の姿勢を容易に変更できる。このため，使い勝手のよいサイドスタンドを提供できる。

【0018】

本発明に係る二輪車において，前記車体は，前記使用位置において前記スタンド本体の進行方向前側面に当接する使用位置バーと，前記格納位置における前記スタンド本体の重力方向上側面に当接する格納位置バーと，を備えている。

【0019】

このように構成することで，使用位置バーによって，使用位置におけるスタンド本体の位置決めを確実に行うことができる。また，格納

第2章　技術分野別の明細書等の作成方法

位置バーによって，格納位置におけるスタンド本体の位置決めを確実に行うことができる。

【発明の効果】

【0020】

　本発明によれば，スタンド本体を使用位置にした場合，サイドスタンドが路面に横倒しになろうとする車体を支持する。このため，車体の姿勢が保たれ，車体を傷つけることなく，容易に自立させることができる。

　一方，スタンド本体を格納位置にすると，スタンド本体の接地箇所が路面から離間される。しかも，車体の進行方向後方にスタンド本体が跳ね上げられるので，サイドスタンドによって二輪車の走行（例えば，車体を傾倒させる等）が阻害されることもない。

　また，車体の第1係止部との第2係止部とにコイルスプリングの両端が係止されている。しかも，スタンド本体の使用位置，及び格納位置において，スタンド本体の回動軸は，第1係止部と第2係止部との間で，かつ第1係止部と第2係止部とを結んだ直線上からずれた位置に配置されている。このため，コイルスプリングのばね力によって，使用位置，及び格納位置にスタンド本体を維持させることが可能である。また，ばね力に抗してスタンド本体を回動させることにより，使用位置又は格納位置のいずれか一方の位置から他方の位置にスタンド本体を回動させることも容易にできる。

　よって，停車時に車体の自立姿勢を保つことができ，かつ走行性を阻害しない二輪車を提供できる。

【図面の簡単な説明】

【0021】

　【図1】　本発明の実施形態における二輪自動車の進行方向後方を斜めからみた斜視図。

　【図2】　本発明の実施形態におけるサイドスタンドを左方向からみた斜視図。

　【図3】　本発明の実施形態におけるスタンド本体が格納位置にある場合におけるサイドスタンドの斜視図。

　【図4】　本発明の実施形態におけるスタンド本体が使用位置と格納

4節3 「二輪自動車（サイドスタンド）」

位置との間に位置している状態を示す斜視図。

【発明を実施するための形態】

【0022】

次に，本発明の実施形態を図面に基づいて説明する。

【0023】

図1は，二輪自動車（請求項の二輪車に相当）1の進行方向後方を斜めからみた斜視図である。なお，以下の説明では，進行方向前方，及び後方を，単に前方，後方と称し，重力方向上方，下方を，単に上方，下方と称する。また，左右方向については，前方をみた状態での右方向，左方向をいうものとする。

【0024】

図1に示すように，二輪自動車1は，いわゆる鞍乗り型の車両である。二輪自動車1は，車体フレーム（請求項の車体に相当）2と，車体フレーム2の前後方向に設けられた前輪3a及び後輪3bと，車体フレーム2の前方に設けられたエンジン4と，車体フレーム2の前方上端に設けられたバータイプの操作ハンドル5と，車体フレーム2の左下側の後方に設けられたサイドスタンド6と，を主構成としている。

二輪自動車1は，操作ハンドル5の操作に基づいてエンジン4が駆動すると，このエンジン4の駆動が不図示のチェーンを介して後輪3bに伝達される。これにより，二輪自動車1を走行させることができる。

【0025】

車体フレーム2の左下側には，後寄りにサイドスタンド取り付け用の車体ブラケット50が，例えば溶接等により接合されている。車体ブラケット50は，左方向からみて略三角形状に形成された金属板である。このような車体ブラケット50に，サイドスタンド6が取り付けられる。

サイドスタンド6は，二輪自動車1の停車時に，車体フレーム2を若干左に傾けた状態で自立させるために使用される。

【0026】

図2は，サイドスタンド6を左方向からみた斜視図である。

サイドスタンド6は，車体フレーム2の左下側の後方に設けられたスタンドブラケット7と，スタンドブラケット7に回転自在に支持されているスタンド本体8と，スタンド本体8の姿勢を維持するコイル

第2章　技術分野別の明細書等の作成方法

スプリング9と，を備えている。

【0027】
　スタンドブラケット7は，例えば金属板にプレス加工を施して形成される。スタンドブラケット7は，車体フレーム2の車体ブラケット50に固定される固定部10を備えている。固定部10は，左方向からみて上下方向にやや長い略長方形状に形成されており，車体ブラケット50に重ね合わされる。固定部10の上下方向略中央には，前方に突出するボルト座11が一体成形されている。

【0028】
　ボルト座11は，車体フレーム2にスタンドブラケット7を締結固定する。ボルト座11，及びスタンドブラケット7の上部には，それぞれ厚さ方向に貫通する不図示の貫通孔が形成されている。
　一方，車体ブラケット50には，ボルト座11の貫通孔，及びスタンドブラケット7の上部の貫通孔（いずれも不図示）に対応する位置に，これら貫通孔と連通する不図示の貫通孔が形成されている。

【0029】
　車体ブラケット50にスタンドブラケット7を重ね合わせた状態で，各貫通孔に右方からボルト12が挿通される。各ボルト12の先端は，それぞれスタンドブラケット7を介して左側に突出されている。これらボルト12の突出された先端に，それぞれナット13が螺合されている。これにより，車体フレーム2の車体ブラケット50に，スタンドブラケット7の固定部10が強固に締結固定される。

【0030】
　固定部10の下端には，スタンド支持部16が斜め左下方に向かって僅かに屈曲延出されている。スタンド支持部16の根本（上端）には，前後方向に延びる格納位置バー17が左方向に突出形成されている。格納位置バー17は，スタンド本体8の格納位置（詳細は後述する）を規制する。格納位置バー17は，上下方向に沿う断面が略正方形状に形成されている。

【0031】
　格納位置バー17の前端には，この前端から下方に延びる使用位置バー18が左方向に突出形成されている。使用位置バー18は，スタンド

4節3 「二輪自動車（サイドスタンド）」

本体8の使用位置（詳細は後述する）を規制する。使用位置バー18は，前後方向に沿う断面が略正方向形状に形成されている。

【0032】

格納位置バー17と使用位置バー18との接合部19には，略円柱状の係止突起19a（請求項の第1係止部に相当）が左方向に突出形成されている。係止突起19aには，コイルスプリング9の一端に設けられている第1フック9aが係止される。

【0033】

また，スタンド支持部16には，格納位置バー17の下方で，かつ使用位置バー18の後方に，不図示の雌ネジが刻設されている。雌ネジ部には，支持ボルト20が螺合されている。この支持ボルト20に，スタンド本体8が回転自在に支持されている。

【0034】

スタンド本体8は，直線状に延びる丸棒体21と，丸棒体21の長手方向一端に一体成形された板状の取付座22と，丸棒体21の長手方向他端に一体成形された座面23と，を備えている。

取付座22は，丸棒体21の長手方向に若干長くなるように平面視で略長方形状に形成されている。また，取付座22は，丸棒体21とは反対側の側面が円弧状に形成されている。すなわち，取付座22は，丸棒体21の短手方向（径方向）で対向する2つの平坦な直側面22a，22b（第1直側面22a，第2直側面22b）と，2つの直側面22a，22bに丸棒体21とは反対側端で跨る円弧面22cと，を有している。

【0035】

取付座22の円弧面22cの円弧中心，つまり，取付座22の長手方向中央よりもやや丸棒体21とは反対側には，支持ボルト20を挿通可能な貫通孔22dが形成されている。この貫通孔22dに，支持ボルト20が挿通される。支持ボルト20は，貫通孔22dを介してスタンド支持部16に螺合されることにより，スタンド支持部16にスタンド本体8を支持する。つまり，取付座22は，支持ボルト20の軸心Cを中心にして回転自在とされる。

【0036】

なお，支持ボルト20には，不図示のカラーが装着されており，支持

308

ボルト20の締め付け代が規制されている。このため，支持ボルト20によって，スタンド支持部16に回転不能に取付座22が締結固定されてしまうことがない。取付座22は，スタンド支持部16と支持ボルト20の頭部20a との間で確実に回転自在に支持される。

【0037】

図3は，スタンド本体8が格納位置にある場合におけるサイドスタンド6の斜視図である。

図2，図3に示すように，取付座22の円弧面22c は，支持ボルト20に取付座22が支持された状態において，格納位置バー17や使用位置バー18と接触しないように形成されている。取付座22の貫通孔22d は，円弧面22c の円弧中心に形成されているので，支持ボルト20に取付座22が支持された状態では，円弧面22c が格納位置バー17や使用位置バー18と接触することがない。

【0038】

一方，丸棒体21が下方に位置するように，取付座22を回転させる（図2における矢印Y1参照）。すると，使用位置バー18に，取付座22の2つの直側面22a，22b のうちの第1直側面（請求項の進行方向前側面に相当）22a が当接される。この使用位置バー18に第1直側面22a が当接した状態では，丸棒体21は，下方に向かうにしたがって若干前方に位置するように，その長手方向が鉛直方向に対して若干斜めになる（図2参照）。以下の説明では，使用位置バー18に取付座22の第1直側面22a が当接している状態を，サイドスタンド6の使用位置と称する。

【0039】

これに対し，サイドスタンド6の使用位置から丸棒体21を後方に倒すように取付座22を回転させる（図2，図3における矢印Y2参照）。すると，格納位置バー17に，取付座22の2つの直側面22a，22b のうちの第2直側面（請求項の重力方向上側面に相当）22b が当接される。この使用位置バー18に第2直側面22b が当接した状態では，丸棒体21は，前後方向で，かつほぼ水平方向に延在している（図3参照）。以下の説明では，格納位置バー17に取付座22の第2直側面22b が当接している状態を，サイドスタンド6の格納位置と称する。

【0040】

4節3 「二輪自動車（サイドスタンド）」

　丸棒体21の取付座22とは反対側端には，スタンド操作部25が一体成形されている。スタンド操作部25は，湾曲した丸棒を左方向に突出させてなる。スタンド操作部25は，運転者が足を掛けてスタンド本体8を操作するために用いられる。

　また，丸棒体21には，長手方向中央よりもやや取付座22寄りに，係止部24（請求項における第2係止部）が突出形成されている。

【0041】

　係止部24には，コイルスプリング9の他端に設けられている第2フック9bが係止される。係止部24の突出方向は，スタンド支持部16に形成されている係止突起19aの突出方向と同一方向である。したがって，係止突起19aにコイルスプリング9の第1フック9aを係止するとともに，係止部24にコイルスプリング9の第2フック9bを係止した状態において，コイルスプリング9が丸棒体21と干渉してしまうことがない。

【0042】

　また，コイルスプリング9の第1フック9aの長さは，格納位置バー17の長手方向の長さ，及び使用位置バー18の長手方向の長さよりも長い。このため，サイドスタンド6の使用位置，及び格納位置において，第1フック9aが格納位置バー17や使用位置バー18と干渉してしまうことが防止される。

【0043】

　ここで，サイドスタンド6の使用位置，及び格納位置において，支持ボルト20の軸心Cは，係止突起19aの軸心19b（請求項の第1係止部の中心に相当）と係止部24の中心24a（請求項の第2係止部の中心に相当）との間で，かつ係止突起19aと係止部24と結んだ直線R上からずれた位置に配置されている。しかも，使用位置でのコイルスプリング9の位置に対し，格納位置でのコイルスプリング9の位置は，支持ボルト20を挟んで反対側に位置している。

　なお，係止部24の中心24aとは，係止部24を左右方向からみたとき，係止部24の上下方向，及び前後方向の中心をいうものとする。

【0044】

　また，サイドスタンド6の使用位置，及び格納位置において，係止

突起19aと係止部24との間の長さLは，コイルスプリング9の自由長よりも若干長い。このため，サイドスタンド6は，使用位置，及び格納位置のいずれの位置においても，コイルスプリング9の復元力（ばね力）が作用し，スタンド本体8の位置が保持される。

【0045】

丸棒体21の取付座22と反対側端に設けられた座面23は，サイドスタンド6の使用位置において，路面Gと接する箇所である。座面23は，略円板状に形成されている。座面23は，サイドスタンド6の使用位置において，路面Gに接触する接地面23aが，路面Gと平行になるように形成されている。

【0046】

次に，サイドスタンド6の動作について説明する。

図1，図2に示すように，二輪自動車1を停車させているとき，サイドスタンド6を使用位置にする。この場合，路面Gに，座面23の接地面23aが当接されている。そして，サイドスタンド6によって，車体フレーム2を支えている。このため，二輪自動車1は自立する。また，このとき，車体フレーム2は，僅かにサイドスタンド6側（左側）に傾斜している。このため，二輪自動車1がサイドスタンド6とは反対側（右側）に倒れてしまうこともなく，二輪自動車1の自立姿勢が維持される。

【0047】

二輪自動車1を走行させる場合，運転者がサイドスタンド6のスタンド操作部25に足を掛け，コイルスプリング9のばね力に抗してスタンド本体8を後方に蹴り上げる。すると，スタンド本体8が後方に回動し始める（図2，図3における矢印Y2参照）。

この後，図4に示す支持ボルト20の軸心C，係止突起19a，及び係止部24が，全て同一直線状に位置する箇所よりも後方に回動すると，スタンド本体8にコイルスプリング9の復元力が作用し，一気に跳ね上げられる。

【0048】

そして，図3に示すように，格納位置バー17に取付座22の第2直側面22bが当接し，スタンド本体8が停止する。これにより，スタンド

4節3 「二輪自動車（サイドスタンド）」

本体8が格納位置に収まる。

　サイドスタンド6の格納位置では，丸棒体21は，前後方向で，かつほぼ水平方向に延在している。このため，サイドスタンド6が走行中における二輪自動車1の操作を阻害してしまうことが防止される。

【0049】

　サイドスタンド6を格納位置から使用位置に移動する場合，上記の動作と逆の動作を行えばよい。すなわち，運転者がサイドスタンド6のスタンド操作部25に足を掛け，コイルスプリング9のばね力に抗してスタンド本体8を前方に押し下げる。すると，スタンド本体8が下前方に回動し始める（図2，図4における矢印Y1参照）。

【0050】

　この後，図4に示す，支持ボルト20の軸心C，係止突起19a，及び係止部24が全て同一直線状に位置する箇所よりも下前方に回動すると，スタンド本体8にコイルスプリング9の復元力が作用し，一気にサイドスタンド6が使用位置に移動する（図2参照）。これにより，二輪自動車1を自立させた状態で停車できる。

【0051】

　このように，上述の二輪自動車1は，車体フレーム2の左下側の後方に，サイドスタンド6が設けられている。サイドスタンド6は，使用位置と，使用位置から後方に跳ね上げられた格納位置との間で，支持ボルト20を中心に回転可能なスタンド本体8を有している。

　このため，サイドスタンド6を使用位置にした場合，このスタンド本体8によって車体フレーム2が支持される。よって，車体フレーム2の姿勢が保たれ，車体フレーム2を自立させることができる。

　一方，スタンド本体8を格納位置にすると，スタンド本体8の座面23が路面Gから離間される。しかも，後方に向かってスタンド本体8が跳ね上げられる。このため，サイドスタンド6によって二輪自動車1の走行（例えば，車体フレーム2を傾倒させる等）が阻害されることもない。

【0052】

　また，スタンド支持部16に突出形成されている係止突起19aとスタンド本体8に突出形成されている係止部24とに，コイルスプリング9

312

の両端が係止されている。そして，サイドスタンド6の使用位置，及び格納位置において，支持ボルト20の軸心Cは，係止突起19aの軸心19bと係止部24の中心24aとの間で，かつ係止突起19aと係止部24と結んだ直線R上からずれた位置に配置されている。

このため，コイルスプリング9のばね力によって，使用位置，及び格納位置にスタンド本体8を維持させることが可能である。また，ばね力に抗してスタンド本体8を回動させることにより，使用位置又は格納位置のいずれか一方の位置から他方の位置にスタンド本体8を回動させることも容易にできる。

このため，停車時にも車体フレーム2の姿勢を保つことができ，かつ走行性を阻害しない二輪自動車1を提供できる。

【0053】

また，サイドスタンド6の使用位置でのコイルスプリング9の位置に対し，格納位置でのコイルスプリング9の位置は，支持ボルト20を挟んで反対側に位置している。このため，1つのコイルスプリング9により，使用位置と格納位置とにスタンド本体8を維持させておく事ができる。したがって，二輪自動車1の製造コストを低減できる。さらに，無駄にサイドスタンド6の部品が増大してしまうことを抑制できるので，二輪自動車1の意匠性が低下してしまうことを防止できる。

【0054】

また，スタンド本体8は，直線状に延びる丸棒体21を有している。このため，例えばスタンド本体8を，金属板にプレス加工を施して形成する場合と比較して，極力スタンド本体8を目立たなくすることができる。よって，二輪自動車1の意匠性をさらに高めることができる。

また，スタンド本体8は，丸棒体21の長手方向他端に一体成形された座面23を有している。この座面23が，使用位置において路面Gに当接される。このため，スタンド本体8の路面Gに対する接地面積を増大させることができる。よって，停車時の車体フレーム2の自立姿勢をさらに安定させることができる。

【0055】

また，スタンド本体8は，丸棒体21の長手方向一端に取付座22を一体形成し，この取付座22を支持ボルト20に回転自在に支持させている。

4節3 「二輪自動車（サイドスタンド）」

例えば，丸棒体21の長手方向中間を中心にスタンド本体8を回動させると，スタンド本体8が回動することによる占有スペースが大きくなってしまう。これに対し，丸棒体21の長手方向一端を中心にスタンド本体8を回動させると，スタンド本体8が回動することによる占有スペースをできる限り小さくできる。このため，サイドスタンド6の配置スペースを省スペース化できる分，サイドスタンド6のレイアウト性を向上できる。

【0056】

また，スタンド本体8には，スタンド操作部25が一体成形されている。このため，スタンド操作部25に運転者が足をかけてスタンド本体8の姿勢を容易に変更できる。よって，使い勝手のよいサイドスタンド6を提供できる。

【0057】

また，スタンドブラケット7には，前後方向に延びる格納位置バー17と，格納位置バー17の前端から下方に延びる使用位置バー18と，が突出形成されている。そして，格納位置バー17に，スタンド本体8における取付座22の第2直側面22b が当接されることにより，サイドスタンド6が格納位置に位置決めされる。また，使用位置バー18に，スタンド本体8における取付座22の第1直側面22a が当接されることにより，サイドスタンド6が使用位置に位置決めされる。このように，格納位置バー17，及び使用位置バー18により，サイドスタンド6の格納位置，及び使用位置の位置決めを確実に行うことができる。

【0058】

なお，本発明は上述の実施形態に限られるものではなく，本発明の趣旨を逸脱しない範囲において，上述の実施形態に種々の変更を加えたものを含む。

例えば，上述の実施形態では，サイドスタンド6は，二輪自動車1に設けられている場合について説明した。しかしながら，これに限られるものではなく，エンジン4の搭載されていない二輪車（例えば，自転車）に，サイドスタンド6を設けてもよい。

【0059】

また，上述の実施形態では，スタンド本体8は，直線状に延びる丸

314

棒体21を有しており，棒状に形成されている場合について説明した。しかしながら，これに限られるものではなく，二輪自動車1を自立可能な形状であればよい。スタンド本体8を，さまざまな形状にしてよい。

【0060】

また，上述の実施形態では，スタンド本体8の丸棒体21に座面23を設け，この座面23を，使用位置において路面Gに当接させる場合について説明した。しかしながら，スタンド本体8に座面23を設けなくてもよい。例えば，座面23の代わりに，丸棒体21の長手方向他端を屈曲させ，この屈曲させた部位を路面Gに当接させるように構成してもよい。

【0061】

また，上述の実施形態では，コイルスプリング9を1つ設け，この1つのコイルスプリング9でスタンド本体8を使用位置と格納位置とに維持できるようにする場合について説明した。しかしながら，これに限られるものではなく，コイルスプリング9の1つで使用位置と格納位置とにスタンド本体8を維持できるように構成しなくてもよい。

例えば，複数のコイルスプリング9を用い，それぞれ別々のコイルスプリング9によって，使用位置と格納位置とにスタンド本体8を支持するように構成してもよい。また，使用位置又は格納位置のいずれか一方のみ，コイルスプリング9によってスタンド本体8を支持するように構成し，他方は別の手段（例えば，別途フックを設ける等）を用いてスタンド本体8を支持するように構成してもよい。

【0062】

また，上述の実施形態では，車体フレーム2の車体ブラケット50にスタンドブラケット7を締結固定し，このスタンドブラケット7に，コイルスプリング9の第1フック9aを係止可能な係止突起19aを突出形成した場合について説明した。しかしながら，これに限られるものではなく，車体ブラケット50に，係止突起19aを突出形成してもよい。

つまり，上述の実施形態では，スタンドブラケット7は，サイドスタンド6を構成するものとして説明した。しかしながら，スタンドブラケット7は，事実上，車体フレーム2の一部を構成するものである。

4節3 「二輪自動車（サイドスタンド）」

【0063】

　また，上述の実施形態では，スタンド本体8における丸棒体21の取付座22とは反対側端に，スタンド操作部25を一体成形した場合について説明した。しかしながら，これに限られるものではなく，丸棒体21の任意の位置に，スタンド操作部25を設けてよい。また，スタンド本体8に，スタンド操作部25を設けなくてもよい。スタンド操作部25を設けない場合，運転者が丸棒体21に直接足を掛けてスタンド本体8を操作すればよい。さらに，スタンド操作部25の形状は，任意に決定できる。スタンド操作部25の形状は，運転者が足を掛けられる形状であればよい。

【符号の説明】

【0064】

　1…二輪自動車（二輪車），2…車体フレーム（車体），6…サイドスタンド，7…スタンドブラケット（車体），8…スタンド本体，9…コイルスプリング，17…格納位置バー，18…使用位置バー，19a…係止突起（第1係止部），19b…軸心（中心），20…支持ボルト（回動軸），21…丸棒体（スタンド本体），22…取付座（スタンド本体），22a…直側面（進行方向前側面），22b…直側面（重力方向上側面），23…座面，24…係止部（第2係止部），24a…中心，25…スタンド操作部，C…軸心（回動軸）G…路面，R…直線

【書類名】　　　特許請求の範囲

【請求項1】

　車体の車幅方向一側に設けられたサイドスタンドを備え，

　前記サイドスタンドは，

　　回動軸回りに回動自在に設けられ，路面に接地可能な使用位置と，使用位置から進行方向後方に跳ね上げられた格納位置との間で移動可能なスタンド本体と，

　　前記車体の前記一側に設けられた第1係止部と前記スタンド本体に設けられた第2係止部とに両端が係止されたコイルスプリングと，

を備え，

　前記使用位置，及び前記格納位置において，前記回動軸は，前記第
1係止部の中心と前記第2係止部の中心との間で，かつ前記第1係止
部の中心と前記第2係止部の中心とを結んだ直線上からずれた位置に
配置されている

　二輪車。

　【請求項2】

　前記使用位置での前記コイルスプリングの位置に対し，前記格納位
置での前記コイルスプリングの位置は，前記回動軸を挟んで反対側に
位置している

　請求項1に記載の二輪車。

　【請求項3】

　前記スタンド本体は，直線の棒状に形成されている

　請求項1又は請求項2に記載の二輪車。

　【請求項4】

　前記スタンド本体の前記路面に接する第1端部に，座面を設けた

　請求項3に記載の二輪車。

　【請求項5】

　前記スタンド本体の前記第1端部とは反対側の第2端部に，前記回
動軸を設けた

　請求項4に記載の二輪車。

　【請求項6】

　スタンド本体の前記車幅方向外側に，足掛け用のスタンド操作部を
設けた

　請求項1～請求項5のいずれか1項に記載の二輪車。

　【請求項7】

　前記車体は，

　　前記使用位置において前記スタンド本体の進行方向前側面に当接
する使用位置バーと，

　　前記格納位置における前記スタンド本体の重力方向上側面に当接
する格納位置バーと，

　を備えている

4節3 「二輪自動車（サイドスタンド）」

請求項1～請求項6のいずれか1項に記載の二輪車。

【書類名】　　図面
【図1】

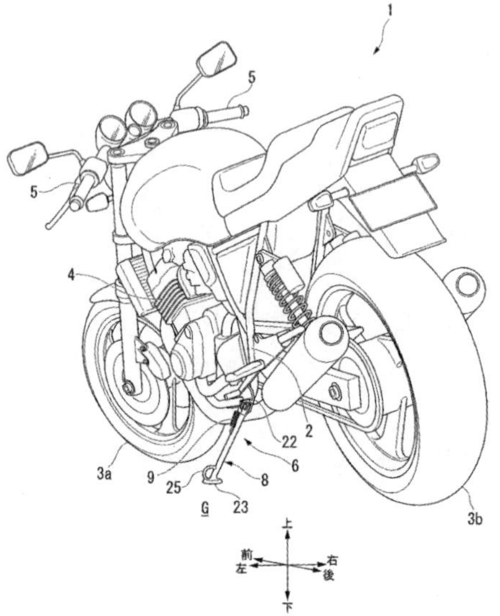

第２章　技術分野別の明細書等の作成方法

【図２】

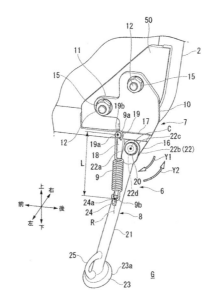

【図３】

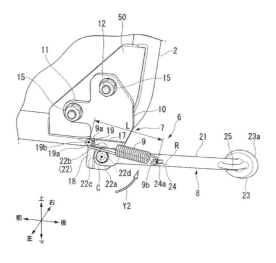

4節3 「二輪自動車（サイドスタンド）」

【図4】

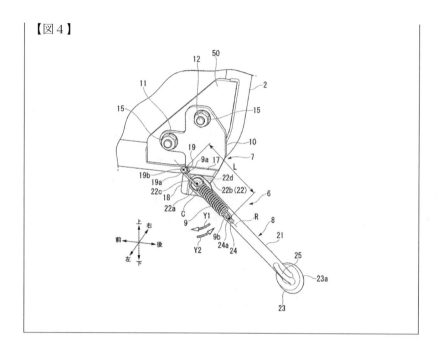

第2章　技術分野別の明細書等の作成方法

5節　「建築・土木構造物」

（川渕　健一）

1．機械・構造案件の発明の特徴

　まず初めに，機械・構造案件の発明を特定する場合，以下のような観点から発明を捉える必要がある。
- ・発明対象物の形状に特徴があるのか。
- ・発明対象物の配置に特徴があるのか。
- ・発明対象物の数量に特徴があるのか。
- ・発明対象物の機能に特徴があるのか。

　機械・構造案件の場合，発明対象の製品図面に基づいて特許明細書を作成することが少なくない。しかしながら，発明対象物の機能に特徴がある場合，図面で示された形態以外の構成も当然ながら考えられる。機械・構造案件の場合は，この点に注意しながら特許リエゾン※を行い，明細書の実施形態を充実させることが必要である。機械・構造案件の中でも，建築・土木構造物の発明については，特にその傾向が顕著である。

　以下の項においては，建築・土木構造物の提案書から特許請求の範囲および実施形態を組み立てていく一例について説明する。

※「特許リエゾン」は，知的財産部が研究開発部門や技術部の現場に出向いて，発明相談や発明の発掘・抽出の作業を行うことを指す。

2．建築・土木構造物の発明の特徴

　建築・土木構造物は，電化製品や自動車などと異なり量産されるものではなく，一品生産であることが多いのが最大の特徴である。つまり，構造物ごとにデザインや構造形式が異なってくるのが一般的である。

　建設関連会社（ゼネコン・サブコン・設計事務所など）から出てくる発明においては，実際に施工する構造物の設計図書の図面を用いて提案書が作成されることも少なくない。そうすると，その提案書に記載された図面

のみを用いて明細書を作成すると，その発明がその後権利化できたとしても他人が類似技術を採用しても権利行使できないといった事態になることが起り得る。

　そこで，そのような事態に陥らないために，リエゾンにおいて発明の本質（機能）を捉え，上位概念化した請求項を作成するとともに，提案書に記載された実施技術以外の実施形態を検討することが必要になる。

　このような観点を踏まえた上で，発明提案書から特許請求の範囲および実施形態を検討する過程の一事例を下記で説明する。

3．発明提案書について

　例えば，顧客から受領した発明提案書に下記のように記載されていたとする。

【発明提案書】

　【従来技術の課題】従来の建物においては，耐震性・耐風性が確保できなかった。

　【目的】建物の耐震性・耐風性を向上することを目的とする。

　【構成】建物の壁（壁構造）1にブレース4を設けた（**図1**参照）。

　【作用効果】ブレースを設けることにより，水平方向に働く地震力や風圧力が建物に作用したときに，建物の変形を抑制することができる。したがって，建物の耐震性・耐風性を向上することができる。

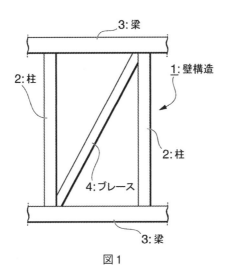

図1

4．特許請求の範囲について

　上記の発明提案書に基づいて請求項を作成すると下記のようなものが考えられる。

【請求項1】（案1）
　　構造物の一対の柱・梁間において，一方の柱の上端と他方の柱の下端との間を架け渡すようにブレースが設けられていることを特徴とする壁構造。

　上記請求項を作成することで，当該請求項が特許査定となった場合，図1の構成については権利範囲に含まれる。しかしながら，建物の壁に設けるブレースには**図2**に示すような構成（ブレース4a）も考えられる。

5節 「建築・土木構造物」

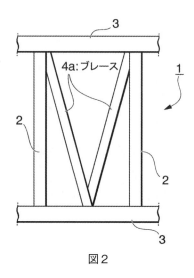

図2

そうすると、上記【請求項1】(案1)では、図2の構成については包含されていないことになる。そこで、図2の構成までを含めた特許請求の範囲を検討すると下記のようになる。

【請求項1】(案2)
　構造物の一対の柱・梁間において、ブレースが設けられていることを特徴とする壁構造。

このように特許請求の範囲を規定することにより、ブレース(4、4a)が設けられている構成であれば【請求項1】(案2)の技術的範囲に含まれることになり、より広い権利を取得する可能性が拡がる。もちろん、図1、図2で示した以外の構成のブレースについても権利範囲に含まれることとなる。

ここで、発明提案書の【目的】を改めて見返すと、「建物の耐震性・耐風性を向上することを目的とする。」と記載されている。そうすると、「ブレース」以外にも建物の耐震性・耐風性を向上できる構成があるのであれば、そのような構成も発明の技術的範囲に含めたいと考える。例えば、図

324

3に示すようなブレースではなく,耐力壁として利用できる面材（ボード）5を設置してもよいことになる。そこで,図3の構成までを含めた特許請求の範囲を検討すると下記のようになる。

【請求項1】
　　構造物の一対の柱・梁間において，耐力部材が設けられていることを特徴とする壁構造。
（「耐力部材」は，「ブレース」および「面材」を包含する用語として定義。）

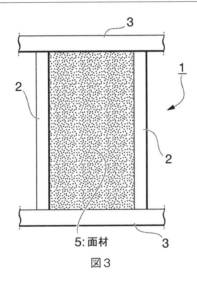

図3

　このように特許請求の範囲を規定することにより，耐力部材（ブレース4，4aまたは面材5）が設けられている構成であれば【請求項1】の技術的範囲に含まれることになり，更により広い権利を取得する可能性が拡がる。
　つまり，当該技術内容を「機能」で捉え,ブレースと面材とを含めた「耐力部材」という構成要件で,特許請求の範囲の請求項1を規定した。なお，「耐力部材」で特許査定となった場合は，ブレースや面材以外の耐力部材についても権利範囲に含まれることとなるが，その場合，ブレース・面材

5節 「建築・土木構造物」

以外の耐力部材についての例示を明細書（実施形態）に記述しておくこと
が望ましい。

　以上のような検討手順で特許請求の範囲の【請求項1】を規定すること
ができた。しかしながら，上記【請求項1】の構成では特許査定を得るこ
とができない可能性もあるため，請求項2以降の従属項を検討する必要が
ある。

　従属項を検討するにあたっては，発明提案書に記載された実施形態（ま
たは上位概念化した発明）に対して，発明の水平展開および垂直展開を考
えて請求項や実施形態を検討する考え方がある。

　次に，この発明の水平展開および垂直展開について説明する。

(1)　発明の水平展開

　発明の水平展開には大きく分けて2つの考え方があり，それらを「内的
付加」と「外的付加」という。

　「内的付加」とは，上位概念化した発明の中で格別の効果を有する下位
概念の構成に置き換える考え方である。具体的には，上記検討の中で「ブ
レース」と「面材」とを包含した「耐力部材」を壁に設けたことを請求項
1に規定したが，より特段の効果を有する下位概念（構成要件）を請求項
2以降に規定する考え方である。例えば，「ブレース」と「面材」とを比
較すると，「ブレース」の方が軽量，かつ，コンパクトであるため施工性
が高いという格別の効果が考えられる。

　そこで，【請求項2】としては，以下のような構成が考えられる。

　【請求項2】
　　前記耐力部材がブレースで構成されていることを特徴とする請
　求項1に記載の壁構造。

　さらに，「ブレース」を設ける場合，図4に示すような構成でブレース
4bを設ける場合も考えられる。図1の場合（ブレース4）と図4の場合（ブ
レース4b）とを比較すると，耐力壁としての強さは図4の場合の方が向上
する。したがって，図4のようにブレースをたすき掛けすれば，より格別
な効果を得ることができる。

326

そこで,【請求項3】としては,以下のような構成が考えられる。

【請求項3】
　前記ブレースがたすき掛けで配置されていることを特徴とする請求項2に記載の壁構造。

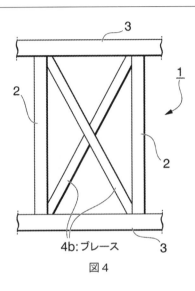

図4

　なお,上記請求項案では,「ブレース」を規定した場合の説明を行ったが,「面材」を設けることにより,耐力壁の強度が確保しやすいとも考えられる。「面材」の場合でも権利化を図りたいときには,「前記耐力部材が面材で構成されていることを特徴とする請求項1に記載の壁構造。」という従属項を併記してもよい。

　次に,「外的付加」とは,上位概念化した発明に格別の効果を有する新たな構成を追加する考え方である。具体的には,図5,図6に示すように「ブレース」に付随するように「ダンパー（6a,6b）」を設けた構成が考えられる。このダンパー6a,6bを設けることにより,効果的な減衰力が得られ,建物の揺れや変形を早期に低減させることができるという格別の効果が得られる。

5節 「建築・土木構造物」

そこで,【請求項4】としては,以下のような構成が考えられる。

【請求項4】
　前記耐力部材に加えてダンパーが設けられていることを特徴とする請求項1〜3のいずれか一項に記載の壁構造。

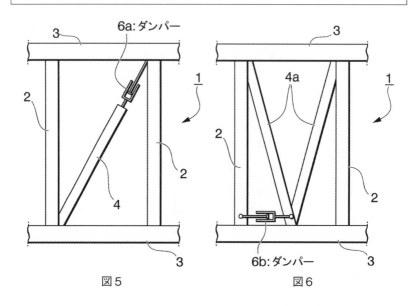

図5　　　　　図6

　ここで,「ダンパー」と一言で言っても様々な種類があり,それぞれ特徴が異なる。「ダンパー」を大きく分けると,「粘性系ダンパー」と「履歴系ダンパー」がある。

　粘性系ダンパーは,オイルダンパーなどが代表的であり,ケース内に充填された粘性体（オイル）が,当該ダンパー内のピストン運動によって振動エネルギーを吸収するものである。特徴としては,微小変形であっても減衰効果を発揮でき,加速度を低減させることもできる。

　履歴系ダンパーは,鋼材ダンパーや鉛ダンパーなどが代表的であり,ダンパー自体に発生する変形により,鋼材や鉛などが弾性領域を超えて塑性変形したり,摩擦材の負担力がすべり摩擦力を越えて非線形化したりすることで,振動エネルギーを吸収するものである。特徴としては,微小変形

では減衰効果を発揮しにくいものの，低コストである。

　このように「ダンパー」においても種類によって性能などに一長一短があるため，ある特定のダンパーを採用した場合に，他のダンパーとは異なる格別な効果が得られるのであれば，ダンパーの種類を規定する従属請求項（例えば，「前記ダンパーが粘性系ダンパー（オイルダンパー）であることを特徴とする請求項4に記載の壁構造。」）を作成することも考えられる。

　また，ブレースに対してダンパーを設置する位置によって，その減衰効果も異なることがある場合は，より減衰効果が得られる設置位置（例えば，ブレースの上端近傍or下端近傍など）について規定する従属請求項を作成することも考えられる。

　そして，格別な効果が得られる構成については，明細書において実施形態として記載しておくことをお勧めする。

⑵　発明の垂直展開

　発明の垂直展開にも大きく分けて2つの考え方がある。その内の1つは，上述したように発明の具体的構成を上位概念化する考え方である。つまり，発明提案書に記載されていた「ブレース」を「耐力部材」と上位概念化した考え方である。

　もう1つの考え方は，発明の対象となる物を含んだより大きな流通製品（単位）として請求項を規定する考え方である。つまり，今回の提案書では「壁構造」の発明として検討してきたが，**図7**に示すように，当該「壁構造」を含んだより大きな単位として「建物」の請求項を規定することが考えられる。

5節 「建築・土木構造物」

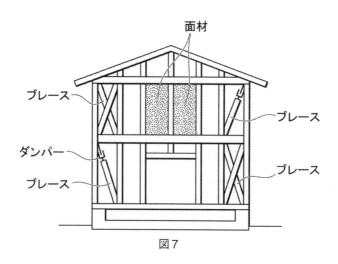

図7

そこで,【請求項5】としては,以下のような構成が考えられる。

【請求項5】
　　請求項1～4のいずれか一項に記載の壁構造を備えていることを特徴とする建物。

以上検討してきた特許請求の範囲を,もう一度整理して記載すると下記の通りとなる。

【特許請求の範囲】
【請求項1】（垂直展開）
　　構造物の一対の柱・梁間において,耐力部材が設けられていることを特徴とする壁構造。
【請求項2】（発明提案書の具体例）
　　前記耐力部材がブレースで構成されていることを特徴とする請求項1に記載の壁構造。
【請求項3】（水平展開（内的付加））
　　前記ブレースがたすき掛けで配置されていることを特徴とする請求項2に記載の壁構造。

第2章　技術分野別の明細書等の作成方法

【請求項4】（水平展開（外的付加））
　　　前記耐力部材に加えてダンパーが設けられていることを特徴とする請求項1～3のいずれか一項に記載の壁構造。
【請求項5】（垂直展開）
　　　請求項1～4のいずれか一項に記載の壁構造を備えていることを特徴とする建物。

　なお，「建物」の発明において，上記「耐力部材」や「ダンパー」を建物のどのような位置に設置すると効果的なのかといった知見がある場合には，さらに「壁構造」の設置位置を特定した「建物」の従属請求項を作成することも考えられる。

5．明細書の実施形態について

　前項で説明した通り，発明提案書では1つの事例（実施形態）のみが記載されていたが，広い権利にするために複数の事例（実施形態）を検討した。実際には，これら複数の事例を実施形態として明細書の【発明を実施するための形態】に記載することになる。

　この【発明を実施するための形態】では，発明を実施できる程度に詳細に構成を説明する必要がある。そして，今回のように複数の事例（実施形態）が考えられる場合は，優先順位を決めて記載していくとよい。

　具体的には，実際の製品（本事例では実際の壁構造）として採用する構成のものや，格別な効果が得られる構成のもの，などを優先して記載するのが一般的である。

　例えば，上述した発明においては，**図8**に示すようなブレース4bをたすき掛けに設け，かつ，ブレース4bにダンパー6aを取り付けた構成を第1実施形態とすればよい。

　第一実施形態の変形例として，ブレースを一箇所だけに設けた事例（**図5**）やダンパーを取り付けない事例（**図1**，**図4**）を説明するようにすればよい。

　また，第2実施形態としてブレースをV字形状に配置し，かつ，ダンパーを設けた事例（**図6**）を記載する。そして，第2実施形態の変形例として

第2章　5節

331

5節 「建築・土木構造物」

ダンパーを取り付けない事例（図2）を説明するようにすればよい。
　さらに，第3実施形態としてブレースではなく面材を設けた事例（図3）を説明するようにすればよい。

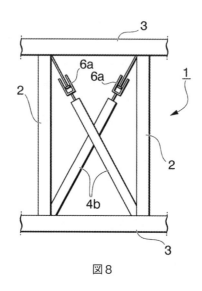

図8

　そして，上記では記載しなかったが，他にも技術的な特徴がないかを検討することも必要である。
　例えば，以下のような構成が考えられる。
・建物の構造（木造なのか鉄筋コンクリート造なのか？）
・柱・梁とブレースとの連結方法（連結金具の構成・個数，連結金具の取付け箇所など）
・たすき掛けブレースの場合のブレース同士の連結方法
・ブレースとダンパーとの連結方法
・柱・梁とダンパーとの連結方法
・柱・梁と面材との連結方法（連結金具の構成・個数，連結金具の取付け箇所など）
・ブレースまたは面材の材質
・建物における耐力部材の設置位置・箇所数

第2章　技術分野別の明細書等の作成方法

　上述した各構成などに技術的特徴がある場合には，当該連結方法や材質についても特許請求の範囲に請求項を作成することや，明細書の実施形態の中に技術的特徴を記載することを検討すればよい。少なくとも明細書に記載しておけば，将来的に特許請求の範囲の補正をする際の補正候補として検討することが可能になる。結果として，特許査定を得る確率が上昇することにも繋がるため，何か少しでも特徴があれば記載しておくことをお勧めする。

　さらに，上述したような複数の実施形態を明細書に記載することにより，将来本件出願後に審査請求を行い，拒絶理由通知が届いた際に，補正の幅を拡げることが可能となったり，分割出願の可能性を検討することができたりもする。分割出願をすることにより，幅広い特許網を構築することができる可能性も拡がり，他者に対して有利にビジネスを推進することもできる。

　当項の初めにも記載したが，建築・土木構造物は全く同じ構造で施工されることは少ないため，発明提案がなされた技術の本質（機能）を的確に把握し，より広い権利を得るために顧客知財担当者及び発明者としっかり協議（特許リエゾン）をすることが重要となる。

第2章　5節

333

第2章　技術分野別の明細書等の作成方法

> # 6節　材料・プラント
>
> # 6節1　「製造装置」
>
> （伏見　俊介）

1．製造装置の特許出願

　本節では，化学分野における製造装置の特許明細書の書き方について説明する。

　化学分野の発明では，材料に特徴を有する出願がなされる場合がある。近年の材料系の出願では，各種素材（金属，有機・高分子材料，無機材料）の微粒化・複合化技術によって新規機能を発現する複合材料に関するものも多い。これらの複合材料は，素材や構造の組み合わせにより，多様な機能を発現できることから，化粧品，食品，医薬品，農薬品や情報記録材料，建築土木材料などで幅広く利用される。

　また，複合材料は，粒子状（微粒子，マイクロカプセル）のみならずシート状など，様々な形状や構造を有する。したがって，複合材料について出願する際には，明細書の「発明の詳細な説明」において複合材料の原料や形態について説明するだけでは足りず，「当業者がその物を製造することができる」ように記載しなければならない。すなわち，どのように作るかについての具体的な記載がなくても明細書及び図面の記載並びに出願時の技術常識に基づき当業者がその物を製造できる場合を除き，「製造方法」を具体的に記載する必要がある。

　さらに，複合材料の製造方法を記載する際，その「製造装置」についても記載するケースが多い。特に，複合材料が複雑な形状や構造を有する場合には，その製造方法，及びそれに用いる製造装置についても特徴を有するケースが多く，併せて権利化が可能である。

　本節では，化学分野の明細書において，物の製造方法と，それに適用する製造装置の書き方について説明する。

335

2．事例

(1) 対象

以下，無機粉末と樹脂（有機ポリマー）からなる複合微粒子を例に説明する。具体的には，**図1**に示すように，無機物質が樹脂内部に分散した，言い換えれば無機物質の表面を樹脂が被覆したコア・シェル構造の複合微粒子を対象とする。

図1

(2) 発明提案書

本例では，複合微粒子の製造方法に特徴がある場合について説明する。

発明の説明に際し，例えば，**図2**に示すような説明図が記載された発明提案書が提供されたとする。なお，複合微粒子の製造方法としては，様々な方法が知られているが，本例では固・液分散系を利用したものである。

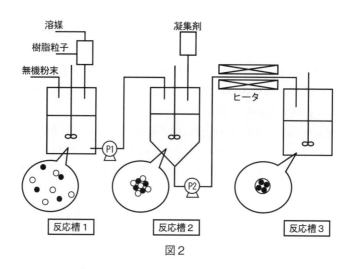

図2

第2章　技術分野別の明細書等の作成方法

　発明提案書には，複合微粒子の製造方法として操作手順や反応条件がそれぞれ記載されている。また，説明図には，３つの反応槽が並べられた製造装置と，反応槽内の状態を示したイメージ図が記載されている

　先ず，発明提案書に記載された，本例の複合微粒子の製造方法の技術内容を把握する。

ステップ１
　溶媒中に樹脂粒子と無機微粒子とが分散した，分散液を調製する。
①　反応槽内の溶媒に，原料成分である樹脂粒子と，無機微粒子とをそれぞれ供給する。
　　・樹脂粒子は，溶媒中に分散した状態で，溶媒とともに槽内に供給する。
　　・無機微粒子は，所定範囲の粒径を持つ粉体として，槽内の溶媒中に供給する。
②　槽内を撹拌して，樹脂粒子と無機微粒子とが溶媒中に均一に分散した分散液を調製する。
　　・撹拌装置は，所定の条件で連続運転する。
　　・説明図中に，分散液中の樹脂粒子（白粒子）と無機微粒子（黒粒子）とのイメージを示す。
③　ステップ１で得られた分散液を，反応槽１から反応槽２へ移送する。
　　・分散液は，反応槽２の上方から槽内に供給する。
　　・分散液の移送後，上記①〜③を繰り返す。

ステップ２
　調製した分散液から，１以上の樹脂粒子と１以上の無機微粒子とが結合した，凝集体を生成する。
①　槽内を撹拌しながら，分散液に凝集剤を添加する。
　　・撹拌装置は，所定の条件で連続運転する。
　　・凝集剤は，反応槽２の上方から槽内に供給する。
②　凝集剤の凝集作用により，樹脂粒子及び無機微粒子の各粒子は，他の粒子と接触・結合して，複合の樹脂粒子及び無機微粒子が凝集した凝

第2章　6節

337

6節1 「製造装置」

集体を形成する。

・撹拌装置は，所定の条件で連続運転する。

③　生成した凝集体は，溶媒中で分散状態を維持できなくなり，反応槽2の下方に沈降する。

・説明図中に，樹脂粒子（白粒子）と無機微粒子（黒粒子）とを含む凝集体のイメージを示す。

④　ステップ2で得られた凝集体を，反応槽2から反応槽3へ移送する。

・凝集体は，反応槽2の下方側から，溶媒とともに槽外へ排出する。

・凝集体の排出後，上記①～④を繰り返す。

ステップ3

凝集体を溶媒中で加熱し，樹脂粒子を溶融した後，溶媒中で冷却・固化して，複合微粒子を生成する。

①　反応槽2から反応槽3へ移送する経路において，溶媒中で樹脂粒子の融点以上に加熱する。凝集体の樹脂粒子が溶融し，溶融状態の樹脂成分が無機微粒子の周囲を覆った状態で，溶媒中に存在する。

・加熱は，経路（配管）の外側から行い，凝集体を含む溶媒とともに加熱する。

②　加熱された凝集体及び溶媒を，反応槽3内に供給して冷却する。溶媒中で無機微粒子の周囲を覆った樹脂成分が冷却されて固化し，複合微粒子が得られる。

・撹拌装置は，所定の条件で連続運転する。

・反応槽3内の溶媒は，樹脂成分の融点以下である。

③　生成した複合微粒子は，反応槽3の下方に沈降する。

・説明図中に，樹脂成分（白部分）と無機微粒子（黒粒子）とを含む凝集体のイメージを示す。

・複合微粒子は，反応槽3の下方側から回収する。

　次に，発明提案書に記載された製造方法の各ステップと，説明図中に記載された製造装置の構成との対応について，それぞれ検討する。

第2章　技術分野別の明細書等の作成方法

ステップ1 …反応槽1

①…溶媒供給源（図示略）→溶媒供給経路→混合部→反応槽1
　　　樹脂粒子供給源（図示略）→樹脂粒子供給経路→混合部→反応槽1
　　　無機微粒子供給源（図示略）→無機微粒子供給経路→反応槽1
②…撹拌機
③…反応槽1→分散液搬送経路→圧送ポンプ→反応槽2

ステップ2 …反応槽2
①…撹拌機
　　　凝集剤供給源→凝集剤供給経路→反応槽2
②…撹拌機
③…反応槽2
④…反応槽2→凝集体搬送経路→圧送ポンプ→反応槽3

ステップ3 …凝集体搬送経路，反応槽3
①…凝集体搬送経路＋加熱手段
②…凝集体搬送経路→反応槽3
　　　撹拌機
③…反応槽3

(3)　特許請求の範囲
　次に，本例の複合微粒子の製造方法，及び複合微粒子の製造装置について，特許請求の範囲を作成する。
　ここで，本例の複合微粒子の製造方法では，上述した「ステップ3」において，凝集体を溶媒中で加熱して樹脂粒子を溶融するとともに，溶媒中で樹脂成分を冷却・固化することにより，粒子の形状が整った複合微粒子が得られる点を特徴として作成する。
　また，本例の複合微粒子の製造装置では，上述した複合微粒子の製造方法をバッチ式ではなく，連続して行うことが可能な点を特徴として作成する。
　なお，実際の発明において特許請求の範囲を作成するには，把握してい

6節1 「製造装置」

る先行技術との差別化，発明の上位概念化や代替構成の追加などが必要である。このような発明を広げる方向における検討については，既刊の特許業務法人志賀国際特許事務所知財実務シリーズ出版委員会編「知財実務シリーズ1　競争力を高める特許リエゾン」（発明推進協会　2015年）を参照されたい。

　以下に，本例の複合微粒子の製造方法，及び複合微粒子の製造装置について，特許請求の範囲の記載例を示す。

【書類名】特許請求の範囲
【請求項1】
　溶媒中に複数の樹脂粒子と複数の無機微粒子とを分散させた分散液を調製し，
　前記分散液に凝集剤を添加し，1以上の前記樹脂粒子と1以上の前記無機微粒子とが結合した，1以上の凝集体を生成するとともに，
　1以上の前記凝集体を溶媒とともに加熱した後,溶媒中で冷却して，1以上の複合微粒子を生成する，複合微粒子の製造方法。
【請求項2】
　前記凝集体を溶媒とともに加熱する際，前記樹脂粒子の融点以上の温度とする，請求項1に記載の複合微粒子の製造方法。
【請求項3】
　溶媒中に複数の樹脂粒子と複数の無機微粒子とが分散された分散液を含む第1反応槽と，
　前記分散液と，1以上の前記樹脂粒子と1以上の前記無機微粒子とが結合した1以上の凝集体とを含む第2反応槽と，
　前記溶媒と1以上の複合微粒子とを含む第3反応槽と，
　前記第1反応槽から前記分散液を前記第2反応槽に供給する分散液供給手段と，
　前記第2反応槽から前記凝集体を前記溶媒とともに前記第3反応槽に供給する凝集体供給手段と，
　前記凝集体を前記溶媒とともに加熱する加熱手段と，を備える複合微粒子の製造装置。

第2章　技術分野別の明細書等の作成方法

【請求項4】
　前記凝集体供給手段が，前記第2反応槽と前記第3反応槽との間に設けられた凝集体供給経路を有し，
　前記凝集体供給経路に前記加熱手段が設けられる，請求項3に記載の複合微粒子の製造装置。

⑷　明細書
　次に，上述した特許請求の範囲の記載例に基づいて，本例の複合微粒子の製造方法，及び複合微粒子の製造装置について，明細書（「発明を実施するための形態」についてのみ）を作成する。
　ここで，「製造方法」及び「製造装置」を含む発明では，「製造装置」のクレームの有無に関わらず，先に「製造装置」の構成を説明したうえで「製造方法」の構成を説明するのが一般的である。
　また，「製造装置」の構成を説明する際は，「全体から部分へ」，「太い幹から枝葉へ」及び「上流から下流へ」といった，一般的な記載ルールにしたがって記載する。
　なお，実際の工場では，製造装置を構成する各要素（各装置）は，発明提案書に記載された説明図のように必ずしも配置（レイアウト）されていない。例えば，前工程を行う装置と，次工程を行う装置とが，別の部屋に設置されている場合や，別の階（フロア）に配置されている場合も少なくない。
　このような事情から，製造装置を構成する各装置の位置関係を考慮しながら，明細書を作成する点に留意する。

　以下に，本例の複合微粒子の製造方法，及び複合微粒子の製造装置について，明細書の「発明を実施するための形態」の記載例を示す。なお，以下の明細書は，構成の説明を一部省略している。また，必ずしも技術的に正しくない場合がある。

【発明を実施するための形態】
　【0001】

第2章　6節

341

6節1 「製造装置」

　以下，本発明の一実施形態である複合微粒子の製造方法について，これに用いる製造装置と併せて，図面を用いて詳細に説明する。なお，以下に用いる図面は本発明を説明するために用いるものであり，実際の寸法とは異なる場合がある。

【0002】

＜複合微粒子の製造装置＞

　先ず，本発明を適用した一実施形態である複合微粒子の製造装置の構成の一例について説明する。図1は，本発明を適用した一実施形態である複合微粒子の製造装置の構成を模式的に示す系統図である。

　図1に示すように，本実施形態の複合微粒子の製造装置（以下，単に「製造装置」という）1は，第1反応槽2，第2反応槽3及び第3反応槽4と，各供給経路L1〜L6とを備えて，概略構成されている。本実施形態の製造装置1は，1以上の無機微粒子と，無機微粒子の表面の少なくとも一部を覆う樹脂被膜（樹脂成分）とを含む複合微粒子を連続して生成することが可能な製造装置である。

【0003】

　第1反応槽2は，溶媒中に複数の樹脂粒子と複数の無機微粒子とが分散された分散液を調製するとともに，調製された分散液を貯留するための容器である。第1反応槽2には，撹拌機5が設けられている。この撹拌機5により，分散液を調製する際，あるいは調製された分散液の分散状態を維持するために槽内を所定の条件で撹拌することができる。

【0004】

　第1反応槽2の上方側には，溶媒供給経路L1が設けられている。これにより，溶媒供給源（図示略）から所要量の溶媒を第1反応槽2内に供給できる。溶媒供給経路L1には，混合装置6が設けられている。また，混合装置6には，樹脂粒子供給経路L2が接続されている。これにより，樹脂粒子供給源（図示略）から所要量の樹脂粒子を混合装置6に供給できる。

【0005】

　混合装置6では，溶媒供給経路L1から供給される溶媒と，樹脂粒子供給経路L2から供給される樹脂粒子とを混合する。これにより，

342

溶媒中に予め樹脂粒子が分散した状態で，溶媒及び樹脂粒子を第1反応槽2内に供給できる。

【0006】

また，第1反応槽2の上方側には，無機微粒子供給経路L3が設けられている。これにより，無機微粒子供給源（図示略）から，所定範囲の粒径を有する所要量の無機微粒子を第1反応槽2内に供給できる。換言すると，予め樹脂粒子が分散した溶媒中に所要量の無機微粒子を供給できる。第1反応槽2の上方から，溶媒，樹脂粒子及び無機微粒子を供給して槽内を撹拌することで，溶媒中に複数の樹脂粒子及び無機微粒子が均一に分散した分散液を容易に調製することができる。

【0007】

第1反応槽2と第2反応槽3との間には，分散液供給手段が設けられている。分散液供給手段は，分散液供給経路L4と圧送ポンプP1とから構成されている。

【0008】

分散液供給経路L4は，所定の管径及び材質を有する配管である。分散液供給経路L1の一端は，第1反応槽2の下方側に接続されている。これにより，第1反応槽2内の上方よりも分散状態が安定している分散液を抜き出すことができる。また，分散液供給経路L2の他端は，第2反応槽3の上方側に設けられている。これにより，第2反応槽3の上方側から分散液を槽内に供給できる。

【0009】

圧送ポンプP1は，分散液供給経路L4に設けられている。これにより，分散液供給経路L4内の分散液を所定の圧力で移送することができる。

【0010】

このように構成された分散液供給手段によれば，第1反応槽2と第2反応槽3との距離や配置（レイアウト）に制約を受けることなく，第1反応槽2から第2反応槽3へ分散液を確実に供給できる。

【0011】

第2反応槽3は，第1反応槽2から供給された分散液から，1以上の樹脂粒子と1以上の無機微粒子とが結合した凝集体を生成するため

6節1 「製造装置」

の容器である。第2反応槽3の槽内には，原料となる分散液と，生成物である1以上の凝集体とが含まれる。

【0012】
第2反応槽3の形状としては，少なくとも下端が閉塞された筒状であれば，特に限定されないが，筒状部分が下方に向かって漸次縮径された形状が好ましい。これにより，筒状部分の下方に沈降した凝集体が縮径された筒状部分に集まるため，容易に回収できる。

【0013】
第2反応槽3には，撹拌機7が設けられている。この撹拌機7により，凝集体を生成する際，あるいは未反応の分散液の分散状態を維持するために槽内を所定の条件で撹拌することができる。

【0014】
第2反応槽3の上方側には，凝集剤供給経路L5が設けられている。これにより，凝集剤供給源8から所要量の凝集剤を第2反応槽3内に供給できる。

【0015】
第2反応槽3と第3反応槽4との間には，凝集体供給手段が設けられている。凝集体供給手段は，凝集体供給経路L6と圧送ポンプP2とから構成されている。

【0016】
凝集体供給経路L6は，所定の管径及び材質を有する配管である。凝集体供給経路L6の管径としては，凝集体を溶媒とともに供給可能なものであれば，特に限定されない。このような管径としては，例えば■■■〜■■■ mm とすることができる。凝集体供給経路L6の材質としては，凝集体を加熱する際の温度に対して耐熱性を有するものであれば，特に限定されない。このような材質としては，例えば，■■■，■■■等が挙げられる。

【0017】
凝集体供給経路L6の一端は，第2反応槽3の下方側の縮径された部分に接続されている。これにより，第2反応槽3の下方に沈降している多くの凝集体を溶媒とともに抜き出すことができる。また，凝集体供給経路L6の他端は，第3反応槽4の上方側に設けられている。

これにより，第3反応槽4の上方側から，加熱後の凝集体を溶媒とともに槽内に供給できる。

【0018】

圧送ポンプP2は，凝集体供給経路L6に設けられている。これにより，凝集体供給経路L6内の凝集体を溶媒とともにを所定の圧力で移送できる。

【0019】

このように構成された凝集体供給手段によれば，第2反応槽3と第3反応槽4との距離や配置（レイアウト）に制約を受けることなく，第2反応槽3から第3反応槽4へ，凝集体を溶媒とともに確実に供給できる。

【0020】

凝集体供給経路L6には，ヒータ（加熱手段）9が設けられている。換言すると，凝集体供給経路L6の少なくとも一部は，ヒータ9が設けられた領域を通過するように配設されている。これにより，凝集体供給経路L6内を通過する凝集体を溶媒とともに加熱できる。

【0021】

第3反応槽4は，凝集体供給経路L6においてヒータ9によって加熱された後の凝集体を溶媒中で冷却して，1以上の複合微粒子を生成するための容器である。第3反応槽4の槽内には，溶媒と，生成物である1以上の複合微粒子とが含まれる。

【0022】

第3反応槽4には，撹拌機10が設けられている。この撹拌機10を用いて槽内を所定の条件で撹拌することで，凝集体供給経路L6から供給される加熱された凝集体を効率よく冷却することができる。

なお，第3反応槽4には，槽内の溶媒の温度を樹脂粒子（樹脂成分）の融点未満の温度に維持する，温度調節機構が設けられていることが好ましい。

また，第3反応槽4の下方側には，図示略の排出口が設けられていてもよい。排出口を設けることで，槽内の複合微粒子を溶媒とともに連続的に回収することができる。

【0023】

6節1 「製造装置」

　次に，上述した製造装置1を用いた，本実施形態の複合微粒子の製造方法について説明する。

　本実施形態の複合微粒子の製造方法（以下，単に「製造方法」という）は，溶媒中に複数の樹脂粒子と複数の無機微粒子とを分散させた分散液を調製し，調製された分散液に凝集剤を添加し，1以上の樹脂粒子と1以上の無機微粒子とが結合した，1以上の凝集体を生成するとともに，1以上の凝集体を溶媒とともに加熱した後，溶媒中で冷却して，1以上の複合微粒子を生成する。以下，詳細に説明する。

【0024】

（第1ステップ）

　先ず，第1ステップでは，溶媒中に複数の樹脂粒子と複数の無機微粒子とを分散させた分散液を調製する。

　具体的には，図1に示すように，先ず，溶媒供給経路L1に設けられた混合装置6に所要量の溶媒及び樹脂粒子を供給して混合する。次いで，溶媒中に予め樹脂粒子が分散した状態で，溶媒及び樹脂粒子を第1反応槽2内に供給する。

【0025】

　次に，無機微粒子供給経路L3を介して無機微粒子供給源（図示略）から，所定範囲の粒径を有する所要量の無機微粒子を第1反応槽2内に供給する。第1反応槽2の槽内を撹拌機5によって撹拌することで，溶媒中に複数の樹脂粒子及び無機微粒子が均一に分散した分散液が調製される。

【0026】

　ここで，図2は，第1反応槽2内の分散液の状態を模式的に示す図である。図2に示すように，第1反応槽2内の溶媒中には，複数の樹脂粒子Rと，複数の無機微粒子Cとが，均一に分散されている。

【0027】

　次に，図1に示すように，調製された分散液を第1反応槽2の下方側から分散液供給経路L4へ抜き出すとともに，第2反応槽3の上方側から槽内に供給する。

【0028】

　なお，第1反応槽2から第2反応槽3への分散液の供給量に応じて，

第2章　技術分野別の明細書等の作成方法

混合装置6及び無機微粒子供給経路L3から所要量の分散液の原料を
それぞれ第1反応槽2へ供給する。これにより，第1反応槽2におい
て，連続的に分散液を調製できる。

【0029】

（第2ステップ）

　次に，第2ステップでは，第1ステップで調製された分散液に凝集
剤を添加し，1以上の樹脂粒子と1以上の無機微粒子とが結合した，
1以上の凝集体を生成する。

　具体的には，先ず，第2反応槽3の槽内を撹拌機7によって撹拌し
ながら，凝集剤供給経路L5を介して凝集剤供給源8から所要量の凝
集剤を第2反応槽3内に供給する。これにより，分散液中で均一に分
散していた複数の樹脂粒子と複数の無機微粒子とが互いに近接して結
合する。すなわち，第2反応槽3内において，1以上の樹脂粒子と1
以上の無機微粒子とが結合した凝集体が生成する。

【0030】

　ここで，図3は，第2反応槽3内で生成した凝集体の構成を模式的
に示す図である。図3に示すように，第2反応槽3内の溶媒中には，
複数の樹脂粒子Rと複数の無機微粒子Cとが結合した凝集体Gが存在
する。

　なお，生成した凝集体Gは，溶媒中に分散することができず，第2
反応槽3の槽内の下方に沈降する。

【0031】

　次に，図1に示すように，生成した凝集体を溶媒とともに第2反応
槽3の下方側から凝集体供給経路L6内へ回収する。

【0032】

　なお，第1反応槽2から第2反応槽3へは，分散液が連続して供給
される。したがって，分散液の供給量に応じて，所要量の凝集剤を第
2反応槽3内に供給することで，第2反応槽3において，連続的に凝
集体を生成できる。

【0033】

（第3ステップ）

　次に，第3ステップでは，1以上の凝集体を溶媒とともに加熱した

第2章　6節

347

6節1 「製造装置」

後，溶媒中で冷却して，1以上の複合微粒子を生成する。

具体的には，先ず，凝集体供給経路L6内へ回収された凝集体を溶媒とともに，ヒータ9によって樹脂粒子の融点以上の温度に加熱する。これにより，凝集体を構成する樹脂粒子が溶融する。ここで，本実施形態の製造方法によれば，凝集体を溶媒とともに加熱することで，溶融状態となった樹脂成分が周囲に飛散することなく，無機微粒子の周囲を覆った状態で溶媒中に存在する。

【0034】

次に，第3反応槽4の槽内を撹拌機10によって撹拌しながら，凝集体供給経路L6から加熱後の凝集体を溶媒とともに第3反応槽4の槽内へ供給する。ここで，第3反応槽4内の溶媒は樹脂成分（樹脂粒子）の融点よりも低い温度とされており，凝集体及び溶媒が冷却される。これにより，槽内の溶媒中で無機微粒子の周囲を覆った樹脂成分が冷却されて固化し，複合微粒子が生成する。

【0035】

ここで，図4は，第3反応槽4内で生成した複合微粒子の構成を模式的に示す図である。図4に示すように，複合微粒子Pは，樹脂成分Sの内側に，複数の無機微粒Cが凝集した状態で封止されている。換言すると，凝集した複数の無機微粒子Cの表面が樹脂成分Sで覆われた状態で，複合微粒子Pが形成されている。

なお，本実施形態の製造方法によって得られた複合微粒子Pは，粒子の形状が整った球状となる。また，複合微粒子Pは，溶媒中に分散することができず，第3反応槽4の槽内の下方に沈降する。

【0036】

次に，図1に示すように，生成した複合微粒子を溶媒とともに第3反応槽4の下方側から回収する。

【0037】

なお，第2反応槽3から第3反応槽4へは，加熱後の凝集体を含む溶媒が連続して供給される。したがって，第3反応槽4内の溶媒の温度を樹脂粒子（樹脂成分）の融点未満の温度に維持することで，第3反応槽4において，連続的に複合微粒子を生成できる。

【0038】

第2章　技術分野別の明細書等の作成方法

　以上説明したように，本実施形態の製造装置1によれば，第1～第3反応槽2，3，4及び各供給経路L1～L6を備え，上流側の反応槽から順に分散液の調製，凝集体の生成及び複合微粒子の生成を分担することができるため，複合微粒子を微粒子の生成を連続して行うことができる。

【0039】

　また，本実施形態の製造方法によれば，凝集体を溶媒中で加熱して樹脂粒子を溶融するとともに，樹脂粒子の融点よりも低い温度の溶媒中で樹脂成分を冷却・固化することにより，粒子の形状が整った複合微粒子が得られる。

【符号の説明】

【0040】

　1…製造装置（複合微粒子の製造装置），2…第1反応槽，3…第2反応槽，4…第3反応槽，5…撹拌機，6…混合装置，7…撹拌機，8…凝集剤供給源，9…ヒータ（加熱手段），10…撹拌機，L1…溶媒供給経路，L2…樹脂粒子供給経路，L3…無機微粒子供給経路，L4…分散液供給経路，L5…凝集剤供給経路，L6…凝集体供給経路，P1…圧送ポンプ，P2…圧送ポンプ

6節1 「製造装置」

(5) 図面

以下に明細書に添付する図面の例を示す。

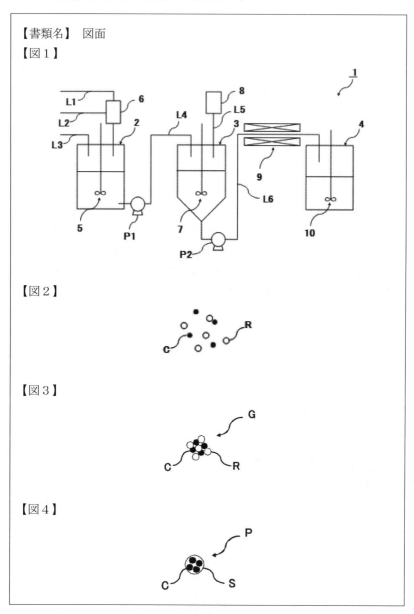

第2章　技術分野別の明細書等の作成方法

6節2　「組成物」

（川越　雄一郎）

1．はじめに

　化学分野の発明というと，全く新規な化学物質の発明や，既知の化学物質で新たな効能を見出した用途発明を思い浮かべる方が多いのではないだろうか。

　しかし，化学分野では，既知の物質の種類や含有量等の組み合わせである「組成」に特徴を持たせ，機能強化を図る発明活動も多い。このような「組成」に特徴を持たせた発明は，「組成物発明」「組成物特許」等と呼ばれている（本稿では，組成物発明と呼ぶ）。機械・装置分野，電気分野の方には耳慣れないものかもしれないが，化学分野においては重要な位置を占める。

　本稿では，組成物発明の特許請求の範囲の作成にあたっての留意点を検討する。

2．請求項の例

　以下に，組成物の請求項例を示す。

例1：顔料Aと，樹脂Bと，溶剤Cと，を含む，塗料組成物。

　例1は，単に，含有されている成分を列挙したものである。例1の発明は，A〜C以外の成分を含んでも含まなくてもよい。例1の発明の効果は，A〜Cの組み合わせ起因している。

　例1は，A〜Cの内のいずれかが新規物質である発明や，A〜Cの組合せが新規である発明等に用いられる。

　例1で権利化を目指す例としては，新たな樹脂（従来の塗料組成物には用いられていなかった樹脂）を塗料組成物に配合し，新たな効果（例えば，耐候性を高める，速乾性が高まる等）を奏する発明等である。

第2章

6節

351

6節2 「組成物」

例2：顔料A30〜60質量％と，樹脂B20〜60質量％と，溶剤C10〜20質量％
　　　とを含む，塗料組成物。

　例2は，A〜Cの組み合わせは公知であるものの，各々の成分の配合量
が新規である発明等に用いられる。
　例2で権利化を目指す例としては，顔料A20質量％と，樹脂B75質量％と，
溶剤C5質量％とを含む塗料組成物が公知である場合，例2の組成とする
ことで，耐水性が高まる等の効果を奏する発明がある。

例3：顔料Aと，樹脂Bと，溶剤Cとを含み，前記樹脂Bは，樹脂b1及
　　　び樹脂b2を含む，塗料組成物。
例4：顔料Aと，樹脂Bと，溶剤Cとを含み，前記樹脂Bは，樹脂b1及
　　　び樹脂b2を含み，前記樹脂b1／前記樹脂b2で表される質量比は，
　　　1超3以下である，塗料組成物。
例5：顔料Aと，樹脂Bと，溶剤Cとを含み，前記樹脂Bは，樹脂b1及
　　　び樹脂b2を含み，前記樹脂b1と前記樹脂b2との合計量は，前記樹
　　　脂Bの総量の80質量％超100質量％以下である，塗料組成物。

　例3〜5は，樹脂Bの組成を特徴とする発明である。例3〜5は，例え
ば，アクリル樹脂b1と塩化ビニル樹脂b2との混合物を樹脂Bとして用い
た発明，グリシジルエーテル型エポキシ樹脂b1とグリシジルアミン型エ
ポキシ樹脂b2との混合物を樹脂Bとして用いた発明等を表現する。
　例4〜5は，樹脂b1と樹脂b2との組み合わせ方の技術思想を表した例
である。
　例4は，樹脂b1の含有量と樹脂b2の含有量との質量比を表現している。
例えば，異なる2種の樹脂を特定の比率で含有することで，互いの特性を
補完し合う発明であれば，例4によって，樹脂b1と樹脂b2とを併有する
技術的特徴を表現する。
　例5は，樹脂Bの内の樹脂b1及び樹脂b2が占める割合を表している。
例えば，樹脂b1と樹脂b2とを併有し，かつ樹脂b1及び樹脂b2以外の樹脂
が少ないことの双方が特徴である場合には，例5によって，技術的特徴を

第２章 技術分野別の明細書等の作成方法

表現する。

例6：顔料Aと，樹脂Bと，溶剤Cと，添加剤Dとを含む，塗料組成物。

例7：顔料Aと，樹脂Bと，溶剤Cと，添加剤D0.5〜3質量％とを含む，塗料組成物。

例8：顔料Aと，樹脂Bと，溶剤Cと，添加剤Dとを含み，前記樹脂B100質量部に対して前記添加剤D0.5〜3質量部を含む，塗料組成物。

例9：顔料Aと，樹脂Bと，溶剤Cと，添加剤Dとを含み，全固形分100質量部に対して，前記添加剤D0.5〜3質量部を含む，塗料組成物。

　例6〜9は，添加剤Dを塗料に用いたことを特徴とする発明である。添加剤Dを塗料組成物に用いることが新規であれば，例6の発明は，権利化が望める。しかし，添加剤Dを塗料組成物に用いることが知られている場合，添加剤Dの含有量を特定し，権利化を図る場合がある（例7〜9）。例7〜9は，それぞれの発明における添加剤Dの含有量の技術的特徴が異なる。

　例7は，塗料組成物の全体に対する含有量を表現している。例えば，添加剤Dが塗料組成物の物性に関わるもの（例えば，増粘剤）であれば，例7によって，添加剤Dの技術的特徴を表現する。

　例8は，樹脂Bに対する含有量で表現している。例えば，添加剤Dが，塗料組成物における樹脂Bの物性等に関わるもの（例えば，可塑剤）であれば，例8によって，添加剤Dの技術的特徴を表現する。

　例9は，全固形分に対する含有量で表現している。例えば，溶剤Cが揮発して形成された塗膜の性状に関わるもの（例えば，防カビ剤）であれば，例9によって，添加剤Dの技術的特徴を表現する。

例10：顔料Aと，樹脂Bと，溶剤Cとを含み，粘度が■■〜■■mPa・sである，塗料組成物。

　例10は，組成物を構成する要素の組み合わせそのものではなく，塗料組成物の物性に特徴がある発明である。A〜Cを含み，かつ，特定の粘度とした時に，想定外の効果を発揮するような場合には，例10によって，この発明の特徴を表現する。

353

6節2 「組成物」

例11：顔料Aと，樹脂Bと，溶剤Cとを混合する，塗料組成物の製造方法。
例12：樹脂Bと溶剤Cとを混合して一次混合物とし，前記一次混合物に顔
　　　料Aを混合する，塗料組成物の製造方法。

　例11，12は，例1〜5の組成物の製造方法の発明である。権利侵害に備
え，製造方法の発明を作成し，カテゴリを増やしておくことが好ましい。
　また，製造方法の発明は，その製造方法で製造された「もの」に権利が
及ぶ。このため，「もの」の発明で権利化できない場合，製造方法での権
利取得の道を作る。例えば，配合自体は従来技術と同じであるが，特定の
順序で混合すると，出来上がった塗料組成物の物性が良好になることがあ
る。このような発明については，例12のような請求項で権利保護を図る。

　以上，組成物発明の請求項例を見てきた。出願の段階では，先行技術と
対比しつつ，例1〜10を掛け合わせて，「組成」の技術的特徴を表現する。
塗料組成物のように，成熟した技術分野では，A〜Cの含有量や質量比を
さらに複雑に掛け合わせて，先願との相違点を創出することが多くない。

3．各要素の表現と説明

　一般には，組成物発明を構成する要素は，発明者が発案した「配合表」
と同じである。
　上記例1では，顔料A，樹脂B，溶剤Cを混合して製造された塗料組成
物は，配合された量の顔料A，樹脂B及び溶剤Cを含む。このため，例1
の発明は，「顔料Aと，樹脂Bと，溶剤Cとを含む，塗料組成物。」と表現
される。
　基本的に，各要素の表現には，物質を特定する表現（典型的には物質名）
を用いる。しかし，その発明が属する分野において，用途又は機能を示す
表現（用途的な表現）が妥当な場合には，用途的な表現を用いる。用途的
な表現は，その技術分野で用いられる用語を用いる。
　例1であれば，「顔料」，「溶剤」は用途的な表現である。「溶剤」は，物
質を溶解する液体である。「溶剤」を物質名で表現すると，エタノール，

ブタノール，ヘキサン，オクタン，イソプロパノール，エチルベンゼン，トルエン，キシレン・・・・となる。これらを請求項に列挙するのは現実的ではないので，「溶剤」の用語を用いる。なお，特定の溶剤に限定して，その発明の特徴を表現する場合には，溶剤Cを物質名で表現する。

ここで，請求項の「溶剤C」を明細書で説明する場合，請求項で用いた「溶剤」という表現と，溶剤の下位概念であり，実施例で用いた具体的な溶剤（例えば，トルエン）との間の中位概念を作ることに留意する。サポート要件違反を指摘された場合に，溶剤Cを中位概念へ補正できる余地を残すためである。

そこで，溶剤Cを明細書で次のように説明する。

「（溶剤C）

溶剤Cとしては，水，有機溶剤等が挙げられる。有機溶剤としては，炭素数1～5の一価の一級アルコール，炭素数5～10の脂肪族炭化水素，炭素数6～10の芳香族炭化水素等が挙げられる。

炭素数1～5の一価の一級アルコールとしては，メタノール，エタノール，ブタノール，i－プロパノール，ペンタノール等が挙げられる。

炭素数5～10の脂肪族炭化水素，n－ペンタン，i－ペンタン，n－ヘキサン，i－ヘキサン，n－オクタン，i－オクタン，n－デカン等が挙げられる。脂肪族炭化水素は，直鎖でもよく，分岐鎖でもよい。

炭素数6～10の芳香族炭化水素としては，スチレン，エチルベンゼン，トルエン，キシレン等が挙げられる。

これらの溶剤Cは，1種単独でもよいし，2種以上の組み合わせでもよい。」

例えば，明細書に，i－プロパノール，n－ヘキサン，キシレンのそれぞれを溶剤Cとして用いた実施例のみが記載されていた場合，「実施例の溶媒においてのみ，本願の効果が確認されているから，サポートされていない」という意図の拒絶理由を受ける場合がある。溶剤Cが発明の本質でない場合，実施例に限定されるのは，不本意である。

そこで，「溶剤C」を「有機溶剤C」とする補正，又は，有機溶剤を「炭素数1～5の一価の一級アルコール，炭素数5～10の脂肪族炭化水素及び炭素数6～10の芳香族炭化水素から選ばれる1種以上の溶剤C」とすれば，サポート要件違反を解消できる可能性がある。

6節2 「組成物」

　次に，各要素の表現の留意点としては，互いを明確に区別できるように表現することである。用途的に記載した場合には，特に留意しなければならない。

　顔料，樹脂，溶剤であれば，互いに重なる部分はなさそうである。

　しかし，顔料Ａ，樹脂Ｂ，溶剤Ｃ，増粘剤（添加剤）Ｄだと，どうであろう。増粘剤は，文字通り「増粘」すればよいから，ある種の樹脂を含む。そうすると，樹脂Ｂと増粘剤Ｄとの区別ができなくなり，この発明は「不明りょう」となる。

　そこで，特許請求の範囲は，「増粘剤Ｄ（ただし，樹脂を除く）」等の手当てをする。加えて，明細書においても，増粘剤Ｄの例示（中位概念を考慮しながら）を充実させ，「不明りょう」を解消できるように留意する。

4．何がどのように入っているのか

　組成物発明は，「物」の発明であるから，組成物の状態で表される。上述した塗料組成物は，「配合表」と一致するため，「配合表」に基づいて請求項を作成できる。

　しかし，組成物発明の組成物発明の構成と，配合される原料とその量を表した「配合表」とは，必ずしも同じではない。

　ミックスナッツは，クルミ，アーモンド，カシューナッツ等がそれぞれ独立して入っている。従って，ミックスナッツにおける組成物発明の構成は，配合表と同じである。

　ところが，チャーハンは，ごはんと，溶き卵と，エビやチャーシュー等の具材と，塩やコショウ等の調味料とを炒め合わせて作る。調理人は，具材や調味料の種類や量を工夫して，オリジナルメニューにする。

このオリジナルメニューの配合表は，以下のようになる。

ごはん・・・・・・・・お玉１杯

溶き卵・・・・・・・・１個分

チャーシュー・・・・・２枚

エビ・・・・・・・・・３尾

長ネギ・・・・・・・・４cm位

鳥ガラスープ・・・・・お玉１／４

油・・・・・・・・・・・お玉1／8
塩・コショウ・・・・・各1つまみ

　しかし，上記の配合表は，出来上がったチャーハンを表現できていない。すべての材料を炒め合わせたチャーハンなのか，あんかけチャーハンなのかさえも判らない。材料の溶き卵が，全部が炒り卵になって，ごはん粒と混在している場合もあれば，一部がごはん粒の表面を被覆した焼成物となっている場合もある。スープは，チャーハンの中で「スープ」として存在していないことの方が多い。

　以下，シンプルな配合の粉末洗剤組成物（以下，「粉末洗剤」という）を例にして，組成物の状態を考えてみる。

　この粉末洗剤の配合表は，以下のとおりである。
・直鎖アルキルベンゼンスルホン酸（A成分）・・・・・50質量部
・ポリオキシエチレンアルキルエーテル（B成分）・・・10質量部
・ゼオライト（C成分）・・・・・・・・・・・・・10質量部
・炭酸ナトリウム（D成分）・・・・・・・・・・・・30質量部

　この粉末洗剤の第一の製造方法は，以下のとおりである。
　A成分50質量部と，B成分10質量部と，D成分30質量部とを練り合わせて混練物とした。次いで，混練物をダイから押し出しつつ切断して，ペレットとした。このペレットを粉砕して，平均粒子径600μmの粉末洗剤αを得た。

　粉末洗剤の第二の製造方法は，以下のとおりである。
　A成分50質量部と，C成分10質量部と，D成分30質量部とを練り合わせて混練物とした。次いで，混練物をダイから押し出しつつ切断して，ペレットとした。このペレットを粉砕して，平均粒子径600μmの一次粒子の群とした。B成分10質量部を水50質量部に溶解し，噴霧液を調製した。流動層造粒機内で一次粒子の群を流動させながら，噴霧液を噴霧して，粉末洗剤βを得た。

6節2 「組成物」

　粉末洗剤の第三の製造方法は，以下のとおりである。

　A成分50質量部と，B成分10質量部と，D成分30質量部とを練り合わせて混練物とした。次いで，混練物をダイから押し出しつつ切断して，ペレットとした。このペレットを粉砕して，平均粒子径600μmの一次粒子の群とする。一次粒子の群とC成分（平均粒子径10μm）10質量部とを転動造粒して，粉末洗剤γを得た。

　粉末洗剤α〜γを組成だけで表現すると以下のようになる。

　「直鎖アルキルベンゼンスルホン酸A50質量部と，ポリオキシエチレンアルキルエーテルB10質量部と，ゼオライトC成分10質量部と，炭酸ナトリウムD30質量部とを含有する，粉末洗剤。」

　請求項らしく，配合量に少し幅を持たせると，次のようになる。

> 「直鎖アルキルベンゼンスルホン酸A40〜60質量部と，
> ポリオキシエチレンアルキルエーテルB5〜15質量部と，
> ゼオライトC成分5〜15質量部と，
> 炭酸ナトリウムD25〜35質量部と，
> を有する，粉末洗剤。」

　ところが，この粉末洗剤は，同じ配合でありながら，α＜β＜γの順で，水に溶けやすくなり，洗浄力が向上する。同じ配合であっても，製造方法が異なると，粉末洗剤の性能が異なるのである。

　このような場合，製造方法の違いから生じる構造の違いを請求項で表現することを試みる。

　粉末洗剤βは，一次粒子の群に噴霧液を噴霧しながら造粒している。この製造方法から生じる構造は，「一次粒子がB成分で被覆されている」である。

　また，粉末洗剤γは，一次粒子の群とゼオライトとを造粒している。この製造方法から生じる構造は，「一次粒子がC成分で被覆されている」である。

358

第2章　技術分野別の明細書等の作成方法

　これらを鑑み，粉末洗剤βの構造を考慮した請求項とすると，以下のようになる。

　（粉末洗剤β）
　「界面活性剤含有粒子と，前記界面活性剤含有粒子の表面を被覆する被覆層とを有し，
　前記界面活性剤含有粒子は，直鎖アルキルベンゼンスルホン酸A40〜60質量部とゼオライトC成分5〜15質量部と炭酸ナトリウムD25〜35質量部とを有し，
　前記被覆層は，ポリオキシエチレンアルキルエーテルB5〜15質量部を含む，
　粉末洗剤。」

　（粉末洗剤γ）
　「界面活性剤含有粒子と，前記界面活性剤含有粒子の表面を被覆する被覆層とを有し，
　前記界面活性剤含有粒子は，直鎖アルキルベンゼンスルホン酸A40〜60質量部とポリオキシエチレンアルキルエーテルB5〜15質量部と炭酸ナトリウムD25〜35質量部とを有し，
　前記被覆層は，ゼオライトC成分5〜15質量部を含む，
　粉末洗剤。」

　このように構造を交えて，組成物発明を表現することがある。
　上記以外でも，油と水とを含む組成物の場合，油と水とが分離しているものもあれば，水中油滴型のエマルジョン，油中水滴型のエマルジョンを形成している場合もある。これらの特徴を適切に使い分け，表現することで，その発明の技術的特徴を表現でき，公知技術との差異を明確にできる。

5．最後に

　組成物発明の表現に関して，一般的なことを述べてきた。上述の例は，

359

6節2 「組成物」

　極めて判別しやすい例であるが，実際は，先行技術との差異を見出すために，発明の構成要素をより細かく限定し，質量比の組み合わせを複数組み入れることも多い。また，製法方法による製造物の差異についても，構造上の相違を確認するのが困難なことも多い。

　組成物発明は，穿った目で見れば，単なる設計事項のようにも見える。

　しかし，請求項に技術的特徴を示し，従来技術との構成の差異，効果の差異を示せれば，権利化を望める。

　単なる配合の好適化だとあきらめずに，組成物発明に挑戦いただければ幸いである。

7節 「印刷機械」

(鈴木　慎吾)

1．液滴吐出装置の概要

印刷機械として，インクジェットヘッド（液滴吐出ヘッド）を備えた液滴吐出装置を取り上げる。

図1に液滴吐出ヘッド20の断面図を示す。液滴吐出ヘッド20は，液滴吐出ユニット21を有する。液滴吐出ユニット21は，インクが充填される圧力室24と，圧力室を外部に開口するノズル28と，圧力室24の内圧を変化させるピエゾ素子38と，を有する。ピエゾ素子38により圧力室24の内圧を増加させると，圧力室24に充填されたインクが液滴となってノズル28から吐出される。

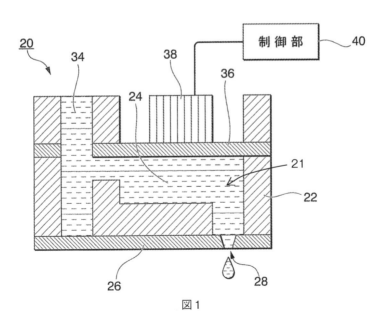

図1

図2に液滴吐出ヘッド20の底面図を示す。液滴吐出ヘッド20には，複数の液滴吐出ユニット21がR方向に並んで配置されている。これにより液滴吐出ヘッド20は，R方向に沿って配列された複数のノズル28を有する。複数のノズル28は，相互に独立してインクの液滴を吐出する。

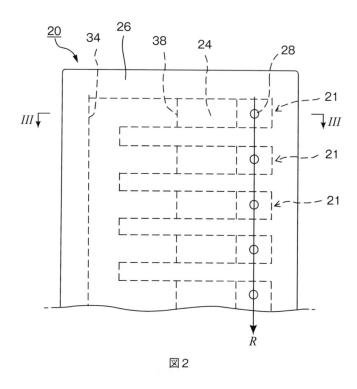

図2

図3に液滴吐出装置10の斜視図を示す。液滴吐出装置10は，液滴吐出ヘッド20から被処理基板5に向かって液滴を吐出する。液滴吐出装置10は，被処理基板5をX方向に移動させながら，液滴吐出ヘッド20から被処理基板5に向かって液滴を吐出する。これにより，被処理基板5に配線パターン等を描画することができる。

第2章 技術分野別の明細書等の作成方法

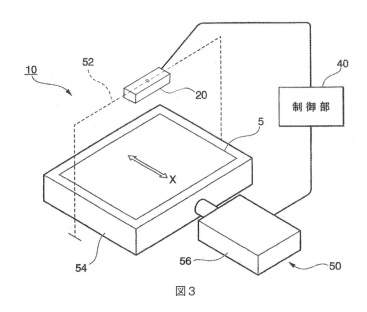

図3

2. 発明提案書

(1) 課題

　近時は，被処理基板5に微細な配線パターン等を描画することが望まれている。そのためには，液滴吐出ヘッド20の複数のノズル28を狭いピッチに形成する必要がある。しかしながら，液滴吐出ヘッド20において複数の液滴吐出ユニット21を狭いピッチに形成するのは，液滴吐出ヘッド20の構造上の限界がある。

(2) 本発明

　図4に本発明の説明図として被処理基板の平面図を示す。被処理基板5の移動方向に対して，液滴吐出ヘッド20を斜めに配置する。すなわち，被処理基板5の移動方向であるX方向と，複数のノズル28の配列方向であるR方向とを，垂直以外の角度θで交差させる。これにより，X方向と直交するY方向における複数のノズル28のピッチP2が，R方向における複数のノズル28のピッチP1より小さくなる。したがって，狭いピッチのパターンを描画することができる。

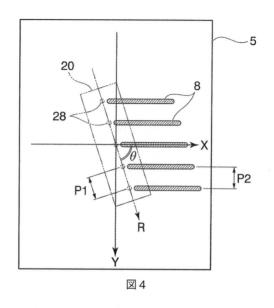

図4

3. 発明の展開

(1) 液滴吐出ヘッドの駆動方式

　液滴吐出ヘッドの圧力室の内圧を変化させる方式として，ピエゾ素子を利用するピエゾ方式の他に，ヒーターを利用するサーマル（バブル）方式などがある。そこで，ピエゾ素子に代えてヒーターでも良い旨を明細書に記載しておく。

(2) 被処理基板の展開

　本発明の液滴吐出装置は，被処理基板に配線パターンを描画する場合だけでなく，紙に画像パターンを描画する場合にも利用できる。そこで，特許請求の範囲では，被処理基板の上位概念として「被処理物」の用語を使用する。

(3) 交差角度θの変更

　発明提案書では，R方向とX方向との交差角度θが一定である。これに対して，交差角度θが自在に変更できれば，所望のピッチのパターンを描

第2章　技術分野別の明細書等の作成方法

画できる。そこで，液滴吐出装置の第2実施形態として，液滴吐出ヘッド
の回動装置を付加したものを記載する。

⑷　液滴吐出ヘッドと被処理物との相対移動
　一般に液滴吐出装置は，液滴吐出ヘッドを固定し，被処理基板を載置し
たステージを移動させる。これに対して，被処理基板を固定し，液滴吐出
ヘッドを移動させても，パターンを描画することは可能である。そこで，
特許請求の範囲では，「液滴吐出ヘッドに対して被処理物を相対的に移動
させる」と表現する。

4．出願用原稿の記載例

　以上の点を考慮した明細書，特許請求の範囲，要約書および図面の記載
例を以下に示す。なお，留意すべき記載事項には注釈（※）を付して，本
稿の末尾で解説している。
　以下の記載例は，出願用原稿の記載事項を例示するためコンパクトにま
とめたものである。したがって，実際の出願に使用するには必ずしも十分
ではないことを付言しておく。

【書類名】　　　　明細書
【発明の名称】　液滴吐出装置およびパターン描画方法
【技術分野】
　　　【0001】
　本発明は，液滴吐出装置およびパターン描画方法に関する。
【背景技術】
　　　【0002】
　電子機器に搭載される基板に配線パターン等を形成するため，液滴
吐出装置が利用されている。液滴吐出装置は，第1の方向に沿って配
列された複数の液滴吐出ノズルを備える液滴吐出ヘッドと，液滴吐出
ヘッドに対向するように配置される被処理基板に対して液滴吐出ヘッ
ドを第2の方向に沿って相対的に移動させるように構成された相対移
動機構と，を備える。この液滴吐出装置を用いて，被処理基板に対し

第2章

7節

て液滴吐出ヘッドを第2の方向に沿って相対的に移動させつつ，液滴
吐出ヘッドから被処理基板に液滴を吐出することにより，パターンを
描画することができる。

　公知の液滴吐出装置では，第1の方向と，第2の方向とが，垂直に
交差している（例えば，特許文献1参照）。

【先行技術文献】

【特許文献】

　【0003】

　　【特許文献1】　特開**** － ****** 号公報

【発明の概要】

【発明が解決しようとする課題】

　【0004】

　近年では，電子機器の小型化などに伴って，狭いピッチのパターン
を描画することが求められている。

　本発明が解決しようとする課題は，狭いピッチのパターンを描画す
ることができる液滴吐出装置およびパターン描画方法を提供すること
である。

【課題を解決するための手段】

　【0005】

　本発明の一態様の液滴吐出装置は，第1の方向に沿って配列された
複数の液滴吐出ノズルを備える液滴吐出ヘッドと，前記液滴吐出ヘッ
ドに対向するように配置される被処理物に対して前記液滴吐出ヘッド
を第2の方向に沿って相対的に移動させるように構成された相対移動
機構と，を備える液滴吐出装置であって，前記第1の方向と前記第2
の方向とが垂直以外の角度で交差している。

　この液滴吐出装置では，液滴吐出ノズルの配列方向である第1の方
向と，液滴吐出ヘッドの相対移動方向である第2の方向とが，垂直以
外の角度で交差している。そのため，第2の方向と直交する方向にお
ける液滴吐出ノズルのピッチが，第1の方向における液滴吐出ノズル
のピッチより小さい。したがって，狭いピッチのパターンを描画する
ことができる。

　【0006】

前記液滴吐出装置は，前記第1の方向と前記第2の方向とのなす角度が変化するように，前記液滴吐出ヘッドを回動させることが可能な回動装置をさらに備えていてもよい。

　この液滴吐出装置では，回動装置により液滴吐出ヘッドを回動させると，第1の方向と第2の方向とのなす角度が変化する。これにより，第2の方向と直交する方向における液滴吐出ノズルのピッチが自在に変化する。したがって，所望のピッチのパターンを描画することができる。

【0007】

　本発明の一態様に係るパターン描画方法は，第1の方向に沿って配列された複数の液滴吐出ノズルを備える液滴吐出ヘッドと，前記液滴吐出ヘッドに対向するように配置される被処理物に対して前記液滴吐出ヘッドを第2の方向に沿って相対的に移動させるように構成された相対移動機構と，を備える液滴吐出装置を用いたパターン描画方法であって，前記第2の方向と前記第1の方向とを垂直以外の角度で交差させ，前記被処理物に対して前記液滴吐出ヘッドを前記第2の方向に沿って相対的に移動させつつ，前記液滴吐出ヘッドから前記被処理物に液滴を吐出する。

　このパターン描画方法は，液滴吐出ノズルの配列方向である第1の方向と，液滴吐出ヘッドの相対移動方向である第2の方向とを，垂直以外の角度で交差させる。そのため，第2の方向と直交する方向における液滴吐出ノズルのピッチが，第1の方向における液滴吐出ノズルのピッチより小さい。したがって，狭いピッチのパターンを描画することができる。

【発明の効果】

【0008】

　本発明の液滴吐出装置では，液滴吐出ノズルの配列方向である第1の方向と，液滴吐出ヘッドの相対移動方向である第2の方向とが，垂直以外の角度で交差している。そのため，第2の方向と直交する方向における液滴吐出ノズルのピッチが，第1の方向における液滴吐出ノズルのピッチより小さい。したがって，狭いピッチのパターンを描画することができる。

7節 「印刷機械」

【図面の簡単な説明】

【0009】

【図1】 第1実施形態の液滴吐出装置の斜視図。

【図2】 被処理基板の平面図。

【図3】 (b)は液滴吐出ヘッドの底面図，(a)は(b)のIII－III線における断面図。

【図4】 第2実施形態の液滴吐出装置の斜視図。

【発明を実施するための形態】

【0010】

以下，実施形態に係る液滴吐出装置およびパターン描画方法を，図面を参照して説明する。本願において，X，YおよびR方向は以下のように定義される。X方向（第2の方向）は，ステージが移動する方向である。Y方向は，X方向に直交する方向である。R方向（第1の方向）は，複数のノズルの配列方向である。（※1）

【0011】

（第1実施形態，液滴吐出装置）

第1実施形態の液滴吐出装置について説明する。

図1は，第1実施形態の液滴吐出装置の斜視図である。図2は，被処理基板の平面図である。図1に示すように，本実施形態に係る液滴吐出装置10は，液滴吐出ヘッド20と，相対移動機構50と，制御部40と，を有する。（※2）

【0012】

図3(b)は，液滴吐出ヘッドの底面図である。図3(a)は，図3(b)のIII－III線における断面図である。図3(a)に示すように，液滴吐出ヘッド20は，ヘッド本体22と，ノズルプレート26と，振動板36と，材料液供給路34と，複数の液滴吐出ユニット21と，を有する。（※3）

【0013】

ヘッド本体22は，直方体状に形成される。ノズルプレート26は，ヘッド本体22の第1面に装着される。振動板36は，ヘッド本体22の第2面に装着される。（※4）材料液供給路34は，ヘッド本体22の内部に形成される。材料液供給路34は，ヘッド本体22の外部から材料液（インク）を導入する。

368

第2章　技術分野別の明細書等の作成方法

【0014】
　液滴吐出ユニット21は，圧力室24と，ノズル28と，ピエゾ素子38と，を有する。圧力室24は，ヘッド本体22に形成される。ノズル28は，ノズルプレート26を貫通して形成される。ノズル28は，圧力室24を外部に開口する。ピエゾ素子38は，振動板36の外面に装着される。

【0015】
　後述するように，制御部40がピエゾ素子38に対して，材料液の液滴を吐出させる信号（吐出信号）を出力する。これにより，ピエゾ素子38が伸縮変形し，振動板36が撓んで，圧力室24の内圧が変化する。圧力室24の内圧が増加すると，材料液の液滴がノズル28から外部に吐出される。制御部40がピエゾ素子38に吐出信号を連続して出力すると，材料液の液滴が連続して吐出される。（※５）

【0016】
　液滴吐出ユニット21は，圧力室24の内圧を変化させる駆動素子として，ピエゾ素子38に代えてヒーターを有してもよい。ヒーターは，圧力室24の材料液を加熱して気泡を発生させ，圧力室24の内圧を変化させる。（※６）

【0017】
　図３（b）に示すように，複数の液滴吐出ユニット21が，R方向に並んで配置される。これにより液滴吐出ヘッド20は，R方向に沿って配列された複数のノズル28を有する。複数の液滴吐出ユニット21は，材料液供給路34に接続される。複数の液滴吐出ユニット21は，相互に独立して液滴を吐出する。

【0018】
　図１に示すように相対移動機構50は，フレーム52と，ステージ54と，駆動装置56と，を有する。フレーム52は，ノズルがステージ54を向いた状態で液滴吐出ヘッド20を支持する。ステージ54は，液滴吐出ヘッド20と対向するように被処理基板（被処理物）5を支持する。駆動装置56は，リニアアクチュエータ等を有し，ステージ54をX方向に水平移動させる。

【0019】
　後述するように，制御部40が駆動装置56に対して，ステージ54をX

7節 「印刷機械」

方向に移動させる信号（駆動信号）を出力する。これにより相対移動機構50は，液滴吐出ヘッド20に対向するように配置される被処理基板5に対して，液滴吐出ヘッド20をX方向に沿って相対的に移動させる。

【0020】

相対移動機構50は，固定された液滴吐出ヘッド20に対して被処理基板5を相対的に移動させる。相対移動機構50は，固定された被処理基板5に対して液滴吐出ヘッド20を相対的に移動させてもよい。

【0021】

制御部40は，ピエゾ素子38に対して，材料液の液滴を吐出させる信号（吐出信号）を出力する。制御部40は，駆動装置56に対して，ステージ54をX方向に移動させる信号（駆動信号）を出力する。（※7）

【0022】

図2に示すように，ノズル28の配列方向であるR方向と，液滴吐出ヘッド20の相対移動方向であるX方向とが，垂直以外の角度θで交差している。そのため，X方向と直交するY方向におけるノズル28のピッチP2が，R方向におけるノズル28のピッチP1より小さい。

【0023】

本実施形態の液滴吐出装置を使用したパターン描画方法について説明する。（※8）

図1に示すように，制御部40は，駆動装置56に駆動信号を出力する。これにより，ステージ54と共に，ステージ54に載置された被処理基板5がX方向に移動する。被処理基板5の所定位置が所定ノズルに対向配置されたとき，制御部40は，所定ノズルに対応するピエゾ素子に吐出信号を出力する。これにより，所定ノズルから材料液の液滴が吐出され，被処理基板5の所定位置に着弾する。制御部40は，吐出信号を連続して出力する。これにより，X方向に延びる直線状のパターンが被処理基板5に描画される。

【0024】

図2に示すように，本実施形態の液滴吐出装置では，X方向と直交するY方向におけるノズル28のピッチP2が，R方向におけるノズル28のピッチP1より小さい。これにより，Y方向においてピッチP1よりも狭いピッチP2を有するパターン8が描画される。

第2章　技術分野別の明細書等の作成方法

【0025】

　以上に説明したように，本実施形態の液滴吐出装置は，R方向とX方向とが垂直以外の角度θで交差している。そのため，X方向と直交するY方向におけるノズル28のピッチP2が，R方向におけるノズル28のピッチP1より小さい。したがって，狭いピッチP2を有するパターン8を描画することができる。（※9）

【0026】

（第2実施形態，液滴吐出装置）

　第2実施形態の液滴吐出装置について説明する。

　図4は第2実施形態の液滴吐出装置の斜視図である。第2実施形態の液滴吐出装置210は，回動装置212を備える点で，第1実施形態と異なる。第2実施形態のうち，第1実施形態と同様の部分の説明は省略される。（※10）

【0027】

　液滴吐出装置210は，回動装置212を有する。

　回動装置212は，ステッピングモータ等を有する。回動装置212は，フレーム52と液滴吐出ヘッド20との間に配置される。回動装置212の回動軸は，ステージ54の法線方向に沿って配置される。これにより回動装置212は，R方向とX方向とのなす角度θ（図2参照）が変化するように，液滴吐出ヘッド20を回動させることが可能である。

　制御部40は，回動装置212に対して，液滴吐出ヘッド20を回動させる信号（回動信号）を出力する。

【0028】

（パターン描画方法）

　液滴吐出装置210を使用したパターン描画方法について説明する。

　図4に示す制御部40が，回動装置212に回動信号を出力する。これにより，液滴吐出ヘッド20が回動し，図2に示すようにR方向とX方向とが垂直以外の角度θで交差する。そのため，X方向と直交するY方向におけるノズル28のピッチP2が，R方向におけるノズル28のピッチP1より小さくなる。ピッチP2が所望のピッチになったとき，液滴吐出ヘッド20の回動が停止される。

【0029】

371

7節 「印刷機械」

　次に第1実施形態と同様に，被処理基板5に対して液滴吐出ヘッド20をX方向に沿って相対的に移動させつつ，液滴吐出ヘッド20から被処理基板5に液滴を吐出する。これにより，X方向に延びるパターンが被処理基板5に描画される。

【0030】

　このように，本実施形態の液滴吐出装置210は，R方向とX方向とのなす角度θが変化するように液滴吐出ヘッド20を回動させることが可能な回動装置212を有する。回動装置212により液滴吐出ヘッド20を回動させると，図2に示すR方向とX方向とのなす角度θが変化する。これにより，X方向と直交するY方向における液滴吐出ノズルのピッチP2が自在に変化する。したがって，所望のピッチP2のパターン8を描画することができる。

【0031】

　本発明は前述した実施形態に限られない。

　実施形態のパターン描画方法は，被処理物の一つの例である被処理基板にパターンを描画する。パターン描画方法は，被処理物の他の例である紙などに，画像などのパターンを描画してもよい。(※11)

【符号の説明】

【0032】

　R…第1の方向，X…第2の方向，5…被処理基板（被処理物），8…パターン，10…液滴吐出装置，20…液滴吐出ヘッド，28…ノズル（液滴吐出ノズル），50…相対移動機構，212…回動装置。

【書類名】　　　　　特許請求の範囲

【請求項1】

　第1の方向に沿って配列された複数の液滴吐出ノズルを備える液滴吐出ヘッドと，

　前記液滴吐出ヘッドに対向するように配置される被処理物に対して前記液滴吐出ヘッドを第2の方向に沿って相対的に移動させるように構成された相対移動機構と，を備える液滴吐出装置であって，

　前記第1の方向と前記第2の方向とが垂直以外の角度で交差してい

第2章　技術分野別の明細書等の作成方法

る，液滴吐出装置。

　【請求項2】

　前記第1の方向と前記第2の方向とのなす角度が変化するように，前記液滴吐出ヘッドを回動させることが可能な回動装置をさらに備える請求項1に記載の液滴吐出装置。

　【請求項3】

　第1の方向に沿って配列された複数の液滴吐出ノズルを備える液滴吐出ヘッドと，前記液滴吐出ヘッドに対向するように配置される被処理物に対して前記液滴吐出ヘッドを第2の方向に沿って相対的に移動させるように構成された相対移動機構と，を備える液滴吐出装置を用いたパターン描画方法であって，

　前記第2の方向と前記第1の方向とを垂直以外の角度で交差させ，

　前記被処理物に対して前記液滴吐出ヘッドを前記第2の方向に沿って相対的に移動させつつ，前記液滴吐出ヘッドから前記被処理物に液滴を吐出する，パターン描画方法。

【書類名】　　　　　要約書

【要約】

【課題】狭いピッチのパターンを描画することができる液滴吐出装置10およびパターン描画方法を提供することである。

【解決手段】第1の方向（R方向）に沿って配列された複数の液滴吐出ノズル28を備える液滴吐出ヘッド20と，液滴吐出ヘッド20に対向するように配置される被処理基板5に対して液滴吐出ヘッド20を第2の方向（X方向）に沿って相対的に移動させるように構成された相対移動機構50と，を備える液滴吐出装置10であって，第1の方向と第2の方向とが垂直以外の角度で交差している。

【選択図】図1

【注釈の説明】

※1：実施形態の冒頭で座標系を定義する。その上で各図に座標系を記載すれば，どの方向から見た図なのかが分かりやすくなる。

第2章　7節

7節　「印刷機械」

※2：液滴吐出装置の説明の冒頭で，液滴吐出装置の構成要素を列挙する。以下，列挙した構成要素を順に説明する。

※3：液滴吐出装置の構成要素である液滴吐出ヘッドの説明の冒頭で，液滴吐出ヘッドの構成要素を列挙する。以下，列挙した構成要素を順に説明する。

※4：構成要素の説明文では，「ヘッド本体22は，」「ノズルプレート26は，」など，構成要素を主語にする。同じ構成要素を詳しく説明する場合には，同じ主語の文章を続けて記載してもよい。

※5：液滴吐出装置の構成要素の一つである液滴吐出ヘッド（液滴吐出ユニット）の作用の説明。液滴吐出ヘッド（液滴吐出ユニット）の構成の説明に続けて，作用の説明を行う。

※6：「A部材に代えてB部材でもよい。」旨は，実施形態の末尾に尚書きとして記載してもよいが，A部材が発明の特徴部分に関連しない（請求項に登場しない）場合などには，実施形態におけるA部材の説明の直後に記載してもよい。

※7：先の段落において液滴吐出ヘッドや駆動装置の作用との関係で制御部を説明したので，この段落は省略してもよい。

※8：液滴吐出装置（物の発明）の実施可能要件を満たすため，液滴吐出装置の使用方法としてパターン描画方法を説明する。液滴吐出装置の作用の説明を兼ねる。

※9：第1実施形態のまとめとして，請求項1に対応する構成～作用～効果を簡潔に記載する。課題を解決するための手段の記載を流用する。

※10：下位の実施形態の冒頭には，上位の実施形態との相違点を簡潔に記載する。また，説明が省略されることを記載する。

※11：発明の展開により，特許請求の範囲では被処理基板の上位概念として「被処理物」の用語を使用したので，被処理基板以外の下位概念を記載することにより「被処理物」をサポートする。

【書類名】 図面
【図1】

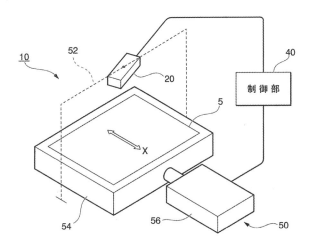

【図2】

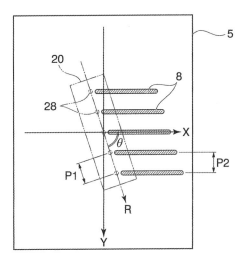

7節 「印刷機械」

【図3】

(a)

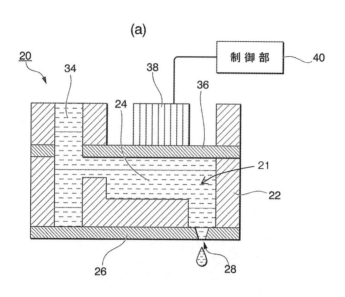

(b)

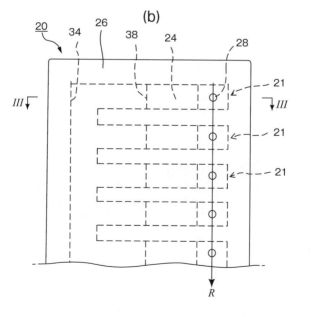

376

第2章 技術分野別の明細書等の作成方法

【図4】

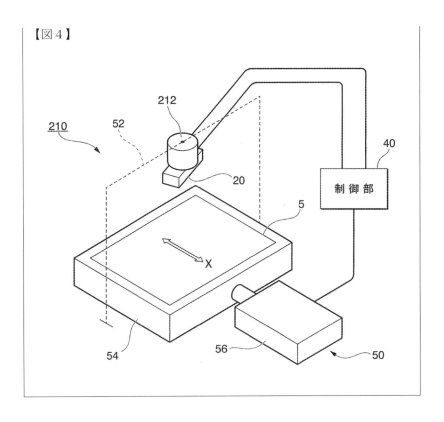

8節 「電子機器の筐体」

(吉田　昇)

1．概要

　一般的に，機械要素としての筐体は，「何らかの機能を有する機械や電気機器などを中に収めた箱」と定義され，主な機能は，耐衝撃性，防水性，防塵性，耐圧性，耐温性，耐破壊性，騒音低減性，電気的ノイズ低減性及び／あるいはデザイン性である。このような「筐体」を主題とする特許出願では，これら主な機能のうち，用途に応じて着目された機能に関する構造上の改善が特徴点となることが多い。すなわち，筐体に関する特許出願では，発明者（技術者）が開発目標に照らして着目した機能を満足させる形状や機械構造を取り扱うことになる。

　そして，このような筐体に関する特許出願において，我々特許事務所の明細書担当者は，クライアントから受領した発明提案書に基づいて，以下の図1に示す手順で筐体に関する発明（筐体発明）と対峙する。

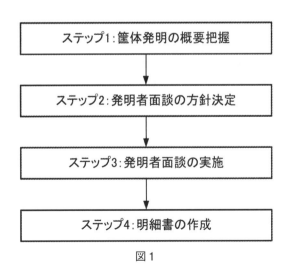

図1

8節　「電子機器の筐体」

　個々のステップの詳細については後述するが，最初のステップ1では，発明提案書及びその添付図面に基づいて筐体発明の全体像を捉える。続いて，ステップ2では，ステップ1で捉えた筐体発明の全体像を前提として，以後に行われる発明者との面談（発明者面談）の方針（面談方針）を決定する。そして，ステップ3では，ステップ2で決定した面談方針に基づいて発明者面談を実施し，明細書の作成に必要な事項を全て明確にする。なお，この発明者面談では，発明提案書に記載されていない事項が発明者から追加説明されることが往々にしてあり得るので，ステップ1やステップ2において，筐体発明をできるだけ広い範囲の特許発明として解釈することが重要である。さらに，ステップ4では，ステップ1～3で得られた筐体発明に関する全ての情報（技術的情報及び特許的情報）に基づいて明細書の作成方針を決定し，明細書を実際に作成する。

(1)　筐体発明の概要把握

　多くの場合，明細書担当者はクライアントから受領した発明提案書の記載に基づいて筐体発明の概要を把握する。発明提案書には，**図2**に示すように，特許出願原稿の書式に倣って「発明の名称」，「従来技術」，「従来技術の問題点」，「発明のポイント」，「具体的実施例」及び「発明の効果」が項目として設けられていことが多い。明細書担当者は，このような発明提案書の全体を熟読することによって，個々の項目に記載されている技術事項を理解し，この結果として筐体発明の概要（全体像）を把握する。

　すなわち，明細書担当者は，発明提案書を通して筐体発明の特許的なストーリーと具体的な実施形態とを理解する。ここで，筐体発明の特許的なストーリーとは，従来技術を出発点とし，発明の目的，解決手段及び作用・効果の相互の関連性であり，筐体発明の特許的な意義と言えるものである。

　また，具体的な実施形態は，発明提案書の「具体的実施例」と発明説明書に記載された図面（添付図面）とに基づいて把握される筐体発明の具体的な実施態様である。筐体発明は，特許発明としての特徴点が外形や機構等，筐体の構造的な部分になることが多いので，その特徴点つまり従来技術に対する優位な特徴点が図面に典型的に表れることが多い。したがって，筐体発明の概要把握では，多くの場合，添付図面を理解することによって具体的な実施形態が把握される。

第2章　技術分野別の明細書等の作成方法

　このような筐体発明の性格上，添付図面を正確に読み取る能力は，筐体発明を担当する明細書担当者に求められる基本的なスキルである。

```
┌─────────────────────────────────────────┐
│              発明説明書                  │
│                      発明者：○○　○○    │
│                                          │
│  1.発明の名称：△△△△                    │
│                                          │
│  2.従来技術：                            │
│    筐体に関する従来技術は、例えば特開2001-xxxxxx号公報に開示│
│  されている。この従来技術は、……の改善を目的とするものであり、│
│  ……という構造を採用することによって上記目的を達成している。│
│                                          │
│  3.従来技術の問題点：                    │
│    上記従来技術には、……という問題点があった。すなわち、従来技│
│  術では……構造を採用しているので、……することができない。│
│                                          │
│  4.発明のポイント：                      │
│    従来の……構造に代えて、……構造を採用する。│
│                                          │
│  5.具体的な実施例：                      │
│    この筐体では、図1～図4に詳細を示すように……構造を採用してい│
│  る。この……構造は、……、……、……、……から構成されており、│
│  ……と……とが……する。                 │
│                                          │
│  6.発明の効果：                          │
│    このような筐体では、……構造を採用するので、上述した従来技術│
│  の問題点を改善することができる。        │
│                                          │
│  ※添付図面：図1～図4                     │
└─────────────────────────────────────────┘
```

図2

(2)　発明者面談の方針決定

　明細書担当者は，このようにして把握した筐体発明の概要に基づいて，後日行う発明者面談の方針について検討する。すなわち，明細書担当者は，筐体発明の権利化に向けて発明者面談で発明者とどのような点について議論を行うかの方向性を明らかにする。

　多くの発明者は純粋に技術者として自らが行った発明を捉えているが，明細書担当者は，筐体発明を純粋に技術として理解することに加えて，発明提案書から把握される筐体発明を特許的な視点つまり特許権の対象として捉え直す必要がある。

　ここで，筐体発明の場合，当該筐体発明の実態が筐体の外形や機構になることが多いので，発明提案書に記載された筐体に関する専門用語を正確に理解する能力が明細書担当者に求められる最も基本的なスキルである。

381

8節　「電子機器の筐体」

　また，このような面談方針は，例えば**図3**に示すような事前検討書を作成することによって明確になる。この事前検討書には，項目1及び項目2の書誌的事項に続いて，発明説明書から把握される「発明のポイント」が項目3として記載される。この発明のポイントは，筐体発明の構成及び作用効果の関連性つまり筐体発明の主旨を示すものであってもよく，あるいは発明提案書から把握される筐体発明を請求項化したものであってもよい。

　また，この事前検討書には，技術的な確認事項が項目4として記載され，また特許的な確認事項が項目5として記載される。このような技術的な確認事項と特許的な確認事項とを事前検討書において個別にまとめることにより，筐体発明に対する技術的な理解及び特許的な理解をより深めることができる。

　また，事前検討書には，発明提案書から把握される筐体発明よりも権利範囲を広げるための提案が項目6として記載される。この項目6は，発明者面談時に行うリエゾン活動を念頭に置いたものであり，発明提案書から把握される筐体発明の全体像あるいは／及び構成要素毎に上位概念化に関して思いつく事項を列記する。

　例えば，発明者の中には特許に対する理解が浅い人もいる。このような発明者の発明提案書には特許的な観点から見た記載が殆どない。したがって，発明提案書の記載のみから筐体発明を捉えると，特許的に極めて狭い捉え方に陥る場合がある。この項目6は，このような観点から，発明提案書に記載された筐体発明を特許的に捉え直すために有効である。

　さらに，事前検討書には，特許性を向上させるために必要な提案が項目7として記載される。従来技術との対比から筐体発明の特許性に懸念がある場合，この提案について発明者面談で発明者と議論することによってより意義のある発明者面談を行うことができる。
このような事前検討書を事前に作成することによって，明細書担当者の筐体発明に対する理解が確かなものになると共に後日行われる発明者面談の方針が明確化される。

　なお，このような事前検討書については，クライアントに事前送付して発明者に確認してもらうことにより，より充実した内容の発明者面談を実現することができる。すなわち，発明者面談日に対して余裕を持ったタイ

第2章　技術分野別の明細書等の作成方法

ミングで事前検討書をクライアントに送付することによって，事前検討書に記載した確認事項や提案に対する回答を発明者面談の前段階で発明者から事前に入手することが可能になる。

事前検討書

特許業務法人 志賀国際特許事務所
明細書担当：＠＠　＠＠

1.御社整理番号：xxxxxx
2.発明の名称：△△△△

3.発明のポイント：
　この筐体発明は、……することを目的とし、当該目的を達成するために……という構造を採用するものである。

4.技術的確認事項：
　① …………
　② …………
　③ …………

5.特許的確認事項：
　① …………
　② …………
　③ …………

6.権利範囲を広げるための提案：
　① …………
　② …………
　③ …………

7.特許性を向上させるための提案：
　① …………
　② …………
　③ …………

図3

(3)　発明者面談の実施

　発明者面談は，発明提案書に記載された筐体発明に対する理解を深めるために行われるが，その基本方針は**図4**に示す通りである。

8節 「電子機器の筐体」

```
┌─────────────────────────────────────┐
│              面談心得                  │
│                                       │
│  1. 先に発明者の説明をお聞きし、その後で事前検討事 │
│     項について発明者と協議する。            │
│                                       │
│  2. 発明ストーリーに技術的・特許的な矛盾はないか。   │
│                                       │
│  3. 具体的な実施例に技術的・特許的な矛盾はないか。   │
│                                       │
│  4. 産業所の利用性、新規性、進歩性等の特許性は満  │
│     足しているか。                       │
│                                       │
│  5. 明細書を作成する上で図面の不足がないか。      │
│                                       │
└─────────────────────────────────────┘
```

図4

　最初に，発明者面談では，発明者が自ら行った筐体発明ついて，発明者の自らの言葉で説明して頂くことが重要である。発明提案書の紙面には制限があるので，また筐体発明を発明提案書で文章として表現した場合に発明者の真意が十分に伝わらない場合があるので，発明提案書が筐体発明に関する発明者の真意を十分に示していない場合が考えられる。

　発明者面談では，このような発明提案書に対する懸念を考慮して，発明者が創作した筐体発明の真の姿を把握するために，発明者の言葉で筐体発明について語って頂く。このような発明者面談に際しては，発明提案書の記載事項に関する質問事項を上述した事前検討書のようにまとめておくことが好ましい。そして，実際の発明者面談では，筐体発明に関する発明者の説明をお聞きした上で，質問事項について発明者の回答を求める。

　このような発明者面談は，発明提案書の記載から把握される筐体発明と発明者が真に創作した筐体発明との整合性をチェックするための極めて重要な作業である。

　また，発明者面談では，発明提案書及び発明者の説明から把握される筐体発明の発明ストーリに技術的・特許的な矛盾がないか否かを確認することが重要である。発明者面談は，あくまでも適切な特許出願書面（願書，特許請求の範囲，明細書，図面及び要約書等からなる書面）を作成するた

めの準備作業なので，発明ストーリに矛盾が存在する場合，有効な特許出願を成し得ないことになる。

例えば，筐体発明の構成（解決手段）には技術的な矛盾は存在しないが，この筐体発明の構成が発明の目的（技術課題）を解決していない，という場合が考えられる。この場合，技術課題と解決手段との間に技術的あるいは特許的な矛盾が存在することになる。また，筐体発明の構成（解決手段）には技術的な矛盾は存在しないが，この筐体発明の構成が発明の効果を奏さない，という場合が考えられる。この場合には，解決手段と発明の効果との間に技術的あるいは特許的な矛盾が存在することになる。発明者面談に際しては，このような技術的・特許的な矛盾が潜んでいないかについて，十分な注意を払いつつ筐体発明の理解に努める。

また，発明者面談では，発明説明書及び発明者の説明から把握される筐体発明の具体的な実施形態に技術的な過不足がないかを確認することが重要である。実施形態に技術的な過不足が存在する場合，明細書の「発明を実施するための形態」の記載が必要以上の技術開示や技術的に理解不能なものになる。

筐体発明では特徴点を説明する上で図面が必須となるが，発明提案書の添付図面には，筐体発明の特徴点に直接関係しない部位（非関連部位）の詳細が描かれている場合がある。このような非関連部位の詳細については，筐体発明の権利化において特に必要な情報ではなく，また別途特許出願する可能性を含むものなので，筐体発明の出願によって公知化することはクライアントにとって好ましくない。

一方，発明提案書の添付図面が筐体発明の特徴点を説明する上で十分でない場合があり得る。筐体発明の特徴点は形状や機構になることが多いので，筐体発明を説明する上で明細書に添付する図面は極めて重要である。しかしながら，例えば添付図面が筐体発明の特徴点を示す正面図のみであった場合，つまり筐体を一方向から見た形状のみを示すものであった場合，筐体の特徴的形状を十分に把握することができない場合がある。このような懸念を払拭するためには，明細書に添付する図面としては少なくとも２方向から筐体の特徴点を見たものを用意することが好ましいので，発明者面談の場で図面の追加を発明者に依頼する。

このような技術情報の過不足は，発明提案書や発明者の説明についても

8節 「電子機器の筐体」

同様であり，必要以上の技術開示にならないように，また筐体発明を十分に説明し得るかについて発明者面談の場で十分に検討する必要がある。

発明者面談では，発明提案書及び発明者の説明から筐体発明を十分に把握できた段階で，筐体発明に関する発明概念の拡張作業を行う。

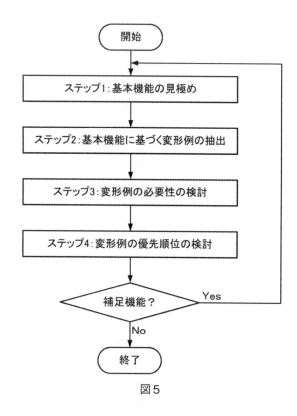

図5

このような特許性の懸念あるいは発明概念の拡張において，発明提案書及び発明者の説明から把握される筐体発明を特許性確保の観点あるいは発明概念の拡張の観点から捉え直す必要がある。このような作業を一般的に「リエゾン」と言うが，このリエゾンによって筐体発明の特許的な価値を高めることができる。このリエゾンについては基本的な手法が特許関連図書に紹介されているが，リエゾン能力は，筐体発明に対する明細書担当者

第２章　技術分野別の明細書等の作成方法

の理解の深さ及び技術的な知識の豊富さに依るところが大である。この筐体発明に関するリエゾンでは，**図５**に示す手順で発明概念の拡張を試みる。

　最初のステップ１では，筐体発明の基本的な機能（基本機能）を見極める。筐体に求められる一般的な基本機能については上述したが，このステップ１では，発明の目的を達成する上で必要な筐体の基本機能が，これら一般的な機能の何れなのか，また本件発明特有の特異な機能が基本機能なのかについて発明者と議論し，当該筐体発明の基本機能を見極める。

　そして，ステップ２では，ステップ１で見極めた基本機能に基づいて発明提案書に記載された実施例とは異なる実施例（変形例）について発明者と協議し，技術的に実現可能な変形例を少なくとも１つ以上抽出する。なお，このステップ２では，あくまでも純粋に技術的な観点から基本機能を満足し得る変形例を抽出する。

　ステップ３は，上記ステップ２で抽出した変形例のスクリーニング処理である。このステップ３では，上記ステップ２で抽出した変形例について商品的及び特許的な必要性を検討する。このステップ３における変形例の技術的な必要性については，上述したステップ２の技術的に実現可能とは異なり，製造面あるいはコスト面から商品としての実現性に関する検討作業であり，実現性の低いあるいは実現性がない変形例を権利化の対象外とする。一方，変形例の特許的な必要性については，出願コストや実施可能性の低さ等の理由から権利化の必要性がない変形例を見極める作業である。このようなスクリーニング処理の結果，商品的な必要性が否定された変形例及び特許的な必要性が否定された変形例が権利化の対象外となる。

　ステップ４では，上記ステップ３のスクリーニング処理の結果残った全ての実施例及び変形例について，その優先順位を決定する。すなわち，権利取得上最も重要な実施例あるいは変形例を見極め，最も重要な実施例あるいは変形例が明細書に第１実施形態として記載されることになる。すなわち，発明提案書に記載された実施例が必ずしも第１優先順位になるとは限らない。

　このようなステップ３，４の作業が終了すると，上記ステップ１に戻って本件筐体に求められる他の機能を見極め，これら他の機能についてもステップ２〜４の作業を繰り返す。

　なお，発明提案書及び発明者の説明から把握される筐体発明について，

8節 「電子機器の筐体」

その特許性に懸念を持たざるを得ない場合が稀にある。このような場合においても，上述したリエゾン作業って筐体発明の発明概念を捉え直すことにより，特許性の確保が可能になる場合が多々ある。

　このようなリエゾン作業は，筐体発明をブラッシュアップする作業であり，よって当該リエゾン作業を遂行する能力（リエゾン能力）は，我々特許事務所の明細書担当者に求められる極めて重要な能力である。

(4)　出願書類の作成

　筐体発明では，発明の特徴点が筐体の構造にある場合が殆どであり，よって特徴点（構造）を詳細に示す図面の役割は大きい。したがって，筐体発明の明細書作成においては，図面に示された構造を詳細かつ的確に記載することに留意する必要がある。

a）図面の選定

　明細書に添付する図面については，**図6**に示す手順で選定する。すなわち，明細書に添付する図面については，上述した発明者との面談において基本的に決定される。

　図面の観点で発明者との面談時に確認すべきことは，上述もしたが発明提案書の添付図面が一方向から見た図面のみになっていないかどうかという点である（ステップ1）。発明提案書には筐体の特徴的構造を一方向から見た図面のみが記載されていることが多々あり，筐体発明の特徴的構造を十分に説明できなかったり，あるいは特徴的構造に対する誤った理解を誘発する虞がある。このような場合には，発明者に対して他方向から見た構造や特徴部位の断面構造等を示す図面の追加補充をお願いする。筐体の特徴的構造を一方向から見た図面のみを採用することは原則として行わず，特徴的構造を少なくとも二方向から見た図面を用意して明細書の作成に着手する。もし，一方向から見た図面のみになっていた場合には，発明者に依頼して他方向から見た図面，特に発明の特徴部分を他方向から見たものを追加補充して頂く（ステップ3）。

　次に，面談時に確認した全ての特徴点が発明説明書に添付された図面に表れているか否かを確認する（ステップ2）。特に，上述したリエゾン作業の結果，面談時の発明提案書に記載されていない筐体発明の特徴点が多数抽出される場合があるので，このような特徴点については図面に基づい

388

て具体的ない形状を明確化する必要がある。したがって，ある特徴点が図面に表れていない場合には，発明者に依頼して当該特徴点を示す図面を追加補充して頂く（ステップ3）。

　そして，発明者との面談時には，追加補充して頂く図面をも含めて明細書に取り込む図面の役割（必要性）を発明者に説明して了解を得る。

　なお，発明提案書に添付された図面は明細書の図面として全て取り入れることを基本とするが，発明者との面談において必要のない図面を削除する。

　また，図面の選定に際しては，図面が多くの情報を含む書面であるということを十分に考慮し，発明の特徴に直接関係したい部分をデフォルメすることについて検討し，発明者の了解を得るようにする。

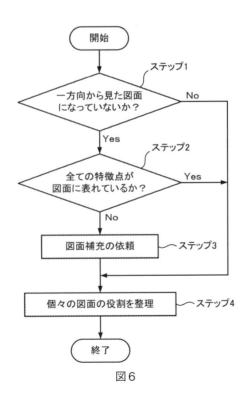

図6

8節　「電子機器の筐体」

b）特許請求の範囲の作成

　特許請求の範囲の作成は，**図7**に示す手順で作成する。すなわち，特許請求の範囲は，**図7**のステップ1に示すように，原則として全ての図面が準備できた段階で作成を開始する。

　そして，特許請求の範囲は，**図7**のステップ2に示すように，発明者面談の記録を参照しつつ作成することにより，発明者面談によって発明者と合意した事項に忠実な内容とする。すなわち，特許請求の範囲の作成では，筐体発明の最上位概念を記載すべき独立項（請求項1）を先に作成し（ステップ3），続いて従属項を作成する（ステップ4）。

　独立項は，特許請求の範囲のみならず本件出願の土台となるものであり，後作業である明細書（発明の詳細な説明）の記載の基礎になるものである。独立項の作成では，特許法36条6項に規定された記載要件を満足するように記載すること，また権利範囲の適切化に十分な配慮をすることは勿論であるが，適切な用語の選定にも十分な配慮が必要である。

　特許請求の範囲の用語については，特許法施行規則に日本語かつ技術用語を用いることが規定されているが，技術的かつ日本語として適切な名詞，形容詞，動詞等を選定することは意外に難易度が高く，特許公報を見ても的確性を欠く出願が比較的多い。したがって，特許請求の範囲の作成では，専門書や辞書等を参照することにより，筐体発明を表現するために用いる名詞，形容詞，動詞，助詞及び副詞が技術的かつ日本語として適切か否かを十分吟味して選定することが重要である。

　また，発明説明書に記載される用語や発明者が発する用語には，発明者が所属する企業内や業界内でのみ使われている「スラング」が含まれている場合がある。このようなスラングは，権利範囲を規定する特許請求の範囲の用語として不適切である。したがって，特許請求の範囲の作成では，専門書を参照することによってスラングを見極めて，使用を回避することが重要である。

　さらに，外国出願を考慮すると，特許請求の範囲で使用する用語が英語への翻訳に耐えられるかを検討する必要がある。また，このような検討は，日本語が一般的に内包する曖昧さを排除し，特許請求の範囲に記載すべき筐体発明の明確性を確保する観点からも重要である。極端には，英語の訳語が確認できない用語や表現方法は使用しないという方針で特許請求の範

第2章　技術分野別の明細書等の作成方法

囲を記載する必要がある。

　この英語への翻訳を考慮するという観点から，国内出願を主に担当する明細書担当者が外国出願における翻訳作業を実体験することは，特許請求の範囲における用語の重要性を再確認する上で極めて有意義である。

　ステップ4までの作業によって発明説明書及び発明者面談に従った特許請求の範囲の作成が一応完成し，引き続いて明細書（発明の詳細な説明）の作成に着手することになる。

　発明の詳細な説明は既に作成した特許請求の範囲を基礎（土台）として作成されるべきものであるが，発明の詳細な説明の作成を通して特許請求の範囲の修正の必要が生じることが多々ある。特許請求の範囲は，この発明の詳細な説明の作成を通して再度見直され，最終完成形へと昇華される。すなわち，**図7**におけるステップ6〜9の作業は，特許法36条6項に規定された記載要件を睨んだ作業である。

　より具体的には，発明の詳細な説明における「発明の目的」を記載する過程で独立項の修正の必要に気付く場合がある（ステップ6）。例えば，発明の目的を達成するために必要な構成要件が不足している場合，当該不足を充足する構成要件を独立項に付加することにより（ステップ7），発明の目的との整合性を確保する必要がある。

　一方，独立項の構成要件が発明の目的に対して超過している場合，つまり独立項が発明の目的に照らして見た場合に限定し過ぎになっている場合には，当該超過する構成要件を独立項から削除することにより（ステップ7），発明の目的との整合性を確保する必要がある。

　また，発明の詳細な説明における「発明を実施するための形態」（実施形態）を記載する過程で，独立項における各構成要素のグルーピングが実施形態に記載すべき具体的構成に対して技術的（構造的）あるいは／及び概念的（特許的）に整合しない場合が発生し得る。

　例えば，独立項で限定された筐体の各構成要素に対応させて実施形態上の複数の部品あるいは部位をグルーピングした場合に，上記構成要素に含まれないと思われる部品あるいは部位が発見される場合がある。そして，このような部品あるいは部位が技術的（構造的）に必要不可欠なものである場合，独立項における各構成要素を見直すことにより（ステップ7），独立項と実施形態との整合性を確保する必要がある。

391

8節 「電子機器の筐体」

　従属項については，発明の詳細な説明の作成を通して独立項の各構成要素の変形例に気付く場合が多々ある。このような変形例については，発明説明書や発明者面談で議論されていないものであるが，従属項として追加するべきか否かを検討する必要がある（ステップ8）。そして，追加の必要を判断した場合には，従属項として追加する（ステップ9）。

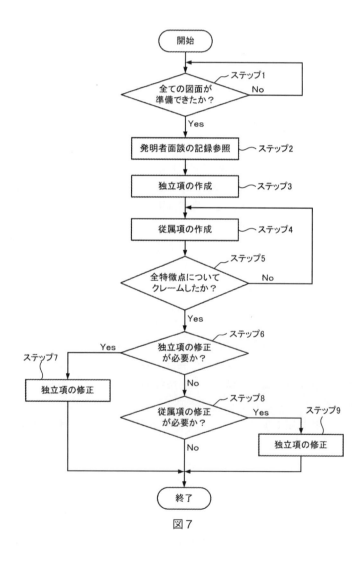

図7

第2章　技術分野別の明細書等の作成方法

c）明細書（発明の詳細な説明）の作成

　明細書（発明の詳細な説明）は，**図8**に示すように「発明の名称」，「技術分野」，「背景技術」，「先行技術文献」，「発明が解決しようとする課題」，「課題を解決するための手段」，「発明の効果」，「図面の簡単な説明」，「発明を実施するための形態」及び「符号の説明」を記載することによって完成する。

　以下では，発明の詳細な説明における各記載項目について，特に留意する点について述べる。

　最初に，「技術分野」については，筐体発明が不必要に狭い概念として解釈されないように留意する必要がある。日本の特許公報に散見されるが，「技術分野」に発明の目的や発明の効果を無用に記載したものがある。このような目的や効果の記載は，「技術分野」に記載が本来的に期待されている事項ではなく，筐体発明の概念を不必要に狭く限定する虞がある。特に関連発明として米国に出願することを考慮すると是正すべきことである。

　「背景技術」については，不用意な書き過ぎに注意する必要がある。基本的には「先行技術文献」に明確に記載された事項のみを記載し，発明者が客観的証拠なしに想定している事項，特に発明者が過去に行った開発で公開されていないものを記載することは厳禁である。「背景技術」には，基本的に後段の「発明が解決しようとする課題」で記載する従背景技術の問題点を説明する上で必要不可欠な事項のみ記載することが好ましい。

　「発明が解決しようとする課題」については，基本的に最も重要な背景技術の技術課題を1つだけ記載することが好ましい。この「発明が解決しようとする課題」は発明の目的を記載すべき項目であるが，筐体発明が複数の技術課題の解決を全て解決することを目的とするのではなく，1つの目的を達成することを目的とするものであるように「発明が解決しようとする課題」を記載することにより，筐体発明の概念が不用意に限定解釈されないように，また権利化の過程で行われる特許請求の範囲の補正の自由度を出来るだけ広くするように心掛ける。

　「課題を解決するための手段」には，特許請求の範囲に記載された発明の態様が記載される。この「課題を解決するための手段」の記載形態については，特許公報を見ると様々な形態のものが散見される。①独立項に対

応する態様のみが記載された形態のもの，②特許請求の範囲に記載された請求項毎に態様を記載したもの，③発明の態様に発明の作用を付記したもの，等がある。例えば，権利化の過程で行われる特許請求の範囲の補正の自由度を確保することを考慮した場合，上記③は好ましくなく，①あるいは②が適当かと思われる。

「発明の効果」については，「背景技術」と同様に不用意な書き過ぎに注意する必要がある。筐体発明の概念が不用意に限定解釈されないように，また権利化の過程で行われる特許請求の範囲の補正の妨げにならないように，基本的には独立項に係る発明の効果のみを記載することが好ましい。特許公報には，請求項毎に発明の作用・効果を記載しているものが散見されるが，審査時の補正によって各請求項の内容が変化することを考慮すると，過度の記載は補正の自由度を妨げることになるので好ましくない。

「図面の簡単な説明」については，明細書の記載項目の中で比較的軽視されがちなように思われるが，各図面が示す構造が筐体発明（筐体構造）のどの部分を示しているのかを正確に記載する必要がある。また，各図面が正面図，側面図あるいは断面図の何れに相当するのかを明記することが重要である。過去には背景技術を図面を用いて説明することが行われていたが，近年は背景技術を図面を用いて説明することが少なくなっている。しかし，筐体発明は従来の筐体の機械的な構造を技術課題とすることが多く，よって図面を用いて背景技術を説明せざるを得ない場合がある。このような場合には，「図面の簡単な説明」において，各図面が本願発明のものなのかあるいは背景技術に関するものなのかを明記する必要がある。

「発明を実施するための形態」は，明細書の中で最も重要視される項目である。基本的には，複数の実施形態を記載することにより特許請求の範囲に記載された発明のサポートを盤石にすることが重要である。発明者面談におけるリエゾン作業によって抽出された各実施形態を優先順位の高いものから順に記載する。

また，この「発明を実施するための形態」の記載では，特に特許請求の範囲に記載された発明に対するサポート要件及び実施可能要件を満足するように留意する必要がある。すなわち，「発明を実施するための形態」については，筐体発明の具体的な部品あるいは部位が特許請求の範囲に記載された各構成要件のどれに対応するのかを常に意識しつつ作成することに

より，サポート要件違反とならないように配慮する必要がある。また，「発明を実施するための形態」については，筐体発明の具体的な説明が技術的妥当性を満足しているか否かを十分に吟味することにより，実施可能要件違反とならないように配慮する必要がある。

さらに，「発明を実施するための形態」には図面を参照して筐体発明の具体的構成を説明するので，図面との整合性（特に参照符号の整合性），また図面に記載された具体的構造の技術的妥当性を吟味しつつ作成する必要がある。

最後に「符号の説明」については，実施形態及び図面に登場する部品や部位の参照符号のうち，主要なものを記載する。

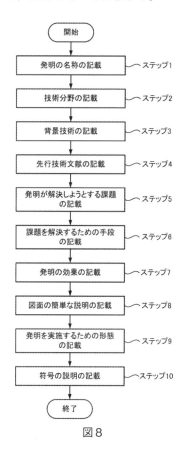

図8

8節 「電子機器の筐体」

2. 携帯電話の筐体

　さらに，幾つかの特異な装置の筐体に関する出願書類の作成について述べる。最初に携帯電話の筐体発明に関する出願書類の作成について述べる。

(1) 要求機能

　携帯電話は，その名の通り携帯性が重要視される装置であり，初期のころは小型軽量化が基本的な要求機能であった。そして，機能の多機能化と小型軽量化というトレードオフの関係の開発要求の中で，筐体に内蔵される電子回路及び電池の小型化等を実現しつつ筐体が小型化され，軽量化されていった。

　携帯電話の筐体は，基本的に樹脂筐体であり，軽量化のために薄肉化が要求されるが，同時に電子機器として要求されるEMC（Electro Magnetic Compatibility）性能を満足する必要がある。このために携帯電話では，筐体の内面に電磁遮蔽版を設けたり，あるいは導電性塗料（電磁波シールド塗料）を用いることによりEMC性能を確保している。

(2) クレームの立て方

　携帯電話は，昨今のスマートフォンの普及により需要が減少しているが，携帯電話やスマートフォン等を包含する概念は，携帯通信端末，移動通信端末，携帯電子機器あるいは携帯端末等である。また，携帯電話の筐体は，携帯電話を構成する1つの部品であり，部品としてメーカー間で売買されると共に完成品（携帯電話）として一般市場を流通する。したがって，携帯電話の筐体発明についてクレームする場合，最初に検討することは発明の主題（発明の名称）を「筐体」とするのかあるいは「携帯通信端末」等とするのかを発明者面談で議論する。そして，筐体発明の内容，またクライアントの意向に応じて発明の主題を決定する。また，筐体発明が通信機能と無関係な内容であった場合には，発明の主題のさらなら上位概念化，例えば発明の主題を「携帯電子機器あるいは電子機器」とすることを試みる。

396

第2章　技術分野別の明細書等の作成方法

⑶　明細書及び図面の書き方

　筐体発明の内容にも依るが，携帯電話の筐体発明に関する明細書では携帯電話の基本機能である通信機能及び携帯機能との関連性が明細書及び図面から理解し易いように心掛ける。つまり，筐体発明の一般的に捉えられる筐体（一般的な筐体概念）との違い（特殊性）が容易に把握できるように図面を選定し，この図面に基づいて筐体発明の特殊性を説明する。

　より具体的には，携帯電話の全体像を図面で示し，筐体発明が全体像のどの部分に関するものなのかを図面で示し，また筐体発明の詳細構造をも多方向から見た図面で示すことにより，携帯電話における筐体発明の特殊性を明示する。

3．複合機の筐体

　続いて，複合機（業務用コピー機をも含む）の筐体発明に関する出願書類の作成について述べる。

⑴　要求機能

　複合機は，オフィスやコンビニエンスストアー等で業務用として使用される比較的大型の装置であり，基本機能である画像形成機能に加え，原稿画像のファクシミリ送信機能，LAN（Local Area Network）への原稿画像の送信機能及び原稿画像の保存管理機能等を備える。このような複合機では，上述した携帯電話の筐体とは異なり，小型化や軽量化は要求機能になり難い装置である。基本的に多くのユーザーが使用する業務用装置なので，その筐体に求められる要求機能は，堅牢性，耐久性，操作性あるいはメンテナンス性等である。

　複合機の筐体は，基本的に金属筐体であり，板金を溶接あるいはネジ止め等することによって堅固に構成されている。また，複合機は，紙面にトナー等を定着させて画像を形成するので，定着装置が発熱する。したがって，この定着装置が発する熱を効果的に放熱するために，筐体の内部形状や冷却ファンの取付位置等に工夫が施されている。なお，このような複合機の筐体は，金属筐体であるが故に，上述したEMC性能を比較的容易に満足することができる。

(2) クレームの立て方

　複合機に関する筐体発明では，発明の主題（発明の名称）は，基本的には発明者面談によって最終的に発明者の了解を得たものになるが，幾つかの機能が複合化された複合機が単機能の業務用コピー機の発展形であることから，「画像形成装置」とすることが多い。この「画像形成装置」は，複合機の基本機能であるシート状媒体の表面への画像形成機能に着目したものであり，筐体発明を筐体という複合機の1部品として捉えるのではなく，最終的な製品形態として捉えたものである。このような発明の主題は，複合機が属する業界の事情あるいは慣例に依るところが大きいようにも思える。

(3) 明細書の書き方

　画像形成の基本工程は，原稿の読取り，記録媒体の給紙，原稿画像の記録媒体への転写，転写画像の定着及び記録媒体の排紙等からなる。複合機に関する筐体発明では，これら基本工程に関連する機能部つまり複合機の内部機能に関連するもの多いので，特徴点が筐体の内部構造になることが多い。したがって，筐体の内部構造を示す図面を用いて実施形態を記載することが多いので，特徴部の複合機の全体構成や他の機能部に対する関連が明確になるように明細書を記載する。

4．車両用 ECU の筐体

　最後に車両用 ECU（Engine Control Unit）の筐体発明に関する出願書類の作成について述べる。

(1) 要求機能

　車両用 ECU の筐体に収容されるものは，基本的に制御回路である。この制御回路は，プリント配線板に実装された複数の電子部品から構成されるものであり，エンジンや操縦装置等の外部装置と電気信号の授受を行うことによりエンジンを適切に制御する。また，車両用 ECU は，車両という移動体に装着されるものであり，またエンジン近傍に装着される。

　このような車両用 ECU の筐体は，耐振動性，防塵性及び電磁遮蔽性等が

要求機能となることが多い。すなわち，車両用 ECU は，エンジンや走行に起因する振動環境下で動作し，また外界からの粉塵の侵入の虞に曝され，さらに誤動作が許容されず安全性が極限まで追求される装置なので，車両用 ECU に関する筐体発明は，耐振動性，防塵性及び電磁遮蔽性等を技術課題としたものが多い。

　また，車両用 ECU の筐体には，電子部品として発熱部品が収容されることが多いので，放熱性も要求機能となる。

(2)　クレームの立て方
　例えば，耐振動性を技術課題とした筐体発明の場合，筐体の要求機能は，具体的には収容物であるプリント基板（電子回路）に外部振動を伝達させないあるいは外部振動の伝達を軽減することになる。また，防塵性を技術課題とした筐体発明の場合には，主な粉塵の侵入経路が外部と結線するためのコネクタとの周囲になるので，コネクタとの境界部における形状の工夫が特徴点となることが多い。

　このような車両用 ECU に関する筐体発明では，発明の主題（発明の名称）を電子制御装置あるいは車載用制御装置とすることが多く，上述した複合機の場合と同様に筐体を 1 部品として捉えるのではなく，最終的な製品形態として捉えることが多い。

(3)　明細書の書き方
　車両用 ECU に関する筐体発明では，従来品に対する筐体の微妙な形状の違いが特徴点になることが多いので，この違いを明確に示す図面，特に複数方向から見た図面を用意することが重要である。

　また，車両用 ECU に関する筐体発明では，筐体の微妙な形状の違いが特徴点になることが多い関係で形状のバリエーションを抽出することが難いので，形状以外の表面処理や部材の材質等を細かく記載することが望ましい。

第2章　技術分野別の明細書等の作成方法

9節　「方法・装置」

（仁内　宏紀）

1．はじめに

　本項では，方法・装置に係る発明の明細書等の作成方法について述べる。

　方法の発明（以下，方法発明という）としては，「①製造（生産）方法の発明，②その他の方法の発明（たとえば，通信方法，測定方法，修理方法，制御方法の発明や物の使用方法の発明（用途発明等），物を取り扱う方法の発明）」[※1]が挙げられる。

　装置の発明は，物を製造する装置の発明と，それ以外のたとえば測定装置などの発明と，が考えられる。

2．特許出願の要否の検討

(1)　方法・装置に係る特許発明は，市場に流通する製品を生産したり検査したりするためのものであっても，製品を直接的には権利範囲として抑えることができない。一方，すべての特許出願は，出願して1年6月経過すると公開される（特64）。したがって，方法・装置に係る発明が，自社工場等以外の外部で実施されない場合には，特許出願の要否を検討する必要がある。

(2)　例えば，次のような観点から検討することが考えられる。

　当業者が製品を見れば，方法・装置の発明を特定できる場合には，特許出願しておくことが必要である一方，当業者が製品を見ても発明を特定できない場合には，特許出願せず秘匿しておくことが有効な場合がある。

　しかしながら，発明を秘匿した場合には，第三者がこの発明を独自に完成させて特許出願し権利化すると，自己の実施が制限されることから，このような状況に備えて，先使用権（特79）を確保する手段を講じておく必要がある。このような手段として，例えば，設計図，研究ノート，事業計

401

画書などの証拠資料について，公証人役場で確定日付を取得することなど
が考えられる。証拠資料の1つとして，特許出願はしないものの，特許明
細書等と同様の形式で作成した書面（以下，秘匿明細書等という）も有効
である。

　ただし，先使用権の要件として，特許法79条には，「特許出願の際現に
日本国内においてその発明の実施である事業をしている者又はその事業の
準備をしている者は，その実施又は準備をしている発明及び事業の目的の
範囲内において，その特許出願に係る特許権について通常実施権を有す
る。」と規定されているように，実施等を行っている事実，内容，開始時
期等も要件に含まれており，所定の手続きをとれば一律に認められる権利
ではないので，証拠資料の準備，作成には慎重な検討が求められる。

　一方，方法・装置に係る発明を特許出願しておけば，第三者によるこの
発明の権利化はあり得ないため，先使用権を確保するための検討，準備は
あまり重要にならない。

3．秘匿明細書等を作成する際の留意点

　先使用権を確保する観点から，秘匿明細書等には，現在実施している技
術を詳細に記載することはもちろん，この技術に設計変更等が加えられた
将来の自己の実施態様をも含む様々なバリエーションをできるだけ多く記
載しておくことが望ましい。そして，先行技術と対比して実施する事業内
容の特徴を考慮しつつ，将来の技術動向や，実施態様の変更なども見据え
ながら，前述のバリエーションを網羅できるような技術思想を抽出して上
位概念化が図られた発明を記載するのが好ましい。このような秘匿明細書
等を作成しておくことによって，将来の自己の実施態様が，現状と異なっ
ていた場合でも，確定日付を取得した当時に，当該実施態様が発明として
完成していたことの証拠になる場合があり得，先使用権が認められる一助
になると考えられる。

　以上の通り，先使用権の確保の一助となるような秘匿明細書等は，通常
の特許出願の明細書等と比べて，慎重に検討して作成する必要があると思
われる。

　これに対し，特許出願しておいて公開しておけば，公開した発明そのも

のに限らず，この発明に対して進歩性（特29②）をクリアできない範囲まで，第三者に特許権が付与されることがないため，将来の自己の実施を確保することは容易になる。したがって，リスク回避のためにも，できれば秘匿せず特許出願しておくことが望ましい。

４．方法発明の特許明細書等を作成する際の留意点

⑴　方法発明は，前述した通り，製造（生産）方法の発明（以下，生産方法の発明という）と，その他の方法の発明（以下，単純方法の発明という）と，に大別できる。前者の特許権の効力は，その方法の使用をする行為だけでなく，その方法により生産した物の実施行為にも及ぶ一方（特２③三），後者では，その方法の使用をする行為にのみ及ぶ（特２③二）。

　この点に関し，平成11年７月16日の最高裁第二小法廷判決（平成10年（オ）604号）において，「２　方法の発明と物を生産する方法の発明とは，明文上判然と区別され，与えられる特許権の効力も明確に異なっているのであるから，方法の発明と物を生産する方法の発明とを同視することはできないし，方法の発明に関する特許権に物を生産する方法の発明に関する特許権と同様の効力を認めることもできない。そして，当該発明がいずれの発明に該当するかは，まず，願書に添付した明細書の特許請求の範囲の記載に基づいて判定すべきものである（同法七〇条一項参照）。これを本件について見るに，本件明細書の特許請求の範囲第１項には，カリクレイン生成阻害能の測定法が記載されているのであるから，本件発明が物を生産する方法の発明ではなく，方法の発明であることは明らかである。本件方法が上告人医薬品の製造工程に組み込まれているとしても，本件発明を物を生産する方法の発明ということはできないし，本件特許権に物を生産する方法の発明と同様の効力を認める根拠も見いだし難い。３　・・・本件発明は，物を生産する方法の発明ではないから，上告人が，上告人医薬品の製造工程において，本件方法を使用して品質規格の検定のための確認試験をしているとしても，その製造及びその後の販売，本件特許権を侵害する行為に当たるということはできない。」と判示されている。

　すなわち，単純方法の特許権の効力は，その単純方法と生産方法との関連を問わず，生産された物の実施行為に及ぶことはない。

9節 「方法・装置」

したがって，市場に流通する生産した物の実施行為に，特許権の効力を及ばせたい場合には，特許出願に際し，本質的には物を生産する方法の発明ではなく，単純方法の発明であっても，特許請求の範囲には，単純方法だけでなく，単純方法が組み込まれた生産方法も記載しておくことが必要である。

⑵　生産方法の発明で生産された物について

生産方法の発明を特許出願するに際し，この発明で生産された物に，生産方法の発明に起因して発現した形態等があるか否かを確認することが重要である。

特許法104条には，「物を生産する方法の発明について特許がされている場合において，その物が特許出願前に日本国内において公然知られた物でないときは，その物と同一の物は，その方法により生産したものと推定する。」と規定されている。すなわち，生産方法の発明で生産された物に，例えば従来にない新規な形態等が発現している場合には，第三者が製造するその物は，生産方法の発明により製造されたものと推定される。

したがって，生産方法の発明を特許出願するに際し，この発明で生産された物に，生産方法の発明に起因して発現したと考えられる形態等は，特許出願前に日本国内において公然知られた物であるか否かを考えず，まずは明細書，図面に記載しておくことが望ましい。この場合，侵害訴訟の場面で，生産方法の発明で生産された物と，第三者が製造するその物と，の同一性の観点で有利になることがあると考えられる（例えば，東京地裁判決昭和53年2月10日（昭和49年（ワ）5716号））。

さらに，生産方法の発明で生産された物に，従来にない新規な形態等が発現している場合には，生産方法の発明だけでなく，この発明で生産された物についても，新たな作用効果がないかどうか，このような作用効果を発現する構成の上位概念化等を検討し，生産方法の発明の特許出願に盛り込むか，別の特許出願とするかを含めて検討する。仮に，この物が特許になれば，当該物が特許出願前に日本国内において公然知られた物でないことの立証になり得ると解される。

また，生産方法の発明で生産される最終製品となる前段階の中間体の形態に特徴がある場合には，生産方法の発明のほかに，中間体そのものの請

求項も検討するべきである。特に，中間体が市場に流通し得るものであれば，特許請求の範囲に記載する必要がある。

(3) 方法・装置に係る発明の出願図面を作成する際の留意点

　発明者等から，部品図，組立図，または複数種の装置が並べられて配置されているレイアウト図などの設計図が提示され，このような設計図に基づいて，出願図面を作成することがある。出願図面を作成するに際し，装置の構成部品，およびレイアウト図に含まれる装置などを，例えば外形形状だけの白抜きにするなど簡略化しても，当業者であれば，この出願図面だけを見れば，明細書に詳述されていなくても，その装置のなかでどのような機能を有する部品か，そのレイアウトのなかで何をしている装置であるかを認識できることがあり得，この場合，開示したくない情報も競合他社に認識されてしまうおそれがある。

　したがって，設計図に基づいて出願図面を作成するに際し，ノウハウ開示を防ぐために，外形形状だけの白抜きにするだけでなく，外形形状も簡略化したり，明細書中で説明しない部品，装置は極力削除したりするなど，十分に注意する必要がある。

(4) 請求項のまとめ方について

　請求項を適切にまとめるためには，方法発明に限らず，物の発明においても，従来と比べて良くなったこと，良くなった原因を明らかにすることに尽きる。そのうえで，良くなった原因部分を，図面，実施形態以外の他の形態がないか，上位概念化できないか，などを検討する。

　例えば，次のような事案があったとする。

・従来技術／ゴム基材を洗浄する洗浄工程と，
　　　　　　ゴム基材の表面に被覆層を接着する接着工程と，を有し，
　　　　　　ゴム基材の表面に被覆層が接着された積層体を製造する。
・課題／被覆層がはがれやすい。

・発明／ゴム基材を冷却して硬化する第1工程と，
　　　　ゴム基材の表面にショットブラスト加工を施す第2工程と，

9節 「方法・装置」

　　　　ゴム基材を洗浄する第3工程と，
　　　　ゴム基材の表面に被覆層を接着する第4工程と，を有し，
　　　　ゴム基材の表面に被覆層が接着された積層体を製造する。

　本事案を請求項にまとめるプロセスの一例を以下に示す。

(4.1)　請求項1のまとめ方／発明の本質の捉え方

(4.1.1)　まず，この発明のなかで，課題の解決に直結する，被覆層がゴム基材の表面からはがれにくくなる原因はなにかを検討する。

　本事案では，ゴム基材を冷却して硬化する第1工程は，ゴム基材の表面にショットブラスト加工を施す第2工程時に，ゴム基材の表面を容易かつ精度よく粗くすることができるものの，課題である被覆層をはがれにくくすることに対して直接には影響しないと考えられる。つまり，現実的であるかどうかは別にして，ゴム基材を硬化しなくても，例えば，投射速度や投射材の種類などを調整することで，ゴム基材の表面に，被覆層をはがれにくくすることが可能な程度の粗さを付与することができるのであれば，第1工程を，請求項1では特定せず従属項で特定する。

　ゴム基材を洗浄する第3工程は，ゴム基材の表面に被覆層を接着する第4工程時に，被覆層を清浄な表面に接着することから，被覆層をはがれにくくすることができるものの，第4工程の前に予め，ゴム基材の表面にショットブラスト加工を施す第2工程を行うことにより得られる作用効果と比べると副次的なものであると考えられる。つまり，第4工程の前に予め，第2工程を行っておけば，ゴム基材の表面が多少汚れていても，被覆層をゴム基材の表面からはがれにくくすることができると考えられる。

　以上より，ゴム基材を冷却して硬化する第1工程，およびゴム基材を洗浄する第3工程は，請求項1で特定する必要がないと考えられ，まずは次のような仮の請求項1を導くことができる。

　ゴム基材の表面にショットブラスト加工を施す第2工程と，ゴム基材の表面に被覆層を接着する第4工程と，を有し，第4工程の前に予め，第2工程を行う。

第2章　技術分野別の明細書等の作成方法

(4.1.2) 次に，この請求項1の上位概念化を検討する。つまり，本発明の本質をさらに追求する。

まず，方法発明では，物の発明とは異なり，時間の前後も発明特定事項となるが，本事案では，ゴム基材の表面にショットブラスト加工を施す第2工程を，ゴム基材の表面に被覆層を接着する第4工程の前に行うことを要するのが明らかである。なお，本事案では，前述の仮の請求項1に，第2工程，および第4工程の2工程しかなく，しかも各工程に1つの技術事項しか含まれていないので，この程度の検討で足りるが，各工程に複数の技術事項が含まれている場合には，各工程において，複数の技術事項の時間の前後も検討する必要がある。

次に，第2工程について，ショットブラスト加工以外の他の加工でも，ショットブラスト加工と同様に被覆層をはがれにくくすることができないかを検討する。この際，ゴム基材の表面にショットブラスト加工を施すと，なぜ被覆層がはがれにくくなるのかを検討する。

本事案では，ゴム基材の表面の粗さが粗くなったことで，例えば接着面積が増大したり，若干のアンカー効果が発揮されたりしたことなどが原因として挙げられる。したがって，ショットブラスト加工以外に，例えば研磨加工，若しくは腐食処理などをゴム基材の表面に施しても，被覆層をはがれにくくすることができると考えられる。

以上より，「ショットブラスト加工」の上位概念として，「粗面加工」を導くことができる。

まとめると，次のような請求項1が得られる。

ゴム基材の表面に粗面加工を施す第2工程と，ゴム基材の表面に被覆層を接着する第4工程と，を有し，第4工程の前に予め，第2工程を行う。

なお，第2工程を，「ショットブラスト加工」から「粗面加工」に上位概念化したことで，粗面加工のなかには，ゴム基材を硬化しても意味のない加工も含まれると考えられることから，ゴム基材を硬化する第1工程を第2工程の前に行うことを，請求項1で特定する必要がないことがより明確になった。

407

9節 「方法・装置」

　また，以上の過程において，先行技術との対比も行い，相違点があれば，その相違点により奏される作用効果を確認し，また，相違点が無ければ，請求項1に追加する発明特定事項を選択して，請求項1に新規性（特29①），進歩性（特29②）等を具備させるようにする。なお，先行技術に対して相違点があったとしても作用効果が無ければ，この相違点は，審査の段階で，周知・慣用技術の付加，設計変更等と判断されるおそれがあるため，この作用効果を発明者から確認することも重要である。

（4.1.3）ここで，生産方法の発明で生産された物としては，ゴム基材の表面に粗面部が形成されることとなるので，この粗面部を備えることで奏される，物としての作用効果の有無も確認する。例えば，積層体が粗面部を備えることにより，滑り止め効果が発揮されるなどを導くことができれば，新規性（特29①），進歩性（特29②）等を確認のうえ，別出願も含めて検討する。

（4.2）従属項のまとめ方
　次に，従属項の検討を行う。
　基本的な考え方は，物の発明と同様であるが，上述の請求項1が，図面，実施形態に近づくように順次特定していく。

（4.2.1.）第2工程について
　まず今回は，「ショットブラスト加工」を「粗面加工」に上位概念化したので，第2工程の「粗面加工」を「ショットブラスト加工」に特定することが挙げられる。

　次に，ゴム基材を冷却して硬化する第1工程，およびゴム基材を洗浄する第3工程の検討を行う。

（4.2.2）第1工程について
　まず時間の前後を検討すると，第1工程は，ゴム基材の表面にショットブラスト加工を施す第2工程時に，ゴム基材の表面を硬くしておくことで，粗面部を容易かつ精度よく形成するために行うものである。したがって，

第2章　技術分野別の明細書等の作成方法

第1工程は，第2工程の前に行っておくことに限らず，第2工程時に同時に行うことも有効であると考えられる。この場合，第1工程および第2工程の時間の前後関係を特定しない表現を検討する必要がある。例えば，請求項中に，文言として第1工程を登場させず，次のように表現することが考えられる。

第2工程は，冷却して硬化されたゴム基材の表面にショットブラスト加工を施す。

(4.2.3)　第1工程の上位概念化

従属項についても上位概念化を検討する。

本事案では，第1工程は，ゴム基材を硬くすることができれば，目的が達せられると考えられる。つまり，第1工程で，冷却すること以外にゴム基材を硬くできる手段がないかも検討し，ありそうであれば「冷却」の特定を外して上位概念にする。

また，例えば，第1工程を，第2工程時に同時に行うことが，第2工程の前に予め行っておくことと比べて困難であるなど，両方法に優劣があれば，優れている方を，さらにその下位の従属項にする。

その他，第1工程について，ゴム基材を硬化する条件として特定できる事項がないか，ノウハウ開示にならない範囲で検討する。

(4.2.4)　第3工程について

次に，ゴム基材を洗浄する第3工程について検討する。

ゴム基材の表面が汚れていると，ゴム基材の表面に被覆層を強く接着することができないところ，第3工程を，ゴム基材の表面にショットブラスト加工を施す第2工程の後，ゴム基材の表面に被覆層を接着する第4工程の直前に行えば，第4工程時に，清浄なゴム基材の表面に被覆層を接着することが可能になり，ゴム基材の表面に被覆層を全域にわたって強く接着することができると考えられる。

したがって，第3工程に係る従属項として，次を導くことができる。

9節 「方法・装置」

> 第2工程の後，第4工程の前に予め，第3工程を行う。

(4.2.5) ところで，第1工程時にゴム基材を冷却して硬化する場合，第1
工程の後から，ゴム基材の表面に被覆層を接着する第4工程までの間に，
ゴム基材の温度を常温に戻しておけば，例えば，ゴム基材の表面に接着し
た被覆層に熱ひずみが生じにくくなるなど，ゴム基材の表面に被覆層を容
易かつ精度よく接着することができると考えられる。

　この点について，製造現場では，第1工程の後から第4工程までの間に，
ゴム基材の温度を常温に戻すことを，工程として捉えず無意識に行ってい
たとしても，この事項を，少なくとも明細書には工程として捉えて記載し
ておき，請求項で特定できるようにしておく。このような，無意識かつ必
須の工程は，競合他社にとっては大きな牽制となり得る場合があり，また，
権利化する上でも有効な発明特定事項となり得ることがある。

　本事項に関連して，物の発明においても同様に，特徴部分に付随して必
ず発現してしまう，従来に（あまり）ない副次的な構成が生ずる場合があ
り，このような構成と奏される作用効果とを発明者からヒアリングして，
明細書等に記載しておくと，競合他社に対する牽制，および権利化などの
観点から，有利になる場合があると考えられる。

　その他，発明者からのヒアリングによって，例えば，製造条件，材質な
ど，特に実施するうえで苦労，工夫したことを聞き出し，権利化時，権利
行使時に有利になる情報を，ノウハウ開示にならない範囲で明細書に盛り
込む。

　以上より，本事案に関して，例えば次のような特許請求の範囲を導くこ
とができる。

> 【特許請求の範囲】
> 【請求項1】
> 　ゴム基材の表面に被覆層が接着された積層体を製造する積層体の製
> 造方法であって，
> 　前記ゴム基材の表面に粗面加工を施す粗面工程と，
> 　前記ゴム基材の表面に被覆層を接着する接着工程と，を有し，

410

前記接着工程の前に予め，前記粗面工程を行う，積層体の製造方法。

【請求項2】

　前記粗面工程は，前記ゴム基材の表面にショットブラスト加工を施す，請求項1に記載の積層体の製造方法。

【請求項3】

　前記粗面工程は，冷却して硬化された前記ゴム基材の表面にショットブラスト加工を施す，請求項2に記載の積層体の製造方法。

【請求項4】

　前記接着工程時に，常温の前記ゴム基材の表面に前記被覆層を接着する，請求項3に記載の積層体の製造方法。

【請求項5】

　前記粗面工程の後，前記接着工程の前に予め，前記ゴム基材を洗浄する洗浄工程を行う，請求項1から4のいずれか1項に記載の積層体の製造方法。

5．装置に係る発明の特許明細書等を作成する際の留意点

⑴　装置に係る発明は物の発明であり，特許権の効力は，その装置により生産された物やその装置により検査された物などの実施行為に及ぶことはなく，物の発明と同様に，その装置に係る実施行為に限って及ぶ。また，装置に係る発明は，特に構造系については，例えば，部品を改良した発明の場合，改良部品だけでなく，その部品を保持する部材も請求項で限定する必要があったりするなど，広い権利範囲を請求するうえで制約が生ずる場合もある。

　したがって，その装置が，自社の生産工場等で使用され，外部で使用されず，市場にも流通しない場合には，本質的に装置の発明であっても，特許出願に際し，生産方法の発明にならないか検討すべきである。

　例えば，改良の前後で，その装置が操作する対象材料に，動き，または加えられる外力，温度などの状態に違いがないかどうか，あるいは，装置の動作フローのなかで，改良品が効果を発揮するタイミングなどを検討する。そして，改良の前後での対象材料に係る前述の相違点，並びに，改良品が効果を発揮するタイミングおよび作用などを，装置の動作フローであ

9節 「方法・装置」

る工程に組み込んで生産方法として表現する。

　ここで，改良の前後で対象材料の動きに違いがないかどうかを検討する際，外観から視認できる対象材料全体の動きだけでなく，例えば，塑性加工の場合，対象材料のうち，塑性変形させられようとしている局所的な一部の変形，変位挙動に着目したり，切削加工の場合，対象材料からの切屑の挙動に着目したり，成形金型のキャビティ内面の一部を改良した場合，対象材料のうち，キャビティ内面が備える改良した部分により成形される局所的な一部の変形，変位挙動に着目したりするなど，微視的な視点も含めて総合的に捉えるように心がけるとよい。

⑵　例えば，次のような事案があったとする。
・従来技術／
　シートを平置きにした状態で搬送する搬送装置と，
　筒体をその中心軸回りに回転可能に支持する支持装置と，を備え，
　搬送装置から筒体の外周面に供給されたシートを，支持装置が筒体をその中心軸線回りに回転させながら，筒体の外周面に巻き付け，シート付筒体を製造する。
・発明／
　搬送されているシートの，前記中心軸方向の両端部に摺接することで，シートの，筒体に対する前記中心軸方向に沿う位置を合わせる位置決め装置を設けた。

　この場合，例えば次のように生産方法として表現することができる。

　シートを平置きにした状態で筒体の外周面に向けて搬送する搬送工程と，
　筒体をその中心軸回りに回転させながら，筒体の外周面に供給されたシートを筒体の外周面に巻き付ける巻き付け工程と，を有するシート付筒体の製造方法であって，
　シートが筒体の外周面に到達する前に，搬送されているシートの，前記中心軸方向の両端部に摺接することで，シートの，筒体に対する前記中心軸方向に沿う位置を合わせる，シート付筒体の製造方法。

第2章　技術分野別の明細書等の作成方法

※1　吉藤幸朔，熊谷健一「特許法概説」有斐閣，第13版，2001年，p.66

第2章　技術分野別の明細書等の作成方法

10節　光学機器

10節1　「光学機器　レンズ」

（小林　淳一）

1．はじめに

　光学機器の根幹をなす部品である「レンズ」は，西アジア原産の中心部分がやや膨らんだ円盤形状の豆…レンズ豆…にその形が似ていることから名づけられたという。レンズを用いた工業製品は，カメラ，望遠鏡，顕微鏡，眼鏡，映像プロジェクタなどの比較的身近な製品から，内視鏡や半導体製造装置など特定の技術分野に特化した製品まで，枚挙に暇がない。これらの光学機器は世界各国のメーカーがその開発に鎬を削っており，当然ながら多数の特許出願が行われている。

　レンズ関連の発明の一例として，レンズ交換式カメラの交換用ズームレンズ鏡筒を挙げる。レンズ鏡筒の操作リングを回してズーム倍率を変更すると，操作リングと一緒に鏡筒内部のカム環が回転する。カム環にはカム溝が切られており，このカム溝の形状（カム・プロファイル）に応じた位置に鏡筒内部のレンズが移動する。このレンズの移動により，ズーム倍率が変化する。例えば，このレンズを移動させるカム機構に発明要素がある，というものである。

　明細書の記載の観点からは，レンズ関連の発明には大きく分けて，
①レンズを取り巻く機構の工夫についての発明
②レンズの構成，光路の工夫についての発明
の2種類がある。素朴に言えば，「光学」の要素が少なければ①に，多ければ②にというように，発明の構成要素に光学の要素がどの程度含まれているかによって分けられる。例えば，上述の交換用ズームレンズ鏡筒の例は①に該当する。

　ところで，「電機分野」「化学分野」との比較において，「機械分野」の特許明細書は，明細書の基本形であると言われる。発明の構成要素を的確

に捉え，捉えた構成要素を（例えば構造的記載によって）書き下していく，というスタイルを採るのが一般的である。この場合，発明をいかにして適切な要素に分解するのかという点に重きが置かれることが多い。

上述した①の場合，いわゆる「機械分野」の明細書の記載スタイルに近くなることが多い。一方で②の場合には，機械分野の明細書の記載スタイルとはやや様相が異なっており，光学的なパラメーターの取りうる範囲の記述に重きが置かれ，どちらかというと「化学分野」における化学物質の発明についての記載スタイルに近くなることが多い。

本稿では，レンズ関連の発明のうち，光学系特有の要素がより多い上述②の場合の明細書の記載方法について簡単に説明する。

2．レンズの発明の特徴

小・中学校の理科の教科書にも説明されているように，一般的に，レンズは，透過させた光を集束させるか発散させるかのいずれかの機能を有する。レンズの発明の特徴は，この極めて単純な（しかし，奥深い）特性を，いかに使いこなすのかという点にある。

よい明細書を記載するためには，その発明の成り立ち（従来技術の課題や発明の技術背景）を理解し，発明を正しく捉えることが必要なことは言うまでもない。殊にレンズの発明は，媒質の違いによる光の屈折という物理現象を正確に理解することから始まる。

一般的に，光学製品は，より多くの集光量，より高い解像度，より少ない収差を狙って設計される。これらの条件を高次元で満たすためにレンズ設計がなされるのであるが，あるパラメーターを改善させようとすると，他のパラメーターが悪化するというトレードオフの関係になることが多い。このようなレンズ設計の特性も明細書記載に影響を与えるため，以下説明する。

⑴　光の屈折・分散と硝材

レンズを構成する材料を硝材という。硝材開発を抜きにしてレンズの歴史を語ることはできないであろう。

光速は光が進行する物質（媒質）によって異なる。光は，光速が異なる

媒質に入射すると屈折する。例えば、空気中を進んできた光が、ガラスに入射すると光の進行方向が変化（つまり、屈折）する。これは、空気中の光速よりも、ガラス中の光速のほうが遅いために生じる現象である。この媒質間の光速の比を屈折率と呼び、特に、真空中の光速度に対する媒質中の光速度を、その媒質の絶対屈折率という。

小学生の時に行った凸レンズを使って太陽光を集める実験では、凸レンズを透過した光は1点に集束されて、この点に置かれた紙を焦がす。（だから、この光が集束する点のことを焦点という。）ところが、より細かく観察すると、光は1点に厳密には集束していない。屈折率が光の波長に依存しているためである。一般的には、短い波長の光（例えば、青色光）の屈折率は、長い波長の光（例えば、赤色光）の屈折率に比べて大きい。このように、屈折率が光の波長に依存する性質を分散という。この分散によって、青色光は、赤色光に比べてより強く屈折され、上述の実験では、より手前（レンズに近い位置）で集束する。したがって、凸レンズを透過した太陽光は波長ごとに集束する位置がずれるため、1点には集束しない。このように、波長（すなわち、光の色）ごとに焦点の位置がずれてしまう現象を軸上色収差という（図1）。

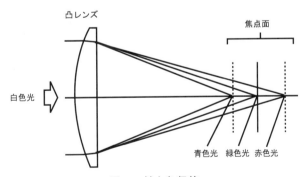

図1：軸上色収差

光が1点に集束すればシャープな像が得られるが、光が1点に集束しない場合、輪郭が滲んでしまいシャープな像は得られない。レンズは、光を屈折させて像を得るためのものであるのにも関わらず、波長という極めて

10節1 「光学機器　レンズ」

基本的な光の性質に依存して屈折率が変化してしまうということが，レンズ設計を難しくさせる原因のひとつである。（ちなみに，この分散がなければ，プリズムによる分光もできないし，雨上がりの虹もできないから，一概に悪とは言えない。）

今から250年以上前の1750年代には，軸上色収差を低減するための「色消しレンズ」が発明された。色消しレンズとは，凸レンズと凹レンズとを組み合わせたものであり，凸レンズで生じる軸上色収差を，これとは逆の色収差特性を有する凹レンズがキャンセルすることにより，凸レンズ・凹レンズが一体化されたレンズ全体として，軸上色収差を低減するものである（図2）。

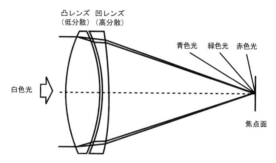

図2：色消しレンズによる軸上色収差の補正

色消しレンズには，低分散の硝材（クラウンガラス）が凸レンズに，高分散の硝材（フリントガラス）が凹レンズに採用されている。

光を集束させる凸レンズを設計する場合には，凸レンズ・凹レンズが一体化された色消しレンズ全体としても凸レンズの性質（つまり，光を集束させる性質）を有している必要がある。ところが，もし，凸レンズに使用している硝材の分散と凹レンズに使用している硝材の分散とが一致していると，レンズ全体として入射光を集束させることができなくなる。つまり，色消しレンズは，分散が互いに異なる2種類の硝材を用いないと実現できないのである。

硝材開発とは，この「屈折率」「分散」（さらには「透過率」）を思い通りの値にする材料の開発であるとも言える。色消しレンズの発明がなされ

第２章　技術分野別の明細書等の作成方法

た当時は，従来技術としてのクラウンガラスに対して，フリントガラスが新たに発明された硝材であった。（なお，ジョージ・レイベンクロフトによるフリントガラスの発明（1674年）から，ジョン・ドロンドによる色消しレンズの発明（1758年）に至るまでには，84年間を要している。その間には，かの数学者レオンハルト・オイラーも軸上色収差の除去の研究を行っている。）

このように，レンズの発明において，レンズに使用されている硝材の屈折率，分散は重要なパラメーターである。なお，硝材の分散は「アッベ数」で表現されることも多い。分散が小さいとアッベ数は大きくなる。アッベ数 ν で表現すると，上述したクラウンガラスは　$\nu > 50$　であり，フリントガラスは　$\nu < 50$　である。また，硝材の光学的特性は，横軸にアッベ数，縦軸に屈折率をとった図（nd－νd ダイアグラム）によって表現されることも多い。

(2)　収差の低減

像をつくるときに生じる収差（像のぼけ・ゆがみ etc.）のうち，球面収差・コマ収差・非点収差・像面湾曲・歪曲収差の５種類を特に「ザイデルの５収差」という。

本書の主題から逸れるため各収差についての詳細な説明は避けるが，一例として，球面収差について簡単に説明する。球面収差とは，レンズ中心の光軸に近い内周部分と光軸から離れた外周部分とで焦点の位置が異なってしまい，像全体がぼやけて不鮮明になる現象をいう。球面レンズの場合，レンズの外周部は内周部に比べて屈折量が大きくなり，外周部に入射した光は内周部に入射した光よりも大きく屈折されるという現象が発生するためである。この球面収差は，非球面レンズを採用することにより解消する。ただし，上述した分散により，光の波長ごとに焦点が異なるため，すべての波長に対して同時に球面収差を解消することはできない。なお，レンズの外周部分に光が入射しないようにマスクによって遮光して内周部分のみを光が透過するようにすれば（集光量は落ちるが），球面収差は低減される。このように，レンズの外周部分に光が入射しないように遮光するマスクを「絞り」ともいう。つまり，絞りを絞れば球面収差は減少する。

この例に示したように，レンズの設計は，あるパラメーターを改善させ

419

10節1 「光学機器　レンズ」

ようとすると他のパラメーターが悪化することが多い。これは，レンズの全面にわたって様々な角度から入射するあらゆる波長の光を，1つの点に厳密に集束させることが原理的に困難であることに由来する。

(3)　焦点距離

　焦点距離は，光学系の主点から焦点までの距離であり，レンズの特性を端的に示すパラメーターとして重要である。

　その他にも請求項に表現可能な重要なパラメーターは数多く存在するが，紙面の都合上，説明は割愛する。

　レンズには，望遠鏡であればより遠くのものを，顕微鏡であればより小さいものを，より鮮明に（高い解像度で）結像させることが求められる。光学系の解像度は，開口数に依存しており，開口数が大きいほど解像度の性能が向上するという関係がある。このため，解像度を高めるためには，開口数（≒レンズの直径）をできるだけ大きくして，より多くの光を集めることが重要になる。しかし，レンズの直径を大きくすれば，レンズが厚く重くなるだけでなく，上述した収差の低減もより困難になる。そこで，レンズの設計においては，最終製品に要求される精度に応じて，どの程度の解像度にし，どの程度までの収差に収めるのかという，パラメーターの許容範囲の調整がなされる。このパラメーターの許容範囲は，要求される精度がさほど高くなければ比較的広くなり，要求される精度が高いほど狭くなる傾向がある。

　したがって，請求項の表現は，レンズの配置と共に，上述したようなレンズのパラメーターを記載することが基本となる。また，上位の請求項ほどパラメーターの幅が広く（したがって，発明の効果は相対的に小さく），下位の請求項ではパラメーターの幅が狭く（したがって，発明の効果は相対的に大きく）なるように，請求項が構成されることが多い。

3．レンズの発明の請求項表現

　上述したように，光学機器においては，収差の低減のために複数枚のレンズを組み合わせて（例えば，凸レンズと凹レンズとを貼り合わせて）1

第2章　技術分野別の明細書等の作成方法

枚のレンズとして機能させる場合が多い。このため，これら複数のレンズをまとめて「レンズ群」と表現する。

　また，1つのレンズ群には，「凸レンズ」と「凹レンズ」とが含まれる場合が多く，このような場合には，1つのレンズ群の名称を「凸レンズ」又は「凹レンズ」と表現しづらい。そこで，全体として凸レンズ作用（光を集束させる作用）を持つレンズ群を「正のパワーを有するレンズ群」と，全体として凹レンズ作用（光を発散させる作用）を持つレンズ群を「負のパワーを有するレンズ群」と表現する。

　また，光をより多く取り入れるために開口数を大きくして，かつ収差を低減しようとすると，単一のレンズ（又はレンズ群）では実現困難である。このため，一般的な光学機器では，複数のレンズ群を組み合わせた設計がなされることが多い。これらのレンズ群を請求項において表現する際には，対物面（デジタルカメラであれば，被写体側のレンズ）から像面（デジタルカメラであれば撮像素子側の面）の順に記載することが多い。

　具体的な請求項の記載例を示す。

［請求項（記載例）］
　物体側より順に，正のパワーを持つ第1レンズ群と，正のパワーを持つ第2レンズ群とが配列して構成され，前記第1レンズ群は，1枚の正レンズと1枚の負レンズとからなり，前記第2レンズ群は物体側に凸面を向けた正のメニスカスレンズと物体側に凸面を向けた負のメニスカスレンズとからなり，下記の各条件を満たす望遠対物レンズ。

(1)　$1.53 < np$

(2)　$-0.2 < np - nn < 0$

(3)　$20.0 < \nu p - \nu n < 40.0$

　　…（パラメータによる限定がさらに続く）…

ただし、

np：第1レンズ群中の正レンズの屈折率

nn：第1レンズ群中の負レンズの屈折率

νp：第1レンズ群中の正レンズのアッベ数

νn：第1レンズ群中の負レンズのアッベ数

10節1 「光学機器　レンズ」

　…（パラメータの定義がさらに続く）…

　ところで，レンズの配置には，製品の構造に起因する寸法的な制約がある。（例えば，製品がカメラの交換レンズである場合，この交換レンズのサイズは，撮影者が持ち運び可能な程度に小型化されている必要がある。）レンズの設計段階においては，レンズ配置の構造上の制約を満たしつつ，上述した各種の収差を低減して，所望の光学特性を得るための設計がなされる。製品に求められる光学特性には許容幅があることが一般的であるから，レンズの光学パラメーターにも許容幅が発生する。レンズの発明は，その構成を光学パラメーターによって表現することが多く，結果として，上述の許容幅を上限値及び下限値とした数値限定の表現になる場合が多い。このため，進歩性の判断に鑑みて各数値の臨界的意義を実施形態中に記載しておくことが望ましい。また，数値限定された発明の技術的範囲に先行技術が含まれてしまうことも少なくない。この場合，新規性の欠如又は進歩性の欠如との拒絶理由を受けることになり，拒絶理由回避のために数値範囲を減縮する補正を行うことが一般的である。この補正に備えて，数値範囲を段階的に減縮できるように，各段階の数値の臨界的意義についても実施形態中に記載しておくことが望ましい。

　また，機械分野の一般的な請求項の記載ぶりでは，権利範囲を広くする観点で，クローズドクレーム（～からなる）の表現を避け，オープンクレーム（～を含む，～を有する，～を備える）として記載することが推奨されることが多い。上述の一例の場合，「前記第1レンズ群は，1枚の正レンズと1枚の負レンズとを含み」とする表現である。しかしながら，光学機器の場合，上述したようなレンズ設計の困難さから，特に高性能なレンズの設計の幅が実質的に制約されていることもあり，レンズ配置が似ている他の先行技術が存在している場合が少なくない。したがって，請求項の記載を不用意に上位概念化すると，意図しない先行技術が発明の技術的範囲に含まれてしまうことがある。この場合，クローズドクレーム（～からなる）への補正，例えば，「前記第1レンズ群は，1枚の正レンズと1枚の負レンズとからなる」との補正を行うことも選択肢のひとつとして留意すべきである。

422

第2章　技術分野別の明細書等の作成方法

参考文献：

牛山　善太：「光学設計の基礎知識」日刊工業新聞社（2017年）
桑嶋　幹：「最新レンズの基本と仕組み（第2版）」秀和システム（2013年）
左貝　潤一：「光学の基礎」コロナ社（1997年）

10節2 「光ファイバー」

(片岡　央)

1. 図面について

(1)　光ファイバーの分野では,クレーム上の特徴が光ファイバーの性質(伝送損失, 屈折率, モードフィールド径など。以下, 単に「パラメーター」という) となることが多い。ここで, これらのパラメーターは無体物である光の性質であるため, 図面で表現しにくい。また, 光ファイバーの発明は, 明細書や表の記載のみで, その構成や特徴をある程度表現できてしまう。このため, 光ファイバーの構成を図面中に記載していない出願も見受けられる。

(2)　しかしながら, 特に米国では, クレームに記載されている発明の全ての特徴を図面中に示さなければならない (U.S. 特許法規則§1.83)。このため, 光ファイバーの断面図などを示して, クレーム中に記載される特徴(代表的には, コアやクラッドなど) を最低限図示することが望ましい。

2. 光ファイバーの性能そのものを特徴とするクレームについて

(1)　光ファイバーに関する発明では, 光の伝送損失を小さくしたり, 特定の波長の光の伝送損失を大きくしたりすることを目的としたものが多い。ここで, これらの伝送損失の数値自体は, 光ファイバーの構造によってもたらされる結果 (効果 であるといえる。このような効果は,本来はクレーム上の構成要素になりえないが, 光ファイバーの分野ではこれらの効果そのものをクレーム上の構成要素として扱うことが, 実務上行われている。この点について, 実際に特許された出願を参考にして考察する。

(2)　以下, 特許第4368687号に係る出願の, 出願当初の請求項1の記載を転記する。

第2章　技術分野別の明細書等の作成方法

> 「波長を有する光学信号の伝搬用であり，中心線を有する光ファイバ
> であって，前記光ファイバは，
> 　　コアと，
> 　　前記コアを囲むクラッド層と，からなり，
> 　　前記光ファイバは，20mm 心棒の周りを5回巻き付けた際に1560nm
> において曲げ損失が0.5dB より少なく，1530nm 乃至1550nm の波長範
> 囲において平均ファイバプルテスト損失が0.1dB より少ないことを特
> 徴とする光ファイバ。」

⑶　上記のクレームに対して，1回目の拒絶理由通知では以下の認定がな
され，
特許法36条6項2号（明確性違反）の拒絶理由が通知された。
「請求項1には，特性に関する事項として，「(中略) 平均ファイバプルテ
スト損失が0.1dB より少ない」と記載されている。
　しかし，同請求項に記載された，構造に関する事項は，「コアと，前記
コアを囲むクラッド層と，からなり，」だけであり，これは光ファイバが
通常備えているものであるから，当該事項のみで，上記特性を実現できる
とはいえず，また，技術常識に照らしてみても，上記特性を実現する構造
を推認することができない。
　よって，請求項1は，発明特定事項が明確に記載されたものであるとは
いえない。」

⑷　上記の拒絶理由通知に対して，以下の補正がなされた。

> 「波長を有する光学信号の伝搬用であり，中心線を有する光ファイバ
> であって，前記光ファイバは，
> 　　コアと，
> 　　前記コアを囲むクラッド層と，からなり，
> 　　前記光ファイバは，20mm 心棒の周りを5回巻き付けた際に1560nm
> において曲げ損失が0.5dB より少なく，1530nm 乃至1550nm の波長範
> 囲において<u>平均ファイバプルテスト損失が0.1dB より少なく，</u>
> 　　<u>前記クラッド層は外側半径 rc 及び平均屈折率 nc を有し，</u>
> 　　<u>前記コアは，半径 r_1 と，約0.4% と約1.5% との間の最大デルタ Δ_1 と，</u>

10節2 「光ファイバー」

> 屈折率プロフィールと，約8wt%と約30wt%との間の最大酸化ゲルマニウム濃度 $[GeO_2]_1$ と，酸化ゲルマニウム濃度プロフィールとを有し，前記ファイバの中心線周りに配置されている中心領域と，外側半径 r_2 と，約−0.1%と約0.05%との間の最小デルタ Δ_2 と，屈折率プロフィールと，約2wt%と約22wt%との間の最大酸化ゲルマニウム濃度 $[GeO_2]_2$ と，酸化ゲルマニウム濃度プロフィールと，約0.5wt%と約3.5wt%との間の最大フッ素濃度 $[F]_2$ と，フッ素濃度プロフィールとを有し，前記クラッド層に囲まれ，前記中心領域を囲む環状領域と，を有する，ことを特徴とする光ファイバ。」

(5) 上記の補正により，請求項1の拒絶理由は解消されたようである。上記出願の審査経過を参考にすると，光ファイバーの性質そのものについても，クレーム上の構成要件となりうることがわかる。ただし，その性質を実現するための構造についてもクレームに記載することが要求され，構造が充分に記載されていなければ明確性違反（特許法36条6項2号）の拒絶理由に該当する。このことを踏まえると，光ファイバーの性質自体をクレームする場合には，その性質を実現するための構成について，出願時に吟味しておくべきである。また，どの程度まで詳細な構造をクレームに記載する必要があるかについては，出願時に判断することが難しいと考えられる。このため，性質を実現するための構成に対して優先順位をつけて，優先順位の高いものからクレームアップしていくなどの戦略をとることで，最終的に得られる特許権が広くなると考えられる。

3．数値限定発明の進歩性について

(1) 光ファイバー関連出願では，パラメーターの数値範囲をクレーム中に記載する（以下，「数値限定」という）場合が多い。ここで，日本国特許庁の審査では，クレーム中に記載された発明と引用発明との相違点がその数値限定のみにあるときには，通常，そのクレームに係る発明は進歩性を有さないものとされる（※1）。このため，パラメーターの数値範囲が異なる特許文献などを引例として，進歩性違反の拒絶理由が通知されることが多い。

426

第2章　技術分野別の明細書等の作成方法

　しかしながら，審査基準上，クレームに記載された発明の効果が，引用発明と比較したときに以下の（i）〜（iii）を全て満たす場合には，進歩性があると判断される。

「（i）その効果が限定された数値の範囲内において奏され，引用発明の示された証拠に開示されていない有利なものであること。

（ii）その効果が引用発明が有する効果とは異質なもの，又は同質であるが際だって優れたものであること（すなわち，有利な効果が顕著性を有していること。）。

（iii）その効果が出願時の技術水準から当業者が予測できたものでないこと。」

　また，審査基準上，請求項に係る発明と引用発明との相違が「数値限定の有無のみで，課題が異なり，有利な効果が異質である場合には，数値限定に臨界的意義があることは求められない」とされている。

(2)　上記審査基準を考慮して，光ファイバー関連出願を行う場合には以下の点を考慮して明細書を作成することが好ましい。

　①数値限定を行うことで解決できる課題（得られる効果）を，できるだけ多くの側面から記載する。

　②数値の上下限値に対する臨界的意義を明確にする。クレームするパラメーターが複数ある場合には，それらを組み合わせたときの臨界的意義についても考慮する。

　①については，クレームされた数値範囲とすることで得られる効果のうちの一部が，引用発明から得られないものであれば，その点を「引用文献とは異質な効果」として意見書中で主張することで，進歩性が認められやすくなると考えられる。ただし，これらの課題や効果を【発明が解決しようとする課題】または【課題を解決するための手段】など，米国明細書の"SUMMARY OF THE INVENTION"に相当する箇所にそのまま記載すると，米国に出願した際に限定解釈のきっかけとなる場合があるため注意が必要である。対応策としては，米国出願時にこれらの記載を実施形態中に移動させたり，日本に出願する時点であらかじめ実施形態中にのみ記載しておくことなどが挙げられる。

　②については，クレームしようとするパラメーター同士が相互に影響を及ぼし合う場合や，複数のパラメーターが発明の効果として主張する性質

10節2 「光ファイバー」

（例えば伝送損失）に対して影響する場合に，特に注意が必要である。具体的に，以下の図1を用いて説明する。ここでは，「パラメーターXがx1以上x2以下であり，パラメーターYがy1以上y2以下である」ことで，特定の条件下における伝送損失を低減できる，といった効果を主張する場合を想定する（パラメーターX，Yは，例えばコアの半径やモードフィールド径など，双方が伝送損失に影響するパラメーターとする）。

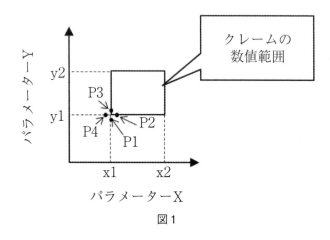

図1

例えば，「パラメーターXをx1以上とし，かつパラメーターYをy1以上とすること」が先行文献に対する差異であるとした場合，上記の図に示す点P1～P4に関するデータが明細書中に記載されていることが好ましい。理屈の上では，これらの4点のデータが揃ったときにはじめて2つのパラメーターの組み合わせにおける臨界的意義が明確になるためである。

なお，例えばパラメーターXをx1以上とすること「のみ」で所定の効果が得られる場合には，P4についてのデータが記載されていなくても効果を主張することは可能である。この場合には，Xをx1以上とすることで得られる効果やその理由を明細書中に記載しておくべきである。

4．特殊パラメーターを含むクレームについて

(1) 光ファイバー関連出願では，一般的に用いられているパラメーター（屈

折率など）ではないパラメーター（以下，単に特殊パラメーターという）
をクレームに記載する場合がある。典型的には，発明者が独自に創作した
ものや，特定のメーカー内のみで公開されずに用いられているものが，特
殊パラメーターに該当する。特殊パラメーターを含むクレームについては，
先行技術との対比が困難であるため，どのように新規性・進歩性の判断が
行われるかが問題となる。

⑵　このような特殊パラメーターの取り扱いについて，審査基準（※２）
では以下のように記載されている。

「2.2.2　機能，特性等の記載により引用発明との対比が困難であり，厳密
な対比をすることができない場合－この場合は，請求項に係る発明の新規
性又は進歩性が否定されるとの一応の合理的な疑いを抱いたときに限り，
審査官は，新規性又は進歩性が否定される旨の拒絶理由通知をする。ただ
し，その合理的な疑いについて，拒絶理由通知の中で説明しなければなら
ない。」

⑶　また，上記審査基準における「一応の合理的な疑い」を抱く場合につ
いて，審査ハンドブック（※３）には下記の趣旨の記載がある。

①特殊パラメーターが他の定義や測定結果などに換算可能な場合には，換
　算した結果によって請求項の発明と引用発明とを比較して判断する。

②特殊パラメーターと引用発明とが類似の機能，特性等により特定されて
　いるが，その測定条件又は評価方法が異なる場合には，以下の（ⅰ）（ⅱ）
　の両方に該当するときに「一応の合理的な疑い」があると判断する。

　（ⅰ）特殊パラメーターと引用発明とで測定条件又は評価方法の間に一定
　　　の関係があるとき。

　（ⅱ）特殊パラメーターについての測定方法などを引用発明に適用した
　　　場合，クレームに記載された発明に引用発明が含まれる（あるいは類
　　　似する）蓋然性が高いとき。

③クレームのうち，特殊パラメーター以外の発明特定事項と引用発明とが
　共通しており，以下の（ⅰ）（ⅱ）の両方に該当するときには，「一応の
　合理的な疑い」があると判断する。

　（ⅰ）特殊パラメーターにより表現された発明特定事項の有する課題若し
　　　くは有利な効果と同一又は類似の課題若しくは効果を引用発明が有し
　　　ているとき。

10節2　「光ファイバー」

　　（ii）引用発明の機能，特性などが請求項に係る発明の機能，特性等に
　　　　含まれる（あるいは類似する）蓋然性が高いとき。

(4)　上記の審査基準および審査ハンドブックを考慮すると，特殊パラメー
ターを特徴とする出願を行う場合には，その特殊パラメーターが一般的な
測定方法や評価方法に置き換えられるか否かを検討するとよい。置き換え
可能である場合には，出願前に，置き換えたパラメーターと重複する先行
技術の有無を調査することなどにより，拒絶理由をある程度予測してこれ
に備えることができる。また，通常のクレームと同様に，特殊パラメーター
の審査についても，解決される課題や効果が重要視される。したがって，
課題や効果を充分に記載する点に留意すべきである。

(5)　次に，米国および欧州における特殊パラメーターの扱いについて，簡
単に紹介する。

　　米国の特許審査基準（MPEP2112）では，上記日本国の審査基準に類似す
る判断基準として，"Doctrine of inherency（内在性の法理）"が採用さ
れている。すなわち，先行技術文献における内在的な開示は，新規性（102
条）または非自明性（103条）によるクレームの拒絶の根拠とされる。日
本の審査基準における上記①の類型は，MPEPにおける「内在的な開示」
に含まれると考えられる。また，②③の類型も，場合によっては「内在的
な開示」に該当するであろう。

　　欧州の審査ガイドライン（※4）によれば，パラメーターをクレームに
記載するためには，「他の手段によって十分に発明を定義することができ
ず，明細書中の記載などにより明確にその意味を理解可能である」ことが
求められる。さらに，特殊パラメーター（"unusual parameter"）が記載
要件を満たすためには，「先行技術との対比が充分にできる」ことが要求
される。この点においては，特殊パラメーターに関する欧州の記載要件は
日本よりも厳しいと考えられる。

5．欧州における新規事項追加について

(1)　光ファイバー関連出願では，引用発明との差別化を図るために，拒絶
理由通知に対する応答でクレームに記載されたパラメーターの数値範囲を
変更する場合がある。ここで，特に欧州では，「出願によって過去に提示

第2章　技術分野別の明細書等の作成方法

された情報から直接的かつ一義的に（directly and unambiguously）導き出せない情報を当業者に提示する結果になる場合には，出願時の出願内容を超え，したがって，許されない主題を導入するものとみなすべきである（※5）」といった規定があり，新規事項の追加について厳しく判断される傾向がある。このため，表に記載された数値のみをもってクレームの数値範囲を補正することが認められない可能性がある。また，仮に補正しようとする数値範囲が明細書中に記載されていても，他のパラメータとの関係からその数値範囲に補正することが認められない場合もある。

⑵　上記の点を鑑みて，クレームに記載した数値範囲の変更が新規事項の追加（added matter）に該当しないように注意する必要がある。具体的には，出願時に，将来的にクレーム中の一部のパラメーターのみ数値範囲を変更する可能性なども考慮して，明細書中でパラメーターの組み合わせについて言及しておくとよい。また，あるパラメーターが他のパラメーターから独立して設定可能である場合には，その旨を明細書中に記載しておくことも有効である。

※1　平成27年10月1日版　特許・実用新案審査基準　第Ⅲ部第2章第4節　「6．数値限定を用いて発明を特定しようとする記載がある場合」
※2　平成27年10月1日版　特許・実用新案審査基準　第Ⅲ部第2章第4節　「2．作用，機能，性質又は特性を用いて物を特定しようとする記載がある場合」
※3　平成30年6月9日施行版　特許・実用新案審査ハンドブック　第Ⅲ部　特許要件　第2章　項番3218-3219
※4　2017年改訂版 欧州特許庁審査ガイドライン（Guidelines for Examination in the European Patent Office）F部第Ⅳ章4.11節
※5　2017年改訂版 欧州特許庁審査ガイドライン（Guidelines for Examination in the European Patent Office）H部第Ⅳ章2.1節

第3章

外国出願を意識した
明細書の作成方法

1節 「機械系特有の表現」

2節 「限定解釈」

3節 クレーム

  3節1 「外国出願に適したクレーム」

  3節2 「クレームの明瞭性」

  3節3 「サポート要件（CN）及び補正要件（EP）」

4節 「従来技術の記載」

5節 「図面・要約書」

6節 「その他」

1節 「機械系特有の表現」

（宮本　龍）

　日本出願の明細書及びクレームは，日本における特許法36条４項（発明の詳細な説明は，その発明の属する技術の分野における通常の知識を有する者がその実施をすることができる程度に明確かつ十分に記載したものであること）の要件と，特許法36条６項（１．特許を受けようとする発明が発明の詳細な説明に記載したものであること。２．特許を受けようとする発明が明確であること。３．請求項ごとの記載が簡潔であること。４．その他経済産業省令で定めるところにより記載されていること。）の要件を満たせば足りる。

　また，日本出願の明細書及びクレームは，日本語を理解できる当業者にとって実施可能な程度に発明が明細書に開示されていれば足りるし，日本人である審査官によって審査される。すなわち，日本出願の明細書及びクレームでは，他の言語で正確に表現できるように，あるいは他の言語に翻訳しやすいように記載されるところまで要求されない。また，各国で要求される記載要件は日本で要求されるそれとは必ずしも一致しない。さらに，各国の法制度及びプラクティスの違いにも留意する必要がある。

　本節では，外国出願において，明細書及びクレームの記載でよく問題となる点について解説する。

１．文の構造

　英語圏の国への出願では，日本語明細書を元に英語明細書を作成し，その英語明細書を現地代理人に送付して出願を依頼することになる。また，英語圏以外の国に出願する場合でも，英語明細書を現地代理人に送付して現地語訳を依頼することが多くある。したがって，日本語明細書の作成にあたっては，英語に翻訳することを前提に作業を行うべきである。

1節 「機械系特有の表現」

例文(1)

1a) 駆動軸は，断面形状が円形である。
1b) 本実施形態においては，被搬送物を複数保持可能であってもよい。
1c) 被駆動部は，駆動軸が可動域を移動した場合に，連動して移動する。

　一般的に，日本語の文では主語や目的語を省き，前後の文脈からそれが何であるかを判断する（させる）傾向がある。しかしながら，発明の内容を正確かつ明瞭に公開するための技術文献として，さらには特許権の権利書としての役割を担う明細書には，そのようなあいまいな表現を用いるべきではない。

　日本語以外の言語では，主語や目的語を省くことはほとんどない。何種類もの言語に翻訳されることを考慮すれば，外国特許出願を視野に入れた日本語明細書においても，文を構成する部品である主語，述語，目的語，補語を明確に記載することが重要である。

　英語では，基本的に以下の五文型のいずれかで文を構成することはご承知の通りである。

　a）S（主語）＋V（述語）
　b）S＋V＋C（補語）
　c）S＋V＋O（目的語）
　d）S＋V＋O＋O
　e）S＋V＋O＋C

　日本語明細書においても，五文型を意識した作文を心がけることで正確な英語訳が可能になる。

例文(1)修正案

1a) 駆動軸の<u>断面形状</u>は，円形である。
1b) 本実施形態において<u>説明した搬送装置</u>は，複数の被搬送物を保持可能であってもよい。
1c) 被駆動部は，駆動軸が可動域を移動した場合に，<u>駆動部と</u>連動して移動する。

436

第3章　外国出願を意識した明細書の作成方法

2．一文一主題

　1つの文にいくつも論点が存在していると，読み手が文意を理解し難くなることは容易に想像される。技術用語に対する説明的な修飾が長くなりがちな特許明細書では，読み手による文意の理解を助けるためにも，文を短く構成することが重要である。明細書では複雑な文の構成となるのを避け，なるべく一文一主題を意識して作文することを心がけるべきである。

例文(2)

2a) 本発明のレシプロエンジンは，シリンダーと，シリンダー内で往復運動するピストンと，ピストンの往復運動を回転力に変換するクランクシャフトと，ピストンとクランクシャフトを連結し，ピストンの往復運動をクランクシャフトに伝達するコンロッドを備えている。

2b) 本発明の昇降部は，基台上に設置されており，鉛直方向に配設されたレール部材と，レール部材に支持され，被搬送物を把持する把持部とを有する。

　請求項をそのまま実施形態に移植した場合にありがちな記載である。この場合も，エンジンを構成する各部品を主語にしていくつかの文を作成するほうが読み手の理解度が高まる。

　例えば，例文2a) の場合，次のような誤った理解を生じかねない。

　・本発明のレシプロエンジンは，コンロッドを備えている。

　・コンロッドは，シリンダーと，ピストンと，クランクシャフトとを連結する。

　・コンロッドは，ピストンの往復運動をクランクシャフトに伝達する。

　また，例文2a) では，「シリンダーと，ピストンと，…コンロッドを備える」と記載されているが，「シリンダーと，ピストンと，…コンロッドとを備える」と記載するほうが並列する要素を特定し易いといえる。発明の要件を「と，」で繋いで列挙する場合は，最後の要件の後にも「と」と記載するべきである。

　一方，例文2b) の場合，基台上に設置されているのが「昇降部」そのものなのか「レール部材」だけなのかが明確ではない。

　日本語明細書を以下のように記載しておくことで，上記のような不明確さを排除することができる。

437

1節 「機械系特有の表現」

例文(2)修正案

2a) 本発明のレシプロエンジンは，シリンダーと，ピストンと，クランクシャフトと，コンロッドとを備えている。前記ピストンは，シリンダー内で往復運動する。前記クランクシャフトは，前記ピストンの往復運動を回転力に変換する。前記コンロッドは，前記ピストンと前記クランクシャフトとを連結し，前記ピストンの往復運動を前記クランクシャフトに伝達する。

2b) 本発明の昇降部は，基台上に配置されており，レール部材と，把持部とを有する。前記レール部材は，鉛直方向に配設されている。前記把持部は，前記レール部材に支持され，被搬送物を把持する。

例文(3)

3a) 平板状の部品本体の厚さ方向の上下に配置された2つの矩形面の一方が凹面状に形成されるとともに，他方が凸面状に形成され，さらにこれら矩形面の周囲に配置される複数の側面はいずれも平面状に形成され，2つの矩形面にそれぞれ接している。

3b) 2つの板部材はそれぞれ矩形の平板状とされており，一方の板部材は，この矩形の長辺が短辺よりも僅かに長くされている程度であるのに対し，他方の板部材は，その長辺が一方の部品本体のそれよりも長くされ，その短辺の長さが一方の部品本体のそれと等しくされている。

　例文(3)では，部品本体各面の形状説明を，一文の中に織り込んでしまったために，かえって各面の形状が解り難くなっている。それぞれの面を主語にしていくつかの文を作成するほうが読み手の理解度が高まる。

　例文3a) では，部品本体が，2つの矩形面と，複数の側面とから構成されている。複数の側面は，部品本体の周囲に配置されているが，個別に特徴を有してはいない。2つの矩形面の一方は凹面状に，他方は凸面状に形成されており，それぞれ特徴が異なる。また，2つの矩形面の特徴は相互に異なるので，2つのうちの一方，他方という呼び分けだけでは，2つの矩形面を個別に特定し難い場合が想定される。このような場合は，第1の矩形面，第2の矩形面というふうに2つの矩形面を個別に名付けておくと有効である。

　例文 b) では，2つの板部材の形状の違いを説明しているが，それぞれの違いを一文の中に織り込んでしまった以外にも，一文であることを過信してか連体詞を多く使用して重複の記載を省いている。しかしながら，指示代名詞はいったいどこを指すのか明確ではない。文意を正確に伝えるためにも，指示代名詞は極力使用しないことが望ましい。

438

第3章　外国出願を意識した明細書の作成方法

　日本語明細書を以下のように記載しておくことで，各部の特徴を明確にすることができる。

例文(3)修正案

3a)　平板状の部品本体は，厚さ方向の上下に配置された第1，第2の矩形面と，第1，第2の矩形面の周囲に配置された複数の側面とを有している。前記第1の矩形面は凹面状に形成されており，前記第2の矩形面は凸面状に形成されている。前記複数の側面はいずれも平面状に形成されており，前記第1，第2の矩形面にそれぞれ接している。

3b)　第1，第2の板部材はそれぞれ矩形の平板状である。第1の板部材の長辺は，第1の板部材の短辺よりも僅かに長い。一方，第2の板部材の長辺は，第1の板部材の長辺よりも長く，第2の板部材の短辺は，第1の板部材の短辺と同じ長さである。

例文(4)

　軸部材は，厚さ方向に離間する2つの端面と，これら2つの端面の周囲に配置された周面とを有している。そして，一方の端面には凸部が形成されており，他方の端面には凹部が形成されている。また，周面には螺旋状の溝が形成されている。さらに，螺旋状の溝にはボルト部材が螺合している。

→「そして」，「また」，「さらに」を削除しても全く問題ない。

　日本語明細書では，前後の文を「また」，「さらに」，「加えて」などの接続詞で繋いでいる文章を目にすることがある。英語にもそのような接続詞に対応する訳は存在するが，英語明細書において，連続する文をいちいち接続詞で繋ぐことはあまりない。

　日本語明細書においても，上記のような接続詞が必要かといえば，そのようなことはなく，これら接続詞を省略しても文意が損なわれることはない。

　同様の理由により，「本発明は上記の事情に鑑みてなされたものであり」，「上記の課題を解決するために」，「上記のような構成により」などの記載も，外国出願用の明細書では必ずしも重要視されない。

3．構成要件の用語

　文の構造を明確にしても，文を構成する部品として用いる言葉が難解だ

1節 「機械系特有の表現」

と，読み手に発明の内容を正確に理解させることは困難である。主語や目的語となり得る名詞，述語や補語となり得る動詞，形容詞，副詞など，それぞれの言葉の意味や使い方を十分考慮した上で使用する必要がある。

例文(5)

5a) 車両を駆動する内燃機関を前記車両の運転状態に応じて自動的に停止または始動させる<u>内燃機関自動始動停止制御部</u>

5b) 翼の後縁に設けられた<u>剥離渦制御板</u>

　明細書を作成するにあたり，発明を特定するための構成要件をどのように名付けるかは頭の痛いところである。実施形態では図面を参照して構成要件に符号を付すことができるが，請求の範囲では符号を付して構成要件を区別することはできない。構成要件ごとに異なる名称を付ける必要がある。ただし，例文5a) のように安易に機能や形状を羅列した名称を付けることは，いたずらに文を長くするだけで読み手の明確な理解を助けることにはならない。構成要件そのものには短い名称を付けて的確な定義付けを行い，以降はその短い名称だけを使って文を作成するべきである。

　一方，名称に機能や形状を羅列するだけで，名称に付随する説明を十分に行っていない場合も考慮が必要である。「突起」，「穴」など単純に言葉だけでその形状が特定できる場合もあるので，全てについて説明が必要になるとはいえないが，例文5b)のように名称に機能的な説明を含めてしまっては，発明の明確な特定を損ねる可能性がある。

例文(5)修正案

a) 車両を駆動する内燃機関を前記車両の運転状態に応じて自動的に停止または始動させる<u>内燃機関制御部</u>

b) 翼端の後縁に設けられ，<u>翼面から流体が剥離することによって生じる流体の剥離渦を制御する</u>剥離渦制御板

第3章　外国出願を意識した明細書の作成方法

４．構成要件の動作，状態等の表現

例文(6)

6a)　本発明の剥離渦制御板は，部材Ａと部材Ｂとを<u>備えて構成されるように</u>
　　<u>なっている。(</u>または，<u>備えてなる</u>)。
6b)　部材Ａは部材Ｂよりも<u>長くなるように設定されている</u>。
6c)　弁を<u>開閉する</u>ことにより，タンクの内部に溜まったガスを排出する。
→「開閉する」は１つの動詞ではない。
6d)　貫通孔は部材の先端に<u>開口されている</u>（または，<u>させられている</u>）。
→「させられる（される）」は使役動詞である。貫通孔自体が何かに使役（も
　しくは強要）されている訳ではない。

　主語や目的語となり得る名詞を明確にしたとしても，述語の使い方を誤
ると文意が正確に伝わらない。特に動詞の場合，主語や目的語としての名
詞に対してどのような動詞を用いるのが適切かを十分吟味する必要があ
る。

　例文6a)，6b)のような記述を目にすることがあるが，「〜して構成され
る」，「〜してなる」，「〜に設定される」などの表現に，発明の特定に重要
な意味を見出すことはほとんどない。

　例文6c)と同様の表現に「着脱する」，「受け渡す」，「昇降する」などが
ある。

　例文6d)では，客観的な表現を強く意識するあまり，能動的な表現を避
けようとして，結果的に文意のつかみ難い表現となっている。

　「するものである（ためのものである）」，「ものとなっている」，「いうま
でもない」，「なお」などの記載も，翻訳するとほとんど意味をなさず文を
冗長にするだけなので，不要と考えられる。

例文(6)修正案

a)　本発明の剥離渦制御板は，部材Ａと部材Ｂとを<u>備えている</u>。
b)　部材Ａは部材Ｂよりも<u>長い</u>。
e)　弁を<u>開く</u>ことにより，タンクの内部に溜まったガスを排出する。
d)　貫通孔は部材の先端に<u>開口している</u>。

1節 「機械系特有の表現」

例文(7)

第1部材1を，相対的に移動する。

「相対的に」という表現は，日本語明細書では不必要な限定解釈がされないために好まれて用いられるが，外国語では「何」に対して相対的なのか明記しないと，意味が不明確になってしまう。

例文(7)修正案

第1部材1を，第2部材2に対して相対的に移動する。

上記表現にすると，一見すると非常に限定的な解釈になる可能性があるように思われる。しかしながら，実際には，ⅰ）第1部材1が移動して，第2部材2は移動しない態様，ⅱ）第1部材1は移動せず，第2部材2には移動する態様，ⅲ）第1部材1及び第2部材2のいずれも移動する態様の全てを含む意味になる。

5．日本語特有の表現

例文(8)

8a) 田の字形の（→格子形の），トコロテン式に（→外部からの働きかけを受けて受動的に）
8b) 性能の良否を指す○（→ good），△（→ fair），×（→ bad, Not good）

文字の形状に例えて物品の形状を表現した場合，翻訳すべき言語にそのような形状が当てはまる文字が存在することはまずない。外国出願を考慮するならば，当初からそのような表現は避けるべきである。同様に，他国にはない文化に係る言葉を比喩的に使用するのも厳禁である。形状を記述的に説明することが肝要である。また，記号に意味をもたせることは日本語に限らず行われるが，必ずしも各国共通ではない。○，△，×はその代表的な例といえる。

442

第3章　外国出願を意識した明細書の作成方法

6．構成要件の位置，形状等の表現

例文(9)

　9a）部材本体の先端側に
　→部材本体の先端部分なのか，それとも先端の周辺部分なのか？ふたつの意味に受け取れる（いずれの意味かで英訳が異なる）。
　9b）略平板状の
　→実質的に平板といえる形状なのか，それとも平板とは言い切れない部分を含んでいるのか？　単純に平板状と記述することを拒む理由があるのか。特に理由がなければ平板状とすればよいし，理由があるなら具体的に記載すべきである。

　述語を補う補語は，主語や目的語の状態や性質を表現するうえで非常に重要である。日本語明細書では，名詞の前後に言葉を付加して副詞的に表現している場合があるが，名詞に付加した言葉に意味が複数ある場合，前後の文脈から本来の意味を判断しなければならず，適切とはいえない。単に漢字を付加することだけに頼らず，文で正確に意味を記述するべきである。

7．穴・空間の限定

　「穴」や「空間」そのものを装置の構成要件とすることはできず，穴又は空間を有する何らかの部材を構成要件とする必要がある。

例文(10)

　支持板と，
　この支持板に支持されたドラムと，
　前記ドラムに固定されたブレーキシューと，
　前記ブレーキシューに設けられた放熱穴と，
　このブレーキシューに対向する第一突起部を備
　えるハンドブレーキレバーと，
　を備えるドラムブレーキ。

　外国出願，とくに米国出願では，クレームの構成要件は「と書き」形式で，構成要件を列挙して記載すると良いとされている。これは，本願発明の特徴ある構成を従来技術と解釈されることを防ぐためであるという理由

443

1節 「機械系特有の表現」

　の他にもう1つ，権利行使の場面において，本願発明の権利範囲を明確にするためでもある。

　権利行使の場面では，クレームの構成要件は一つ一つ分解され，その分解された構成要件がイ号製品（侵害品）に含まれているか，検証が行なわれる。このため，クレームの構成要件は，1つずつに分解可能に規定されている必要がある。

　ここで，「穴」そのものが構成要件として規定されていると，構成要件毎に分解したとき，何も残らないこととなってしまい，本願発明の構成要件として認定されない可能性がある。

　「穴」を本願発明の構成要件として規定する場合，「穴」を有する何らかの部材，として規定する必要がある。上記趣旨により，「間隙」「空隙」等であっても同様である。

例文⑩修正案

　支持板と，
　この支持板に支持されたドラムと，
　前記ドラムに固定され，放熱穴が設けられたブレーキシューと，
　このブレーキシューに対向する第一突起部を備えるハンドブレーキレバーと，
　を備えるドラムブレーキ。

444

2節 「限定解釈」

（宮本　龍）

　日本出願の明細書では，通常，実施形態は図面に参照して一例として記載するのが一般的である。しかしながら，外国諸国では，明細書の記載によってクレームが思いがけずに狭く解釈される場合がある。

　本節では，特に，米国及び欧州におけるクレームの限定解釈について焦点を当て，それぞれの特有の問題点を簡単な例を挙げながら解説する。

1. 米国におけるクレームの限定解釈

　米国の特許侵害訴訟では，被告の弁護士が米国特許明細書の些細な文言を根拠として，クレームを本来の広さよりも狭く解釈させようと努力する。

　このため，以下のような記載が明細書に含まれると，クレームが狭く解釈され，被疑侵害品を捕捉できないリスクが増す。

(1)　「本発明」を直接限定してしまう記載の例

クレーム1	明細書の記載
A，B，Cを有する装置。	①「本発明の装置は，さらにDを有する。」 →本発明にはDが必須であると認めてしまう。 ②「本発明において，CはDである。」 →CはDのみに限定されてしまう。 ③「本発明はFを目的とする。」（FはDでのみ達成できる） →本発明にはDが必須であると認めてしまう。
①～③のような些細な記載から，「本発明はDも有していなければならない。被疑侵害品はDを有していないから非侵害」と主張されるリスクが発生する。	

2節 「限定解釈」

対策例：

クレーム1	明細書の記載
A，B，Cを有する装置。	①「本発明の装置は，さらにDを有していてもよい。」 ②「本発明の一実施形態では，CはDである。」 ③「CはDであってもよい。」 ④「本発明の一実施形態はFを目的とする。」（FはDでのみ達成できる） →Dは本発明に必須ではないことを示す。
①〜④のような記載ならば，「本発明はDも有していなければならない。」と主張されるリスクが減らせる。	

　以上のように，最も広い独立クレームに必須な構成以外は，全てオプション（本発明には無くてもよい構成）として記載しておくことが重要である。このように記載しておけば，クレームが限定解釈されるリスクを減らすことができる。

　明細書において，「本発明」，「実施態様」，「実施形態」，「実施例」などの用語は，発明概念の具体化レベルに応じて，段階的に使い分けることが望ましい。

　特に，クレーム内容に直結する「本発明（Present Invention もしくはInvention）」という用語は，迂闊な限定解釈を招かないように，充分に注意して用いることが重要である。

⑵　クレーム限定解釈リスクを増す明細書中の「強い表現」の例

　特に米国の場合，次表の左欄に列挙されているような「強い表現」を明細書中の説明に用いると，侵害訴訟における本発明の構成や効果の解釈に影響を与え，クレームが限定解釈されるリスクが増す。できるだけ使用を避けることが好ましいと言える。

　一方，右欄の「柔らかい表現」であれば，クレームが限定解釈されるリスクを増さずに済む。

第3章　外国出願を意識した明細書の作成方法

強い表現 （狭く解釈されるリスクがある用語）	柔らかい表現 （狭く解釈されにくい用語）
must, never, always	may, sometimes, often, preferably
essential, critical, significant, important, fundamental	preferable, exemplary
maximize, minimize, optimize, eliminate, ensure	increase, decrease, improve, enable
require	may, can

　上記左欄に列挙されているような表現を英文明細書ではなるべく避けることはもちろんであるが，基礎となる日本出願においても，これらの語と対応する日本語表現を，不注意に用いないように心掛けることも重要である。

2．欧州におけるクレームの限定解釈

　特に欧州では，明細書中の実施形態の構成の一部を抜き出して，思い通りにクレームに加入できるとは限らない。

　明細書の記載方法を予め工夫しておかないと，新規事項の追加（中間的一般化（Intermediate generalisation））と判断されて，クレーム補正ができない場合がある。一度中間的一般化（Intermediate generalisation）と判断されてしまうと，結果としてクレームを具体的な実施形態の構成に限定せざるを得ない場合も多い。

　なお，中間的一般化（Intermediate generalisation）については，第3章3節3「サポート要件（CN）及び補正要件（EP）」で詳細に解説する。

　悪い例：

クレーム1	明細書の記載
鉛筆本体と，前記鉛筆本体の一端に固定された消しゴムを具備することを特徴とする鉛筆。	以下の構成も有する実施形態のみが記載されている。 ・金属製の筒により，後端に消しゴムが固定されている。 ・鉛筆本体の断面が六角形。 ・他のバリエーションは記載されていない。 FIG

2節 「限定解釈」

補正後のクレーム1：

　断面六角形の鉛筆本体と，前記鉛筆本体の一端に固定された消しゴムを具備する鉛筆。

欧州特許庁の判断：

　「鉛筆本体の断面が六角形」である構成は，実施形態において，他の構成（金属製の筒で消しゴムを固定）と組み合わせて記載されている。

　他の構成（金属製の筒で消しゴムを固定）が無くても発明が成り立つことは記載されていない。

　したがって，補正後のクレーム1：「断面六角形の鉛筆本体と，前記鉛筆本体の一端に固定された消しゴムを具備することを特徴とする鉛筆。」は，新規事項追加に該当するから拒絶する。

　以上のように，「鉛筆本体の断面が六角形」である構成が，実施形態に詳しく記載されていたとしても，その実施形態が備える他の構成から独立して本発明に採用可能であることを記載しておかない限り，「鉛筆本体の断面が六角形」である構成のみをクレーム1に加入できないと判断されるリスクが生じる。一度中間的一般化（Intermediate generalisation）と判断されてしまうと，引用文献との相違点として「鉛筆本体の断面が六角形」であることを主張するために，他の構成（金属製の筒で消しゴムを固定）もクレーム1に追加せざるを得ない状況になる。

　上記のような状況を避けるために，以下の対策例が考えられる。

例1
将来，クレームに加入しそうな構成に目星を付け，個別採用可能に，「発明の開示（Summary of the Invention）」の欄に記載する。
①「前記鉛筆本体は，六角形であってもよい。」
②「前記消しゴムは，金属製の筒で固定されていてもよい。」
→目星を付けた構成の一つ一つにつき，上記のようにオプションとして記載。
　これにより，構成①，②を個別にクレームへ加入できるようになる。

例2
EPCへの移行を予定するPCT明細書では，米国，中国，韓国などマルチクレーム×マルチクレームが拒絶理由となる国を考慮してマルチクレーム×マルチクレームの組み合わせを削除する場合にも，「発明の開示」欄にマルチクレーム×マルチクレームの全コピーを以下のように記載し，残しておく。

第3章　外国出願を意識した明細書の作成方法

- 「クレーム1〜3の何れかに記載の〜」→「実施態様1〜3の何れかに記載の〜」（発明の開示欄では「クレーム」との記載は好ましくないので，「実施態様」等に変更。）
- 上記のように番号は入れておいた方が組み合わせの範囲が明示されて安全。

例3
EPC への移行を予定する PCT 明細書において，マルチクレーム×マルチクレームの組み合わせを敢えて残しておき，米国，中国，韓国への移行時に，マルチ×マルチを解消する予備補正を行う。その場合，EPC ではクレームの組み合わせが全て保存される。

第3章 外国出願を意識した明細書の作成方法

3節 クレーム

3節1 「外国出願に適したクレーム」

(梶井　良訓)

　日本出願の請求項（クレーム）は，特に記載形式に制約がなく，様々な形式で記載が可能である。しかしながら，外国出願では，発明を表現する上で記載形式に一定の制約（ルール）があり，このルールに則ってクレームを記載しなければ，不利な取り扱いを受ける場合がある。また外国出願では，いくつか特有の事項に注意を払いながらクレームを作成する必要がある。そこで以下では，外国出願のなかでも出願件数が最も多い米国出願を中心に，クレームの記載形式と外国特有の注意事項について紹介する。

1．クレームの基本形式

　日本出願の請求項は，流し書き，箇条書き，構成要素列挙型（いわゆる「と書き」），おいて書き（2部形式，いわゆる Jepson 形式）など，様々な形式で記載が可能である。しかしながら，外国出願（特に米国出願）では，発明の特徴を明確に主張するために，クレームは，構成要素列挙型で記載することが望ましい。構成要素列挙型とは，従来技術部分と発明特徴部分とを分けずに，発明の構成要素を1つ1つ列挙する記載方式である。

　構成要素列挙型のクレームは，英文で表現される場合，典型的には3つのパーツから構成される。すなわち，構成要素列挙型のクレームは，①導入部 (Preamble)，②移行部 (Transition)，および③本体部 (Body) から構成される。

3節1 「外国出願に適したクレーム」

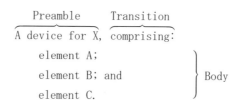

　「導入部(Preamble)」は，発明の対象を示す部分であり，装置や方法の名称などが記載される。導入部は，「クレームの前提部分」と称されることもある。

　「移行部(Transition)」は，「導入部」と「本体部」との関係を示す部分であり，導入部で示された発明の対象が，本体部で示される構成要素以外の構成要素も含み得るか，含まないのかを規定する部分である。移行部は，"comprising"や"consisting of"などで表現される。

　「本体部(Body)」は，発明の構成要素を列挙するとともに，それら構成要素の相互関係を示す部分である。構成要素毎に，セミコロン（；）で区切り，改行して記載するのが一般的である。

　これらを記載する上での注意点は，以下のとおりである。

(1) 導入部の注意点（その1）

　導入部の記載は，米国特許商標庁の審査実務において特許性の判断で考慮してもらえない場合があることに注意する。すなわち，導入部において発明の定義などを記載しても，導入部の記載に基づく新規性や非自明性(進歩性)の主張が認められない場合がある。

　ここで，米国特許審査便覧（MPEP）では，「2111 クレーム解釈（Claim Interpretation）」のなかの「2111.04 導入部の効力（Effect of Preamble)」の項目において，導入部に記載された内容の取り扱いについて触れられている。具体的には，導入部の記載がクレームを限定するかどうかの判断は事例毎の事実に照らして都度行われ，特に，クレームされた発明の構造を限定するような記載が導入部にある場合，当該導入部の記載はクレームを限定する記載として取り扱わなければならないことが記載さ

第3章　外国出願を意識した明細書の作成方法

れている。例えば，ある特定構造を有したカラーのジョイントを固定する
ためのドライバーの発明であって，そのクレームの本体部の記載に上記カ
ラーの構造が直接的に含まれていない場合であっても，クレームの導入部
（カラーの構造が述べられている）の記載に基づき当該ドライバーの構造
を認定するべきと裁判所で判断された事例（※1）が紹介されている。そ
のため一見すると，導入部で発明の定義など記載をしておくことは悪いこ
とではないようにも思われる。

　しかしながら，同じく米国特許審査便覧（MPEP）の「2111　クレーム解
釈（Claim Interpretation）」では，クレーム解釈の大前提として「クレー
ムは，最も広く合理的に解釈されなければならない」とする規定（Broadest
Reasonable Interpretation : BRI）があり，審査官はこちらの規定をより
重視して審査を行っていると窺えることがよくある（より正確に言えば，
BRI の規定は，あくまで「明細書と一致する範囲で」クレームを最も広く
合理的に解釈しなければならないとする規定であるが，「明細書と一致す
る範囲で」という部分が置き去りになり，実務ではクレーム文言のみに基
づいてクレームが広く解釈されて新規性・非自明性（進歩性）が否定され
ることがよくある）。例えば，上記ドライバーの発明に関しても，米国特
許庁の審査では，審査官は，カラーの構造が述べられていたクレームの導
入部分を考慮せず，クレームの本体部のみに基づいて発明を認定している。

　また，上記米国特許審査便覧（MPEP）の「2111.04　導入部の効力（Effect
of Preamble）」のなかには，導入部にクレームされた発明の目的や用途を
限定する記載がある場合に，それら導入部の記載はクレームの限定とはみ
なせず，クレームの解釈にとって何ら意味はないと判断された事例（※2）
も紹介されている。

　これらを考慮すると，導入部の記載は基本的には特許性の判断で考慮し
てもらえないという前提でクレームを作成することが重要である。

⑵　導入部の注意点（その2）

　一方で，侵害訴訟時におけるクレーム解釈では，導入部の記載はクレー
ムを限定する要素として解釈されることが多い。このため，導入部は，十
分に広く記載しておく必要がある。具体的には，導入部には，発明の対象
を示す装置や方法の名称のみを記載するようにすることが望ましい。

第3章　3節

3節1 「外国出願に適したクレーム」

(3) 導入部の注意点（その3）

実務上での注意点としては，外国出願の基礎となる日本出願の請求項が構成要素列挙型で書かれていない場合，外国出願ではクレームを構成要素列挙型に修正する必要がある。具体的には，「おいて」書きなどで前提部分として記載されている内容を，クレームの本体部に移す必要がある。

このとき特に注意が必要なのは，日本出願の請求項において，発明を限定する要素が発明の装置や方法の構成要素としてではなく，外部構成要素の説明として表現されている場合である。例えば，上記ドライバーの発明において，本来であればドライバーの形状や構成として特定されていなければならない内容が，カラー（外部構成要素）の構造としてのみ表現されている場合である。このような場合，カラーの構造を限定する表現を，本体部に移すだけでは十分ではない。その理由は，上述したように審査官は，BRI の規定に基づきクレームをなるべく広く解釈しようとし，その結果として外部構成要素の限定は発明の特許性判断で考慮されにくいためである。そのためこのような場合は，カラーの特定構造から導き出されるドライバーの形状や構成を特定し，その形状や構成をドライバーの構成要素の特徴としてクレームの本体部に追加しておく必要がある。ただし，このような作業は外国出願時になって行うことは容易ではない。このため，なるべく基礎となる日本出願の段階から，外部構成要素の特徴に対応する発明の構成要素の特徴を明確に把握して原稿を作成することが重要になる。

(4) 移行部の注意点（その1）

移行部として用いられる単語には，「オープンエンド」の単語と，「クローズエンド」の単語と，明細書の記載内容によって「オープンエンド」とも「クローズエンド」とも解釈される単語がある。

「オープンエンド」の単語は，「備える」，「少なくとも含む」などを意味し，本体部で列挙された構成要素以外の構成要素を持つ対象もクレーム範囲に含まれると解釈される単語である。すなわち，「オープンエンド」の単語は，"XX comprising A, B, and C"と記載された場合に，XX は，A, B, C の他に D を含んでもよいことを示す。このような単語としては，"comprising"，"including"，"containing"，"characterized by"などがある。

454

第3章　外国出願を意識した明細書の作成方法

　一方で，「クローズエンド」の単語は，「のみからなる」を意味し，本体部で列挙された構成要素以外の構成要素を持つ対象はクレーム範囲に含まれないと解釈される単語である。すなわち，「クローズエンド」の単語は，"XX consisting of A, B, and C" と記載された場合に，XX は，D は含まないことを意味する。このような単語としては "consisting of"，"consisting"，"constituting" などがある。

　明細書の記載内容によって「オープンエンド」とも「クローズエンド」とも解釈される単語としては，"composed of" または "having" などがある。

　化学系の発明では，物質の組成を特定するため「クローズエンド」の単語が使われることがある。しかしながら，機械系の発明では，「クローズエンド」の単語を敢えて使用する必要がないことがほとんどであるため，基本的には「オープンエンド」の単語で移行部を記載する。

(5)　移行部の注意点（その2）

　移行部で "characterized by" という単語を用いると，この移行部よりも先に記載された内容が従来技術として認定される可能性がある。このため，移行部では，そのようなおそれがない単語である "comprising" や "including"，"containing" など（一般的は "comprising"）を用いることが望ましい。

(6)　本体部の注意点

　日本出願では，ある構成要素が1つでもよく複数でもよい場合，"少なくとも1つの" との記載を加えることがある。一方で，外国出願では，移行部に「オープンエンド」の単語を用いた場合，本体部で構成要素を単数（a／an）で記載したとしても，その構成要素を1つ以上含むと解釈される。このため，通常，"at least one" と敢えて記載する必要はない。

　なお，本体部の注意点としては，形式面での注意点よりも実体面での注意点が多い。これら実体面での注意点としては，クレームの解釈，ミーンズ・プラス・ファンクションクレーム (MPF)，およびクレームの明瞭性に関するものがある。これらについては後ほど改めて説明する。

455

3節1 「外国出願に適したクレーム」

(7) wherein 節の使い方

構成要素の説明が長くなる場合や，ある構成要素の説明のなかで後続する構成要素に対する関係などを説明したい場合，comprising で構成要素を列挙した後に wherein 節を設け，そのなかで構成要素の詳細な説明や，構成要素同士の説明を行うことができる。

```
A device for X, comprising:
   element A;
   element B; and
   element C,
wherein
   the element A is…
```

この wherein 節は，追加説明を行う場合によく用いられる表現である。多くの場合，wherein 節を用いたからといって，wherein 節よりも前に記載された内容がクレームの前提部分として取り扱われる（従来技術として取り扱われる）ことはない。しかしながら，審査官のなかには，wherein 節よりも前に記載された内容をクレームの前提部分と認定し，wherein 節で述べた内容のみに対して審査を行う審査官もいると言われている。このため1つの出願戦略として，独立クレームではなるべく wherein 節の使用を避けることも有効である。一方で，発明が複雑な場合，wherein 節を使用したほうが発明を明確に表現することができる場合も少なからずある。このような場合は，wherein 節を使用するとともに，wherein 節よりも前の説明をなるべくシンプルにし（例えば従来技術と同じ内容しか記載しないようにし），wherein 節のなかで発明の全ての特徴を網羅的に説明することも有効である。

(8) 欧州出願や中国出願での対応

欧州出願や中国出願では，クレームは，先行技術と同じ部分と，発明の特徴部分とを明確に分けた2部形式で記載することが求められる。この観点からすると，欧州出願や中国出願のクレームは，構成要素列挙型ではなく，出願当初から2部形式で記載することが有効なようにも思われる。

第3章　外国出願を意識した明細書の作成方法

　しかしながら，欧州出願や中国出願における2部形式クレームの「先行技術と同じ部分」とは，出願に係る発明と最も近い先行技術（審査のなかで発見された先行技術を含む）の内容を記載する必要がある。

　このため，欧州出願や中国出願の出願時に，出願人が把握している先行技術に基づいて2部形式クレームを記載することは必ずしも適当でなく，出願当初は米国出願と同様の構成要素列挙型のクレームを記載しておき，審査過程で発見された先行技術も踏まえて，アクション対応時に2部形式クレームに補正するほうが効率的な場合が多い。またこのような対応を取ることで，出願時に発明者が公知技術と誤って認識していた発明の一部が実は公知技術ではなかった場合でも，不利益を被ることを避けることができる。

　最後に，おいて書きから構成要素列挙型への修正例について紹介する。

（例1）修正前の邦文クレーム（おいて書き）

　支持板と，前記支持板に支持されたドラムとを有するドラムブレーキであって，
　前記ドラムに固定されたブレーキシューと，前記ブレーキシューに回動可能に連結されたハンドブレーキレバーとを備えるドラムブレーキにおいて，
　前記ハンドブレーキレバーには，前記ブレーキシューに対向する突起部が設けられている，
　ドラムブレーキ。

（例1）修正後の邦文クレーム（構成要素列挙型）

　支持板と，
　前記支持板に支持されたドラムと，
　前記ドラムに固定されたブレーキシューと，
　前記ブレーキシューに回動可能に連結され，前記ブレーキシューに対向する突起部を有したハンドブレーキレバーと，
　を備えたドラムブレーキ。

第3章　3節

3節1 「外国出願に適したクレーム」

（例1）修正後の英文クレーム（構成要素列挙型）

A drum brake comprising:
a support plate;
a drum supported by the support plate;
a brake shoe fixed to the drum; and
a hand brake lever rotatably connected to the break shoe, the hand brake lever comprising a protrusion facing the break shoe.

2．クレームの解釈（BRI 対策）

　上述したように，米国の審査実務においては，審査官は「クレームは，最も広く合理的に解釈されなければならない」とする規定（Broadest Reasonable Interpretation : BRI）に従って審査を行わなければならず，結果として出願人が意図した内容とは全く異なる内容にクレームが解釈され，発明とは似ても似つかない引用文献によって特許性が否定されることがある。

　これに関して，「最も広く解釈」の例を示す有名な判例（※3）があるので紹介させて頂く。この事件で問題となったクレームは，「ワイヤレスで画像情報を送信する通信モジュール」に関するものであり，このクレームにおける「ワイヤレス」という表現が問題になった。この案件の明細書のなかには「Bluetooth（登録商標）などの通信プロトコルを利用し，通信網を介して画像情報を送信する装置」が記載されていた。このような記載を考慮すると，クレームでいう「ワイヤレス」とは「大気空間を通じて信号波を送信する通信」であることは明らかである。ただし米国特許商標庁の審査では，クレームが広く解釈された結果，「画像が保存される取り外し可能なメモリカード」が開示された先行文献が引用され，「取り外し可能なメモリカード」が「ワイヤレスな通信モジュール」と認定され拒絶されている。この米国特許商標庁の判断は，最終的には，明細書中に「ワイヤレスの定義として，電磁波または音波を利用して大気空間を通じて信号が伝送される通信などであること」といった定義があることなどに基づき，裁判所において取り消されている。ただし，米国特許商標庁がどの程度まで広くクレームを解釈しているかを示す有用な判例である。

458

第3章　外国出願を意識した明細書の作成方法

このようなクレーム解釈が行われると，本来審査してもらいたい対象に対して審査してもらえないことになるので，対策が必要になる。このようなクレーム解釈に対する対策としては，例えば以下の4つがある。

⑴　クレーム中の用語に対する定義の追加

クレーム中のポイントとなる用語にその用語の定義を示す修飾語を付ける。例えば，上記判例のケースでは，クレーム中に「電磁波または音波を利用したワイヤレスで」といった表現を入れることで拒絶理由を回避できた可能性がある。このため，解釈が分かれそうな用語や，辞書に載っていない用語（造語）をクレームで用いる場合には，定義を記載することを検討する必要がある。

⑵　構成要素を下位概念化した従属クレームの充実

独立クレームの1つ以上の構成要素を下位概念化した従属クレームを充実させる。例えば，⒜物の種類，特性，大きさ，他の構成要素との関係など，⒝処理の内容，順序，情報の入力元／出力先，他の処理との関係などを限定した従属クレームを作成しておくことで，仮に独立クレームが広く解釈されたとしても，従属クレームとして本来審査してもらいたいものを審査対象にすることができる。

⑶　当然持っている構成の検討

発明のポイントを実現するために，当然持っている構成，当然実装される処理などを追加した従属クレームを作成する。これにより，仮に独立クレームが広く解釈されたとしても，従属クレームとして本来審査してもらいたいものを審査対象にすることができる。

⑷　複数の構成要素の相互関係の明確化

複数の構成要素の相互関係をより詳しく書いておく。複数の構成要素の相互関係をより詳しく書いておくと，クレームを解釈する上で，意図しない範囲までクレームが解釈されることを抑制することができる。

これらの対策を適切に行うことで，権利化までの期間と費用を節約する

ことができる。

3. ミーンズ・プラス・ファンクションクレーム対策

米国出願では，構造（Structure），材料（Material），動作（Act）についての記載がなく機能的にのみ表現されたクレームは，ミーンズ・プラス・ファンクションクレーム（MPF）と認定され，権利範囲が明細書に開示された構造，材料，または動作およびその均等物に限定される（35 U.S.C. 112条(f)）。一般的に，機械系の発明は，クレームの構成要素を実体物と結び付けて表現しやすいため，制御系や情報処理系の発明と比べて MPF と認定されにくいと言われている。しかしながら，近年の技術革新（IoT や 3 D プリンタの登場）などを鑑みると，機械系の発明であっても今後は機能的に表現せざるを得ない場合が増加すると思われる。そのため本書では MPF 対策についても簡単に紹介する。

一般論になるが，米国審査便覧（MPEP）では，次の(a)〜(c)の 3 つの要件が満たされる場合，クレームを MPF と認定することが規定されている（MPEP2181）。

(a) クレームの限定が，"means"，"step"，またはそれらの代用として用いられる代用語（一般的代用語：generic placeholder）を使用していること

(b) "means"，"step"，または一般的代用語が機能的表現で修飾されていること

(c) "means"，"step"，または一般的代用語が十分な構造，材料，動作によって修飾されていないこと

このため MPF の認定を避けるためには，上記(a)〜(c)のいずれか 1 つ以上の条件を外す必要がある。ここで注意すべきは，上記(b)において，"for"や "so that" だけでなく，"configured to" を用いた場合であっても「機能的表現」の認定を避けることができないことである。このため対応策としては，(a)または(c)の条件が外れるようにクレームの表現を検討する必要がある。

第3章　外国出願を意識した明細書の作成方法

　まず，条件(a)について説明する。ここでは，どの単語が「一般的代用語」に該当し，どの単語であれば「一般的代用語」に該当しないのかの判断が重要である。「一般的代用語」に該当する例として米国審査便覧（MPEP）で紹介されている単語は，「～のための機構（mechanism for）」，「～のためのモジュール（module for）」，「～のための装置（device for）」，「～のためのユニット（unit for）」，「～のための構成要素（component for)，「～のための要素（element for）」，「～のための部材（member for）」，「～のための機器（apparatus for）」，「～のための機械（machine for）」，「～のためのシステム（system for）」である。

　一方で，「一般的代用語」に該当しない（すなわちMPFとは認定されない）」単語として米国審査便覧（MPEP）で紹介されて単語は，「回路（circuit）」，「戻り止め機構（detent mechanism）」，「デジタル検出器（digital detector）」，「往復動部材（reciprocating）」，「コネクタ組立体（connector assembly）」，「打抜き穴（perforation）」，「密封連結継手（sealingly connected joints)，「メガネハンガー部材（eyeglass hanger member）」である。

　これらから考察するに，単に「装置（device）」や「部材（member）」のような漠然とした単語ではMPFの認定を回避することは難しいが，「どのようにして処理が行われるのか」が類推できる場合（「デジタル検出器」であれば，デジタル処理によって信号が処理されることが類推できる，「回路（circuit）」であれば，信号線を信号が流れることで処理が行われることが類推できる）には，MPFの認定を回避することができる場合があることが分かる。また，「どのように動くのか」が類推できる場合（「往復動部材（reciprocating）であれば，部材が往復運動することが類推できる）には，MPFの認定を回避することができる場合があることが分かる。

　ここでポイントは，これら修飾語句は，目的や機能（What to do）を示す語句ではなく，その裏側にある処理や動作（How to do）を示す語句であることである。このため，米国出願のクレームを作成する場合には，日本出願でよく見かける「○○状態検出部」や，「○○抑制部材」といった機能的な名称を構成要素に付すのではなく（さらに言えば，機能的要素の単位で構成要素を分けるのではなく），なるべく物理的な構造や処理，動

461

3 節 1 「外国出願に適したクレーム」

作を示す名称を構成要素に付す（さらに言えば，構造的要素の単位で構成要素を分ける）ことが望ましい。

　次に，条件(c)について説明する。条件(c)に関して言うと，例え構成要素の名称が"means"，"step"，または一般的代用語であったとしても，構成要素を修飾する文章で構造，材料，動作が十分に表現されていると，MPFの認定を回避することができる。ただし，「構造，材料，動作が十分に表現されている」か否かは，個別ケース毎に異なり，明確な線引きを行うことは難しい。

　ここで理想論を言えば，構成要素の機能を実現するための２つ以上の構造や動作を特定すると，かなりの割合でMPFの認定を受けにくくなる。これは，１つの機能ブロックのなかに，複数のサブ機能ブロックが存在するイメージである。すなわち，「XX部材」という構成要素を表現する場合，「～するXX部材」と記載するのではなく，「○○部と△△部とを有したXX部材」，または「○○し，△△するXX部材」のように１つの構成要素の説明のなかに複数の構造や動作を入れ込むことでMPFの認定を受けにくくなる。

　ただし上記はあくまで理想論であり，実際の出願時のクレームは，予想がつかない将来の技術動向もカバーするために，もう少しぼやかして書かないといけない場合も多い。そこで実務上の対応としては，MPFの認定を受けた場合にMPFの認定を回避するための補正ができるように十分な構造，材料，動作の記載を明細書中に入れるとととともに，クレームについては，その構成要素の機能から見て「必然的に存在する構造や位置，動作など」を何か１つだけ入れ込むことでMPF対策とすることが考えられる。

　具体例を紹介すると，例えば，「○○を支持する支持部材」と記載するとMPFの認定を受ける可能性があるところを，「○○に接する面を有し，○○を支持する支持部材」のように記載することでMPF対策とすることができる。また，「○○を案内する案内部材」と記載するとMPFの認定を受ける可能性があるところを，「少なくとも一部が△△方向に延び，○○を案内する案内部材」のように記載することでMPF対策とすることができる。

第3章　外国出願を意識した明細書の作成方法

　このように，構成要素の「必然的に存在する構造や位置，動作など」を
うまく把握することで，クレームを多少ぼやかした形でMPF対策を取ることができる。このような対策ができるのは機械系のクレーム作成における
醍醐味の1つである。このような「必然的に存在する構造や位置，動作など」は，発明者にも加わって頂いて検討することが望ましい。

4．方法クレームの意義

　機械系の発明には，純粋な構造の発明だけではなく，動作や制御の要素
を含む発明もある。日本では，方法クレームは，物クレームと比べて侵害
立証が難しいという理由で作成されないことが多い。一方，米国では，ディ
スカバリー制度という強力な民事訴訟上の証拠開示手続があるため，方法
クレームについても侵害立証できる蓋然性が日本と比べて高い。このため
米国では，物クレームに加えて，方法クレームを作成しておくことも有効
である。特に，方法クレームは，物クレームと実質的に同じ内容で記載さ
れても，物クレームと比べてMPF認定がされにくいという大きな特徴があ
る。このため，方法クレームは，物クレームと比べて広い権利を取得でき
る可能性もある。実際に米国企業の出願を見てみると，クレーム1が方法
クレームで記載されていることが少なくない。

　また，方法クレームを作成する1つのメリットとして，動作主体を特定
しなくてもよいというメリットがある。このため，例えばある1つの装置
が第1動作と第2動作とを行う場合に，この装置をそのまま物クレームの
みで権利化を行うと，将来の技術革新などによって第1動作と第2動作と
が複数の装置で分かれて行われることになった場合に十分に保護が図れな
い可能性がある。このため，方法クレームも積極的に作成しておくことが
望ましい。

5．プロダクト・バイ・プロセス（PBP）クレーム

　PBPクレームとは，物の製造方法によってその物を特定するクレームを
意味する。日本では，最高裁判所第2小法廷平成27年6月5日（平成24年

3節1　「外国出願に適したクレーム」

（受）1204号，同2658号民集69巻4号700頁，同904頁「プラバスタチン事件」）
により，物を構造または特性により直接特定することが不可能であるか，
またはおよそ実際的でないという事情が存在しない限り，PBPクレームは
明確性要件違反と判断されるようになった。

　一方で，米国出願では，日本のような特段の事情を必要とせず，発明を
PBPクレームで表現することが認められている。ただし，PBPクレームで
表現された「物」の発明は，審査段階においては，クレームに記載の製造
方法に限定されない物として新規性や非自明性（進歩性）の判断がされる
一方で，侵害訴訟においては，クレームに記載された製造方法により製造
された物に限定解釈される点に注意が必要である。

6．注釈

（※1）*Pac-Tec Inc. v. Amerace Corp.*, 903 F.2d 796, 801, 14 USPQ2d 1871,1876（Fed. Cir. 1990）
（※2）*Pitney Bowes, Inc. v. Hewlett-Packard Co.*, 182 F.3d 1298, 1305, 51 USPQ2d 1161, 1165（Fed.Cir. 1999）
（※3）Imes事件（IN RE KEVIN R. IMES, Fed. Cir. 2015）

464

第3章　外国出願を意識した明細書の作成方法

3節2　「クレームの明瞭性」

(梶井　良訓)

　まず前提として，日本は読み手が責任を持つ文化（文章が理解できない
のは読み手の責任）である一方で，欧米を中心とした外国は書き手が責任
を持つ（文章が理解できないのは書き手の責任）といった文化の違いがあ
る。このため，日本出願では問題とならない（不明瞭の拒絶理由通知を受
けない）記載であっても，外国出願では不明瞭の拒絶理由通知を受けるこ
とがある。したがって，外国出願では，日本出願以上に表現の明瞭性につ
いて注意する必要がある。また外国出願では，日本出願の技術担当者の代
わりに，外国出願の技術担当者が翻訳を担当する場合や，翻訳者が翻訳を
担当する場合もある。この場合，クレームが十分に明瞭でないと，思わぬ
誤訳が発生する可能性もある。このため外国出願では，英文クレームの明
瞭性に加えて，その基礎となる邦文クレームの明瞭性にも十分な注意が必
要である。そこで以下では，日本語表現に起因して明瞭性に問題が生じる
場合や，外国の審査実務において明瞭性が問題になる場合について，いく
つかの例を紹介する。

1．日本語表現に起因して明瞭性に問題が生じる場合

⑴　クレームの構成要素名が長い場合

　日本語の表記は，漢字と平仮名，片仮名があり，クレームの構成要素名
として比較的長い名称を付けた場合であっても，読みづらくなることが少
ない。また日本出願では，クレームの構成要素名に機能や特徴を表す修飾
語句を付けることで，その構成要素がどのような構成要素であり，またど
のような機能を持つかが分かりやすくなるため，好まれる場合もある。

　一方で，外国出願では，英語の表記はアルファベットしかなく，中国語
も漢字しかない。このためクレームの構成要素名として長い名称を付ける
と，どこが構成要素名で，どこが構成要素を修飾する文章であるのかが分
かりにくくなる。このため，外国出願におけるクレームの構成要素名は，

3節2 「クレームの明瞭性」

できるだけシンプルな名称にしたほうがよい場合が多い。

（例1）修正前和文クレーム

　少なくとも車両の走行速度に基づき，前記車両の運転状態を検出する車両運転状態検出部と，
　前記車両運転状態検出部により検出された前記車両の運転状態に基づき，前記車両の内燃機関を自動的に始動および停止させる内燃機関自動始動停止制御部と，
　前記内燃機関自動始動停止制御部の制御状態を示す情報を表示装置に出力する制御状態表示制御部と，
　を備えた車両制御装置。

（例1）修正前英文クレーム

　A vehicle control device comprising:
　a vehicle driving state detector configured to detect a driving state of a vehicle based on at least a driving speed of the vehicle;
　an internal-combustion engine automatic start and stop controller configure to automatically start and stop an internal-combustion engine of the vehicle according to the driving state of the vehicle detected by the vehicle driving state detector; and
　a control state display controller configured to output information indicating a control state of the internal-combustion engine automatic start and stop controller to a display.

［解説］

　上記クレームでは，「車両運転状態検出部」，「内燃機関自動始動停止制御部」，および「制御内容表示制御部」はいずれも構成要素名が長く，英文クレームのみを見た場合，どこが構成要素名で，どこが構成要素を修飾する文章であるのかが分かりにくい。このため，これら構成要素名は，「検出部」，「第1制御部」，および「第2制御部」のように修正したほうが望ましい。

（例1）修正後和文クレーム

　少なくとも車両の走行速度に基づき，前記車両の運転状態を検出する検出部と，
　前記検出部により検出された前記車両の運転状態に基づき，前記車両の内燃機関を自動的に始動および停止させる第1制御部と，

466

第3章　外国出願を意識した明細書の作成方法

前記第1制御部の制御状態を示す情報を表示装置に出力する第2制御部と，
を備えた車両制御装置。

（例1）修正後英文クレーム

A vehicle control device comprising:
a detector configured to detect a driving state of a vehicle based on
at least a driving speed of the vehicle;
a first controller configure to automatically start and stop an
internal-combustion engine of the vehicle according to the driving
state of the vehicle detected by the detector; and
a second controller configured to output information indicating a
control state of the first controller to the display.

---

(2)　修飾語句の係り受けが不明確な場合

　第3章3節1で述べたように，外国出願のクレームは，構成要素列挙型
で記載することが望ましい。ただし，この場合，1つ1つの構成要素の修
飾語句が長くなる場合があり，修飾語句の係り受けが分かりにくくなるこ
とがある。

（例2）修正前クレーム

　支持板と，
　前記支持板に支持されたドラムと，
　前記ドラムに固定されたブレーキシューと，
　前記ブレーキシューに回動可能に連結されるとともに，前記ブレーキシュー
の内周面に面する端部を有したハンドブレーキレバーと，
　を備えたドラムブレーキ。

［解説］

　上記クレームでは，ハンドブレーキを修飾する説明文の「前記ブレーキ
シューに回動可能に連結されるとともに」という文章が「端部」に係るの
か，「ハンドブレーキレバー」に係るのかが不明確である。この場合，ハ
ンドブレーキを修飾する説明文を以下のように修正する（「～を有し」の
部分を先に出す）ことで，「前記ブレーキシューに回動可能に連結される
とともに」という文章が「端部」に係るのではなく，「ハンドブレーキ」
に係ることを明確にすることができる。

467

3節2 「クレームの明瞭性」

（例2）修正後クレーム

支持板と，
前記支持板に支持されたドラムと，
前記ドラムに固定されたブレーキシューと，
<u>前記ブレーキシューの内周面に面する端部を有し</u>，前記ブレーキシューに回動可能に連結されたハンドブレーキレバーと，
を備えたドラムブレーキ。

---

(3) 単数と複数とが混在する場合

　日本語では単数と複数の区別があまり意識されない。例えば，先に複数のものとして紹介されていたものが，あるところで「前記○○は」のように単数で登場しても違和感がない。しかしながら，英語の場合は，単数と複数は別の単語として考えなければならない。

（3－1）「複数」→「単数」の関係が不明瞭な場合

（例3）修正前和文クレーム

複数のセンサーと，
前記センサーから信号を受け取る受信部と，
を備えた装置。

（例3）修正前英文クレーム

A device comprising:
a plurality of sensors; and
a receiver configured to receive a signal from the sensor.

［解説］

　受信部（receiver）を修飾する説明文で登場する「前記センサー（the sensor）よりも前には，「複数のセンサー（a plurality of sensors）」についての記載しかなく，「（単数の）センサー（a sensor)」についての記載がない。このため，受信部（receiver）を修飾する説明文のなかで"the sensor"が急に登場すると，"the sensor"の先行詞が不明（先行詞欠如）であるとの拒絶理由通知を受ける。このため，"the sensor"と"a plurality of sensors"との関係を明確にしておく必要がある。この場合，

第3章　外国出願を意識した明細書の作成方法

例えば以下の修正案1や修正案2のようにクレームを修正する。

（例3）修正後和文クレーム（修正案1）

　複数のセンサーと，
　前記複数のセンサーに含まれる少なくとも1つのセンサーから信号を受け取る受信部と，
　を備えた装置。

（例3）修正後英文クレーム（修正案1）

　A device comprising:
　a plurality of sensors; and
　a receiver configured to receive a signal from at least <u>one sensor</u> <u>included in the plurality of sensors.</u>

　（"one sensor included in"に代えて，"one of"や"one sensor of"が用いられてもよい）

（例3）修正後和文クレーム（修正案2）

　第1センサーと，
　第2センサーと，
　前記第1センサーおよび前記第2センサーのうち少なくとも一方から信号を受け取る受信部と，
　を備えた装置。

（例3）修正後英文クレーム（修正案2）

　A device comprising:
　a first sensor;
　a second sensor; and
　a receiver configured to receive a signal from at least one of the first sensor and the second sensor.

（3－2）「単数」→「複数」の関係が不明瞭な場合

（例4）修正前和文クレーム（第1パターン）

［請求項1］
　センサーと，

469

3節2 「クレームの明瞭性」

前記センサーから信号を受け取る受信部と，
を備えた装置。
［請求項2］
前記受信部は，<u>複数の前記センサー</u>から信号を受け取る，
請求項1に記載の装置。

（例4）修正前和文クレーム（第2パターン）

［請求項1］
センサーと，
前記センサーから信号を受け取る受信部と，
を備えた装置。
［請求項2］
<u>前記センサーを複数備え</u>，
前記受信部は，前記複数のセンサーから信号を受け取る，
請求項1に記載の装置。

［解説］

　英語では，単数で登場しているものを，後のほうで「○○を複数備え」と表現することができない。この例では，請求項1では「センサー」は単数で登場しており，請求項2で初めて「センサー」が複数で登場する。この場合，対応する英文クレームの作成が困難になる。

（例4）修正後和文クレーム（第1パターン，第2パターン）

［請求項1］
<u>少なくとも1つのセンサー</u>と，
<u>前記少なくとも1つのセンサー</u>から信号を受け取る受信部と，
を備えた装置。
［請求項2］
<u>前記少なくとも1つのセンサーは，複数のセンサーを含み，</u>
前記受信部は，<u>前記複数のセンサー</u>から信号を受け取る，
請求項1に記載の装置。

（例4）修正後英文クレーム（第1パターン，第2パターン）

［請求項1］
A device comprising:
at least one sensor; and
a receiver configured to receive a signal from at least one sensor.

470

第3章　外国出願を意識した明細書の作成方法

```
[請求項2] according to Claim 1, wherein
  the at least one sensor comprises a plurality of sensors,
  the receiver receives signals from the plurality of sensors.
```

(4)　無体物が単独で構成要素となっている場合

　第3章1節にも記載があるように，米国出願のクレームの構成要素は，有体物である必要があり，無体物（穴，空間，隙間，溝）単独では構成要素として記載することができない。無体物単独で構成要素として記載すると，不明瞭の記載不備の拒絶理由通知を受ける可能性がある。このため，無体物を表現する場合は，その無体物を規定する有体物にて特定する必要がある。

2．外国の審査実務において明瞭性が問題になる場合

　ここでは，主に米国の審査実務を取り上げて，明瞭性が問題になる例について紹介する。米国審査便覧（MPEP）では，クレームの不明瞭に関して次のような例示を提示している。

(1)　新しい用語（造語）の使用（MPEP2173.05(a)）

　新しい用語（造語）を用いた場合であっても，直ちにクレームが不明瞭になるわけではない。むしろ米国審査便覧（MPEP）では，新しい発明をより的確に表現するためには，新しい用語の使用望ましい場合もあるとも述べられている。ただし，当該用語の意味が明確になるように（クレームの内容が明確になるように，かつ，クレームの外縁（クレームに含まれる内容とクレームに含まれない内容との境界）が明確になるように），明細書中で当該用語の十分な定義づけが必要である。

(2)　可変対象の参照（MPEP2173.05(b)）

　可変対象を参照するクレーム記載は，原則としてクレームを不明瞭にさせる。「可変対象を参照するクレーム記載」とは，例えば，場合によって変わる形状や寸法などを基準に発明の構成要素が特定されている場合である。

3節2 「クレームの明瞭性」

1つの判例として，自転車の発明に関して「前輪と後輪との間は，運転者の身長の58%から75%にあたるホールベースをもって離間される」といったクレームについて，一義的に定まらない運転者の身長を基準に各構成要素の位置関係が定められていることを理由に，クレームが不明瞭であると認定されたケースがある。

(3) 注意すべき文言（MPEP2173.05(b)）
・"About" 「約」
　"About" を用いると，クレームが明瞭である場合もあれば，不明瞭になる場合もある。例えば，「プラスチックの伸び率が1秒あたり約10%を超える」といった表現について，ストップウォッチの使用によって侵害を明確に評価できるため明瞭と認められたケースがある。一方で，従来技術に近接した開示がある場合には，注意が必要である。例えば，従来技術として「80℃で処理する工程」が開示されている場合，「約75℃以下で処理する工程」といった表現について，従来技術との範囲の差が明確でないため，不明瞭と認定されたケースがある。

・"Substantially" 「実質的に」
　"Substantially" を用いても，原則としてクレームは明瞭と認定される。

・"type" 「型」
　"〜type" と用いた場合，その "type" にどこまで含まれるのかが明確であれば問題ないが，"type" にどこまで含まれるのかが不明確であれば，クレームは不明瞭と認定される。

・"Similar" 「同様の」
　クレームで "Similar" を用いると，"similar" に含まれる範囲が不明確であるため，クレームは不明瞭と認定される。

・"Predetermined" 「所定の」
　必ずしも不明確とされるわけではないが，審査官によっては不明確として記載不備の拒絶理由通知を出す場合もあるので使用には注意が必要であ

472

第3章　外国出願を意識した明細書の作成方法

る。実質的に何も限定していない場合が多いため，使用する必要があるのか確認する。例えば，「所定の閾値」との表現は，「閾値」や「第1閾値」のように修正する。

・その他，以下に示す語句は不明瞭と認定される可能性が高い
　　"relatively shallow"「比較的浅い」
　　"of the order of"「ほぼ同程度の 」
　　"the order of about 5 mm"「約5mm程度」
　　"substantial portion"「大部分」
　　"or like material"「同様の原料で」
　　"comparable"「類似の」
　　"superior"「優れた」

⑷　数値限定

　数値限定を記載する場合に，日本語と英語の違いにより，意図せずクレームが不明瞭になることがあるため注意が必要である。例えば，"from A to B"と記載した場合，数値"A"および数値"B"は範囲に含まれる。一方で"between A and B"と記載した場合，数値"A"および数値"B"が範囲に含まれるか否かが不明確になる。また，「A以上」は，"more than A"ではなく，"A or more"であることにも注意が必要である。

⑸　代名詞の使用

　代名詞（it, this, that, they）は，その代名詞で受けている先行詞が不明確になる可能性があるため，基本的には使用しない。"the"や"said"を用いて，先行詞を繰り返すことで明確なクレームを作成するようにする。

⑹　否定的表現の使用（MPEP2173.05⒤）

　クレームにおける否定的表現は，原則としてクレームを不明瞭にするものではない。クレームを不明瞭にしない否定的表現の例としては，noncircular（非円形），nonmagnetic（非磁性），colorless（無色）などがある。
　一方で，「○○以外のXX」のように，発明でないものを規定することで，

3節2 「クレームの明瞭性」

発明を特定しようとする記載は，不明瞭と認定される可能性が高い。

(7) 商標の使用（MPEP2173.05(u)）

クレーム中で商標を使用することは禁じられていない。しかしながら，クレーム中では商標や著名表示を用いずに，一般的な用語を用いて技術内容を特定することが強く推奨される。これは，商標や著名表示を用いて技術内容を特定している場合，商標権の権利者によって商標によって表される製品の定義が変更されることや，著名表示が表す製品の定義が技術の進歩に伴い移り変わる可能性があるためである。

第3章　外国出願を意識した明細書の作成方法

3節3　「サポート要件（CN）及び補正要件　（EP）」
（清水　雄一郎）

　サポート要件及び補正要件の厳格さは，国によって異なっている。中国では，クレームの文言が明細書によってサポートされていることがより厳しく求められ，また，欧州では，補正後クレームの文言が明細書によってサポートされていることがより厳しく求められると言われて久しい。

　本節では，特に，中国におけるサポート要件，及び欧州における補正要件に焦点を当て，それぞれの特有の問題点を簡単な例を挙げながら解説する。さらに，これら要件に関する最近の動向についても触れた上で，明細書ドラフティング実務のあり方について考えてみたい。

１．中国におけるサポート要件

⑴　特有の問題点

　審査過程において，他の主要国では指摘されないようなサポート要件に関する指摘を受けることがある。たとえば，クレーム１に記載されている構成要件Ａが，明細書に記載されている構成ａの上位概念に相当するが，明細書には構成ａ以外の例が記載されていないために，「構成要件Ａは明細書によって十分にサポートされているとは言えない」という拒絶理由を受けることがある。このような拒絶理由を解消するために，クレーム１に記載されている構成要件Ａを，明細書に記載されている構成ａに限定せざるを得なくなり，その結果，当該拒絶理由が解消できたとしても，得られる権利の範囲が極端に狭くなってしまう場合がある。

　また，「クレーム１に記載の発明は，発明が解決しようとする技術課題を解決できない範囲を含んでいる」といった拒絶理由を受けることがある。このような拒絶理由を解消するために，明細書の記載に基づいて，発明が解決しようとする技術課題を解決できる具体的な実施形態に限定せざるを得なくなり，結果的に，所望の権利範囲を確保できなくなる場合がある。

　また，数値範囲を規定したクレーム，いわゆる，数値限定クレームに対

475

3節3 「サポート要件（CN）及び補正要件（EP）」

して，当該クレームの数値範囲に入る実施例が一点しか明細書に記載されていないことを理由として，サポート要件違反の拒絶理由を受けることがある。このような拒絶理由を解消するために，クレームに記載されている数値範囲を実施例に記載されている一点の数値に限定せざるを得なくなり，この結果，実質的にピンポイントの権利しか得られなくなってしまう場合がある。

数値限定クレームの規定範囲に入る実施例が一点しか記載されていないことは稀であるが，たとえば，先行文献に開示されている数値を回避するために，当該数値範囲を狭くする必要が生じた際に，結果として，そのような状況が起こり得る。

数値限定クレームに限らず，新規性・進歩性に関する拒絶理由に対して，先行技術文献の開示内容を回避するためのクレーム補正を行った場合に，補正後クレームの内容が明細書の記載等によって十分サポートされていないと判断されると，再度，サポート要件違反の拒絶理由通知を受けることになる。

後述するように，中国におけるサポート要件の緩和傾向が見られているものの，明細書への新規事項追加は他国同様に禁止されているため，パリルート出願の場合には中国出願当初明細書において，PCTルートで中国を移行予定国に含む場合にはPCT明細書において，実施形態や実施例等の記載を可能な限り充実させておくことが重要である。特に，明細書中に記載されている構成の上位概念に相当する構成要件をクレーム中に記載する場合には，一般に日本あるいは他国よりも注意が必要である。また，基礎出願の明細書等に記載されていない事項については優先権が及ばないので，理想的には，基礎出願の明細書等に，多彩な実施形態，実施例，変形例，構成要素の多様なバリエーションなどを記載しておくことが望ましいと言える。

なお，「実施例（あるいは構成要素の具体例）が一種類しか記載されていないから，その構成要素を規定するクレームは十分にサポートされていない」との拒絶理由に対し，たとえば，審査指南第二部分二章2.2.6の規定「一つの実施例が，請求項で概括された技術方案を支持するに足る場合，説明書における実施例は一つのみを記載して良いとする」に基づいて，一

応の反論を提示することも考えられる。

　以下に，サポート要件が指摘される典型的なパターンとその対策について，簡単な例を用いて解説する。

<u>例1</u>：
【クレーム】
　導電線で結線された回路。
【出願当初明細書】
　第一端子10と第二端子20とを結線する導電線として銅線（導電率：a）を用いることができる。

［問題点］
　導電線の具体例として，明細書に「銅線」しか記載されていない場合に，クレームに記載されている「導電線」を「銅線で結線された回路」に限定せざるを得なくなることがある。

［解説］
　具体例を無限に記載することは現実的ではないが，少なくとも把握している範囲で数種類は記載しておくことが望ましい。材料名だけでなく特性を記載しておくと，先行技術との差異を強く主張できる場合がある。たとえば，「金線（導電率：b），銅合金線（導電率：c），銅アルミ合金線（導電率：d）なども用いることできる」のように出願当初明細書に記載しておくことが考えられる。

<u>例2</u>：
【クレーム】
　基板と前記基板上に積層された絶縁層
【出願当初明細書】
　基板と前記基板上に積層された柱状結晶構造を有する絶縁層

3節3 「サポート要件（CN）及び補正要件（EP）」

[問題点]
　クレームの範囲には柱状結晶構造を有しない絶縁層も含まれるが，明細書の記載から，柱状結晶構造を有しない絶縁層が発明の解決しようとする技術課題を解決できるのか否かが不明な場合に，クレームに記載されている「絶縁層」を「柱状結晶構造を有する絶縁層」に限定せざるを得なくなることがある。

[解説]
　少なくとも柱状結晶構造以外の構造であってもよいことを明細書中に記載することが考えられる。また，柱状結晶構造以外の絶縁層によっても，柱状結晶構造を有する絶縁層と同じ原理で発明の課題が解決できること，さらには，同様の効果が得られることを説明しておくことが考えられる。

例3：
【クレーム】
　材料Aと材料Bとを混合して混合体Cを得る工程と，前記混合体Cを600℃から800℃の温度範囲で焼成する工程と，…を備えた，焼結体製造方法。
【出願当初明細書】
　混合体Cを640℃，750℃で焼成した二つの実施例において，所望の硬度が得られたことを記載

[問題点]
　明細書の記載から実施例に記載されている温度範囲（あるいは温度）以外の温度において，発明の解決しようとする技術課題を解決できるのか否かが不明な場合に，「600℃から800℃」を「640℃から750℃」に限定せざるを得なくなることがある。

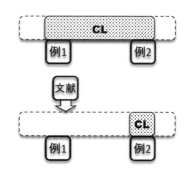

478

第3章　外国出願を意識した明細書の作成方法

また，650℃で焼成することを開示する先行文献が引用された場合に，「600℃から800℃」を「750℃」に限定せざるを得なくなることがある。

[解説]

中国専利審査指南第二部分第二章2.2.6において，「請求項において，背景技術に対する改善で数値範囲に関わっている場合に，通常は，開始値及び終了値の近辺における実施例（開始値と終了値が望ましい）を示すべきである。数値範囲が広い場合に，少なくとも中間値における実施例を一つ示さなければならない。」と記載されている。この点を考慮すれば，クレーム1のサポート要件を満たすために，少なくとも，600℃付近（開始値），700℃付近（中間値），800℃付近（終了値）で焼成した各実施例を示しておくことが望ましいと言える。

また，クレームされている温度範囲がいわゆる設計事項であると指摘されるおそれがある場合には，進歩性主張のためにクレームの規定範囲外である550℃付近および850℃付近で焼成した各例（比較例）を示しておくことがより望ましいと言える。

さらに，上述のような出願当初に把握していなかった先行文献を回避するために，中間値における実施例を可能な限り示しておくことがより望ましいと言える。

(2)　最近の動向

①審査実務の変化

現地代理人から伺うところでは，最近の中国における特許審査実務において，新規性及び進歩性がより重視されるようになり，一方で，サポート要件等の他の特許要件については比較的緩く審査されているようである。なお，新規性及び進歩性以外の理由で特許査定がなされる場合には，庁内で品質チェックが入るため，審査官は安易に新規性及び進歩性以外の理由で拒絶をできないという実情もあるようである。

3節3 「サポート要件（CN）及び補正要件（EP）」

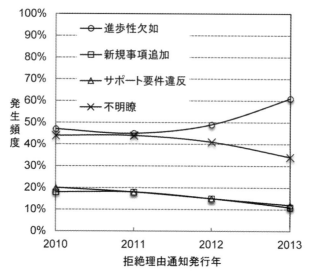

図1：各拒絶理由の発生頻度[※]
※発生頻度は，各年についてサンプリングした拒絶理由通知の総数に対し通知された各拒絶理由の総数を百分率で表したもの。

　図1のグラフ（※1）も裏付けているように，進歩性の審査がより厳しくなっている一方で，新規事項追加，サポート要件，記載明瞭性の審査が緩和されている傾向が見て取れる。本図に2014年以降のデータは示されていないが，このデータをご提供いただいた中国弁護士によれば，上述の傾向はさらに顕著になっているとのことである。
　したがって，従来ほどにサポート要件の厳格さが問題になるケースは減少するものと思われる。ただし，このことが無効審判においても同様の判断が得られることを保証するものではないため，依然として，サポート要件についても明細書ドラフティングの段階から注意しておくことが実務上好ましいと言えよう。

②無効審判における補正要件の緩和
　無効審判（無効宣告手続）における補正は，（ⅰ）請求項の削除，（ⅱ）請求項の併合，（ⅲ）技術案の削除の三つに限られていた（中国専利審査指南第四部分第三章4.6.2（改訂前））。2017年4月1日に施行された改訂

審査指南では，上述の（ⅱ）請求項の併合が削除され，「請求項の更なる限定，明らかな誤記の訂正」も許容されることとなった。

中国では訂正制度が設けられていないため，登録特許の請求項を変更する機会は無効審判時に限られている。従来の枠組みでは，登録特許の請求項に対して，他の請求項中に記載された複数の特徴点のうちの一部を追加する補正は認められていなかった。したがって，実務上は，出願・権利化の段階で，将来的に限定事項となり得る事項を個別に特許請求の範囲に列挙しておくことが推奨されてきた。

今回の改正により，従来のように特許請求の範囲の組立てに過剰な注意を払う必要はなくなったと言うことができる。ただし，依然として明細書中に記載されている特徴点を追加する補正は認められていないため，将来的に補正に用いる可能性のある特徴点を少なくとも特許請求の範囲に組み入れておく必要はある。なお，現地代理人から伺うところでは，中国の無効審判においてサポート要件違反を理由として無効化されるケースはそれほど多くないとのことである。

③実験成績証明書の取り扱い

出願後の追加データの提出について，審査指南には，「出願日以降に補足的に提出された実施例や実験データは考慮しないものとする」と記載されていた（中国専利審査指南第二部分第十章3.4）。2017年4月1日に施行された改訂審査指南では，上述の記載が削除され，「出願日以降に補足的に提出された実験データについて，審査官は審査を行わなければならない」という記載に変更された。この点，改訂前にいても審査実務において追加実験データを考慮することはなされており，実質的な変更ではない，という現地代理人の見解をいただくことがあるが，少なくとも審査指南に明記されたことの意味はあるように思われる。

なお，上記改訂審査指南には，「補足的に提出された実験データにより証明される技術効果は，当業者が特許出願の開示内容から得られるものでなければならない」という記載も追加されている（中国専利審査指南第二部分第十章3.5）。

明細書ドラフティング実務において，出願当初より十分な実験データを示しておくことが望ましいことに変わりないが，出願までに十分な実験

3節3 「サポート要件（CN）及び補正要件（EP）」

データを取得することが困難な場合に，一定の範囲で実験データの追加提出が認められる可能性があるということを頭の片隅に置いておくとよいかもしれない。

2．欧州における補正要件

(1) 特有の問題点

　補正要件を規定する欧州特許条約123条(2)に関し，EPO ガイドラインの Part H-IV，2.3には，出願当初の開示内容から当業者が一般的常識を用いて直接的かつ明示的に導き出せない事項を追加できない旨が記載されている（Gold Standard）。一方で，上記判断を行う際には，出願当初の書類に明記されている内容から当業者にとって自明な如何なる事項も考慮されるとも記載されている。また，審決 T 667/08を引用して，補正要件（新規事項追加）の判断において出願当初の書類における文言通りのサポートは必須でない旨が記載されている。

　このような EPO ガイドラインにおける補正要件に関する記載は，一見すると他の主要国と大差なく，特段厳しい要件でないように思われるが，実際の欧州出願の審査過程では補正要件が他の主要国よりも厳しく判断されているという印象を拭えない。

　また，欧州特許実務において，いわゆる，中間的一般化（Intermediate generalisation）がたびたび問題となる。すなわち，出願当初明細書に組合せとして開示されている複数の特徴点の中から，特定の特徴点を抜き出して，これをクレームされている主題の限定に用いた場合に，補正要件を規定する欧州特許条約123条(2)に違反すると判断されることがある。

　以下に，欧州において補正要件違反が指摘される典型的なパターンとその対策について，簡単な例を用いて説明する。

　<u>例1</u>：
【出願当初クレーム】
　1.（A）鉛筆本体と，前記鉛筆本体の一端に固定された消しゴムと，
　　　　を備える鉛筆。

2．(B) 前記鉛筆本体の一端に接続された金属製の筒をさらに備え，前記消しゴムが前記筒の内に収容されているクレーム1に記載の鉛筆

3．(C) 前記鉛筆本体の横断面形状が六角形であるクレーム1に記載の鉛筆

【補正後クレーム】

1．(A＋C)鉛筆本体と，前記鉛筆本体の一端に固定された消しゴムと，を備え，前記鉛筆本体の横断面形状が六角形である鉛筆。

2．(B) 前記鉛筆本体の一端に接続された金属製の筒をさらに備え，前記消しゴムが前記筒の内に収容されているクレーム1に記載の鉛筆

3．(削除)

[問題点]

出願当初クレーム1に出願当初クレーム3の内容を加入する補正を行った結果，出願当初クレームセットに存在しなかった組合せ：A＋B＋Cに係るクレーム2が発生し，このクレーム2の内容が出願当初の開示内容にサポートされているのか否かが問題となる。

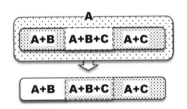

[解説]

出願当初よりA，B，及びCを組み合わせた形態の権利化が想定される場合には，出願当初クレーム3を出願当初クレーム2にも従属するように記載しておく。欧州ではいわゆるマルチ×マルチクレームが許容されている。また，実施形態の説明の欄で，A，B，及びCを組み合わせた形態を明示しておく。

例2：

【クレーム】

鉛筆本体と，前記鉛筆本体の一端に固定された消しゴムと，を備える鉛筆。

3節3 「サポート要件（CN）及び補正要件（EP）」

【補正後クレーム】
　鉛筆本体と，前記鉛筆本体の一端に固定された消しゴムと，を備え，前記鉛筆本体の一端に接続された金属製の筒をさらに備え，前記消しゴムが前記筒の内に収容されている鉛筆。

【出願当初明細書】
　鉛筆10は，鉛筆本体11と，鉛筆本体11の一端11aに固定された消しゴム12と，を備える。より具体的に，鉛筆本体11の横断面形状は六角形であり，同様に横断面形状が六角形である金属製の筒13が鉛筆本体11の一端11aに嵌合している。消しゴム12は，筒13に収容され，筒13の内周面13aに接着剤により固定されている。

[問題点]
　補正後クレームに追加された「金属製の筒」に関する特徴点は，出願当初明細書に組合せとして開示されている複数の特徴点の中から抜き出された特徴点であることを理由として，当該補正が中間的一般化に該当するか否かが問題となる。すなわち，出願当初明細書には，補正により追加した特徴点に加えて，

・筒13の横断面形状が六角形であること
・筒13が鉛筆本体11の一端11aに嵌合していること
・消しゴム12が筒13の内周面13aに接着剤により固定されていること
・鉛筆本体11の横断面形状が六角形であること
が，組合せとして開示されている。

[対策]
　出願当初明細書において，想定される組合せの形態を個別に記載しておく。たとえば，以下のように記載することが考えられる：

　　鉛筆10は，鉛筆本体11と，鉛筆本体11の一端11aに固定された消しゴム12と，を備える。鉛筆本体11の一端11aに金属製の筒13が接続され，筒13の内に消しゴム12が収容されていてもよい。鉛筆本体11の横

第3章　外国出願を意識した明細書の作成方法

断面形状は六角形であり，同様に横断面形状が六角形である金属製の筒13が鉛筆本体11の一端11a に嵌合していてもよい。消しゴム12は，筒13の内周面13a に接着剤により固定されていてもよい。

　なお，中間的一般化は，抜き出された特徴点とその他の特徴点との間で，構造的又は機能的な関係が存在しない場合は認められるとされている（EPO ガイドライン：Part H-V，3.2.1）。したがって，仮に，出願当初明細書に，補正後クレームに記載された特徴点の組合せのみからなる形態が開示されていない場合にも，補正の妥当性を主張できる可能性がある。

ご参考までに，EPO ガイドライン：Part H-V，3.2.1において，中間的一般化に関する EPO 審決例が四つ挙げられており，補正が認められた例も含まれている。

(2)　最近の動向
①補正要件に関する EPO ガイドラインの改訂：
EPO 審判部による補正要件に関する審決（T 2619/11）の後に，EPO のガイドライン（Part H-IV，2.3）に以下が追記された（2014年11月）。

　　"When assessing the conformity of the amended claims to the requirements of Art. 123（2），the focus should be placed on what is really disclosed to the skilled person by the documents as filed as directed to a technical audience. In particular, the examining division should avoid disproportionally focusing on the structure of the claims as filed to the detriment of the subject-matter that the skilled person would directly and unambiguously derive from the application as a whole."

このように，補正要件の判断においては，あくまでも，出願当初にその出願全体から当業者が直接的かつ明示的に導出できるものに着目すべきで，出願当初のクレーム構造に偏って着目すべきでない旨が追加されたため，これをもって，EPO による補正要件判断のアプローチがより寛大に行

3節3　「サポート要件（CN）及び補正要件（EP）」

われるようになったと評価する向きがある。

　参考までに，上述した T 2619/11事件を簡略化して以下に例として示す。

例3：

【出願当初クレーム】

1．分光化学分析に用いるプラズマトーチであって，
　　入口（31）及び前記入口よりもサイズの小さい出口（39）を有するチューブ（25）を備え，チューブ（25）は，少なくともその長さの実質的一部分に沿って先細になって（27）いる。
　　*the tube is tapered along at least a substantial portion of its length
2．クレーム1に記載のトーチであって…
3．クレーム2に記載のトーチであって…
4．クレーム1～3のいずれか一項に記載のトーチであって…
5．クレーム1～4のいずれか一項に記載のトーチであって…
6．クレーム1に記載のトーチであって，チューブ（25）は，実質的にその全長に沿って先細になって（27）いる。
　　*the tube is tapered along substantially its whole length

【補正後クレーム】

1．分光化学分析に用いるプラズマトーチであって，
　　入口（31）及び前記入口よりもサイズの小さい出口（39）を有する管（25）を備え，チューブ（25）は，~~少なくともその長さの実質的一部分~~実質的にその全長に沿って先細になって（27）いる。
　　*the tube is tapered along substantially its whole length
2．クレーム1に記載のトーチであって…
3．クレーム2に記載のトーチであって…
4．クレーム1～3のいずれか一項に記載のトーチであって…
5．（削除）
6．（削除）

【出願当初明細書】
　チューブ（25）は，実質的にその全長に沿って先細になっている。
*the tube is tapered over its <u>entire</u> length

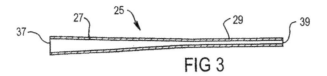

FIG 3

[問題点]
　補正によって，クレーム1にのみ従属するクレーム6の特徴点がクレーム1に追加された結果，補正前に存在しなかったクレーム6の特徴点と，クレーム2～4の特徴点との組合せが生じ，このことが新規事項追加に該当するか否かが問題となる。

[審判部の判断]
　出願時の書類により当業者に対して真に開示されている事項を損ねる程に，出願時のクレームの構造に偏って着目すべきでない。クレーム6の特徴点とクレーム2～4の特徴点との組合せは，出願当初の明細書及び図面に開示されている内容から，当業者が直接的かつ明示的に導出できるものである。

[解説]
　本例では，少なくとも，出願当初のクレームセットにおいて存在しなかった組合せが補正によって生じたとしても，これだけを理由として新規事項の追加に該当すると判断されることはないことが示されている。この点に着目すれば，クレームドラフティングの際に，想定される組合せがカバーされるように従属クレームの従属先に注意を払うこと，さらには，出願当初の明細書中に想定される組合せがカバーされていることが，新規事項追加の争点化を避ける上で，重要であると言える。
　なお，実際の審決において，チューブ（25）のテーパ形状に関する当初クレーム1中の文言"the tube is tapered along at least a substantial portion of its length"及び当初クレーム6中の文言"the

3節3 「サポート要件（CN）及び補正要件（EP）」

tube is tapered along substantially its whole length" の解釈について，EPO 審判部は当業者の立場から明細書及び図面の記載を総合的に考慮するというスタンスをとっている。また，当初クレーム6中の文言 *along substantially its whole length*" と当初明細書中の文言 *over its entire length*" との一致・不一致の判断においても，辞書の定義，さらには，クレームドラフティングにおいて"substantially"を用いるという実務上の常識等が総合的に考慮されている。このように，T 2619/11事件は，必ずしも上述の問題点に単純に集約できる事件でない点にご留意いただきたい。本件の詳細にご興味を持たれた方は，審決文の原文を参照されたい（※2）。

一方で，上述のT 2619/11審決の後にEPO 審判部によりなされた審決（T 1363/12）では，「T 2619/11審決は事案固有の事情により寛大なアプローチがとられる可能性が示したということであって，EPO の補正要件の一般的な判断基準を何ら変更するものではない」との見解が示されている。さらに，EPO 審判部は，EPO ガイドラインがEPO 審査部を拘束しないことを確認的に述べている。

したがって，上述したT 2619/11審決やEPO ガイドラインの変更等を受けて，明細書ドラフティング実務を変更することは拙速であると言える。ひとたび，補正要件違反（新規事項追加）が争点となると，出願当初の開示内容全体から当業者が一般的常識を用いて直接的かつ明示的に導き出せるか否かの分析，評価が迫られることとなり，そのために多様な観点から膨大な検討が必要となる可能性がある。また，個別の事案によって，EPO の判断が硬直的に行われるか又は寛大に行われるかの見通しがつかない。

冒頭に，出願当初の書類における文言通りのサポートは必須でないことがEPO ガイドラインに記載されていると述べたが，補正要件違反の争点化を可能な限り回避するためには，やはり，出願当初明細書において文言通りのサポートが得られるように手当をしておくことが好ましい実務と言えよう。

一方で，結果的に出願当初明細書において文言通りのサポートが得られるように手当できず，この点について補正要件違反を問われた場合には，

第3章　外国出願を意識した明細書の作成方法

T 2619/11審決や同種の審決，EPO ガイドラインの記載等を参照して反論することも一考の余地があろう。

　②中間的一般化に関する EPO ガイドラインの改訂：

　上述の EPO ガイドライン Part H-IV，2.3の改訂と共に，中間的一般化に関する EPO ガイドライン Part H-V，3.2.1も改訂されている。

　従来，中間的一般化に該当するか否かの判断において，以下の３つの基準が設けられていた（essentiality test）：

（ⅰ）当該特徴点が必須の特徴点として説明されていないこと
（ⅱ）当該特徴点が，発明の解決しようとする技術課題に鑑みて，発明の機能上，不可欠でないこと
（ⅲ）置換又は削除が，他の特徴点の実質的修正を要しないこと生じないこと

　しかしながら，EPO 審判部は，T 2311/10審決において，この essentiality test が中間的一般化の可否判断において助けにならずむしろミスリーディングであるという判断を示した。その後に，EPO ガイドライン Part H-V，3.2.1が改訂され（2014年11月），中間的一般化の可否判断においては上記 essentiality test が適用されないこととなった。したがって，現在，ガイドラインに記載されている基準は以下の２つである。

　－当該特徴点が特定の実施形態の他の特徴点に関連しない，又は，密接不可分の関係にないこと
　－全体的な開示内容から，当該特徴点の一般化による分離およびクレームへの導入が正当であると認められること

さらに，以下の記載が改訂時に追加された。

　"These conditions should be understood as an aid to assessing, in the particular case of an intermediate generalisation, if the amendment fulfils the requirements of Art. 123(2). In any case it has to be ensured

3節3 「サポート要件（CN）及び補正要件（EP）」

that the skilled person is not presented with information which is not directly and unambiguously derivable from the originally filed application, even when account is taken of matter which is implicit to a person skilled in the art using his common general knowledge."（下線は筆者による）

すなわち，表現は逆説的であるものの，当業者が通常に有する技術常識も考慮される旨が明示された。以上より，中間的一般化の判断は，以前よりも緩和したという事もできるが，一方で，中間的一般化の可否判断の基準が曖昧になり，見通しが立ちにくくなったという見方もある。

参考までに，上述したＴ2311/10事件を簡略化して以下に例として示す。

例４：

【補正前クレーム】

　　衛生器具であって，

　　水出口(10)内の水温および／または流速を制御する制御ユニット(22)用の作動装置（28，228）と；

　　水出口（10）に通じる少なくとも１つのミスト出口チャネル（12）を備える制御可能なミスト発生器（３）と；

　　を備える。

【補正後クレーム】

　　衛生器具であって，

　　ａ）水出口（10）内の水温および／または流速を制御する制御ユニット（22）用の作動装置（28，228）と；

　　ｂ）以下を含む制御可能なミスト発生器（３）と；

　　ba）水出口(10)に通じる少なくとも１つのミスト出口チャネル(12)，及び

　　bb）水出口（10）に接続された貯水槽（13）

　　を備え，以下を特徴とする：

　　ｃ）貯水槽（13）は水充填チャネル（19）を介して水出口（10）に接続されており，貯水槽（13）への給水の制御を可能にする水充填

バルブ（20）が水充填路（19）に設けられ；
d）貯水槽（13）には水位センサ17が取り付けられており，水位センサ（17）は，水位が水位センサ（17）の高さに達したときに水充填バルブ（20）を閉じるために，制御ユニット（22）にセンサ信号を送信する。

【出願当初明細書】
　補正後クレームに記載された特徴点に加えて，以下の特徴点も組合せとして有する実施形態のみが開示されている。
　x）貯水槽（13）内の水からミストを発生させるための超音波発生装置（14）
　y）ミスト発生器（3）がミストチャネル漏斗15を備え，ミストチャネル漏斗15の下端の高さに水位センサ（17）が設けられている
　z）貯水槽（13）が水位センサ（17）の高さにオーバーフロー管（18）を備えている

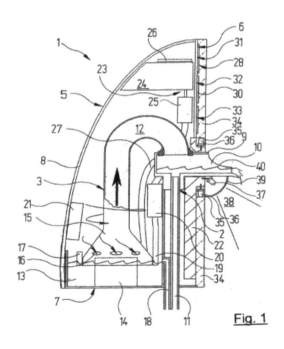

Fig. 1

3節3 「サポート要件（CN）及び補正要件（EP）」

［問題点］

　補正後クレームに追加された特徴点は，出願当初明細書に組合せとして開示されている複数の特徴点の中から抜き出された特徴点である。このような中間的一般化が認められるのか否か，すなわち，残りの特徴点である上記 x）〜 z）も合わせてクレームに導入すべきか否かが問題となる。

［審判部の判断］

　x）の貯水槽（13）内における超音波発生装置の使用と，水充填バルブ（20）による水充填路（19）を介した貯水槽（13）への給水の制御と，の間に，如何なる機能的，構造的，又は密接不可分な関係は見出せない。また，y）のミストチャネル漏斗15を設けることは単に適宜選択される事項に過ぎず，水出口（10）から貯水槽（13）への給水の制御と何の関連性もない。

　y）の水位センサ（17）の位置についても，センサの機能に鑑みれば，貯水槽（13）への給水の制御と何の関係も見出せない。

　また，当業者が技術常識を用いれば，出願当初の開示内容から，z）のオーバーフロー管（18）を設けることは，単なる追加的な方策であると疑いなく読み取れる。

［解説］

　本例から，EPO審判部は，出願当初の開示内容に踏み込んで，且つ，当業者の技術常識も考慮して，総合的に中間的一般化の可否を判断していることが伺える。この点において，中間的一般化の判断基準が緩和したと言えるかもしれないが，一方で審判部（審査官）の裁量の幅が広がった，すなわち，予見性が低下したとも言える。

　もし，審査過程において，予期せぬ先行文献の引用等により，中間的一般化に該当しそうなクレーム補正を余儀なくされた場合には，出願当初の開示内容や当業者の技術常識等を吟味して，総合的な観点から当該中間的一般化の妥当性が主張できることを確認しておくべきであろう。

　無論，出願当初明細書において，想定される組合せの形態を個別に記載しておくことが好ましい。明細書等の記載ぶりに起因して，ひとたび中間的一般化が争点化されれば，権利化あるいは権利維持の見通しが立たない状況の中で，相当の労力および時間をかけて当該中間的一般化の妥当性を主張することが必要になる。

第３章　外国出願を意識した明細書の作成方法

　構造および機能の観点から，必須の特徴点とオプションの特徴点とを区別し，オプションの特徴点についてはその旨を明記しておくことで，中間的一般化の争点化リスクを低減することができる。

　本例で言えば，水出口（10）から貯水槽（13）への給水及びその制御という点において，必須の特徴点である上記ｃ）及びｄ）と，オプションの特徴点である上記ｘ）〜ｚ）とを区別し，上記ｘ）〜ｚ）については，これらが必須でないことが明示されるように明細書中に記載しておくべきである。なお，本例で取り上げたＴ 2311/10審決の詳細については，審決文の原文を参照されたい（※３）。

３．注釈

※１：中国の上海立群専利代理事務所の所長弁護士である毛立群先生よりご厚意でご提供いただいたデータを基に作成。当該データは，同事務所の取扱い案件からサンプリングして得られたものであるため，母集合の採り方によって異なる傾向を示す可能性が有ることに留意されたい）。

※２：T 2619/11 () of 25.2.2013,
　　　https://www.epo.org/law-practice/case-law-appeals/recent/t112619eu1.html

※３：T 2311/10 () of 24.9.2012,
　　　https://www.epo.org/law-practice/case-law-appeals/recent/t102311du1.html

第3章 外国出願を意識した明細書の作成方法

4節 「従来技術の記載」

(橋本　宏之)

　特許出願に係る発明が備えている特徴ある構成，いわゆる「特許性」は，従来技術との差異によって明確となる。このため，特許出願に係る発明の特許性を論じる上で，従来技術の記載は重要な意味を持つ。

　明細書における「従来技術の記載」においては，一般的に，特許出願時に出願人の知っている情報，例えば，可能な範囲で先行技術の水準や，出願人が知っている他の開示された情報を記述する。この記述には，特定の先行技術や，あるいは，他の情報への言及も含まれる。

　しかしながら，「従来技術の記載」は，その記載内容によっては，後の審査や権利行使の場面で不利益を被る可能性があるため，注意が必要である。

　例えば，明細書に記載された従来技術は，公知であることを出願人が認めた技術とみなされる。従って，従来技術を詳細に記載すればするほど公知技術の範囲が増え，その分，発明の権利範囲が限定されることになる。

　一方で，米国において，発明の特許性に最も関連すると思われる先行技術を隠蔽したと判断されると，不正行為とみなされ，出願が許可されたとしても権利行使が認められないという状況になってしまう。

　更に注意が必要なのは，出願を行う国によっては，従来技術の記載に求められる要件が異なるという点である。例えば，欧州や中国のように，課題解決アプローチによって発明の特許性を判断する国で求められる従来技術の記載内容は，米国のそれとは異なる部分がある。

　このため，例えば，PCT出願の各国移行によって外国での権利化を図る場合，それぞれの国で求められる従来技術の記載の要件を把握した上でPCT出願の明細書を作成しないと，各国移行を行った後に思わぬ不利益を被る可能性がある。

495

4節 「従来技術の記載」

　そこで本節では，明細書における従来技術の記載に関して，米国，欧州の要件を述べ，当該要件を踏まえ，PCT 出願を行う際の「従来技術の記載」の注意点について論じたいと思う。

1．米国における従来技術の記載

⑴　従来技術の記載

　米国出願の明細書において，従来技術は，「発明の背景（Background of the Invention）」に記載する。

　具体的には，明細書の「発明の背景（Background of the Invention）」において，

・「発明の分野（Field of the Invention）」と，

・「関連技術の説明（Description of Related Art）」とに分けて記載する。

（MPEP608.01(c)）

　Field of the Invention では，発明が属する技術分野についての記述を行う。記述の内容は，クレームされている発明の主題が対象となる。

　「関連技術の説明」では，出願人の知っている情報を記載し，関連技術の説明等を記載する。「関連技術の説明」では，可能な範囲で先行技術の水準や，出願人が知っている他の開示された情報を記述する。この記述には，特定の先行技術や，あるいは，他の情報への言及も含まれる。このような先行技術や，あるいは他の情報に含まれている課題であって，本願発明によって解決されるものを記述することも推奨されている。

⑵　米国出願において，従来技術で記載すべきでないこと

　「関連技術の説明」では，関連技術を必要以上に詳細に説明する必要はなく，図面を用いずに簡潔に短く記載する場合が多い。

　また，明細書中に「関連技術の説明」を記載せず，文献を引用して記載に代えることもできる（IDS（情報開示）提出）。

　必要な限りにおいて関連技術を詳細に説明することは良いが，その発明の非自明性が疑わしくなるほど記載するのは避けるべきである。

第3章　外国出願を意識した明細書の作成方法

　「関連技術の説明（Description of Related Art）」では，従来技術の課題等を客観的に記載する。

　ここで，本願発明と区別するためにことさら先行技術を卑下した記載とすることは避ける必要がある。

　また，従来技術の課題として記載された問題点が事実と反すると判断された場合，従来技術に対する認識を故意に歪曲する意図があるとみなされる可能性があるため，注意が必要である。

　さらに，「It was impossible for the device to …」のような断定的な表現を避け，書くとすれば「It was often difficult for the device to…」のように記載するのが好ましい。

　これは，断定的な表現を行なった場合，この「できなかった（impossible）」内容を大幅に改善するクレームのみが本願発明と認められる可能性があるためである。

(3)　「先行技術」の記載

　米国出願において，「先行技術」とは，「新規性や非自明性の拒絶の根拠として使える技術」を意味する。このため，「先行技術」ではないものを「Prior Art」「Conventional Art」と称してはならない。

　このような場合，そのような技術は，「Background Art」若しくは「Related Art」と称して記載する。

　これは，「Prior Art」「Conventional Art」と称して記載すると，出願人がその記載内容を「先行技術」であると自認したと判断され，その「先行技術」に基づいた拒絶理由を受ける場合があるためである。

　例えば，自己の未公開の日本特許出願は，米国特許法では「先行技術」にはあたらないため，「Prior Art」「Conventional Art」と称してはならない。

　この場合，「関連技術の説明」では敢えて説明しないで，「発明の概要」の一部として説明した方がよい。

4節 「従来技術の記載」

(4) 課題・目的の記載

「発明の概要（Summary of the Invention）」では，発明の本質（要点）を示し，発明の目的の記載も含むことができる（規則1.73）。

ここで，あまり狭小な発明の目的は発明の範囲を減縮してしまうおそれがあるので避けたほうがよい。

一方で，発明の目的を過剰に主張しすぎると，権利化後に当該目的を達成しないものは権利範囲に含まれないという限定解釈がなされることがある（*Vehicular Technologies vs Titan Wheel Intern., 212 F.3d 1377 (Fed. Cir. 2000)*）

また，発明の目的として，複数の目的を同時に記載すると，全ての目的を達成しないものは発明の権利範囲に含まれないとみなされる可能性がある（*Vehicular Technologies vs. Titan Wheel Intern., 212 F.3d 1377 (Fed. Cir. 2000)*）。

従って，発明の目的はできる限り幅広く簡潔に記載すべきである。あるいは，発明の目的を実施の形態に記載するべきである。

「発明の概要（Summary of the Invention）」では，発明の要旨として，保護を受けたい発明の本質を簡潔に記載する。この発明の要旨は，クレームされた発明と対応していなければならないが，クレームの丸写しは好ましいとはいえない。

複数のクレームを説明するときは，クレーム番号に対応し，「本発明の第・・・の態様は」といった記載に変更すると良い。

→「first aspect of the invention」，「second aspect of the invention」とする。

ここで，「first invention」「second invention」としてしまうと，発明の単一性が無いことを自白するようなことになるので避けたほうが良い。

また，本発明が図面や明細書に記載された具体的な構成に限定して解釈されることを防ぐため，発明の要旨において，構成要素に参照番号を付さないほうが好ましい。

あるいは，米国出願においては，Summary of the Invention を書かな

第3章　外国出願を意識した明細書の作成方法

いという対応もあり得る。

　なお，「発明の概要（Summary of the Invention）」の記載においては，クレーム特有の表現（"comprise"など）は避けるほうがよい。
(例)　"comprise"は"include"などで置き換える。

2．欧州における従来技術の記載

　欧州出願において，従来技術は，出願人の知る限りにおいてその発明を理解し，欧州調査報告を作成し，更に，その欧州特許出願を審査する上で有用であると思われる背景技術を表示し，また，できれば当該技術を反映している書類を引用するように記載することが求められている（欧州規則42(1)(b)）。

(1)　背景技術

　明細書は，背景技術の記載を含んでいなければならない。背景技術は発明の理解に有益だからである。先行技術の文献の特定，特に関連する特許出願を特定することが好ましい。

　引用する文献は，例えば，特許出願の場合は，国名，番号により特定し，また，書籍の場合は，著者，題名，出版社，版，出版場所，発行年，頁番号などにより特定し，また，定期刊行物の場合は，題名，発行年，頁番号などにより特定する。

　背景技術として，後のサーチレポート等で特定された文献を背景技術の記載に挿入することも好ましい。例えば，出願当初の明細書の先行技術の記載により，その発明がある水準から発展させたとの印象を与えるとき，審査において引用された文献がその発展のうちいくつかの段階が公知であることを示すことがある。この場合，審査官は，これらの文献への参照と簡単な要約を背景技術に追加することを求める。

　この場合の背景技術の記載への文献の挿入は，純粋な事実に基づく追加であれば，原則として，EPC123条(2)の新規事項追加禁止の規定には違反しない。さらに，発明の効果について，追加した文献との関係で記述を明細

書に追加することは，出願時の内容から推論できる場合には許容される。

(2) 54条(3)との関係

明細書は，背景技術を含んでいなければならないが，54条(3)にいう先行技術を記載するときは注意が必要である。すなわち，関連する先行技術がすべての締約国において，技術水準（the state of the art）を構成していることが必要である。

例えば，2つの出願が共通する指定国を含んでいない場合，あるいは共通する指定国の指定が取り下げられている場合である。

すなわち，背景技術に記載された文献が54条(3)にいう先行技術であるという事実を明確に確認しなければならない。

(3) 記載不要な事項

背景技術の説明は，発明を完全に理解するために詳細な説明が必要な場合を除いて，その文献を引用する簡単な理由を示す記載でよい。

また，先行技術の同一の特徴について説明するためには，最適な引用文献を一つ引用すれば足り，複数の引用文献を列挙することは不要である。このため，複数の先行技術文献のリストも特に必要ではない。

さらに，欧州出願の審査において，明細書の読み手は，その技術に対して一般的な背景技術の知識を持っているものと想定されるので，出願人は，学術論文や研究報告書に記載されているような性質の事柄や，周知または学術書等から入手可能な説明事項は記載する必要はない。

(4) 欧州出願明細書における「従来技術の記載」の意義

欧州出願において，発明の特許性は課題解決アプローチによって判断される。

すなわち，欧州出願の審査において，発明の特許性は以下のステップにより判断がなされる。

（ⅰ）はじめに，「発明によって達成される技術的効果に基づいて」発明の技術的性質に貢献する特徴を決定する。

第3章　外国出願を意識した明細書の作成方法

(ⅱ)　発明の技術的性質に貢献すると特定された特徴に基づき，最も近い
先行技術を選択する。

(ⅲ)　最も近い先行技術から相違する特徴を決定し，それに相当する技術
的効果を「クレーム全体としての内容で」決定する。この時点で，その
決定された技術的効果を念頭において，技術的貢献をもたらす特徴とそ
うでない特徴を区別する。

(a)　相違点（非技術的なものも含めて）が皆無の場合，新規性の欠如に
よる審査官の拒絶理由が提起される。

(b)　相違点が技術的貢献をもたらすものではない場合，56条に基づく拒
絶理由が提起される。なぜなら，先行技術に対して技術的貢献がなけ
ればクレームの対象に進歩性があるとはいえないからである。

(c1)　相違点に技術的特徴をもたらす特徴が含まれている場合，その特
徴により達成される技術的効果に基づいて客観的な技術的課題を設定
する。

(c2)　さらに，相違点に技術的特徴をもたらさない特徴が含まれている
場合，その特徴は，客観的な技術的課題を設定する際に，当業者に「与
えられた」もの（具体的には，対処すべき制約）として現れる。同様
に，発明によって達成される非技術的効果も，対処すべき制約として
技術的課題に現れる。

(c3)　客観的技術的課題が設定されると（非技術的制約を考慮すること
による場合もある），その客観的技術的課題を解決するためにクレー
ムに記載された技術的手段が当業者にとって自明であるか否かを判断
する。このようにして，発明的活動の有無が確定される。

このように，欧州出願における「課題解決アプローチ」においては，従
来技術から相違する本願発明の特徴を決定し，当該相違する特徴により達
成される技術的効果に基づいて客観的な技術的課題を設定し，当該客観的
な技術的課題を解決するための構成が当業者にとって自明であるか否かに
よって本願発明の特許性が判断される。

すなわち，欧州出願においては，本願発明との相違点が明確となるよう
従来技術を記載しておくことで，後の審査段階において，本願発明の特許
性を論じやすくなる効果があるといえる。

3．外国出願を視野にいれた明細書における，従来技術の記載に関する提言

　上述したように，米国出願と，欧州出願とでは，従来技術の記載に対する要件が以下のように異なる。

・米国

　従来技術を必要以上に詳細に説明してしまうと本願発明の非自明性が疑わしくなる。また，発明の目的や課題を過剰に主張しすぎると，権利化後に当該目的を達成しないものは権利範囲に含まれないという限定解釈がなされる等の不利益を被る可能性がある。

　このため，従来技術は簡潔に短く記載する場合が多い。明細書中に「関連技術の説明」を記載せず，文献を引用して記載に代えるという方法さえ取られ得る（IDS（情報開示）提出）。

・欧州

　欧州出願における「課題解決アプローチ」においては，従来技術から相違する本願発明の特徴を決定し，当該相違する特徴により達成される技術的効果に基づいて客観的な技術的課題を設定し，当該客観的な技術的課題を解決するための構成が当業者にとって自明であるか否かによって本願発明の特許性が判断される。

　すなわち，欧州出願においては，本願発明との相違点が明確となるよう従来技術を記載しておくことで，後の審査段階において，本願発明の特許性を論じやすくなる効果がある。

　上述したように，従来技術の記載に関しては，米国出願を考慮すると，後に不利益を被らないようなるべく簡潔に短く記載することが好ましいと思われる。

　一方で，米国出願を意識するあまり，従来技術を簡潔に記載しすぎてしまうと，欧州出願における課題解決アプローチにおいて，従来技術から相違する本願発明の特徴を明確にするに際して困難を生じ，本願発明の特許性を論じにくくなる可能性がある。

第3章　外国出願を意識した明細書の作成方法

　このように，米国出願と欧州出願とでは，従来技術に関する記載に相反する要素が含まれている。このため，特に1つの明細書が各国に移行されるPCT出願の明細書において，従来技術の記載をどのようにするかが問題となり得る。

　この問題を解決するためには，従来技術の記載について，米国および欧州のそれぞれ相反する要素に対して，それぞれの国で不利益と判断される事項を取り除くような記載とすることが考えられる。

　具体的には，
・従来技術の開示について，開示されている客観的事実を簡潔に述べる。
・従来技術の課題及び目的についても，発明のメインクレームにより解決される課題を，事実に基づき簡潔に記載する。
・従来技術の課題及び目的について，発明者の主観を含めず，客観的な事実のみを述べるようにする。

　上記のような記載とすることで，
・米国において，従来技術を詳細に記載しすぎることにより生じ得る不利益を回避できると共に，
・欧州における課題解決アプローチにおいて，従来技術と本願発明との差異を十分明確に述べることが可能となる。

　なお，従来技術の記載において自社製品の課題を記載する場合，PL法（製造物責任法）における「欠陥」に該当する記載とならないよう留意する必要がある。

第3章　4節

5節 「図面・要約書」

（橋本　宏之）

1．図面の作成における注意事項

(1) 図面に説明文を入れない

　図面中に詳細な説明文のような記載を含めると，特に図面の記載要件に厳しい米国において訂正指令を受けることがある。したがって，図面の理解のために不可欠な短い語句やフローチャートを除き，図面中には極力説明文を記載しないように心掛けるべきである。
　もし基礎となる日本出願においてそのような記載がある場合には，その記載を明細書中に転記するといった処置をとることができる。

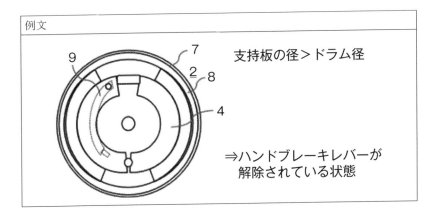

　上記例において挿入されている説明文は，明細書中に転記しておく。

　また，上記図が先行技術又は関連技術に関するものである場合，"Prior Art"又は"Related Art"のラベルを付すことが要求される。さらに，断面図である場合には，その材質に応じた適切なハッチングを施すことが求められる。

5節 「図面・要約書」

　なお，従来技術に関する図面は，図1（FIG.1）から番号をつけ，本願発明に係る図面がこれに続く。この実務は，日本における実務とは逆となるので注意が必要である。しかしながら，米国出願時に補正までする必要はない。

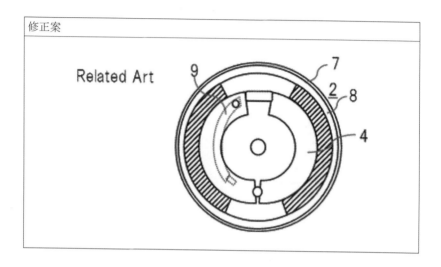
修正案

図面のハッチング（MPEP608.02）

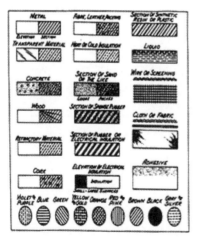
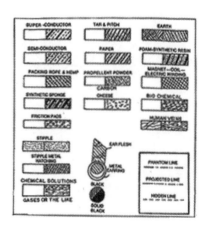

(2) クレームの構成要素が図面に表されていない

米国出願では，クレームに記載された構成要素の全てが図面に表されていなくてはならない（規則1.83(a)）。

クレームに記載した全ての特徴が図面に表わされていなかった場合，それを理由に拒絶（Objection）が通知される。

この規定の違反が指摘され，それに対して図面を追加して対応した場合，内容によっては新規事項の追加とみなされるおそれがあるので，要注意である。

したがって，審査過程において補正によりクレームに追加されることが想定される構成要素についても，予め図面に示しておくことが好ましい。

例

(クレーム) 支持板に支持されたドラムを有するドラムブレーキであって，ハンドブレーキレバーと，このハンドブレーキレバーの第一突起部に対向し前記ドラムに固定されたブレーキシューと，を備えることを特徴とするドラムブレーキ。
※ドラムブレーキ2，ブレーキシュー4，ハンドブレーキレバー9

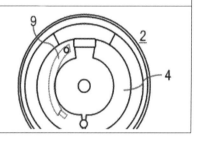

上記例では，形式的に構成要素として列挙されているハンドブレーキレバー9及びブレーキシュー4のみが図面で示されている。

しかしながら，審査において，支持板7，ドラム8，第一突起部10についても構成要素として考慮してもらうためには，それらをクレームで列挙して且つ，図面に記載して示さなければならない。補正によりクレームに追加されることが想定される要素（第二突起部11）も図示すべきである。

これは，従属クレームの各構成要素についても同様の注意を要する。

5節 「図面・要約書」

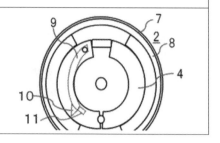

修正案
(クレーム)支持板と,この支持板に支持されたドラムと,前記ドラムに固定されたブレーキシューと,このブレーキシューに対向する第一突起部を備えるハンドブレーキレバーと,を備えるドラムブレーキ。
※支持板7,ドラム8,第一突起部10,第二突起部11

(3) 1つの図番につき,記載する図面は1つ

例えば,第1図に2つの図面が入っているときは,それぞれ「FIG. 1A」,「FIG. 1B」のように表示しなければならない。

全体を「FIG. 1」として,それぞれ「A」,「B」とのみ表示することは出来ない。

(4) 断面図の記載

断面の表示は,断面図を示す図の番号を用いて示す。

例えば,FIG.3がFIG.2に示した部分の断面図であるとき,次のように記載する。

　例「FIG.3 is a cross-sectional view taken along line Ⅲ-Ⅲ in FIG.2」

上記例における,「FIG.3」の「3」と,「Ⅲ-Ⅲ」のローマ数字は一致する。

これは,FIG.2の「Ⅲ-Ⅲ」で表示した線に沿った断面図がFIG.3に示されているとすぐ分かるようにという配慮である。

この場合,FIG.2中での断面の位置は,対応する断面図の図面番号(この例ではFIG.3)を用いて「Ⅲ-Ⅲ」と表わす(「3-3」といった記述も可)。

下の参考図において，図3（Fig.3）の断面図が，図4～6（Fig.4～6）に記載されている場合には，断面の表示は断面図を示す図の番号を用いて示す（図4（Fig.4）に示される図3の中の断面図は，"4－4"として示す）。

参考：図面（断面図）

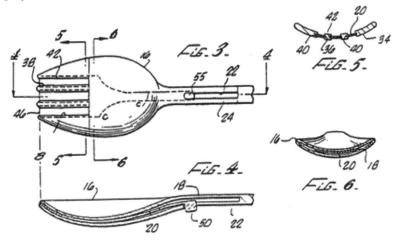

(5)　図面のチェックポイント
・クレームの対象の全体図があるか
・クレームの各構成要素が図のどこに対応するか明確になっているか
・クレームの各構成要素自体を限定する事項が図に示されているか
・クレームの構成要素間の結びつける事項が図のどこに対応するか明確になっているか
・図示できるものは，出来るだけ図にする
　　　　以下の視点で更に必要な図がないか確認
　　　　　・構造（物理的・機械的構造）
　　　　　・機能（機能ブロック等）
　　　　　・動作（フローチャート，波形図等）
　　　　　・作用，効果，結果（必要に応じて）
・各図には，出来るだけ詳細に参照符号をつける。

5節 「図面・要約書」

・変更例も図にする（米国では，変更例をクレームする場合にも必要となる。同じ図で説明できる場合には不要）

2. 要約書の記載で注意すべき事項

(1) 要約書の形式

要約書の記載では，課題を書かずに代表的なクレームに対応する構成のみを記載するのが好ましい。また，構成要素に符号を付さず，150ワードの文字数制限を超えないように，改行なしの単一段落で記載する必要がある。

150ワードの文字数制限を超えたり，改行があったりすると実体審査に進む前に訂正命令が通知されるおそれがある。

英語で150ワード以内に抑えるためには，目安として，日本語で270文字以内の記載に抑えるとよい。

(2) 要約書の内容

要約書における課題の記載や構成の詳細な説明等が，権利範囲の限定解釈につながる可能性がある。

・Hill-Rom 事件

Hill-Rom Co. v. Kinetic Concepts, Inc., 209 F.3d 1337, 1341 n.1, 54 USPQ2d 1437, 1443 n.1（Fed. Cir. 2000)

要約の内容が内的証拠として参酌された CAFC 判決。
　　⇒ MPEP において文言 "The abstract shall not be used for interpreting the scope of the claim." が削除された
　　＝要約の内容によって，クレームの内容が限定解釈されることがありうる。

(3) 要約書の記載内容

・要約は，クレームの内容と整合性を持たせるように準備する。
・クレームの各構成要素に対応する符号を記載せずに，もっとも広いクレームの記載に基づいて作成することが好ましい。

第3章　外国出願を意識した明細書の作成方法

・課題／効果の記載も除くことが好ましい。

　※要約に記載した事項は，新規事項（new matter）とならずに，明細書やクレームに追加可能（MPEP608.01）ではあるが，これに頼るのは良くない。

・代表的な独立クレームを平易な表現に変えて作成する。

・日本語明細書に添付する要約の「課題」は基本的には利用しない。

・代表的な独立クレームが長いときには，主だった特徴を抽出して，要約を作成する。

・限定的な記載を避ける（"can be"，"may be"などの用語を利用する）

例文
【課題】本発明は，車両の組付け及び解体を容易にするために，ドラムブレーキ(2)の組付け方法及び解体方法を提供する。 【解決手段】ドラムブレーキ(2)は，支持板(7)と，ドラム(8)と，ブレーキシュー(4)と，このブレーキシューにヒンジ止めされたハンドブレーキレバー(9)と，を備える。

　上記例では，日本出願の様式に沿って，課題及び解決手段が記載されている。この場合，課題を解決するもののみが本発明に該当すると解釈されるおそれがある。

　さらに，本発明が，対応する符号が付されている実施形態に限定されて解釈されるおそれがある。

　そこで，外国出願を見据えた要約書としては，上記例を以下の観点で修正するとよい

・課題及び解決手段の記載を削除する。

・構成要件に付されている符号を削除する。

・更に必要であれば，英語に訳したときに150ワードを超えないよう，日本語で270文字以内に修正する。

修正案
このドラムブレーキは，支持板と，ドラムと，ブレーキシューと，このブレーキシューにヒンジ止めされたハンドブレーキレバーと，を備える。

第3章　外国出願を意識した明細書の作成方法

6節　「その他」

（橋本　宏之）

　本節では，「その他」として，外国出願をした後に問題が生じることが多い，各国特有のリスクを挙げ，その内容と対応策の確認を行う。

　「外国出願の落とし穴」として特に注意が必要なのは以下の3点である。

---

① 欧州：発明の単一性判断が厳しい。
② 欧州，中国，ブラジル：自社先願との自己衝突による拒絶。
③ 中国：特許後の訂正は，実質的にクレーム併合しかできない。

　上記3つの問題は「特許の価値」に与える影響が大きいうえ，出願後におけるリカバリーが難しい。したがって，各国出願時には予め，これら問題点を充分に理解して明細書を適切に作成しておくことが重要となる。

　可能であれば，日本における基礎出願を行う時から，想定される出願対象国での問題が生じないように，これらの問題を考慮して明細書を作成しておくことが望ましい。そうすれば，パリ条約上の優先権を有効に使うことができ，権利化上で有利になる。

　次項以降において，各問題の検証を行う。

1．発明の単一性に厳しい（欧州）

　発明の単一性について，欧州出願では大変厳しい判断が行われる。この点について理解して欧州出願を行わないと，本来不要であった分割出願が必要となり，多大なコストがかかるリスクが生じてしまう。

欧州出願での単一性判断

513

6節 「その他」

EPC では，以下のように2段階に単一性が判断される
第1段階： 　同一のカテゴリーに複数の独立クレームがあるか→「特定の例外」に当たらなければ，それらは，原則として単一性無し。
第2段階： 　「単一の包括的発明概念を形成するように関連している一群の発明」か否か→否であれば単一性無し。 　このため，従属クレーム同士でも，単一性が無い場合もある。

　例えば，PCT 出願から，欧州特許出願へ移行した場合には，以下のようなフローとなる。

欧州：PCTルートでの単一性判断

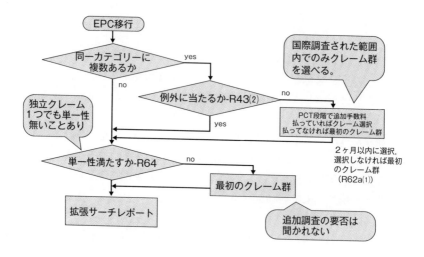

　上記フローに示すように，同一のカテゴリーに，2つ以上の独立クレームがあれば，原則として単一性がないと判断されてしまう。(規則43(2))

　クレームのカテゴリーは以下の4つしかない。如何なるクレームも，これら4つのいずれかに属する。

第3章　外国出願を意識した明細書の作成方法

① 　生産物 (Product) ② 　方法 (Process) ③ 　装置 (Apparatus) ④ 　使用 (Use)

　例えば，「ネジ」，「このネジを含む部品」，「その部品を含む装置」は，いずれも③の装置カテゴリーに含まれ，「特定の例外に該当するか」の単一性条件が問われる。

　別カテゴリーであれば，「単一の包括的発明概念」を有していれば，単一性有りと判断されるが，同一カテゴリーであると，「単一の包括的発明概念」を有していても，下記の例外に該当しなければ，単一性がなく，拒絶理由に該当することになる。

　この点が，欧州特許出願の単一性判断の特徴である。すなわち，同一カテゴリーだと単一性の判断が厳しい。

　同一カテゴリーに複数の独立クレームが認められる「特定の例外」は以下の3つしかない。

①複数の相互に関連した生産物 ・プラグとソケット ・送信機と受信機 ・中間製品と最終生成物 ・遺伝子，遺伝子構造，宿主，タンパク質，薬剤 　（すなわち，凸と凹のような関係）
②1つの生産物又は装置の異なった使用 ・第1次医学的適用が公知である場合の，第2次以降の医学的適用に関する用途クレーム
③特定の課題を解決する他の手段。ただし1クレームでカバーすることが適切でない場合。 ・化合物グループ ・同一化合物の複数の製造方法

第3章　6節

515

6節　「その他」

厳しい単一性判断への対処策

> 対策1：
> 　基礎出願を併合して欧州特許出願する場合であって，同一カテゴリーに複数の独立クレームが存在する場合，上位概念化して，同一カテゴリーに1つの独立クレームにできないか工夫する。
> 　しかし，単に広い独立クレームを作っても，それに新規性が無ければ従属クレーム同士が単一性なしとされるので，結局無駄（→実際は難しい場合が多い）
>
> 対策2：
> 　欧州の分割出願は手間も費用もかかることから，本当に併合が必要か検討する。（分割出願時には，親出願日から3年度以降の各年度分の出願維持年金が一気に請求される。）
>
> 対策3：
> 　PCTルートで欧州出願への移行を予定する場合，同一カテゴリーに複数の独立クレームが存在する場合には，ビジネス上で重要な独立クレームを前にする。→理由は後述。

対策3の理由

　以前は，PCTから欧州出願へ移行して単一性の要件を満たさない場合，サーチレポートで単一性がないと通知され，望みのクレームについて追加サーチレポートを請求することができた。このため，審査されるクレームを任意に選ぶことが可能であった。

　しかし，現在では，第1段階の単一性違反が指摘された場合，既に国際調査報告が作成されているクレームの範囲内でしか選択できない。国際段階で単一性違反が指摘され，追加手数料を支払わずに国際調査報告が作成されていないクレームが存在する場合，その国際調査報告が作成されていないクレームを選択することはできず，クレーム番号の小さいクレーム群が自動的に選択されてしまう。

　さらに，第2段階において単一性違反が指摘された場合は，選択の余地無く，クレーム番号の小さいクレーム群が選択されてサーチされる。追加サーチ手数料を支払うことはできず，サーチされなかったクレーム群は，コストのかかる分割出願を行うしか権利化の途がなくなってしまう。

　上記の理由により，もしもビジネス上で重要度の低いクレーム群を先にしていると，重要度の高いクレーム群を権利化するには分割出願が必要となり，親出願は不要になってしまう可能性が生じてしまう。

このため，欧州出願への移行を予定するPCT出願の場合には，複数の基礎出願を併合する際に，ビジネス上で重要な独立クレームを先にしておくことが重要となる。そうすることで，各独立クレームに単一性がない場合にも，重要な独立クレームはサーチおよび実体審査を受けることができ，無駄な分割出願を行うリスクを低減することができる。

なお，PCTから欧州出願へ移行をする際に，予備補正を行ってクレームの順序を入れ替えることは可能である。しかしこの手続は失念する可能性があるし，費用もかかることから，PCT出願時に「ビジネス上で重要な独立クレームを先にしておく」方が簡単かつ有利であるといえる。

2．自己衝突（欧州，中国，ブラジル）

　欧州，中国，ブラジルなどでは絶対新規性が採用されている。すなわち，日本の特許法29条の2に規定されているような，発明者又は出願人同一の例外規定がない。従って，内容が類似する複数の出願を，欧州及び中国で権利化していくことを予定している場合に，後になされた出願が先になされた自己の出願により拒絶される（自己衝突）ことがないよう手当をしておく必要がある。

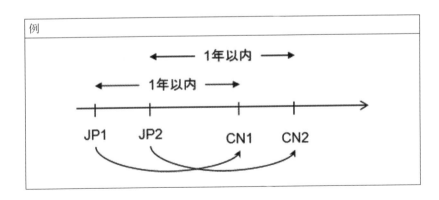

解説＞
　上記例において，たとえば，同一出願人により，先に出願された日本出

6節 「その他」

願（JP1）と後に出願された日本出願（JP2）とにおいて共通の図面が用いられ，JP2においてクレームされている事項がその共通図面に記載されているような場合，日本では29条の2の規定により，JP1が公開されたとしても，JP2はJP1により拒絶されないが，欧州及び中国では，出願人同一であっても拒絶されることがある。

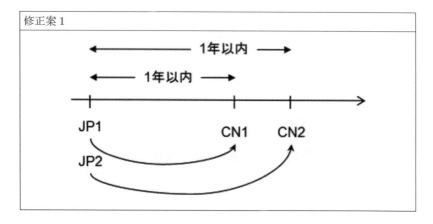

解説＞

　JP1及びJP2を同日に出願することにより，CN1及びCN2間の自己衝突を回避することができる。自己衝突の有無は，CN1及びCN2の出願日ではなく，その優先日であるJP1及びJP2の出願日が基準となる。

　この案では，中国や欧州に内容が類似する複数の出願を行うにあたって，その先後関係に特段の注意を払うことなく手続きを進められるというメリットはあるものの，先願主義の下での早期権利化を図りたい場合には，不向きかもしれない。

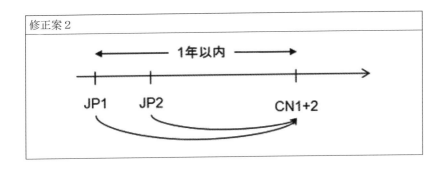

解説＞

　JP1及びJP2を1つの中国出願CN1+2に併合することにより，上述のような自己衝突を回避することができる。しかしながら，単一性の観点から2つに分けて出願されたJP1及びJP2を併合することになるため，CN1+2のクレーム構成によっては，中国において単一性の問題が生じるおそれがあることに留意する必要がある。

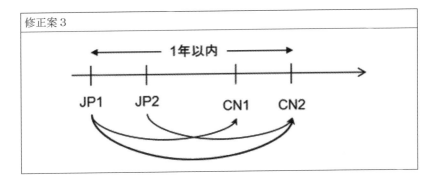

解説＞

　CN2において，JP1及びJP2の両方に基づく優先権を主張することにより，CN1及びCN2間の自己衝突を回避することができる。なお，CN1にJP2の内容が含まれるような場合には，CN1においてもJP2に基づく優先権を主張したほうがよい。いずれにしても，案3では，JP1の出願から1年以内にCN2を出願することが必要である。比較的短い期間に，複数の類似出願を行う場合には，有効な案といえる。

3．無効審判におけるクレーム補正制限が非常に厳しい（中国)

　中国には無効審判（無効宣言請求）の制度がある。無効審判請求を受けた際にはクレーム補正が可能である（明細書・図面の補正は不可）が，補正の制限は厳しく，基本的には以下のような補正のみが認められている。

・クレームの削除

・クレームの併合（従属クレームの特徴を取り込む)

・クレーム中に並列記載された選択肢の一部削除

　すなわち，クレーム範囲の拡張ができないことはもちろんのこと，明細書中に記載されていても，クレームとして記載されていない特徴・構成要素による補正は，たとえ減縮補正であっても認められないので注意が必要となる。

　このように，無効審判請求を受けてから採り得る対抗手段（クレーム補正）は非常に限られているので，中国では，無効審判を想定した対策を予め講じておくことが重要である。

　具体的方策としては，従属クレームをできるだけ多く列挙しておくこと（数値限定クレームの場合には数値範囲を複数段階記載しておくこと），あるいは，クレーム中に記載の構成要素・材料などの選択肢をできるだけ多く列挙しておくことなどが挙げられる。

| 対策はいつ行うか？ |

(1)　パリルート中国出願の場合

【中国出願前】

　パリルート出願の場合は，各国で異なるクレーム・明細書とすることが可能なので，まず，中国出願前に，中国仕様のクレーム・明細書を検討する。クレーム数の制限（費用）等に問題が無ければ，他国のクレーム・明細書を中国に合わせても構いません。なお，基礎出願明細書に記載されていない事項については優先権が及ばないので，理想的には，基礎出願の段階から，多彩な実施形態，実施例，変形例，構成要素の多様なバリエーションなどを記載しておくことが望ましいと言える。

第3章　外国出願を意識した明細書の作成方法

【中国出願後】

　優先期限までに上記のような検討を行う時間が十分取れない場合には，出願後に自発補正で対処することになる。自発補正では従属クレームの追加等が可能であるが，明細書に記載の無い新規事項の追加はできないので，従属クレームの元ネタは，出願当初明細書に含めておく必要がある。パリルート出願で自発補正可能な時期は，①実体審査請求時　②国家知識産権局から実体審査段階に入る旨の通知を受けてから３ヶ月以内である。

　なお，中国独特の制度として，拒絶理由通知への応答の際には，原則，拒絶理由を解消するための補正以外の補正は認められない。このため，新たな従属クレームを追加することは，この段階では事実上不可能であることに注意が必要である。

(2)　PCT ルートで中国移行する場合

【PCT 出願前】

　PCT ルートを利用する場合，PCT 出願のクレーム・明細書を中国仕様とすることには，検討時間の点，あるいは，各国移行時の費用の点で制約を受けることが多いが，当初から中国が最重要国であり，PCT 出願前に十分な検討時間が取れる場合には，中国仕様のクレーム・明細書としてもよい。

【PCT 出願後】

　PCT 出願後に中国における権利化の重要度が上がった場合などは，国際段階の19条補正あるいは34条補正で，中国の無効審判を考慮したクレーム補正を行うことも考えられる。

【中国移行後】

　上記国際段階の補正以外に，中国への移行後，パリルートにおける上記①②と同様の時期に自発補正可能である。

具体例１

クレーム１：・・・導電線で結線された回路。

クレーム２：クレーム１に記載の回路であって，前記導電線の材料は，銅，金，銅合金，銅アルミ合金からなる群より選択される。

6節 「その他」

⇒ 引例に銅線と明記されている場合，金線，銅合金線，銅アルミ合金線は権利範囲として残せる可能性があります。明細書には，特許性に関係しそうな，それぞれの特性（例えば，導電率など）も記載しておくことが望ましいと言えます。

具体例2

クレーム1：…弾性部材と，…とを備えた装置。

クレーム2：クレーム1に記載の装置であって，前記弾性部材は，金属ばね，空気ばね，ゴム，からなる群より選択される。

クレーム3：クレーム1に記載の装置であって，前記弾性部材は金属製であり，弦巻ばね，渦巻ばね，板ばね，捩りばね，からなる群より選択される。

⇒ 引例にゴム製の部材のみが示されている場合，金属ばねや，種々の形態の「ばね」は権利範囲として残せる可能性がある。

具体例3

クレーム1：…材料Aと材料Bとを混合する工程と，…所定の温度範囲で焼成する工程と，…を備えた，焼結体製造方法。

クレーム2：クレーム1に記載の焼結体製造方法であって，前記温度範囲は600℃から800℃である。

（クレームのサポート要件を満たすために，600℃付近，700℃付近，800℃付近で焼成した場合の焼結体硬度などのデータが必要，550℃付近，850℃付近で焼成した場合の焼結体硬度も示すことが望ましいと言える）

クレーム3：クレーム1に記載の焼結体製造方法であって，前記温度範囲は650℃から750℃である。

（クレームのサポート要件を満たすために，上記に加えて，650℃付近，750℃付近で焼成した場合のデータも必要）

⇒ 引例に温度を600℃付近に設定することのみが示されている場合，クレーム3の範囲を権利範囲として残せる可能性がある。

おわりに

（棚井　澄雄）

　知財実務に携わるすべての方々に役立つ本を提供する，という理念のもと3年前に発刊を開始した知財実務シリーズは，今回の「競争力を高める機械系特許明細書の書き方」でシリーズ4作目となりました。分野別の「明細書の書き方」としては，電気，バイオ医薬系に次いで3冊目となります。機械系明細書は，物の構造，動作，作用を文章で表すものであり，抽象的な発明概念を権利化するための書面作成の根本となるものであります。発明をどう捉えるか，そこから技術思想としてどう展開していくかは，特許弁理士，技術者の腕の見せ所であります。しかしながら，明細書の書き方に習熟しようとする方々にとっては，抽象的な発明概念の文章化は雲を掴むような捉えどころのない困難な作業の連続であり，優れた指導者のもとで地道な努力を積み重ねることが必要です。本書は，良い明細書を作成するため，換言すれば，強く広い権利を取得するためには明細書はどうあるべきかについて，弊所の機械系ベテラン弁理士，技術者が自己のノウハウを開示したものであり，明細書の作成に挑む方々の地道な努力をサポートするのに好適な書物です。

　100年以上の特許制度の歴史のなかで，機械分野は，常にその中心に位置し，その長い歴史のなかで育まれてきた伝統的な明細書作成の作法というものもあろうかと思います。しかしながら，科学技術が急速に進歩し，特許の重要性が広く認識されている今日，発明を深く掘下げ，より強く広い特許権を取得し，国内のみならず外国での権利行使にも堪えうる明細書とするには，常に明細書作成方法を革新していく必要があります。広く機械・構造系といっても，技術分野によって発明の捉え方，明細書の構成の方法が，実に多様であることがご一読戴いた方はおわかりと思います。本書が，過去にとらわれず，各分野の技術の進歩に柔軟に対応するための明細書の作成の一助になれば幸いです。

索 引

【数字】

101条	211

【アルファベット】

BRI	458
IDS	496, 502
intermediate generalization	447, 482
MPF	205, 406
PL法	149
The state of the art	500

【あ行】

アッベ数	419
アンカーボルト	153
位置関係	300, 341
一文一主題	437
エアコン	173
オープンエンド	454
オープンクレーム	422

【か行】

外的付加	326
回転自在	313
回動範囲	298
学術用語	25
課題	254
課題解決アプローチ	500, 502
機械制御	207

技術水準	500
記述ステップ	10, 43
機能	300
機能的	440
機能的記載	4
筐体	379
筐体発明	379
金属系アンカー	141
屈折率	418
クラウンガラス	418
鞍乗り型車両	292
クランク	165
クローズエンド	454
クローズドクレーム	422
顕現性	193
限定解釈	445
権利一体の原則	193
権利範囲	300
構成の説明	300
構成要件	270
構成要素列挙型	451
構造的記載	4
コーンナット	153

【さ行】

最上位請求項	300
サイドスタンド	293
材料系	335
座標系	205, 210

サブコンビネーション	194	接続詞		439
サポート	374	接着系アンカー		141
サポート要件	150	先行技術	497,	499
作用効果	256	先使用		401
自己衝突	517			
実験成績証明書	481	【た行】		
実施可能要件	151, 374	大から小の原則		13
実施形態	269	単一性		513
自動二輪車	293	単数と複数		468
ジャイロ効果	301	断面図		508
什器	247	中間的一般化	447,	482
従属項	256	直接的な発明特定事項		92
従来技術	495	強い表現		446
数珠つなぎの原則	43, 271	締結固定		308
出願用原稿	365	テーパーボルト		159
上位概念	364	特殊パラメーター		428
上位概念化	300	特許請求の範囲		251
硝材	416	ドリル		230
焦点距離	420			
上方展開	250	【な行】		
新規事項の追加	431, 447	内的付加		326
垂直展開	326	ナット		159
水平展開	216, 249, 326	二輪車		293
数値限定	426	能動的		441
スクーター	293			
スライダー	164	【は行】		
スライダークランク機構	164	発明		247
スリーブ	153, 159	発明提案書	274,	379
制御方法	206	発明提案書の事前検討		278
製造装置	335	発明の概要		498
製造方法	335	発明の展開	273,	364
切削工具	229	パラメーター	416,	424

索引

光ファイバー	424
秘匿	401
複合材料	335
付勢力	293
フリントガラス	418
分解ステップ	10
分散	418
分散説明禁止の原則	13
文章の流れ	300
ベストモード発明	133
変形例	257
補完的な発明特定事項	92
補正制限	520
本質	300

【ま行】

マルチクレーム×マルチクレーム	
	448
ミーンズプラスファクンションクレーム	208, 460
無効審判	520
名称付与ステップ	10
明瞭性	465

【や行】

柔らかい表現	446
輸送機械	273
用語の定義	29
用語の普通の意味	26
要約書	510

【ら行】

リンク	165
リンク機構	164
レンズ	415

【わ行】

ワッシャー	154

執筆者一覧

棚井　澄雄　Sumio Tanai

東京大学 農学部 農芸化学科 卒業
弁理士
化学工学、バイオテクノロジー、薬学

村山　靖彦　Yasuhiko Murayama

京都大学大学院 資源工学専攻 修士課程 修了
弁理士
電気工学、制御工学、電子工学、通信工学

阿部　隆弘　Takahiro Abe

湘南工科大学 工学部 機械工学科 卒業
機械工学

伊藤　英輔　Eisuke Ito

慶應義塾大学大学院 理工学研究科
開放環境科学専攻 環境・資源・エネルギー科学専修 修士課程 修了
弁理士
機械工学、電気工学

大浪　一徳　Kazunori Ohnami

東京大学 工学部 金属工学科 卒業
弁理士
機械工学、金属工学

梶井　良訓　Yoshikuni Kajii

東京工業大学　工学部　機械宇宙学科　卒業
弁理士
機械工学、制御工学

片岡　央　Hisashi Kataoka

東京工業大学　工学部　開発システム工学科　卒業
弁理士
機械工学、光工学

鎌田康一郎　Koichiro Kamata

早稲田大学大学院　理工学研究科　電気工学専攻　修士課程　修了
弁理士
機械工学、制御工学、電気工学、電子工学、通信工学、ソフトウェア工学

川越雄一郎　Yuichiro Kawagoe

明治大学大学院　農学研究科　農芸化学専攻　修士課程　修了
弁理士
生化学

川渕　健一　Kenichi Kawabuchi

慶應義塾大学大学院　理工学研究科　機械工学専攻　修士課程　修了
弁理士　技術士（衛生工学部門）
機械工学、建築工学、土木工学

執筆者一覧

黒嶋　厚至　Atsushi Kuroshima

千葉工業大学　工学部　機械工学科　卒業
機械工学

小林　淳一　Junichi Kobayashi

日本大学　理工学部　電気工学科　卒業
弁理士（特定侵害訴訟代理弁理士）
機械制御、電気工学、電子回路、通信工学、画像処理、コンピューターソ
フトウェア

清水雄一郎　Yuichiro Shimizu

東京工業大学大学院　総合理工学研究科　物質科学創造専攻　修士課程　修了
弁理士
材料工学、光学、物理、機械工学

白石　卓也　Takuya Shiraishi

茨城大学大学院　理工学研究科　機械工学専攻　修士課程　修了
弁理士
機械工学

鈴木　慎吾　Shingo Suzuki

早稲田大学　理工学部　機械工学科　卒業
弁理士（特定侵害訴訟代理弁理士）
機械工学

田﨑　聡　Akira Tazaki

秋田大学大学院 鉱山学研究科 電気電子工学専攻 修士課程 修了
弁理士
機械工学

仁内　宏紀　Hiroki Niuchi

東京工業大学大学院 総合理工学研究科 精密機械システム専攻 修士課程 修了
弁理士
機械工学

橋本　宏之　Hiroyuki Hashimoto

茨城大学大学院 理工学研究科 生産科学専攻 博士後期課程 修了
弁理士　工学博士
機械工学、熱工学、流体工学、材料工学

長谷川太一　Taichi Hasegawa

北海道大学大学院 工学研究科 機械科学専攻 修士課程 修了
弁理士
機械工学

伏見　俊介　Shunsuke Fushimi

東京工業大学大学院 工学部 理工学研究科 有機材料工学専攻 修士課程 修了
弁理士
材料工学、化学工学

執筆者一覧

古都　智　Satoshi Furuichi

早稲田大学 理工学部 コンピュータネットワーク工学科 卒業
弁理士
機械工学、制御工学、電気工学、電子工学、通信工学、ソフトウェア工学

松沼　泰史　Yasushi Matsunuma

東京理科大学 理工学部 機械工学科 卒業
東京理科大学 理工学部 土木工学科 卒業
弁理士（特定侵害訴訟代理弁理士）
機械工学、土木工学

松本　将尚　Masanao Matsumoto

東京理科大学大学院 理工学研究科 機械工学専攻 修士課程 修了
弁理士
機械工学

峯村　威央　Takehisa Minemura

神奈川工科大学 工学部 機械工学科 卒業
機械工学

宮本　龍　Ryu Miyamoto

早稲田大学 理工学部 化学科 卒業
弁理士
化学工学

吉田　昇　Noboru Yoshida

特許業務法人　志賀国際特許事務所のご紹介

昭和40年（1965年）創業
平成24年（2012年）特許業務法人化
知的財産を専門とする日本最大規模の特許事務所である。
特許，意匠，商標に関する国内外への出願・権利化業務ならびに審判，訴訟，鑑定，ライセンス，模倣品の水際措置，特許調査など知的財産権に関する幅広いサービスを提供。あらゆる技術分野をカバーする多くの弁理士・技術スタッフを擁し，発明の発掘及び出願から権利活用までを一貫してサポートする。特許庁で諸事件を経験した弁理士と，知的財産専門の弁護士が中心となり，権利活用を重視した組織体制が整う。

人員構成：スタッフ数　約700名　　　　　　　※平成30年12月現在
- 弁理士約143名
- 常任顧問弁護士３名
- 米国パテントエージェント１名
- 中国弁護士１名
- 中国弁理士３名

サービス概要：

特許	意匠・商標	訴訟・審判	契約コンサルティング	調査	その他
・発明発掘 ・出願 ・異議申立 等	・グローバル戦略の立案 ・グローバル調査 ・模倣品/侵害品への対応 等	・鑑定 ・無効審判 ・侵害訴訟 ・審決取消訴訟 ・不正競争防止法 等	・ライセンス契約 ・技術契約全般 等	・先行技術調査 ・侵害可能性調査 ・技術動向調査 ・無効資料調査 等	・図面作成 ・講師の派遣 ・知財活用の相談 ・各種セミナー開催 等

特許業務法人志賀国際特許事務所 HP　https://www.shigapatent.com/jp/

特許業務法人　志賀国際特許事務所のご紹介

交通手段

JR	JR「東京駅」	八重洲南口から徒歩3分
	東京メトロ銀座線「京橋駅」	7番出口から徒歩3分
	東京メトロ銀座線・東西線「日本橋駅」	A3出口から徒歩8分

所在地・連絡先

住所	〒100-6620 東京都千代田区丸の内一丁目9番2号グラントウキョウサウスタワー
TEL	03-5288-5811(代表)
FAX	03-5288-5822
WEB	http://www.shigapatent.com/jp/office/index.html

カバーデザイン　サンクデザインオフィス

競争力を高める機械系特許明細書の書き方

平成 30 年 12 月 21 日　初版　発行
令和 3 年 6 月 10 日　初版　第 2 刷　発行

編　　者　特許業務法人　志賀国際特許事務所
　　　　　知財実務シリーズ出版委員会

発　　行　一般社団法人 発明推進協会

発 行 所　一般社団法人 発明推進協会
　　　　　所在地　〒105-0001 東京都港区虎ノ門 3-1-1
　　　　　電　話　03-3502-5433（編集）03-3502-5491（販売）
　　　　　ＦＡＸ　03-5512-7567（販売）

印　　刷　株式会社丸井工文社　　　　　　　　Printed in Japan
乱丁・落丁本はお取り替えいたします。
ISBN 978-4-8271-1313-6 C3032
本書の全部または一部の無断複写複製を禁じます（著作権法上の例外を除く）。

発明推進協会 HP：http://www.jiii.or.jp